imaginist

想象另一种可能

理
想
国

imaginist

前浪后浪

许纪霖 著

上海三联书店

图书在版编目（CIP）数据

前浪后浪 / 许纪霖著 . -- 上海：上海三联书店，2025.1.（2025.1 重印）-- ISBN 978-7-5426-8620-6

Ⅰ .D693.71

中国国家版本馆 CIP 数据核字第 2024BQ3161 号

前浪后浪

许纪霖 著

责任编辑 / 徐建新

特约编辑 / 田南山

装帧设计 / 高　熹

制作排版 / 陈基胜

责任校对 / 王凌霄

责任印制 / 姚　军

出版发行 / 上海三联书店

（200041）中国上海市静安区威海路755号30楼

邮　　箱 / sdxsanlian@sina.com

联系电话 / 编辑部：021-22895517

发行部：021-22895559

印　　刷 / 山东韵杰文化科技有限公司

版　　次 / 2025年 1 月第 1 版

印　　次 / 2025年 1 月第 2 次印刷

开　　本 / 880mm × 1230mm　1/32

字　　数 / 280千字

印　　张 / 13.75

书　　号 / ISBN 978-7-5426-8620-6/D · 658

定　　价 / 88.00元

接近历史完整的本相

目 录

序言

自 1987 年在《读书》杂志发表第一篇文章《从中国的〈忏悔录〉看知识分子的心态与人格》，我研究近代中国知识分子已经有三十多年，出版《无穷的困惑》《中国知识分子十论》《启蒙如何起死回生》《安身立命》《一个民族的精神史》等多部专著。

我的学术性格，乃是“好奇害死猫”，不愿重复自己，总是有一种强烈的兴趣，去探索未知的领域，尝试从新的角度和视野，接近自己的研究对象。

本书从精神世界的角度，探讨近代中国知识分子的世代交替和内部分化，就是一个新的知识探险。

从精神世界考察知识分子的“前与后”

学界对近代中国知识分子的研究，之前有几个通用的视角：“古与今”“中与西”“左与右”“上与下”。所谓“古与今”，乃是从传统与现代的视角，考察传统士大夫向现代知识分子的转型；所谓“中与西”，指的是从中西比较的角度，研究中国与西方知识分子的历史差异与文化不同；所谓“左与右”，是从政治或思想的视域，讨论知识分子在大时代中的立场选择：革命左翼或自由主义、文化激进主义或文化保守主义；所谓“上与下”，意即从社会流动的视野，探究知识分子的分层与上下流动。这些独特的论域，如同瞎子摸象一般，丰富了对中国知识分子的整体认知，然而，作为对整体大象的把握，在古今、中西、左右、上下之外，是否还有一个盲点呢？

是的，这就是“前与后”。

从晚清到民国，近代中国知识分子经历了几次重大的世代更替，成长起来的年轻一代，在重大事件的刺激之下，登上历史舞台，与上一代知识分子发生竞争、矛盾和冲突，最终实现了世代更替。新的一代知识分子面对老的一代，最初有着“态度的同一性”，然而随着其自身的成熟，发生内部的分化，分化为不同的政治或文化趋向，从而为下一轮的世代更替提供历史的前提。如此反复循环，形成了一波又一波“长江后浪推前浪，前浪死在沙滩上”的景况。

这几年，我主要从事的研究，就是从“前与后”的视角，研究近代中国知识分子的世代更替和内部分化。鲁迅先生生前曾经想写一篇小说，描写他的老师章太炎一代、他自己“五四”一代以及他的学生一代，但后来忙于写杂文、打笔仗，小说没有写出来。已经过世的李泽厚先生，也曾经考虑继承鲁迅的遗志，做一个几代知识分子的研究，但同样没有付诸实践。我在 1990 年代，曾经拟过一个大纲，考虑研究 20 世纪中国知识分子的六代人：以 1949 年为界，分为前三代和后三代。前三代以“五四”为轴心，分为“晚清”、“五四”和“后五四”三代。后三代以 1966 年为轴心，分为“十七年”（1949—1966 年）一代、“1966”一代和“后 1966”一代。因为忙于其他更为重要的课题，这个研究计划，一直被搁置，直到 2016 年以后，才开始着手进行。

我的研究，分别从两头着手，一头是研究当下中国的三代人。原先我以为，革命年代以后出生的一代人，是与 1966 年一代不同的新人类。待 90 后、00 后横空出世，我发现，他们才是真正的新人类，即所谓的千禧一代和 Z 世代，而 70 后、80 后，只是承上启下的过渡一代。于是，我将当代中国分为三代人：50 后、60 后出生的启蒙一代，70 后、80 后出生的过渡一代，90 后、00 后出生的新人类一代。关于这部分研究，不在本书的研究范围内，恕不赘述。本书所呈现的，是我这些年另一头的研究，即 1840—1949 年期间的中国知识分子的代际更替。

一旦进入具体的历史场景，我发现，对晚清民国的中国知识分子部分，我原先的三代人（“晚清”、“五四”与“后五四”）架构，同样有问题：虽然在逻辑上有美感，但失之于过于简化，而且无法实现黑格尔所说的“逻辑与历史的统一”。任何预设性的分析框架都要受到历史的检阅，倘若有错位，就要以历史自身的真实，予以逻辑上的调适。经过几年的探索，最终本书确定了在代际和分化意义上的近代中国知识分子，简单地说：

	官僚士大夫
晚清的三代人——	文人士大夫
	革命知识分子

	启蒙知识分子
五四时期的三个群体——	旧派中的新派
	新派中的旧派

	“创党”一代
五四之后的三代中共知识分子——	“大革命”一代
	“一二九”一代

历史的本相永远比逻辑要复杂很多，这几代知识分子在时间和空间上并非那般整齐划一、前后交替，彼此之间既有断裂，又有联系。当我扬弃了逻辑框架的简单之美之后，希望呈现的是历史本来的相对性和暧昧性。

整体框架确定之后，是研究切入的角度。古今、中西和左右模式，大多是对知识分子的思想观念的研究。不错，与其他社会阶层相比较，知识分子作为一个理性的存在，其行为的选择更具有自觉的观念意识。哲学史和思想史的研究，正是从抽象的理念角度来演绎知识分子的历史。不过，以我对知识分子的理解，他们首先是一个“人”，然后才是“理念人”。作为一个具体的活生生的“人”，不仅有理性，也有情感和意志。也就是说，知识分子不仅是一个理性人，而且也是一个情感人和意志人。在 1980 年代最初进入知识分子研究领域的时候，因为受到当时流行的文化心理结构的影响，又读了不少心理学的著作，我从心态史的角度研究近代知识分子。

1990年代以后，我转向观念史研究，对知识分子的关注，也因而更多地从思想观念的方法着手。然而，我一直希望将心态史和观念史这两种研究方法整合起来，形成一个精神史的整体视野，鸟瞰近代中国知识分子的整体世界。

那么，什么是知识分子的精神史呢？我个人的理解，乃是从知识分子个案或者群体的角度，研究影响一个时代的知识分子的公共精神，这些公共精神，不仅表现在自觉的观念形态，同时也体现为他们的潜意识、心态人格和生命实践。“精神史”（Geistesgeschichte）的最早开创者是19世纪德国哲学家、历史学家狄尔泰，他强调理解人类文化和思维方式的重要性，认为我们需要通过直观来洞察和还原不同历史时期的经验、价值观和意义结构。狄尔泰关注人类的“生活世界”，即个体的主观体验和存在。相信每个时代有其独特的生活世界和心理结构。本书所展示的知识分子的精神世界，正是类似狄尔泰所说的思想世界和生活世界。精神史与观念史的区别在于，观念史注重的是思想史中观念演变的内在理路，而将观念所产生的具体历史语境和思想者主体的非理性因素都忽略不论，而精神史不仅讨论观念，而且要研究这些观念背后的精神，这些精神既是理性的，也是情感的或者意志的。而知识分子的精神，又与其个人的心路历程，与其生命历程和历史语境无法分离。同时，知识分子的精神史又与我最早从事的心态史研究也有区别。心态史研究的是个人，分析某个人物复杂的面相，而精神史则从一个或若干个案出发，试图体现出影响了那个时代知识群体的整体价值和精神趋势。

近代中国知识分子的心路历程

以这样的研究方法考察以时代更替和内部分化为中心的近代中国知识分子的精神世界，本书的基本内容可以简单概括如下。

从晚清到辛亥，是中国近代变革的开端。众所周知，晚清的改革，分为三个阶段——第一阶段，是洋务运动。第二阶段，是维新运动。1900 年《辛丑条约》之后，这两个运动合流，形成了最后流产、招致了革命的晚清新政。

洋务运动与维新运动，是由两个不同的士大夫阶层主导的。以曾国藩、李鸿章、张之洞为首的官僚士大夫，主宰了 1860—1894 年的自强变革，而 1894 年的公车上书，标志着一个新的改革主导力量文人士大夫替代官僚士大夫，走到舞台的中央，虽然康有为、梁启超在政治舞台上的百日维新失败了，但在民间的舆论空间创造了近代的公共领域，获得了压倒性的话语权。

最后十年的晚清新政，乃是由第二代官僚士大夫张之洞、刘坤一、袁世凯主导的，但改革的路线在政治上延续了戊戌维新的轨迹，在思想上坚守“中体西用”的传统。官僚士大夫与文人士大夫有冲突，也有融合，但最后都没有成为历史突变中的主角，反而被异军突起的另外两个知识阶层（地方士绅与革命游士）抢去了镜头，成为辛亥革命中的主导力量。

社会政治的变革，不是客观的自然演化，它首先取决于改革的主体知识分子思想与精神的变化。那么，从中国知识分子的世代更替来说，晚清士大夫的思想与精神发生了一种什么样的变化呢？是什么样的思想变化触动中国的士大夫阶级走上了改革的不归之路，又是什么样的精神气质使得官僚士大夫与文人士大夫迥然有异呢？

简单地说，晚清的思想处于宋明理学的延长线上。在宋明思想当中，分为程朱理学和阳明心学两派。而在理学内部，又有道德修身和经世致用两种不同的取向。晚清的改革，首先与经世致用的崛起有关，在官僚士大夫当中，理学家的经世派逐渐取代了修身派。经世致用风潮的出现，不仅出现在宋学内部，而且在汉学（今文经学和古文经学）内部也是如此。晚清官僚士大夫的重心，从“理”还是“势”，转向了“势”（时势），如此才有了洋务运动在儒学内部的合法性价值。

不过，官僚士大夫再如何重“势”，依然有“理”的规约。曾国藩的内心之中，“理”与“势”的紧张冲突就是典范。虽然到了李鸿章一辈官僚士大夫，“理”的位置无足轻重，一切以“势”（时势与利害）为转移。但要真正突破“理”和“经”的束缚，需要另外一种“心”的力量，这对于官僚士大夫来说，是不可能完成的任务。而继之而起的康有为、谭嗣同、梁启超这些文人士大夫，继承了阳明心学的精神传统，以强烈的自我创造能量，打开了戊戌维新的政治空间，并且以“六经注我”的勇气重新阐述了孔教。这一将心学与今文经学结合的传统，其实在龚自珍那里便有其先驱。

文人士大夫的极具破坏性的新教革命，与官僚士大夫的第二代人物张之洞发生了严重的冲突，康与张之间，虽然都重“势”与经世，但是各自所凭借的“经”截然不同，今文经学与古文经学的学术之争的背后，是对于不同的“保教”的选择。文人士大夫与官僚士大夫、朝野改革派的隔阂与无法合作，使得百日维新最后只有失败一途。

在戊戌时期，虽然形成了变法新政的大潮流，但在变法派内部，存在着激进与温和的两条不同变法路线。温和的变法路线，主要是体制里的洋务派以及甲午之后转向改革的清流，而激进的变法路线，乃是新崛起的文人士大夫。两条路线的背后，其实是戊戌前后代际更替的两代士大夫。

一个领袖的气质，决定了一场运动的性质。康有为作为维新运动的领袖，他的自信和果敢，让原本几乎不可能的变法成为一时之狂澜，将朝廷内外裹挟其间，但他的狂热和鲁莽，又让这场声势浩大的百日维新最终归于失败。

然而，作为政治运动的戊戌变法失败了，作为启蒙运动的戊戌维新却大大成功了。这一成功的标志，是自戊戌之后，社会层面的话语权已经转移，从官僚士大夫转移到文人士大夫手中。康、梁这些文人士大夫搞政治，不是翁同龢、张荫桓、张之洞、袁世凯那些官僚士大夫的对手，但要论舆论宣传、鼓动社会，高高在上的官僚，远远不及靠舆论起家的文人士大夫。较之官僚士大夫，文人士大夫最大的优势在于办报纸，掌握舆论。从《时务报》开始，其后的《清议报》《新民丛报》《国风报》，虽然都办在日本，但传回国内之后，几年以来，依然被反复刻印，传播全国。正是康、梁改变了一代人的风气，掌控了清末的话语领导权。梁启超在总结康有为一生时，说："戊戌维新之可贵，在精神耳。"这一维新的精神，像火炬一般，照亮了清末民初两代知识分子。

官僚士大夫处于体制的核心，文人士大夫处于体制的边缘，然而，在《辛丑条约》之后，自立军起义的失败，在体制外部，崛起了晚清第三代知识分子：激进知识分子。激进知识分子的出现，与两个重要的因素相关：第一，从帝国秩序里面游离出一批反抗朝廷的边缘人；第二，这些边缘人抛弃了儒家的意识形态，思想深处的虚无主义，与无政府主义的激进乌托邦、反满的族群意识结合，再加上唯意志论的催化，形成了视死如归的志士精神，从而掀起了20世纪第一波革命的狂澜。

科举制度废除前后，晚清社会出现了一批游离了体制的游士，他们参加救亡，可以是革命者，也可以成为立宪派。那么，革命者是如何炼成的？有些什么样的内部、外部的因素会让他们走上反满的革命道路？就外部因素而言，时局的刺激、老师的启蒙与学潮的推动乃是三个最重要的动因。外部因素的变化，并不必然导致青年学生趋向革命，他们可以投身保皇，可以趋向立宪。事实上，保皇党人以及后来的立宪派势力，在20世纪初，大大超过革命势力。要造就革命的形势，还需新观念的宣传和新心理的酝酿。晚清的革命思潮，除了学界早已熟悉的民权思想之外，还有三个非常重要的因素：排满复汉的族群民族主义、无政府的破坏主义、虚无主义的志士精神。这些思想与心理，形成了晚清革命者三位一体的内在精神结构。民权思想是理性的，但这一内在精神结构更多地具有非理性的情感与意志成分。

中华民国建立以后，士大夫阶层逐渐转型为近代知识分子。晚清这代文人士大夫，到了五四新文化运动时期，当新的一代启蒙知识分子崛起的时候，他们成了半新半旧的“旧派中的新派”。张灏教授将1895年的戊戌维新开始到1925年的五四新文化运动结束，视为中国近代思想史上最重要的“转型年代”，这个“转型年代”，其实是通过两次知识分子的世代交替而完成的。第一次是戊戌维新年间康有为、梁启超这批文人士大夫从新派官僚士大夫那里夺过话语主导权，使后者蜕变为“旧派”，自己成了“新派”的代表。长江后浪推前浪，到了 1918 年以后，这批从晚清过来的“新派”人物，竟然也被新崛起的年轻一代知识分子视为“旧派”，重蹈前代新派人的覆辙。

五四新文化运动期间，围绕着新旧与中西文化，曾经有过三场论战：《新青年》与林琴南、陈独秀与杜亚泉、傅斯年与张东荪之间的辩论。前者被认为是“新派”，而后者，则是“旧派中的新派”。他们之间的区别，如果从知识性而言，五四时期的两代启蒙者并无太大的区别，与其说是知识上的新旧，不如说是对传统的态度不同。知识与理性有关，而态度则是一种文化认同。“旧派中的新派”这代士大夫，虽然从理性层面意识到中国要成为像西方那样富强与文明的国家，必须吸取西学，但在情感层面他们依然认同中国文化的灵魂。在他们看来，民国的制度肉身可以是西方的，但民国的精神灵魂必须是中国的。然而，“新青年们”的文化认同不一样。经过晚清梁启超的启蒙，他们有了强烈的“保种（中华民族）”意识，但对“保教（中国文化）”兴趣不大——文化只是一种生存的工具，与人的内在生命与情感无关，既然西方文化救得了中国，为何还要纠缠传统不放？“旧派中的新派”所办的杂志，都是新知识的公共平台，新文化运动的使命，便是介绍和传播“公理”，它是知识的、科学的，无须意识形态优先，因此新文化的态度就是兼容并包、客观公正。然而，《新青年》从一开始就是一个同人刊物，具有强烈的党人倾向。陈独秀、钱玄同在辛亥革命时期就是革命党人，他们将党人的偏激、武断的革命气象带到杂志中来，文字充满了宗教性和战斗性。《新青年》开创了五四运动后期“主义”的先河，意识形态先行，立场与态度决定一切。而《东方杂志》和《学灯》还坚守着“公理”的知识传统。在启蒙的阵营当中，知识的理性主义与态度的浪漫主义形成了强烈的色彩对比。

即使在五四知识分子当中，也有老师辈和学生辈两代启蒙者的差异。五四爱国运动之所以发生，乃是与五四时期在知识分子当中弥漫的特殊精神现象虚无主义有关。辛亥革命结束了王权专制，儒家所赖以存在的制度肉身轰然倒塌，成为精神的孤魂。以“仁”为核心的儒家德性伦理开始动摇，从自我到家国天下的儒家精神世界由外到内全然崩塌，一个虚无主义的时代降临了。如果说上一代知识分子徘徊于新与旧之间，那么下一代知识分子则是在各种新知之间感到无所适从。“五四”是一个怀疑的时代，但怀疑到终极，是为了获得新的信仰。但当以怀疑的态度拷问一切新知识的时候，反而陷入了更深、更迷茫的精神迷宫，而无法落实内心的安身立命所在。于是，既自信，又怀疑，就成为五四知识分子普遍的精神症候。

对抗虚无的途径之一，就是付诸直接的行动。1919年五四运动的突然爆发，就有这样的心理背景。在运动之前，学生们还在争论各种各样新的思潮，还在为何为新的信仰而苦恼，运动一来，雷霆万钧之下，走向社会的直接行动振奋了爱国学生的精神，之前的颓废、彷徨一扫而去，行动就是目的，行动就是一切，整个学生界风气为之一变。但学生运动总有谢幕的时候。激进的行动可以短暂地遮蔽内心的虚无，但退潮之后，将是更大的虚空。果然，五四运动之后，在青年知识分子那里，出现了第二波苦闷。“五四”之前知识分子的苦闷多是精神上的，“五四”之后年轻一代除了形而上层面，还多了一层形而下的因素：毕业即失业，“娜拉出走”之后经济无法独立，恋爱与婚姻受挫，社会事业陷入困境。各种形而下的苦闷，在有思想能力的青年那里，最终都会上升为形而上的痛苦，这就是：人究竟为什么活着？普遍的无聊感和无意义感，成为五四后期青年人的普遍精神症候。于是，一部分激进知识分子为了摆脱虚无、苦闷和痛苦，最后走向了最激烈的集体行动：革命。

五四激进知识分子是如何从“启蒙”走向“创党”的？这其中，最重要的是两个因素：主义和组织。有两种不同的主义：“知识化主义”与“信仰化主义”。1919 年问题与主义论战之后，这两种主义开始分化，“知识化主义”成为注重点滴改良的自由知识分子的科学方法论，而激进知识分子开始追求寻求可以“根本解决”中国危机的“信仰化主义”。五四的激进知识分子，先是从“知识化主义”的点滴改造，走向寻求通盘解决的“信仰化主义”。五四后早期的不少知识分子小组织，比如少年中国学会、新民学会、觉悟社、改造社等，都几乎经历了三部曲：第一阶段，在一个抽象的、模糊的理想趋向感召之下，信奉各种“主义”的会员们集聚在一起，具有某种“态度的同一性”；第二阶段，围绕着要不要接受一个共同的“主义”发生分歧，产生了第一波分化；第三阶段，进一步辩论团体究竟要什么样的“主义”，成员之间发生第二波分裂，最终导致小组织解体。

五四的激进知识分子，首先接受的是“柔性的”的社会主义和“复调马克思主义”，聚会了几次以后，立即发生了分歧。分歧表现为三个方面：第一，是全盘接受马克思主义，从形而上的唯物史观到现实的阶级斗争学说，还是仅仅接受马克思的形而上部分？第二，马克思主义究竟是一种可以与其他“主义”兼容的“柔性化主义”，还是认同它为唯一正确的“刚性化主义”？第三，是否要将马克思主义研究会从学术性研究团体转型为共产主义政治团体？他们内部发生了分化，在共产国际帮助下，以陈独秀为首的激进知识分子，逐渐从信仰“复调的马克思主义”，逐步走向认同“一元的列宁主义”。

创党时期的知识分子，显然分为两种不同的精神气质，第一类是观念人物，如李大钊、戴季陶、李汉俊、李达、陈望道、施存统、张申府、茅盾等，他们对马克思主义更多的是理论的偏好，而非实际的组党与政治行动。第二类是陈独秀、沈玄庐、蔡和森、张国焘等，他们对马克思主义发生兴趣，不是那些形而上学的理论部分，而是政治的学说与革命策略，对他们而言，理论仅仅是实现行动的工具。于是，形成了中共早期“普列汉诺夫”与“列宁”两条不同的思想路线和组织路线。当一波又一波的非布尔什维克知识分子被淘洗出去，中共在共产国际的指导下，在列宁主义的道路上走得更深、更远，无论是主义还是组织，也越来越统一与净化，拥有了比国民党更强大的信仰力和组织。

在五四激进知识分子走上了创党之路的时候，启蒙知识分子的内部也发生了一波又一波的分化。京城知识圈中，继承《新青年》启蒙传统的杂志，最有影响的，当为《语丝》与《现代评论》。这两群知识分子虽然同以启蒙者自命，却产生了严重的对立。关于“语丝派”与“现代评论派”之间的分歧，以往不少的研究从政治意识形态的角度，解读为激进主义与自由主义之间的冲突，这固然不错。然而知识分子的内部分化，不仅是政治的，也是文化的，有时候文化气质的不同，要比意识形态的分歧，更能导致情绪上的对立。这两份杂志，虽然活跃于国民大革命早期，但两派知识分子依然坚守启蒙初衷，并不热衷皈依什么主义，更对政治本身保持警惕的距离。显然，彼此间的争论，文化上的相互鄙视要远远高于政治之间的分歧。学历出身的差异，活动场域的不同，以及与国家体制关系的区别，这三点构成了“语丝派”文人与“现代评论派”学者的彼此对立。但这些还仅仅是外部的因素，更重要的，是他们内在的“文化惯习”迥然有异。新绅士处在正统儒学的官僚士大夫延长线上，到民国以后与西洋的理性主义相融合，演化为体制内学者共同体的文明修养；而新名士继承了庄子、魏晋名士和阳明学的传统，到民国以后与西方的浪漫主义相结合，形成了体制外文人共同体的精神气质。

而在“语丝派”文人内部，周作人的名士风度与鲁迅的斗士性格也有微妙的差别。随后崛起的新一代“狂飙派”青年，高倡“新流氓主义”，试图打倒“五四”的老师辈取而代之，掌控新的话语主导权。从绅士、名士到斗士乃至流氓，1920 年代中期知识分子的“文化惯习”的变异，是绅士气不断递减、流氓气逐级上升的一个过程。而彼此之间的骂战所形成的风气，为之后连绵不绝的“知识分子内战”开创了恶性的范例。

五四新文化运动的舞台，是陈独秀、胡适、李大钊、鲁迅这些《新青年》启蒙知识分子的天下，与他们唱对台戏的人物，在前期，主要是晚清最早的启蒙者“旧派中的新派”，而在后期，则是另一种类型的新古典主义者，以“学衡派”知识分子最为典型。

“学衡派”是有着古典情怀的新派人物，可以称之为“新派中的旧派”。他们与清末民初的“旧派中的新派”是不同的。“学衡派”

与这些“旧派中的新派”不同，他们在美国名校受到系统的、良好的学术训练，知识系统是新的、西方的，然而他们的关怀却以守护中国文化本位为己职，与同样是留美归来的胡适这些启蒙知识分子为敌。

在五四时期，“启蒙派”知识分子活跃于民间的公共舆论，“学衡派”知识分子固守于学院的“新庙堂”。陈寅恪、汤用彤、柳诒徵等坚持的，是文化的贵族气质与精英传统，他们讨厌恶俗的平民文化，不满文化迁就于底层阶级，讨好大众的喜好，其守护的白璧德的新人文主义古典精神与“新青年们”的近代启蒙思想构成了有价值的平衡，他们所继承的晚清理学士大夫传统与五四知识分子的浪漫文人传统也形成了鲜明的对照。本来，学院是他们最好的家园与栖身之地，但梅光迪、吴宓等不甘寂寞，要走出学院，在公共空间与“新青年们”争夺舆论的话语权，这便导致了时间与空间的双重错置。“五四”之后，一个平民的世俗化时代已经到来，白话文替代文言文、主义战胜学理、大众文化压倒精英文化、平民精神打败贵族精神，成为不可逆之大势。固守轴心文明传统的“学衡派”，终究抵不过启蒙知识分子所造就的时代大潮。“新派中的旧派”与“旧派中的新派”一样，最终殊途同归，被日趋边缘化。

1949 年之前的中共历史上，曾经有三代典型的革命知识分子，第一代是五四时期的创党知识分子，第二代是“大革命”失败前后的“大革命”知识分子，第三代是抗战爆发前后的“一二九”知识分子。政治与文化层面的知识分子的代际更替，虽然取决于年龄的差异，但更重要的是与政治与文化的时代氛围有关，特别是某一个重大的历史事件。三代革命知识分子，显然定位于现代中国历史上的三个重大的历史转折点——1919 年的五四运动、1925—1927 年的国民大革命和 1935 年的“一二九”运动——由此形成“创党”和“大革命”及“一二九”这三代革命知识分子。

关于“大革命”与“一二九”两代知识分子，从年龄结构而言，差距仅在十年左右，也共享大的政治文化背景，两代人有许多共同点，但他们的家庭背景和走上革命道路的动机是有微妙差别的。“大革命”一代知识分子大多是破落的富家子弟出身，他们走上革命道路，有三个刺激的因素：家道中落、反抗父权与逃避包办婚姻。而富家子弟，一直要等到“九一八”以后国破家亡，特别是“一二九”运动的刺激，燕京大学、清华和北大的富家子弟们，才出现大规模的投身抗日、走上革命之路的群体性现象，这就是“一二九”一代知识分子。

如果说家庭环境与少年遭遇是读书人走向革命的第一环节的话，那么，第二个环节便是在什么样的学校求学。真正的革命温床，是地方师范学校。五四时期的浙江一师、湖南一师，都是著名的红色摇篮，在新思潮和大学潮的刺激下，贡献了两个革命知识分子群体。如果说在高层的著名大学学府中是“天才成群结队而来”，那么在底层的师范学校当中，则是“革命者成群结队出现”。那些被正式教育体制“割势”的“多余人”，除了云集在各省的师范学校之外，在“大革命”前夕，纷纷投奔两所学校：黄埔军校和上海大学。当年有“武有黄埔，文有上大”之称，这两所学校为国共两党培养了大批文官武将，也是 1925 年国民大革命的人才摇篮。

家庭出身、学校和学潮，只是刺激一个青年人趋向革命的外部条件，是否付诸行动，最终还要取决于青年主观的个人气质。知识分子参加革命，取决于内在的四大精神气质：追求自由的个人英雄主义、革命加恋爱的浪漫主义、对底层民众同情与怜悯的民粹主义、痛恨外国列强的民族主义。在20世纪二三十年代，各种时尚的“主义”眼花缭乱，各种以革命自称的政党也在争夺青年，马克思主义和中共之所以能够脱颖而出，获得了激进青年的人心，乃是因为中共是20世纪列宁式的布尔什维克政党，其具有19世纪议会式政党所不具有的两个优势，一是信仰力，二是组织力。正是这两种力，让革命知识分子获得了一种认知世界的方法、值得献身的信仰和团契生活的“家”。

不过，列宁式布尔什维克政党要把具有无政府主义散漫倾向的文人改造为服从严密纪律的组织人，这又与其原先的个人英雄主义和浪漫主义精神气质产生了内在的冲突。革命是一座改造知识分子的大熔炉，也是精神磨难的大炼狱，它要求每一个加入了组织的自由文人从传统的知识分子蜕变为有机的知识分子，也就是服从于人民大众的整体利益、与革命事业有机结合的一分子。“大革命”与“一二九”两代知识分子走向革命的历程，充满了浪漫的幻想，也经历了精神的苦难。

最后要说明一下，按照本书的完整框架，本来还应该有“五四”之后自由派知识分子的另一条脉络，这条脉络自然非常重要。然而，一方面我之前的研究在这一脉络上用力甚多，成果也已经发表，大多收入《启蒙如何起死回生》一书，我不再想重复自己；另一方面也考虑到发表和出版的诸多不便，虽然已经规划、做好详细的写作提纲，但依然没有将五四启蒙知识分子的后续脉络纳入本书的内容。这是一个不小的缺憾，留待以后适当的时机再弥补吧。

近代中国知识分子的三次世代更替

李鸿章曾经将晚清的大势形容为“三千年未有之变局”。也就是说，这是一场与春秋战国同一个级别的大变革，亡国灭种的危机、西潮如潮水般涌入、传统的价值与结构解体，晚清及民国的变化令人眼花缭乱，这一切使得知识分子的世代更替有加速的趋势。在19世纪末，是三十年一代人，进入20世纪，则是二十年一代人，甚至十年就有明显的代际特征。在本书论述的晚清民国，重要的世代更替，主要有这么三次：第一，戊戌变法前后，官僚士大夫与文人士大夫之间的世代更替；第二，五四时期，启蒙派文人士大夫（“旧派中的新派”）与启蒙派文人知识分子之间的世代更替；第三，“大革命”前夕，启蒙派知识分子与激进派知识分子之间的世代更替。

世代更替都发生在一个特殊的重大历史时刻或历史时段。张灏教授将从1895年到1925年这三十年定义为中国思想史上的“转型时代”，这也是近代知识分子经历了三次世代更替的“转型时代”，最重要的原因，乃是在短短的三十年发生了戊戌变法、五四运动、国民大革命三个重大事件。在重大的历史关节点，前后代的知识分子在各种时代因素刺激之下，也由于不同的身份和知识背景，围绕着时代主题，争夺变革和话语的主导权。

在特定的历史时刻发生的知识分子世代更替，究竟谁是赢家，谁是输家？世代更替不是历史的瞬间，而是一个相当漫长的历史过程。本书的研究发现，在五四时期，经过1918年春天到1919年春天三场与“旧派中的新派”的论战，《新青年》与《新潮》名声大噪，新的一代五四知识分子昂然登上了思想舞台，原来占据舞台中心的老一代启蒙者开始从顶峰跌落，步入衰运。不过，这一思想上的世代交替，并非一两年时间就完成了，事实上，大约一直到 1925 年新文化运动结束、国民大革命兴起，其间的七八年时间，都是两代人的交替期。思想革命在世代更替的层面上，是以一种非革命的渐变方式实现的。《新青年》在口岸城市中大获全胜，因为城市青年需要一个激进的文化变革方案与可供行动的简便态度，但在边缘城市的“小镇青年”那里，他们不在乎新旧两派的态度差异，更注重从两派那里吸取新知，对传统也保留一份中庸的温情。“旧派中的新派”在新文化运动中的影响，一直要持续到 1925 年国民大革命风暴兴起，席卷南方城乡，不仅“都市青年”，连“小镇青年”也被革命的狂风刺激，日趋激进化，到这个时候，不要说“老新党”，甚至胡适、鲁迅这些“新青年”也被更新的“革命青年”视为新的“老新党”了。著名的科学哲学家托马斯·库恩在《科学革命的结构》一书中提出，新的科学范式替代旧的科学范式，并非取决于新旧范式之间的知识较量，而是坚信旧范式的人们渐渐退出历史舞台，信奉新范式的人们拥有了话语权之后，新范式才最后战胜了旧范式。科学革命的逻辑如此，文化范式的变革更是如此，知识分子的话语竞争，更多比拼的是谁活得更长寿，谁拥有更多的年轻粉丝，谁的文化基因得以继续传承。谁笑到最后，谁就笑得最好。

知识分子的世代更替，是不同代之间身份上、文化上的断裂，然而这种断裂是相对的，有断裂，也有链接。如果说从立场的“左与右”考察知识分子是一种横向的光谱研究的话，那么从纵向的角度观察，便是要寻找各代知识分子的内在精神脉络。本书发掘了两条不同的知识分子的精神脉络：三代启蒙知识分子和四代革命知识分子。

第一条脉络是三代近代启蒙知识分子：戊戌维新之中以康有为、梁启超为代表的文人士大夫，五四时期以陈独秀、胡适、李大钊等为领袖的文人知识分子，国民大革命前夕的启蒙知识分子，包括“语丝派”与“现代评论派”。第一代文人士大夫是近代启蒙的先驱，到了五四时期，虽然与新一代的文人知识分子发生了启蒙阵营内部的论战，显现出上下两代不同的代际特征，一个是依然拥有科举功名、知识结构以旧学为主体的文人士大夫，另一个是拥有近代文凭、具有西学新知的文人知识分子，然而，这两代启蒙者都有鲜明的浪漫主义的文人气质，在文化基因上一脉传承。

有趣的是，与这两代文人启蒙者同时代的晚清官僚士大夫与民国新派士大夫“新派中的旧派”，同样具有隔代的基因传承：从朱熹的两宋理学到晚清的“湘乡南皮”，以陈寅恪为精神领袖的“学衡派”，继承的是正统的理学传统，只是到了民国，他们不像传统的官僚士大夫那样固守庙堂，而是中经沈曾植、王国维的过渡，转向了学院的象牙塔，成为纯然的学人，从官僚士大夫变为学院知识分子，但精神气质依然是理学知识分子。

与曾国藩、张之洞到陈寅恪、吴宓这一理学士大夫脉络平行的，乃是另一路阳明心学的文人士大夫路线。从龚自珍到康、梁的文人士大夫，再到陈独秀、鲁迅为代表的“五四”激进的文人启蒙者，他们的精神世界中是尼采与阳明学的融合，充满了崇拜自我的创造力、浪漫主义的破坏精神和宗教气质的实践勇气。这种文人的浪漫主义，上接魏晋的名士气质和我心即宇宙的阳明学，秉持的是马克斯·韦伯的“信念伦理”，他们开创了近代中国最早的舆论空间，擅长在公共领域制造声势，掀起一代的思想潮流，然而，一旦进入政治领域，在权力场域就显得书生气十足，缺乏韦伯所说的“责任伦理”，不是那些老谋深算的官僚士大夫和政客军阀的对手，最后一败涂地。康有为在戊戌变法中的刚愎自用，四处树敌；梁启超在北洋政府时期从政的失败，被皖系军阀和安福系排挤；胡适等在五四后期提倡“好政府主义”，但好人内阁只维持了两个月就垮台这些事实——证明了最适合文人知识分子的场域，并非政治权力场，而是舆论空间，用胡适的话说，是对政治的“不感兴趣的兴趣”。

第二条脉络是从晚清到1930年代的四代革命知识分子：晚清一代、“创党”一代、“大革命”一代和“一二九”一代。关于中国历史上的三代知识分子，前面已经有简单的描述，此处不再赘述。

近年来的新革命史，对中共知识分子的研究有不少新的研究成果，相比较而言，对晚清同盟会那代革命知识分子的研究，反而比较冷门。事实上，晚清与民国的激进知识分子，虽然各自信仰的意识形态不同，但精神世界中的心态、情感与意志，则有着文化基因上的脉络关联。20世纪中国三次革命的狂潮，无论其社会起点、组织形态，还是思想源头、精神世界，其实都在晚清——没有晚清，何来“五四”；没有“五四”，谈何革命？中国革命的许多秘密，都可以从晚清激进知识分子那里，找到最初的基因。比如，在“大革命”浪潮之中，激进知识分子抛头颅、洒热血，需要一种志士精神，正如张灏教授所分析的：它的出发点是传统儒家的道德理想主义所形成的使命感，认为人是为了实现崇高的道德理想而活的，必须把一切无条件地奉献出来，透过政治去实现道德理想。因此，志士作为人格理想含有一份道德绝对主义的精神，类似韦伯所谓的信念伦理，为了实现道德信念，可以只问目的，不计后果与代价。革命党人是一批韦伯所说的尊奉信念伦理的理想主义者，他们具有双重的理想主义精神：历史的和道德的。历史理想主义让他们相信在光明的理想乌托邦与黑暗的现实之间，需要一个激进的跨越与暴力的行动，以求局势的速变，而道德理想主义则促使他们愿意以决然之牺牲成就个人之德性，推动从现实到理想的跨越。这两种理想主义精神结合起来，催化出革命者热烈的献身激情和为了崇高的目的、不惜合理化一切手段的功利主义。晚清革命知识者的精神气质，在后面的几代激进知识分子那里，都得到了传承，并发扬光大，达到极致。

从晚清到民国知识分子的四次分化

与世代更替同时出现的精神与社会现象，是知识分子的内部分化。这些分化既有代际的因素，也有意识形态的因素，更有“文化惯习”的因素。内部分化与世代更替交替在一起，形成了中国知识分子阶层内在突出的精神现象。

从晚清到民国，经历了官僚士大夫、文人士大夫、文人启蒙知识分子、革命知识分子四代人。当他们最初出现在历史舞台的时候，具有代际的同一性。随着时势的变化和自身的成熟，同代知识分子必定会出现内部的分化。这样的分化前后主要有四次：

第一次，在洋务运动后期，在洋务运动和晚清新政之中，曾国藩、张之洞挣扎在“理”与“势”之间，弃“理”从“势”的李鸿章、袁世凯在变革派官僚士大夫当中，形成了两种不同的人格和精神世界；

第二次，在晚清文人士大夫之中，随着维新运动的深入，康、梁也发生了精神上的分歧：康有为更注重“保教”，作为国家灵魂的孔教；而梁启超在意的是“保种”，中华民族的生存；

第三次，在五四运动后期的1920年代，启蒙知识分子内部分化为海外归来的“绅士”“现代评论派”和国内的“名士”“语丝派”，而在“语丝派”内部，以周作人为代表的“名士”与以鲁迅为代表的“斗士”又有不同的文化气质，启蒙知识分子内部的一波又一波分化，形成了不同的思想和文化派别，启蒙阵营最后解体；

第四次，在创党时期及之后，中共内部的知识分子有观念人和行动人的区别，前者信仰“柔性的、复调马克思主义”，具有孟什维克的倾向，后者偏向“刚性的、一元的列宁主义”，是坚定的布尔什维克党人。中共的建党和发展，就是不断的布尔什维克化过程，走向具有统一的思想信仰、严密的组织纪律和强有力的行动力的政党。

本书详细叙述了这四次分化的历史过程，并且试图探索知识分子分化背后的秘密，为什么本来具有“同一性”的同代知识分子，最后总是难以避免发生分化乃至分裂？

之前的众多研究，多是从所代表的阶级利益、所持的政治立场、信奉的意识形态或者知识结构的不同，来分析知识分子阵营的内部分化与冲突。这些固然很重要，也依然有效。然而，我在研究过程之中，发现还有两个因素，同样值得发掘：一个是“场域”，另一个是“文化惯习”。

“场域”与“文化惯习”都是法国社会学家布迪厄提出的分析性概念。布迪厄认为：在高度分化的社会里，社会世界是由大量具有相对自主性的社会小世界构成的，这些社会小世界就是具有自身逻辑和必然性的客观关系的空间。这些一个个相对自主的社会小世界就是“场域”。“场域”是一种关系网络，是各种位置之间的客观关系之组合。在这些关系网络中，每个“场域”都有自己运作的支配性逻辑。作为各种力量活动的场所，“场域”同时也是一个争夺的空间，各种位置的占有者们争夺和重新分配物质和符号资本。

本书在研究五四后期启蒙知识分子的分化，原先同属一个阵营的“语丝派”与“现代评论派”为何相互鄙视，以至于发生激烈的骂战,发现除了政见有别,还有各自活动的“场域”不同。“语丝派”与“现代评论派”的差异,在于他们与学术体制的关系,前者的“场域”在体制之外，而后者的“场域”在体制之中。在传统中国，知识分子活动的场域，乃是以科举体制为核心的知识－政治系统，从汉代的儒生到宋元明清的道学家，都具有一脉相承的正统士大夫的精神气质，我将之称为绅士。与绅士形成对比的，是名士。所谓名士，也是正途出身，有士大夫的身份，却不屑于在体制内部的“场域”活动，他们少了一点正统士大夫的方巾气，多了一点文人的潇洒自然、风流倜傥，在民间创造一片个人自由的小天地。1905 年科举制度废除之后，传统的士大夫体制轰然倒塌，取而代之的是现代的学术知识体制。传统的绅士与名士依然演化为新绅士和新名士，新绅士的活动场域主要在大学体制内部，而新名士虽然也不乏大学教授的职业，却更多地以文人的身份在学术体制外的民间报刊上获取文化的象征资本。他们对体制那个“场域”颇不以为然，甚至认为“现代评论派”跟官场和军阀有千丝万缕的暧昧联系。而“现代评论派”也看不起非学术正途出身的“语丝派”,认为他们是野路子,陈西滢甚至诬陷鲁迅的《中国小说史略》是抄袭了日本学者的。

不同的“场域”，所形塑的是不同的“文化惯习”(habitus)，它是某个共同体成员在长期的共同社会实践中所形成的高度一致、相当稳定的品位、信仰和习惯的总和，是特定共同体的集体认同和身份徽记，也是其内部整合和区别于其他共同体的最重要标志。“现代评论派”基本是英美留过学的学者“海归”，而“语丝派”多是没有国外文凭的文人“土鳖”，新绅士与新名士的“文化惯习”迥然两分。留学西洋的知识分子自视甚高，相信自己有特殊的知识，理应是社会的中坚。鲁迅称这些西洋留学生是“特殊知识阶级”。最让“语丝派”文人鄙视的，是“现代评论派”的“正人君子”道学家的一本正经，缺乏真的生命和真的“私见”。但从另一阵营的绅士们看来，有性情的名士们就是一帮咄咄逼人的“真小人”。假如仅仅涉及意识形态的分歧，虽然会剑拔弩张，但争论双方诉诸的只是理性，不一定会伤害到根子，知识共同体的基本盘亦可勉强维持，但是一旦涉及“文化惯习”，绅士与名士之间彼此看不起、看不惯、情感好恶就会统统卷入，由此产生的裂痕从此难以弥合，成为终生的精神创伤。

本书对“场域”和“文化惯习”的研究，乃是尝试一种新的视野，这也涉及知识分子本真性的理解。知识分子不仅是政治的动物，也并不仅仅是理性的存在，知识分子也是情感和意志的主体，将其置于具体的历史“场域”之中，从“文化惯习”观察不同知识分子群体的分化与对立，会深化对知识分子整体的认知，以接近历史完整的本相。

作者谨识

2023 年岁末于沪上樱园

第一章

晚清官僚士大夫的自改革

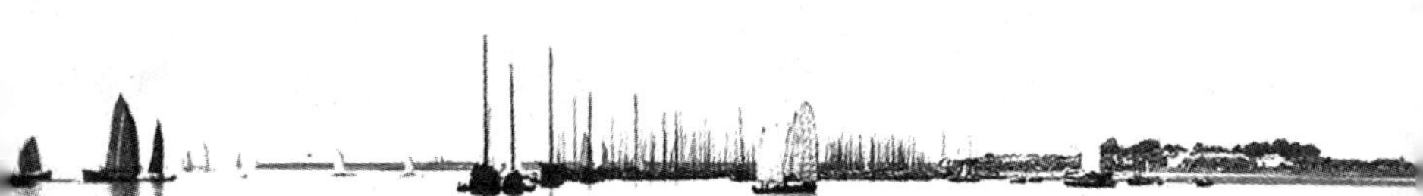

1872
1811
曾国藩
1885
1812
左宗棠
1891
1818
郭嵩焘
1901
1823
李鸿章
1902
1830
刘坤一
1904
1830
翁同龢

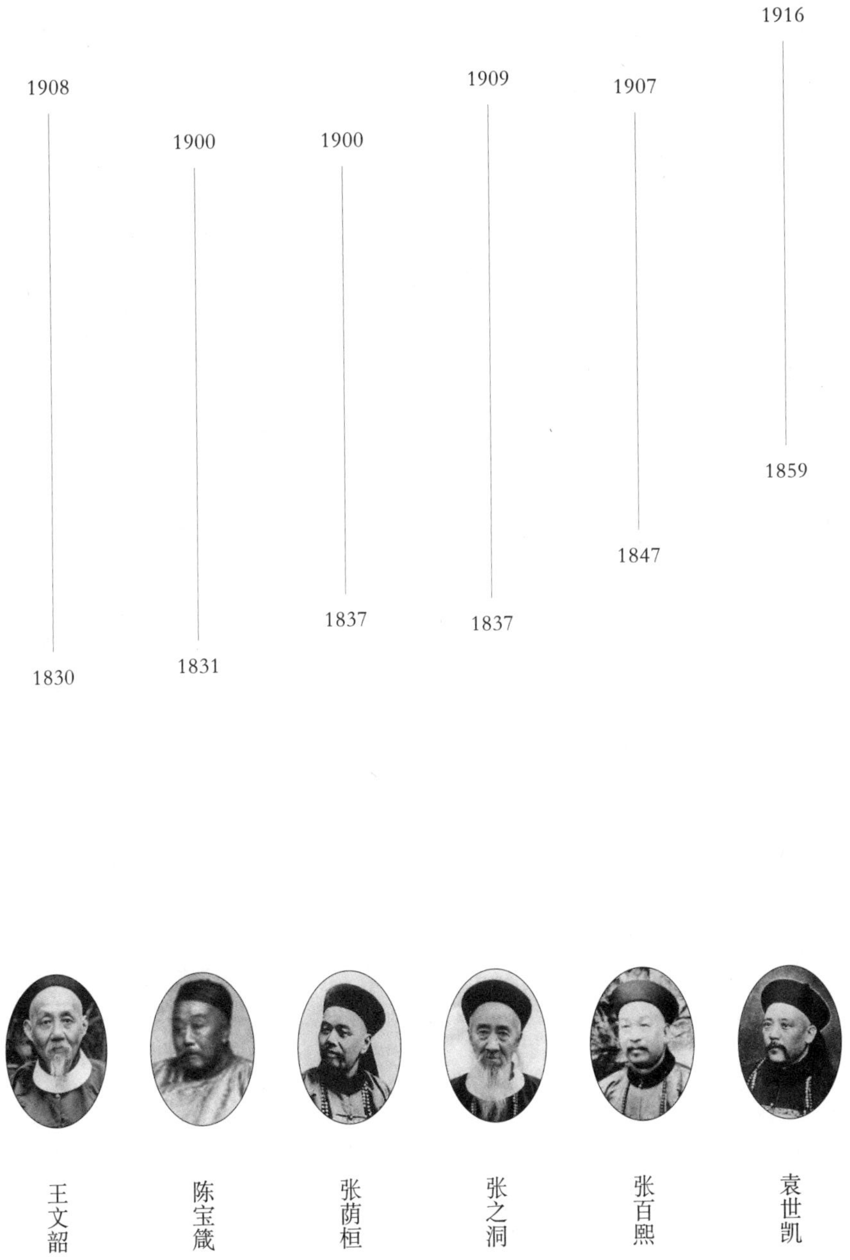
1908
1830
王文韶
1900
1831
陈宝箴
1900
1837
张荫桓
1909
1837
张之洞
1907
1847
张百熙
1916
1859
袁世凯

从晚清到辛亥，是中国近代变革的开端。

众所周知，晚清改革七十年的整体图景，走过三个阶段，洋务运动、维新运动、晚清新政。

社会政治的变革，不是客观的自然演化，它首先取决于改革的主体知识分子思想与精神的变化。

那么，从中国知识分子的世代更替来说，晚清士大夫的思想与精神发生了一个什么样的变化呢？

是一种什么样的思想变化，触动中国的士大夫阶级走上了改革的不归之路？

又是什么样的精神气质，使得官僚士大夫与文人士大夫迥然有异呢？

官僚士大夫和文人士大夫的思想脉络与互动博弈，本书的第一、二章将得以叙述和展示。

而本章的内容，将集中讨论在1894年文人士大夫崛起之前，官僚士大夫阶层内部的精神世界及其与“自改革”之间的关系。

从理到势：经世致用的出现

任何一场变革，都是从统治阶层内部的分化开始的。有清一朝，官僚士大夫大都出自科举正途，饱读儒家经典，视圣人之学为唯一的价值正当性。于是，变革的精神原动力，不可能来自外部世界，而只能来自儒学内部。

儒学虽然是德性之学，但依照内圣外王，个人要成圣成德，与佛老不同，不能仅仅凭修身，而是要实现外王，从修身而齐家治国平天下。于是，儒学就具有了修身和经世的双重趋向。从宋儒开始，修身一直是儒学的主流，但经世作为不可缺少的支流，在不同的朝代，也时而有所呈现，与修身形成对角之势，比如南宋的叶适、陈亮的浙东的事功学派、清末民初的顾炎武、黄宗羲的经世学派。而在朝廷内部，一旦出现了大变革的时势，经世致用往往会占据主流，比如北宋的王安石变法、明朝的张居正改革，都可以看到儒学的精神趋向由向内的修身转向朝外的事功之学。

有清一朝，在士大夫群体当中，注重道德的朱子学与推崇古文经学的乾嘉考据，是学问的主流。然而，到了道光之后，经世之学开始兴起。个中缘由，正如余英时所说："晚清经世思想的兴起决不能解释为对西方挑战的反应，而是中国思想史自身的一种新发展，其外在的刺激也依然是来自中国本土。"[1] 在鸦片战争前后，封疆大吏中的陶澍、贺长龄、林则徐，还有之前乾隆年间的陈宏谋，都是

1　余英时：《清代学术思想史重要观念通释》，载余英时：《中国思想传统的现代诠释》，南京：江苏人民出版社，1989 年，第 259 页。

以经世闻名天下的一代名臣。以贺长龄的名义、由魏源辑录的《皇朝经世文编》的流行，很能看出道光之后士林风气的变化。

清代的三大学派，一为宋明理学，二为汉学中的古文经学，三为汉学中的今文经学。理学当中，出现了注重经世的曾国藩。古文经学当中，则从清初的顾炎武，中经皖派的戴震，发展出晚清主张"通经致用"的张之洞以及以国学而革命的章太炎。众所周知，今文经学是晚清经世致用的主将，从龚自珍、魏源到康有为、梁启超，皆是"六经注我"，以经学革命来推动变法。由此可见，经世致用的兴起，不是仅仅属于某个学派，而是整个晚清学界的共同价值取向。

晚清的"自改革"运动，首先从办洋务开始。学习西方之奇技淫巧，这在祖宗之法当中，是史无前例之举，需要在圣人之学获得价值的合法性。有清一朝，官方的意识形态是朱熹的理学。倭仁与曾国藩都是理学大家唐鉴的门生，但两个人却代表了理学的不通路向，倭仁是修身派，而曾国藩是经世派。倭仁尊崇唐鉴的"守道"宗旨，视程朱理学为唯一的"正学"，道德心性修养是做人治国不二之法门。他有一段名言："立国之道，尚礼仪不尚权谋，根本之途，在人心不在技艺。"曾国藩虽然也是理学名臣，但已经属于理学的"修正派"，在修身之外，更注重经世。倭仁好谈君子与小人之辩，而曾国藩喜欢研究经济之道。一般皆将儒学分为义理、考据、辞章，但曾国藩认为三科之外尚有经济之学，它属于"孔门的政事之科"，与其余三科一起，共同形成儒家的礼学，"缺一不可"。古代的礼学，就是经世之学，也是史学，是一门实践性的知识。[1]他的老师唐鉴

1　参见萧一山：《曾国藩传》，南京：江苏人民出版社，2014 年，第 24—26 页。

告诉曾国藩，经济之学包含在义理之内，但曾国藩不以为然，他要将实用的经济之学从抽象的义理之中独立出来，赋予其与义理同等重要的地位，这就为之后筹办洋务提供了儒学的合法性学理论证。

第一代洋务派官僚士大夫，大都是理学家，但他们的思想之中，除了“理”之外，还重视另一个要素“势”。所谓“理”，乃是圣人之义理，具有超越价值的从宇宙到人伦的绝对真理，天不变，道亦不变，用朱熹的话说，乃是“万一山河大地都陷了，毕竟理却只在这里”。倭仁所要坚守的，就是这个永恒不变的天理，所以，他反对开办同文馆，抵制一切与圣人之理抵触的外来之物，无论是物质的，还是精神的。但是，曾国藩他们是明白人，当湘军大将胡林翼看到长江上冒着黑烟、装备洋炮的英国兵舰，一口鲜血从嘴中喷出，这个场景意味着，洋务派官僚士大夫清楚地意识到，他们所面临的，是“三千年未有之变局”，天变了，道也只能变。圣人之理，也要随着时势的更替而变化。于是，在“理”之外，“势”就变得格外重要。经济之学是什么？经世致用的核心何在？简单来说，就是随时势变化而调整的那部分圣人之学，用冯桂芬《校邠庐抗议》中的话来说，乃是“以中国之名教伦常为原本，辅之以诸国富强之术”。

对于官僚士大夫的理学家来说，在“理”与“势”之间，究竟是重“理”还是重“势”？在这二者之间，形成了一个光谱。以倭仁、曾国藩和李鸿章为例，倭仁与李鸿章处于两个极端，而曾国藩位于中间。倭仁是以理抗势，拒绝正视晚清国门打开之后的情势变化，死守千年的祖宗之道，下面要谈到的清流党人也是这样的文化性格。李鸿章是“势”重于“理”，置儒家之“理”于脑后，以机会主义的态度应对变化了的时势。李鸿章之后的务实派改革大员袁世凯更是变本加厉，是一个全然没有义理与道德的政治投机家。而曾国藩希望在圣人之“理”与经世之“势”之间保持微妙的平衡，因此内心常有“天人交战”的煎熬，曾国藩之后的第二代儒臣张之洞亦是如此。

将曾国藩与他的学生李鸿章做一个比较，就可以看出两代洋务派士大夫在“理”与“势”之间的差异。曾国藩讲究经济之学，但义理之学依然是第一位的。儒家义理追求的是为民之王道，而经济之学原本是法家的富国强兵，迫于晚清危如累卵的局势，不得不将儒家的经世致用落实在国家的富强之上，国之不存，无以保教。“理”与“势”之间并非能够相安无事，二者的紧张与冲突在曾国藩的晚年心理之中突出表现出来。在让他焦头烂额、名誉扫地的天津教案之后，他感叹说：“中外交涉以来二十余年，好言势者，专以消弭为事，于立国之根基，民生之疾苦，置之不问。……好言理者，持攘夷之正论，蓄雪耻之忠谋，又多未能审量彼己，统筹全局，弋一己之虚名，而使国家受无穷之实累。自非理势并审，体用兼备，鲜克有济。”[1]

“理”与“势”的冲突，在处事原则上，体现在究竟以道义为价值，还是利害为原则？曾国藩与李鸿章之间有一段非常有名的对话，很能表现出两代洋务派的代际差异。天津教案的后期，李鸿章奉旨接任直隶总督，老师问学生如何与洋人打交道？李鸿章信心满满地回答：我就与洋人打痞子腔。言下之意，可以依据利害关系，言而无

1 曾国藩：《请以陈钦署天津府折》，载曾国藩：《曾文正公全集 奏稿》卷二十九，台北：文海出版社，1974 年。

信，因势而变。曾国藩听了骤然变脸，正色说：办外交以圣人之教，讲究忠义诚信为第一原则，洋人纵有百般不是，但他们也是讲信用的。[1]李鸿章听了只能点头称是，在其晚年，承认自己不及曾国藩："我老师道德功业，固不待言，即文章学问，亦自卓绝一世，然读书写字，至老不倦。我却愧一分传受不得，自悔盛年不学，全恃一股虚骄之气，任意胡弄，其实没有根底。"[2]

中堂大人并非自谦之词，乃是有自知之明。曾国藩是立德立功立言"三不朽"之晚清圣人，他的身边，聚集了咸丰、同治年间最优秀的人才，他是当朝之名臣，又是一代名师——不仅是经师，而且是人师。如果说曾国藩是洋务的精神领袖的话，那么，比他更懂时务、更有实干能力的李鸿章，虽然幕府和部下也人才济济，但用的多是功利之徒。张佩伦批评他喜欢用有用之道德小人，"晚年为贪诈所使，七颠八倒，一误再误"。[3]比如，李所欣赏的盛宣怀就是一个显例。曾国藩以道德人格感召门生，李鸿章则是以功利利害招徕人心。曾国藩的时代，士林还讲气节、忠信和操守，到了李鸿章时代，士林的风气开始变化，功利主义和实用主义不仅成为处理朝廷事务的潜规则，而且也渗透到日常生活的人伦领域。辜鸿铭后来对李鸿章有一段批评，说李代表了中产阶级的庸俗，代表了"现代物质实利主义的破坏力量"，从此以后，"庸俗将成为新中国的理想，更为糟糕的是，我们将不仅拥有中国自身的庸俗，还将拥有欧美的

1 吴永口述，刘治襄笔记：《庚子西狩丛谈》卷四，台北：文海出版社，1974 年，第 131 页。

2 吴永口述，刘治襄笔记：《庚子西狩丛谈》卷四，第 134 页。

3 中国史学会主编：《中日战争》第五册，上海：上海人民出版社、上海书店出版社，2000 年，第 230 页。

庸俗”。[1]

辜鸿铭以崇尚道德、名誉和节操的欧洲贵族自居，最看不起新崛起的庸俗的中产阶级。所谓的庸俗，用学术的中性术语来说，就是世俗化，人心不再追求来世的救赎或解脱，不再在乎道德的伦理信仰，一切以工具理性的实用原则看待和处理人事。从这个意义上说，的确是李鸿章、而非曾国藩打开了近代中国世俗化之门。是耶非耶，全然取决于站在哪种价值立场。现代化本来就是一场庸俗化的运动，这种庸俗，用马克斯·韦伯的话说，就是“祛魅”，社会从此剥离神圣与道德的光环，以世俗之人的世俗利益作为最高价值。

洋务VS.清流：讲利害还是讲是非

晚清的洋务派士大夫，从李鸿章开始，为中国人的精神世界开启了世俗化的程序。辜鸿铭当然要视李鸿章为心目中的仇敌了。他想象中的晚清贵族化的“牛津运动”，乃是清流党人。清流派与洋务派，是洋务运动时期士林中的死对头。清流讲是非，洋务讲利害。洋务派视清流派不识时务，不谙世界大势，是一批过气了的迂腐之儒；而清流派反过来将洋务派视为利欲熏心之徒，全然忘却了儒家名教的基本义理。

清流派与洋务派，不仅有观念的差异，而且文化气质也全然不同。洋务派的不少封疆大吏，未必有最高的功名，同光年间三位位

1 辜鸿铭：《中国牛津运动故事》，载黄兴涛等译：《辜鸿铭文集》上册，海口：海南出版社，1996年，第286—287页。

居总督的封疆大吏，左宗棠是举人，刘坤一、张树声只是廪生出身，湘军、淮军中的不少洋务派官员只是军功显赫而得以上位。清流的出现，与翰林拥挤有关。清流派多是正途进士，甚至点了翰林，只是军功者与捐纳者占据了他们外放做官的仕途，鸠占鹊巢。于是清流党人不得已只能在翰林院中暂时栖身。他们自视甚高，看不起洋务派这些“粗才俗吏”，自认“清流”，而洋务官员只是“浊流”，批评后者“一切行政用人，但论功利而不论气节，但论材能而不论人品”。[1] 曾国藩的儿子曾纪泽说，清流党人有三种人，其中上品者，乃是“硁硁自守之士，除高头讲章外。不知人世更有何书”，中品者乃是“好名之士，附会理学之绪论，发为虚憍无薄之庄言”，下品者本来“视洋务为终南捷径，钻营不得，则从而诋毁之，以媢嫉之心，发为刻毒之词”。[2] 这段分析虽然不无洋务官员的偏见，但所谓清流，的确并非辜鸿铭所想象的那般品格整齐，人品格调高下者，不一而足。

中国的官僚士大夫阶层，从来等级森严，在乡野打拼得以出人头地的乡绅，与翰林院里饱读诗书、讲究优雅礼仪的上层贵族，自然不在一个文化地平线上。清流只是正途出身，清流之外，更有名士，所谓名士，科举出身未必重要，要紧的是要有非凡的文化品位，除了正宗的学问，金石书画，皆能玩赏。张之洞当年在京城，就组织过名士俱乐部，这都是张之洞看得起之人，不同于一般的“粗才俗吏”。文化品位的差异，形成了晚清士大夫的等级化落差。

1　辜鸿铭：《张文襄幕府纪闻》，载黄兴涛等译：《辜鸿铭文集》上册，第 418 页。

2　俞岳衡点校：《曾纪泽遗集》，长沙：岳麓书社，1983 年，第 343—344 页。

第二

□□告白貨物船隻經紀行情等欵願列入本館新報
十文倘字數多者每加十字照加錢五十文買二天者取錢一
文起算如有願買二四天者該價與第二天同
一如有西人告白欲附刻本館新報中者每五十字取洋壹元
分並先收列費此止論附列一天之例若欲買日子長久本館
譯亦可
一西人告白惟輪船開行日期及拍賣二欵刻費照中國告白
加中國刻費一半並祈先惠
一蘇杭等處地方有欲刻告白者即向該賣報店司事人說明
半爲賣報人飯費
一本館新聞開設伊始今僱人分送各行號或沿街零買如
八文如有願買一月之新報者先請向送報人注明入册本館
送報人飯食其于月底自取以免逐日零星收錢之累
本館之設新報原冀流傳廣遠故設法由信局帶往京都及各
先赴本館注明入册以便逐日分送本館議價每張六文該
底仍將新報交回本館不取價資
如有欲販至他處銷售其作錢一切均與信局一式請赴
新報標係辦資各如欲零買請向送報各店自取本館
未週望　四方君子賜教爲幸
一二三天間日一發以後每晨一發因現當創始
案牘之書理宜全遵循發故逐日全刻概不删節
□篇幅之制
勝
四日連日馳馬角勝負定于十二點
結束務求精彩或二

申報

壬申三月二十三日

英四月三十日

第一號

本館告白

今天下可傳之事甚多矣而湮沒不彰者比比皆是其故何歟蓋無好事者爲
使奇聞逸事闃然無稱殊可嘆惜也溯自古今以來史記百家載籍極博山經
綦詳然所載皆前代之遺聞已往之故事且篇幅浩繁文辭高古非薦紳先生不
非文人學士不能觀也至於稗官小說代有傳書若張華志博物干寶記搜神齊
怪之書虞初爲文章之選凡茲諸類均可流觀維其事或荒誕無稽其文皆典贍有
僅能助儒者之清談未必爲雅俗所共賞求其紀述當今時事文則質而不俚事則
能詳上而學士大夫下及農工商賈皆能通曉者則莫如新聞紙之善矣新聞紙之製
自西人傳於中土向見香港唐字新聞體例甚善今仿其意設申報於上洋凡　國家
政治風俗之變遷中外交涉之要務商賈貿易之利弊與夫一切可驚可愕可喜之事
以新人聽聞者靡不畢載務求其眞實無妄使閱者明白易曉不爲浮誇之辭不述荒唐
之語庶幾留心時務者於此可以得其槪而出謀生理者於此亦不至受其欺此新聞之
作固大有益於天下也且夫天下至廣也其事亦至繁也而其人又散處不能相見也夫
誰能歷覽而周知哉自新聞紙出而凡可傳之事無不徧播於天下矣自新聞紙出而世
之覽者亦皆不出戶庭而知天下矣豈不善哉惟是事屬創始或恐囿於方隅
限於知識遺漏滋多尚希　四方君子進而教之匡其不逮實有厚望焉申報主人謹白

本館條例

啟者新聞紙之設原欲以闢新奇廣聞見流佈四方者也使不事遐搜博採以擴我見
聞復何貴兼聽並觀以傳其新異是不可徒拘拘于一鄉一邑也茲本館特將條例開列
于左如　貴客願賜教或樂觀者祈惠顧一切爲幸
一本新報議價于上海各店零賣每張取錢八文各遠處發寄每張取錢十文本館躉賣
每張取錢六文
一如有騷人韻士有願以短什長篇惠教者如天下各名區
不取値
一如有名言讜論實有係乎國
小民稼穡之

同光年间，洋务派官员与奕䜣内外联合，打造了自强运动的高峰。慈禧太后当然要借助朝廷中的清流党人，牵制和平衡在一线主持实务的洋务派。这些在翰林院中夸夸其谈的文人词臣，所攻击的不仅是庸俗的李鸿章等洋务派，也同时横扫各种贪官污吏。于是，同光年间的士林舆论，出现了有清一朝以来前所未有的难得活跃。

明末的士林，曾经人声鼎沸，处士横议，形成了古代士大夫“清议”的顶峰，东林党人家事国事天下事，事事关心，发出自己的声音，黄宗羲甚至提出要办学校，让皇帝大臣到学校来，洗耳恭听读书人对国是的批评。天下之是非不应取决于朝廷，而是民间的天下之人。但清朝以控制舆论起家，开国两百五十年以来，即使康乾盛世，皆是死气沉沉。同治中兴，不仅表现在世俗化的洋务兴起，另一个重要的变化，乃是舆论板块的松动。对外开放必然带来统治阶层的分歧，而有了分歧，便会形成权力板块的松动，从而刺激为舆论的活跃。不过，清流与洋务的对峙，基本发生在体制内部，清流的“清议”，乃是庙堂内的声音，这与晚明的“清议”主要在庙堂之外，形成于江南的民间士林迥然不同。

不过，在同光年间，在上海的租界飞地，已经有洋人主办的民间报纸，最有影响的是《申报》，各级官员都通过阅读《申报》，了解国内外见闻与新知。《申报》的知识偏重洋务，但它的立场却是青睐清流的，常常放大清流对官僚的批评，《申报》与清流里应外合，形成了晚清庙堂内外的公共空间。中国的公共舆论，正式发端于 1890 年代的《时务报》，但在 1860 年代，已经有其先声。

萬國公報第壹伯柒拾捌册目錄
本期畫圖一幅
人學 緒言
論中華政俗之性質
列國政治異同攷九 論中德
格致進化論 第十二章
論新法爲富強之基
譯譚隨筆
學會重振此報改爲每月一册以助廣
學之用又將十四年矣現在中國頒行
新政整頓一切海內君子如有同志或
匡其不逮示我周行或錫以鴻篇藉光
簡策本館幸甚
如蒙惠教請寄吳淞路十號林公館
或江西路四十一號廣學會譯書處
可也
本報發行上海棋盤街廣學會總局
北京路美華書館外省各府州縣西
士售書處或書坊及售日報處每册
實洋二角定閱全年二圓遠處酌加
郵費
廣學會譯著實學新政要書
萬國公報
戊戌十月第一百十八冊
每月一次
萬國公報
戊戌八月第一百十六冊
每月一次
萬國公報
每月一次
萬國公報
戊戌九月第一百十七冊
每月一次
萬國公報
西歷一千九百二年
壬寅
三月
二月

边缘人：口岸知识分子

洋务也好，清流也好，毕竟还是官僚士大夫内部的分野，同光年间在通商口岸，还出现了一群之前从未有过的新的社会精英：口岸知识分子。

说是新精英，在当时却被社会视为士人中的边缘人。古代读书人的正途，皆是科举做官。若仕途不畅，秀才之下，都属潦倒之辈，不是在乡间当塾师，就是行医谋生。这批新精英，原本就属于这群倒霉人。他们还有一个共同的特征，家庭出身不是平民，就是破落的官宦之家，或者父亲早逝。因为家道中落，所以无法支持他们长年复习备考，不得不出来“觅食”。以两位苏州人王韬和沈毓桂为例，王韬的父亲是乡间贫穷的塾师，在王韬二十岁的时候去世，王韬不得不到上海传教士主持的墨海书院，从此走上不归路，在仕途之外闯下另一片天地。沈毓桂也是父亲早逝，由祖母带大，虽然聪颖过人，但在科场不顺，只能行医、当塾师，最后为生计所迫，不得不到上海滩“觅食”，同样进了墨海书院，后来担任了十二年的《万国公报》主编，这张报纸启蒙了康有为、梁启超整整一代文人士大夫。

若放在晚清之前，像王韬、沈毓桂这样的边缘读书人就必定被埋没在历史的尘埃之中，一生默默无闻。然而，1843 年五口通商之后，就为这些边缘人打开了一扇窗户。在中原的农耕文明的边缘，海洋文明首先在南方出现，以通商口岸城市为中心，在东南沿岸，形成了香港－上海走廊，与传统义理考据辞章的旧学不同，声光化电的科学和上帝福音的基督教义在口岸城市得以传播。这些来自西域的新知是传统士大夫全然陌生的，而是由在华的传教士和外商所掌控，王韬等人跟随他们，很快成为中国最早拥有新知识的口岸知识分子。

即使如此，第一代口岸知识分子，依然是中西社会的双重边缘人。对于中国人而言，他们是士林中的另类，为洋鬼子服务，自然被看不起。而对于洋人来说，则是为自己服务的当地雇员，也缺乏受尊重的地位。他们具有新知识，但缺乏社会权力。从事的是被看不起的边缘行业。他们靠西学谋生，观察世界的方式已经是新式的，但心态是传统士大夫的，在香港、上海讨生活，但并不喜欢洋场的文化，犹如列文森所评论的，理智上面向西方，但情感是传统的。

口岸知识分子由三部分人组成：自由职业者、买办和具有新知的幕府。第一类的自由职业者，除了前述的王韬、沈毓桂，其他具有代表性的还有马建忠、马相伯兄弟，李善兰，华衡芳等。马氏兄弟原本就是天主教家庭出身，到上海之后自然进入传教士文化圈。李善兰、华衡芳出身世家，本来可以走正常的仕途，但独独对数学有特殊的兴趣，遂摒弃仕途，到上海随传教士研习科学。王韬作为报人，是梁启超、汪康年下一代文人士大夫的先驱，只是在1894年之前，还没有大规模出现而已。

第二类是具有买办身份的知识分子。自然，不是所有的买办都是知识分子，但像郑观应、经元善这样的买办文人，与后来出现的张謇这些绅商不同，因为家庭的经商氛围，他们从一开始就没有走科举之路，身份上就是一个纯粹的商人买办。常年与洋人打交道，对西学新知有敏锐的观察，对世界大势有深刻的感受，他们像王韬那样，思考中国的改革路向，但因为从事实务，又没有受过旧学的学术训练，故所发表的多为务实之论和具体的改革国策。

第三类是具有新知的幕府知识分子。在太平天国的乱世之际，湘军、淮军这样的私家军队趁势崛起，曾国藩、李鸿章礼聘了大批读书人作为自己的私家幕僚。在正式的官僚体制之中，很难选拔和培植人才。而晚清的幕府制度，可以绕开体制的种种弊端，选择一流的专业人士服务于军政与洋务事业。同治中兴，除了洋务派官员的远大识见之外，离不开这些具有新知和新视野的卓越之士。魏源、郭嵩焘、冯桂芬、薛福成、容闳这些才俊，无一不是幕府出身。晚清的幕府，已经不同于传统的绍兴师爷，不再是技术性的刀笔小吏，而是有各种专业才能的饱学之士。幕主与幕僚既是师生，又是朋友，在同一张桌子上吃饭，共商大计。幕府与前两类口岸知识分子不同，他们并非体制外的边缘人，而是体制中的边缘人，多有进士、举人等显赫功名。才干卓著者，被曾国藩、李鸿章保荐，直接出任四品以上高官。到了晚清，幕府在翰林院之外，也成了候补高级官员的蓄水池。

无论是体制外的报人、买办，还是体制内的幕府，这些口岸知识分子都有一个共同的特征：大多出生和成长于香港－上海走廊的沿海地区，以珠三角和长三角的广东人与江浙人为主，比一般传统士大夫要早一步接触和了解西方的新知。知识决定了一个人的视野，而视野又定义了他是一个什么样的人。香港和上海，是 1895 年之前对外开放的两个最重要的门户，同光年间最优秀的口岸知识分子，无不有在香港或上海的生活经历。一百二十年之后，当第二轮开放重新启动的时候，最早吹入海洋文明的区域，与同光年间的第一轮开放一样，依然是香港－上海走廊的沿海地区，以珠三角和长三角为中心，并非历史巧合，既有地理政治的因素，也是文化传统所致。

“制”的变革，究竟是体还是用？

从1860年到1894年，是洋务派官僚士大夫主持改革的年代，而新出现的口岸知识分子，起到了不可代替的辅助功能。一般的历史教科书，都将这段时期称为洋务运动，似乎变革主要集中在器物的现代化上。事实上，1883—1885年中法战争的“不败而败”之后，朝野的士大夫，都出现了要求从洋务到变法的声音，虽然没有直接触动朝廷推出改革的举措，但已经为之后的戊戌变法铺垫了道路。

从晚清到“五四”的知识分子的变革，分为器物、制度与伦理三个阶段，它们分别触及了中国文化传统的“艺”（技术工艺）、“制”（法律政制）和“教”（伦理名教）三个层面。伦理名教是帝国的立国之本，也是官僚士大夫的立身之本，只有到了康有为、谭嗣同这代文人士大夫崛起之后，才开始受到冲击，在戊戌维新之前，无论是体制内的官僚士大夫，还是体制外的口岸知识分子所致力于的，是在守护纲常名教的前提下，从“艺”到“制”的改革。

众所周知，所谓的洋务派官僚士大夫，有两代人：第一代是曾国藩、李鸿章、左宗棠，第二代是张之洞、刘坤一、袁世凯，1894年甲午海战的失败，李鸿章退出朝廷的中枢，是两代人权力交替的枢纽。在张之洞这些第二代官僚士大夫主导晚清新政的时候，不仅康有为、梁启超这些文人士大夫崛起了，而且更激进的革命党人也浮出了海面。那么，在1894年之前，官僚士大夫是如何从改“艺”转向改“制”的？

第一代官僚士大夫曾国藩、李鸿章所领导的洋务运动，集中在学习西洋的技术工艺，至于如何学习，一开始所想到的是“人”的因素，只要用对了人才，就能将船坚炮利学到手。但在“仿西洋之器”的过程中，渐渐发现“器”的背后，还有“制”，比如军事的营制，西洋的就与中国的不同，于是，就从“仿西洋之器”，转向“仿西洋之制”。不要说“西洋之器”，其实“西洋之制”，也是整体性的，学了军事之制，接下来就是工商之制、教育之制，乃至法政之制。同光年间的自强运动，就是这样从向西洋开放而步步逼出内部的制度变革。

制度的变革，分为两个层面，一层是技术性的，用马克斯·韦伯的概念，乃是制度的理性化，通过现代的管理，强化生产性的效率。另一层是价值性的，涉及政治的参与和合法性重构，设立议院，将君主专制制度改变为君主立宪制。若用现代的学科划分，前者属于行政学、管理学范畴，后者就是一个政治学的问题。

技术性的行政学改革，1860 年代之后具有新知的幕府知识分子提出的各种变革方案，从冯桂芬的《校邠庐抗议》到薛福成的《筹洋刍议》，已经洋洋洒洒，颇具规模了，因为这些改革，并不涉及朝廷的核心利益和根本体制，所以为洋务派官僚大臣所喜闻乐见，第一代洋务派官员曾李左对技术性变革部分采纳，而第二代洋务派大将张之洞更是将之作为《劝学篇》的外篇内容，全盘接受。辛丑之后的晚清新政，就是处在这个理性化、技术性意义上的“改制”延长线上。

戊戌变法时期帝党与后党、文人士大夫与官僚士大夫的真正分歧，不在于要不要改革，而是如何改革，在技术性的法政制度变革上，没有实质性的不同，只是步骤疾缓的差异。然而，正是在是否要开议院这个属于政治学改革的要紧点上，张之洞与康有为分道扬镳了。虽然1904年日俄战争之后，官僚士大夫为时势所迫，也推动筹备立宪，但在戊戌时期，当各种技术性的行政改革刚刚开始推出的时候，涉及政权合法性变动的开设议院，显然就不是官僚士大夫与地方的绅商所愿意看到的。

然而，开设议院的声音，在1870年代已经出现了。国门打开之后，西洋的议会制度随着“西制”的其他制度，一并进入了中国人的视野，最早由洋人主持的《万国公报》和《申报》作为西域的政情介绍进来，在随后出使西域的外交官中，也有详细的描述。但作为一种值得仿效的“西制”，乃是由体制外两位最有眼光的口岸知识分子郑观应和王韬最早提出来的。郑观应在1875年写成的《易言》中说，泰西的议院“通上下之情，期措施之善”，“即此一事，颇与三代法度相符。所冀中国，上效三代之遗风，下仿泰西之良法”。[1]稍后，王韬也提出了类似主张：“君民共治，上下相通”，这是比君主之国要优越的君主立宪之国的好处。

将西方的议会制度比附为中国的三代之制，不仅是策略性的，也是知识性的，最早观察西洋的口岸知识分子，只能在中国传统的历史视野之中理解新的事物。这类“西学中源”说克服了口岸知识分子内心的中西紧张与对立，守护了中国文明的尊严与自大，而且也容易为体制内的官僚士大夫所接受和采纳。果然，中法战争的“不败而败”，让体制内的权力板块得以松动，一部分有清醒头脑的官僚士大夫焦虑于清代以来君主专制带来的上下相隔，开始倾心于西

1　郑观应：《论议政》，载夏东元编：《郑观应集》，上海：上海人民出版社，1982年版，第103页。

方的“议郎”设置。1884 年，李鸿章的部下、两广总督张树声在临终之前写下的《遗折》中说：“夫西人立国，自有本末，虽礼乐教化远逊中华，然驯致富强，具有体用。育才于学堂，论政于议院，君民一体，上下一心，务实而戒虚，谋定而后动，此其体也；轮船、大炮、洋枪、水雷、铁路、电线、此其用也。中国遗其体而求其用，无论竭蹶步趋，常不相及，就令铁舰成行，铁路四达，果足恃欤！”[1]

一个廪生出身的正二品封疆大吏，在 1880 年代，就有此识见，可谓超越了整整一个时代。晚清的士大夫喜欢用体用、道器和本末区分中西之学，“中学为体、西学为用”是从洋务到辛亥整整半个世纪官僚士大夫的集体共识。在“艺”“制”“教”三者之中，“艺”为用，“教”为体，这并没有什么分歧，但“制”的变革，究竟是“体”，还是“用”？张之洞的《劝学篇》中论述“变法”一节，认为“夫不可变者，伦纪也，非法制也”，[2]在这里，张之洞所说的“法制”，乃是前面所分析的行政学意义上的典章制度，而非政治学层次上的国家根本制度。显然，前者属于用，后者属于体，是不可变易的政教一体。然而，张树声的临终遗言，却看到了议会制度，乃是一种无法与改“艺”、改“制”割裂的西学之体，中国只有采纳这个层次上的“西制”，才能转为富强，成为现代国家。

到中法战争之后，重视开设议院的，在官僚士大夫当中，已经有郭嵩焘、崔国因、宋育仁、陈炽等一批人。他们虽然属于先知先觉者，但这一主张混杂在其他行政学意义上的“变制”清单之中，

---

1 张树声：《遗折》，载张树声：《张靖达公奏疏》卷八，清光绪二十五年（1899 年）刻本。

2 张之洞：《劝学篇》，载吴剑杰编：《中国近代思想家文库 · 张之洞卷》，北京：中国人民大学出版社，2014 年，第 313 页。

并不显得刺目。更重要的是，此一阶段的开议院要求，与西式的君主立宪尚有一段距离，基本思路仍是回到三代之治，得民心、通下情，君民一体，共谋自强。其背后的义理依然是圣人之教，与戊戌时期康有为梁启超的激进变法有天壤之别。

同样的“变制”，都是在“用”的范畴里面，是否能够为主流士大夫接受，要看与“体”的关系。康、梁在戊戌时期的变法，之所以不为官僚士大夫容忍，乃是因为与名教之“体”被颠覆有关。而在后“洋务”、前“变法”时期的同光年间，因为“体”的无人挑战与怀疑，因此哪怕是开设议院这样的超前主张，依然被视为是温和的“变制”，因此兵部尚书彭玉麟肯为郑观应背书，为《盛世危言》作序，孙家鼐也会将《盛世危言》连同汤寿潜的《危言》、冯桂芬的《校邠庐抗议》一起推荐给光绪皇帝。

在1894年之前，对于官僚士大夫与口岸知识分子而言，有一个从洋务到变法的认识进程，其极端之处，便是开设议院，但不能碰触的天花板，是圣人的名教，不要说不敢，连想都不敢想。因为这代读书人，依然在正统的旧学之中，即便是最激进、最有超越意识的王韬、郑观应这样的边缘知识分子，亦是如此。郑观应在《盛世危言》中明确表示：“道为本，器为末，器可变，道不可变，庶知所变者富强之权术，非孔孟之常经也。”[1]在戊戌维新期间，郑观应、经元善这些沪上的绅商阶层，虽然在改革的大方向上与文人士大夫基本一致，但对康有为激进的变法主张、特别是颠覆孔孟名教

1 郑观应：《盛世危言》，载夏东元编：《郑观应集》，上海：上海人民出版社，1982年版，第240页。

颇有微词，以为新进改革者“才高意广，不求平实”，过早开始议院，恐怕会流弊丛生，招来大乱。[1] 他们哪怕观念超前，与康有为一致，但在行动上，却属于张之洞的稳健一路。官僚士大夫与文人士大夫，有思想上承继关系，但毕竟是晚清的两代知识分子。

1895 年之后，新的一代知识分子文人士大夫崛起了，他们与上一代官僚士大夫有同有异，合中有分，戊戌变法的所有秘密，都与此相关，但那是下一章的故事了。

延伸阅读

[美] 芮玛丽：《同治中兴：中国保守主义的最后抵抗》，房德邻、郑师渠等译，北京：中国社会科学出版社，2002 年。

萧一山：《曾国藩传》，南京：江苏人民出版社，2014 年。

雷颐：《李鸿章与晚清四十年》，太原：山西人民出版社，2008 年。

[美] 柯文：《在传统与现代性之间：王韬与晚清改革》，雷颐、罗检秋译，南京：江苏人民出版社，2006 年。

1　详见易惠莉：《郑观应评传》，南京：南京大学出版社，1998 年，第 484、554 页。

第二章

晚清的文人士大夫

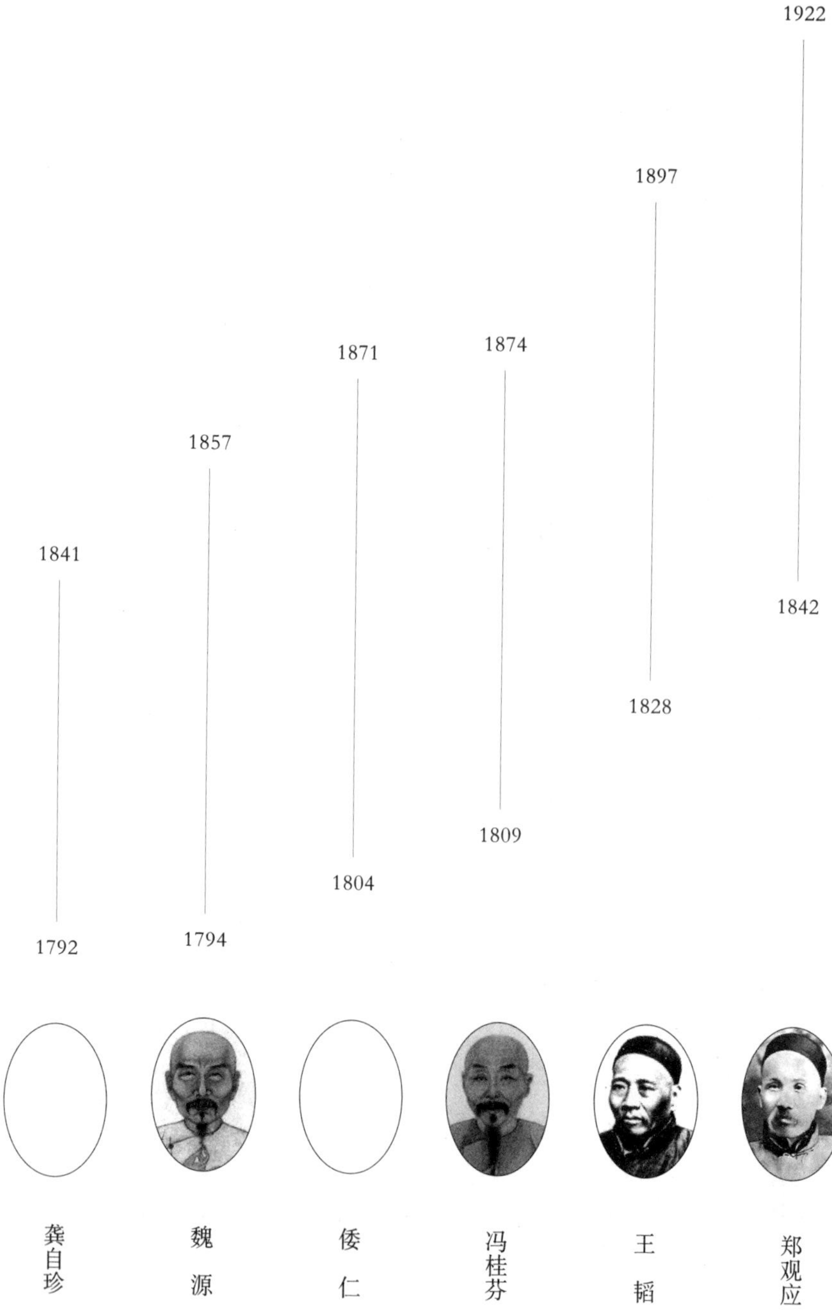
龚自珍
1792
1841
魏源
1794
1857
倭仁
1804
1871
冯桂芬
1809
1874
王韬
1828
1897
郑观应
1842
1922

1905

1848

黄遵宪

1927

1858

康有为

1911

1860

汪康年

1898

1865

谭嗣同

1929

1873

梁启超

1898

1875

林 旭

晚清有两代变革的士大夫——

第一代是主导洋务运动的官僚士大夫：曾国藩、李鸿章、翁同龢、张之洞、袁世凯等；第二代是戊戌变法时期登上历史舞台的文人士大夫：康有为、梁启超、谭嗣同、黄遵宪等。

1890年代是这两代士大夫新旧交替的时期。到了1895年《马关条约》之后，在士大夫群体之中，赞成变法已经成为主流，原本的洋务派与新崛起的维新派以联手之势，造成了最初的大好局面，促成了光绪帝下决心戊戌变法。

然而，为什么这两派都致力于改革的士大夫会分道扬镳，以至于戊戌变法最终失败？

康有为与张之洞都要保教、保种、保国，但在“三保”之中，各自要保的重心究竟是什么？

他们所理解的“教”与“国”究竟何指？

背后又呈现出两代士大夫什么样的精神世界？

新一代的文人士大夫，虽然在戊戌变法中遭到了惨败，被杀头和通缉，但所发起的作为民间的文化运动戊戌维新，却大获全胜，新思想、新名词从此成为不可逆转的时代大潮流。

这一胜一败之间，与文人士大夫的代际特征有何关联？

这些问题，正是本章所要探究的。

文人士大夫以及精神世界

首先，让我们来研究一下，何谓文人士大夫？晚清的文人士大夫的精神世界，与官僚士大夫有什么不同呢？

北宋之后的科举制度，是读书人群体的等级化建制，进士以上属于士大夫的上层社会，他们或为各级官僚，或为翰林院的候补官员，处于体制的核心，与朝廷有千丝万缕的利益关系，也深谙权力的复杂运作与内部网络。秀才和举人属于士大夫的中下层社会，他们继续奔走在通往京城的仕途中，处于权力体制的边缘，作为地方的士大夫精英，身上带有浓郁的地域色彩，也有着文人的各种浪漫的乌托邦想象。

到了19世纪末，虽然曾国藩、李鸿章、张之洞这些官僚士大夫，与康有为、梁启超这些文人士大夫，都意识到不变革不足以度过危机，但因为他们在权力网络的不同位置，令他们的变革观念与介入方式有非常大的不同。

戊戌维新时期的文人士大夫群体，早在道咸同治年间，有两位先驱性人物：龚自珍和王韬。他们分别塑造了文人士大夫的双重特性：龚自珍的浪漫主义气质和王韬的立足民间舆论。

龚自珍虽然与魏源并称，但龚、魏的身份与文化之差异是非常明显的。魏源乃是幕僚出身，是经世致用的实践者，他务实而精干，留下的是实实在在的《皇朝经世文编》、《海国图志》和《圣武记》。而龚自珍，出身书香门第、官宦世家，外祖父是清学大儒段玉裁，他从小受到一流的文史熏陶，对时政敏感而激愤。最早提出“自改革”的龚自珍，虽然其具体的改革主张无甚高论，自称“何敢自矜医国手，药方只贩古时丹”[1]，但是，他的浪漫主义解放气质，像精神的狂飙，鼓舞了戊戌时期一代文人士大夫。梁启超后来说：初读《定庵文集》，犹如电击，他颇似法国的卢梭，虽然其思其学病在不深入，引其绪而止，又为瑰丽之辞说掩，意不豁达，但是，晚清思想之解放，自珍确与有功焉。[2] 龚自珍因为在三十七岁之前，科举之途屡试屡败，好不容易中了进士之后，又与官场气氛不合，辞官南归在江浙主持民间书院，与文人友朋吟诗唱和，抨击时政。与传统官僚士大夫不同，他的变革希望不再投射于皇帝和朝廷，而是地方社会的“山中之民”：“有大音声起，天地为之钟鼓，神人为之波涛矣。”[3]

何为龚自珍期待的“山中之民”？显然并非江湖社会的草莽英雄，而是晚明活跃在民间的阳明学士人。这些具有强烈批判意识的文人士大夫，在清朝早中期一度中断，到了道光年间，在江南地区又悄悄聚集起来。经过半个世纪的酝酿，到 19 世纪末，终于汇合成一代气焰张扬的文人士大夫。

道光年间的龚自珍还只是一个传统的文人士大夫，只是在私下流传的诗文中发发牢骚。而同光年间的王韬，虽然也有浪漫气质的名士派头，但作为在体制内外和中西之学的边缘人，他在香港－上海走廊的租界飞地，找到了自己的恰当位置：近代报人。1874 年他在香港主办的《循环日报》虽然影响不大，但作为华人第一张以公共舆论为主体的报纸，可以说是近代中国公共领域的最早滥觞，

1 龚自珍：《己亥杂诗》，上海：上海人民出版社，1975 年，第 513 页。

2 梁启超：《清代学术概论》，载朱维铮校注：《梁启超论清学史二种》，上海：复旦大学出版社，1985 年，第 61 页。

3 龚自珍：《尊隐》，载龚自珍：《龚自珍全集》，上海：上海人民出版社，1975 年，第 88 页。

梁启超、汪康年后来办《时务报》，显然是承接了王韬民间办报的传统，我接下去将谈到，文人士大夫的活动场域，不再是朝廷与衙门，而转移到体制外的社会空间。

上一章曾经谈到，儒学中有修身和经世两种趋势，到了晚清，经世致用风气渐起，无论是汉学中的古文经学还是今文经学，或者宋学中的理学或心学，皆以经世为第一要义。晚清的“自改革”从学术渊源而言，本身就是经世致用的产物，这也是文人士大夫与官僚士大夫共同的思想底色。不过，曾国藩、张之洞这些改革派儒臣，与龚自珍以及后来的康有为、梁启超这些文人士大夫，除了上述的活动场域有别，文人士大夫与官僚士大夫在精神气质上也有明显的不同。

清朝继承明之传统，以程朱理学为正统意识形态。上一章已经论述，理学内部，于修身和经世两种传统，倭仁强调的是不变之天理，曾国藩发扬了随时势而变的经世致用。在道光同治时期，意识形态的斗争，基本围绕着“理”与“势”而展开。到了光绪年间，文人士大夫开始出现，从龚自珍到康有为、谭嗣同、梁启超，在精神气质上继承的是并非保守的正统理学，而是具有个人意志和思想解放色彩的阳明心学。于是，意识形态的斗争，到了1890年代，从保守派与洋务派之间的“理”与“势”的冲突，逐渐转移到两代改革派士大夫之间“理”与“心”的对峙。洋务派官僚士大夫中的两位儒臣曾国藩、张之洞，虽然主张因“时势”而变，但依然奉理学为正宗，圣人名教为天理，经世之学可变，三纲秩序不可变也，他们的重心在“天理”而非“人心”上，虽然这个“天理”已经随“时势”的变化有部分的调整。

然而，文人士大夫在精神气质上却与理学家不同，他们在阳明心学的延长线上，试图掀起一轮从思想解放到激进变革的狂澜。从龚自珍到康、梁，之前的研究多注意其学术上的今文经学的革命传统，其实，还有另外一条心学的暗线。龚自珍高唱："天地，人所造，众人自造，非圣人所造。……众人之宰，非道非极，自名曰我。我光造日月，我力造山川。"[1]龚自珍这些以"自我"为本体的惊骇之论，已经跨越了阳明心学的最后一道"天理"的界限，足足领先了一个时代，到戊戌时期演化为康、梁一代文人士大夫致力于"六经注我"、发动儒学的新教革命的内在精神动力。康有为的教主性格当中有强烈的"自我"意识，这个"自我"既是精神的，又是物欲的，与晚明的精神解放与自然人性思想潮流一脉相传。而谭嗣同激进的仁学，将个人意志中的"心力"，作为世界的大本大源，用"心力"对抗"天命"。

一场翻天覆地的改革，首先需要改革者有颠覆乾坤的精神本源。显而易见，官僚士大夫墨守于规规矩矩的理学，且不说思想观念，在精神气质上也不具备解放者的基因，因而他们能够想象的远方是有限的。而继承了阳明心学的文人士大夫，具有宏大的浪漫主义乌托邦理想，浪漫主义的精神气质与西方的进化论、今文经学的三世说和"无父无君"的佛教相结合，于是就爆发出激进改革的巨大能量。

谈到浪漫主义传统，文人士大夫的领袖康有为、梁启超都是广东人，并非偶然。这背后有地缘文化的因素。洋务派官僚士大夫多湖南人，从曾国藩、左宗棠到刘坤一、郭嵩焘，都受到湖湘文化历

1　龚自珍：《壬癸之际胎观第一》，载龚自珍：《龚自珍全集》，第12页。

史悠久的经世致用传统的浸润。而过去的“南蛮之地”广东，远离京城的政治中心，也与理性化、专业化程度比较高的经济与文化中心江南有别。广东的地域文化当中，民间信仰比较发达，六祖禅宗慧能是广东人，其内心体验式的心证之法影响了后来的王阳明，也为岭南之学蒙上了一层神秘主义的面纱。宇宙即我心，我心即宇宙，从明代的岭南大儒陈白沙，到晚清的康有为，都处于神秘主义与浪漫主义交相辉映的同一条思想脉络之中。[1]

两代士大夫的比较

让文人士大夫崭露头角的，是 1895 年的公车上书。虽然公车上书最初的发起者，是官僚系统中的中下层官员，甚至有翁同龢、李鸿藻这样的拒和派大臣的深层背景，[2] 但公车上书这一事件，有两重意义。

其一，清廷对士大夫参与政治的空间都严防死守，对民间读书人诱导他们不闻天下事，一心奔走于漫漫的科举仕途，或者专注于烦琐的乾嘉考据。公车上书是自明末的东林党运动三百年之后，有清以来第一次大规模的士大夫运动，此后的一个世纪，读书人前赴后继，掀起一波又一波自下而上的政治参与狂潮。运动意义上的近代中国，自公车上书开始，自当无疑。

其二，公车上书也是体制内外的官僚与布衣士大夫第一次成功

1　关于岭南儒学与湖湘儒学、江浙儒学的区域差异，参见杨念群：《儒学地域化的近代形态：三大知识群体互动的比较研究》第一至第四章，北京：三联书店，1997 年。

2　参见茅海建：《戊戌变法史事考二集》，北京：三联书店，2011 年，第 23—30 页。

的联手。联手的管道是传统的乡缘、亲缘和学缘网络。最初由文廷式、王鹏运这些主战派京官鼓动在京参加会试的各省举人“同省”上书，随后由康有为发动十八省一千三百名举人参与的“跨省”签名运动。由康有为起草的《上清帝第二书》，尽管没有递入朝廷，但在民间发生了爆炸性影响，康有为以超越同代人一个身位的变革卓见，一夜爆得大名，奠定了其新一代文人士大夫的领袖位置，也让官僚士大夫对他刮目相看。过去官僚士大夫要影响皇帝，主要靠上奏等体制内的权力网络，但公车上书之后，他们开始懂得在体制外“造势”，通过社会的舆论形成时代大氛围。而像这类“宣传”和“造势”是官僚士大夫们所不擅长的，而正是新崛起的文人士大夫的拿手好戏，改革派官僚不得不借重康有为、梁启超这些本来未必看得起的维新派布衣。

梁启超在《南海康先生传》中说，有两种影响时代的大人物，一种是“应时之人物”，另一种是“先时之人物”，法国的拿破仑、日本的西乡隆盛，纵然伟大，也不过是顺应时势者。“应时人物者，时势所造之英雄；先时人物者，造时势之英雄也。”在梁启超看来，上一代的洋务派官僚曾国藩、李鸿章之辈，只是识时务的英雄，而新一代士大夫的精神领袖康有为，就像法国的卢梭一样，则是造时势的先知，因为他具有“先时之人物”的三大气质：理想、热诚和胆气。[1]这话虽然有溢美之词，但对两代士大夫的历史定位还是颇为准确的。将曾国藩和康有为做比较，曾国藩其长处在识大势，懂

1 梁启超：《南海康先生传》，载梁启超：《梁启超全集》第一册，北京：北京出版社，1999年，第481页。

应变，善于将捕捉到的大局变化转变为实际的时务，是一流的大政治家，但在思想上并无超越时代的特别出彩之处。而康有为，理想奇丽宏大，富有教主般的魅力，开拓了一个全新的思想年代，但接下来我们将看到的，他于政治全然是外行，幻想多于冷静，是一个末流的政治家。官僚士大夫与文人士大夫的短长之处，从这两代领袖身上看，昭然若揭。

甲午一役，马关痛局，震撼了整个士林，也触痛了麻木不仁的朝廷，自此人心思变，不变则亡，成了庙堂与江湖上下一致的政治共识。官僚士大夫之中，无论是洋务派的李鸿章、刘坤一、张荫桓、袁世凯，还是清流出身的翁同龢、孙家鼐、张之洞，都有了变法改制的意愿。在权力的最顶层，光绪的变法决心，也得到了慈禧太后有限度的默许。变法真所谓大势所趋，人心所向，奕劻、荣禄、刚毅、徐桐这些满旗贵族，虽然恐惧变法会危及满人的既得利益，但暂时也在观察风向，不敢公开反对。

问题是本来形势一派大好的变法，为何会中途夭折？过去的结论是光绪与慈禧对权力的掌控不成比例，任何改革都是权力的分配与再分配，当慈禧以及后党意识到光绪的变法会威胁到自身的根本利益的时候，自然会出手扼杀百日维新。近年的研究则多指出由康有为设计、光绪主导的变法方案过于激进、密集和急躁，导致各种反对力量集聚，最后功亏一篑。这两种观点自然是有道理的，但本章将从一个特定的角度，分析戊戌变法之所以失败，最重要的原因不是保守势力太强大，乃是因为体制内外的变法势力，官僚和文人两代士大夫无法携手合作，康有为得罪了几乎所有的体制内变法派，最后功亏一篑，导致悲剧的产生。

保中国，不保大清

戊戌变法时期上层的权力格局，基本是“两个中心，三分天下”。在前台治理朝政的光绪皇帝和在后台操弄大权的慈禧太后，这是两个权力的中心；三分天下，乃是后党保守派、帝党变法派和后党变法派。

后党保守派主要是在慈禧周围、为太后所信任的一批满清贵族，奕劻、刚毅、荣禄、文悌等深知变法是一场权力再分配的过程，唯恐满人的权力因此而削弱，因而对变法的态度是绝对的抵触，而反对变法的方式，不在前台，通常是在背后在慈禧面前说光绪的坏话，说他重用汉人，断送满人的江山。而在前台公开反对变法的，则是一批保守的汉人官僚士大夫，比如屡次上奏折的徐桐、许应骙、杨崇伊等人，他们当然也有权力上的考量，但更多地出自“卫道”的意识形态原因，顽固地坚信，圣人之道不可改，祖宗之法不可变。这批后党保守派有多大的政治能量，完全取决于慈禧对他们的态度。

上层权力结构当中赞成变法者，另分两派，一派在光绪周围，另一派为慈禧所信任。帝党变法派以翁同龢为首，还有张荫桓以及文廷式、沈曾植、张元济等一批中层官员。而后党变法派主要是李鸿章和张之洞，以及同样为慈禧和光绪信任的温和变法派王文韶、孙家鼐、张百熙、袁世凯等。事实上，这些赞成变法的汉人官僚士大夫，在思想上没有太大的差别，变革理念上基本停留在冯桂芬的《校邠庐抗议》层次，在满清的严密控制当中，并没有形成紧密的朋党之分，说他们是两派人，只是在权力格局中的位置不同，在帝后两个权力中心之间，分布成不同的权力背景光谱而已。

1895 年之后，耻辱的《马关条约》使得朝廷上下意识到，不变法是不行的，帝后之间对待变法的态度，差别只是在于如何变，变到什么地步。在这样的背景下，后党保守派在一开始并非有什么优势，他们采取的是守势，小心翼翼地寻找变法中的破绽，以便转守为攻，恶参一本，或者在太后面前挑拨离间。

帝后两党的变法派相加起来的实力，是非常壮观的，从军机大臣到封疆大吏，占据了相对的优势。但是，他们内部四分五裂，有共同的变法意愿，却都想排斥对方，掌握变法的主动权。在甲午海战之前，围绕着对日究竟是和还是战，翁同龢为首的主战派与李鸿章为首的主和派就形成了水火之势。《马关条约》之后，变法派最为重要的三巨头，是帝党的翁同龢、后党的李鸿章以及张之洞。翁同龢如日中天，深得光绪信任，张之洞声誉很高，洋务成绩斐然，而李鸿章虽然暂时失势，依然有不容小觑的实力。

对于康有为这些新崛起的文人士大夫来说，与变法派结成联盟，就是处理好与这三巨头的关系。简而言之，假如康有为懂得一点京城的权力格局，最好的政治策略，乃是稳住保守派，背靠帝党，与后党搞好关系。也就是说，尽量不刺激荣禄、徐桐等人，牢牢抓住翁同龢、张荫桓，而积极争取张之洞、李鸿章、王文韶、孙家鼐、张百熙、陈宝箴等的支持。可以想见，假如体制内外的变法派携手合作，1898 年将是另一个局面，戊戌变法将是另外一个结果，中国历史也会因此而改写。

然而，康有为的结果，恰恰与此完全相反，他不仅刺激了保守派，还得罪了后党变法派，连曾经一度支持他的翁同龢，后来也刻意与他保持距离。在整个权力上层，除了光绪一个光杆皇帝的撑腰，康有为几乎与所有的势力包括保守派和变法派为敌。如此局面，戊戌变法焉得不败?

康有为为保守派所不容毫不奇怪，可是否刺激他们又是另外一回事。正因为康有为的咄咄逼人，口无遮拦，加深了保守派对他的仇恨，必欲置之死地而后快。康有为两次见荣禄，就是明证。第一次，是光绪想召见康有为，被奕䜣所阻拦，于是，包括荣禄在内的五大臣代光绪召见康。荣禄首先划定了变法的红线，“祖宗之法不能变”。康有为针锋相对回应说：“祖宗之法，以治祖宗之地也。今祖宗之地不能守，何有于祖宗之法乎？”[1] 这段对话，见于康有为的《我史》，虽然有事后加工的成分，显示变法立场的坚定，但连支持他变法的翁同龢当天的日记都记载康有为态度“狂甚”，可见康有为将荣禄得罪之深。

不是冤家不聚头。第二次是戊戌变法拉开序幕后，康有为与荣禄同日受光绪召见，坐在朝房等候，据同时等候召见的张元济事后回忆，荣禄架子十足，摆出一副很尊傲的样子，而康有为毫不买账，与他慷慨激昂，大谈变法。[2] 据流传甚广的苏继祖的《清廷戊戌朝变记》记载，荣禄问：“一二百年之成法，一旦能遽变乎？”康有为答曰：“杀几个一品大员，法即变矣。”康有为是否说过这句话，已经不重要，重要的是，这种说法很可能来自荣禄的放风，足见两人之间已经势同水火。[3]

康有为与荣禄的过节，不是他们个人的，而是变法派文人士大

---

1 茅海建：《从甲午到戊戌：康有为〈我史〉鉴注》，北京：三联书店，2009 年，第 289 页。
2 转引自茅海建：《从甲午到戊戌：康有为〈我史〉鉴注》，第 429 页。
3 茅海建：《从甲午到戊戌：康有为〈我史〉鉴注》，第 429—430 页。

夫和保守派官僚士大夫直接的利益冲突，随着光绪重用康有为，推出各项变法措施之后，两派的冲突到了白热化，只是康有为不谙上层政治，懵然无知，而他的对手们心知肚明。御史文悌以满族既得利益集团的特殊敏感，上折指出康有为"欲保中国四万万人，而置我大清于度外"，[1] 也就是"保中国不保大清"。在所有对康党的攻击之中，这句话最讲到要害，也深深刺激了慈禧。慈禧不是不要变法，只要变法能够挽救大清江山，她愿意让步，但以她为首的满族统治集团，有一条红线绝对不能跨越，那就是不能以牺牲清朝小江山的利益成全中国，大清的安危永远在国家之上，如果非要有选择，宁可牺牲国，以国为代价守护大清的江山。

但康有为成立的保国会，他要保的国，已经不是传统意义上的王朝这个小江山，而是近代的 nation state，是土地、人民与主权的集合体，国在大清之上，如果有必要，也可以牺牲大清，保全中国。这是变法派文人士大夫与保守派官僚士大夫的根本区别所在。

就连洋务派的领袖奕䜣也看出了其中的究竟。他认为康的变法有"废我军机，毁我大清"之嫌疑，在临死前给光绪和慈禧留下的最后嘱托中说："闻有广东举人主张变法，当慎重，不可轻任小人也。"[2] 奕䜣在满人亲贵当中是最开明、最有头脑的，连他的内心都有一条变法不可逾越的红线，而康有为，在他看来正是要颠覆大清江山的居心叵测的小人。

唯有年轻的光绪皇帝，对这条红线并不敏感，他虽然也要保祖

1　转引自张健：《戊戌悲歌：康有为传》，北京：作家出版社，2016 年，第 197 页。

2　转引自张健：《戊戌悲歌：康有为传》，第 155 页。

宗留下的政权江山，但已经多少有了一点近代的国家意识，明白国家不保，江山无存。当慈禧指责他破坏祖宗之法时，光绪辩解说：“祖宗而在今日，其法必不若是；儿宁忍坏祖宗之法，不忍弃祖宗之民，失祖宗之地，为天下后世笑也。”[1]祖宗之法，乃是小江山之规矩，但在光绪看来，只要妨碍了近代国民的利益、无法保全国家的领地，祖宗之法，没有不变的道理。

历史上的任何变法，最后所触及的深层问题，必定是人事，也就是权力的再分配。百日维新之中，慈禧对光绪之前的所有变法措施，都能够默许和忍受，但唯独动了权力的奶酪，光绪罢免了礼部六堂官，任命四章京，接受康有为的建议，在旧制之外设立新的权力机构制度局的时候，后党保守派终于倾巢而出，全面反击。满族官员聪明地将光绪废弃旧人、自搭班底的用人举措，狡猾地归结为要尽弃满人、全用汉人。采用有清以来最敏感的族群问题来说事，当然是触及了慈禧最忌讳的要害。于是，就有了帝后之间上述关于破坏祖宗之法的争辩。不待所谓的袁世凯告密，后党那边已经决定先发制人，夺回本已回归光绪的亲政大权，将变法维新扼杀在摇篮之中。

虽然已经有不少研究已经指出了康有为与光绪的激进与贸然，触发了慈禧和保守派的反扑，但并非意味着戊戌变法从一开始就埋下了必然失败的命运。事实上，康有为的真正败笔，主要不在刺激了荣禄这批迂腐的保守派，而是没有与其余两派人，帝党变法派和

1　胡思敬：《戊戌履霜录》，载翦伯赞等编：《戊戌变法》第一册，上海：上海人民出版社，1957 年，第 376 页。

后党变法派，建立基本的同盟关系，不仅没有结盟，而且还与他们在光绪面前争宠，争夺变法的领导权，以至于变法派相互内斗，全盘皆输。

道不同，不相为谋

现在来讨论康有为与变法派士大夫的关系。

康有为与他们在百日维新拉开序幕之前，曾经有过相互欣赏与合作的蜜月期。康有为的第一次上清帝书，得到了李鸿藻、翁同龢为首的“后清流”中层官员黄绍箕、沈曾植、屠仁守、盛昱的帮助，康有为不熟悉官场用语与忌讳，沈曾植还一字一句替他改过。之后，康有为、梁启超与“后清流”的大将陈炽、沈曾植、文廷式等合作成立强学会，京城大臣、封疆大吏中的李鸿章、王文韶、张之洞、刘坤一、袁世凯等人解囊捐助，两大帝师翁同龢与孙家鼐也暗中支持。

为什么他们如此青睐康有为？这乃是因为翁同龢、孙家鼐等朝中汉族大臣在甲午惨败之后已经有了变法的意愿，但限于知识与眼光的狭窄，不知如何变法，从何下手。孙家鼐承认说：“今朝士忠肝热胆而心通时务者，惟康某一人耳。若皇上责成变法，我惟举康某人，我则安能？”[1]帝党变法派和后党变法派都想借助新崛起的文人士大夫这股新兴力量，因此，在公车上书到百日维新这段时间，康有为在京城内外变得异常吃香，京城诸多变法派官僚也以结识康

1　萧公权：《翁同龢与戊戌维新》，北京：中国人民大学出版社，2014 年，第 97 页。

有为这颗政治新星为荣。

不过，他们欣赏的康有为，仅仅是他的具体变法措施，所谓“器”的层面，但康有为的野心很大，他不仅是一个策士，而且想成为儒家的新教主。他不仅有如何变法之“器”，而且有以《新学伪经考》和《孔子改制考》为蓝本的“道”。但就是在“道”的层面，几乎与所有的变法派官僚士大夫发生了严重的分歧。

朝廷中的变法派，虽然在权力格局上有帝党、后党之分，但都是处于冯桂芬思想的延长线上，即所谓“以中国之伦常名教为原本，辅以诸国富强之术”。在“器”的层面，可以采纳西学、西法，但在“道”的层面，无论是翁同龢，还是张之洞、孙家鼐、王文韶，都属于儒学的正统派，不是宋明理学，就是古文经学，与康有为公羊三世说的今文经学大相异趣。何况康有为还不是温和的今文经学，带有强烈的颠覆正统的野狐禅色彩。

以康有为与翁同龢为例。康有为虽然对翁同龢一往情深，称他为“中国维新第一导师”，但翁同龢的态度对康有为始终是有保留的。他是清流出身，与曾国藩、李鸿章为首的洋务派官僚是死敌，早年排外，反对曾、李对洋人的妥协，1889年以后态度变化，开始影响光绪推动变法。但翁同龢其实是一位权臣，在思想上，他是正统派，甚至比光绪还要保守。早在1894年，他就读到了《新学伪经考》，在日记上评论康说：“真说经家一野狐也，惊诧不已。”[1]不过，翁同龢为了掌控变法的主导权，与李鸿章、张之洞这些后党变法竞争，不懂西法的他不得不借助文人士大夫的力量，于是向光绪推荐

1 翁同龢日记，转引自萧公权：《翁同龢与戊戌维新》，第71页。

了康，还放下身段，拜访了新科进士的康有为。但是，翁同龢始终视康为工具，并非可靠的同道人，特别是五大臣见康之后，对康的狂妄更是反感。1898 年，当翁同龢读了康的第二本书《孔子改制考》之后，更加印证了对康的狐疑。对光绪说“此人居心叵测”，“见其《孔子改制考》知之”。[1]

不独翁同龢对康有为有此恶感，温和的变法派大臣孙家鼐读了《孔子改制考》之后，也忧心忡忡，上奏折给光绪：“窃恐以此为教，人人存改制之心，人人谓素王可作，是学堂之设，本以教育人才，而转以蛊惑民志，是导天下于乱也。”[2] 有类似看法的还有积极主张变法的湖南巡抚陈宝箴。认为康推崇孔子为教主，比同于基督的耶稣，与皇权分庭抗礼，恐怕会招致战祸大乱。[3]

张之洞最初对康有为、梁启超办强学会及《时务报》也表现出积极的支持，他与翁同龢一样，赞赏康的变法主张，想将他拉入自己的阵营，却对康有为的学问很不以为然。张之洞是古文经派，自然对今文经学有偏见，更重要的是，他也像其他官僚士大夫一样，闻出了康说之中可怕的异端气息。他劝说康有为，假如放弃孔子改制此说，便为强学会提供活动经费。但要做教主的康有为哪里愿意答应，自称：“孔子改制，大道也，岂为一两江总督供养易之哉？”[4]

张之洞与康有为皆以保教和卫道而自命。但他们的道与教乃是

1　翁同龢日记，转引自萧公权：《翁同龢与戊戌维新》，第 91 页。

2　翦伯赞等编：《戊戌变法》第二册，第 431 页。

3　翦伯赞等编：《戊戌变法》第二册，第 357—358 页。

4　康有为：《我史》，载刘梦溪主编：《中国现代学术经典 · 康有为卷》，石家庄：河北教育出版社，1996 年，第 843 页。

南辕北辙，张之洞的道，是名教，而康有为的道，乃是孔教。艺、政、教，是变法派士大夫所要处理的三个层面。文人士大夫与官僚士大夫在艺（器物技术）的层面有高度的共识，在政（制度变革）的层面也有部分共识，但在教的层面则完全是道不相同，不相为谋。饱读儒家经典的士大夫固然重视利益，但按照圣人的教导，“士志于道”，道是否一致，要比利益是否相同更加重要。意识形态高于一切，而无论是康有为，还是张之洞、翁同龢、孙家鼐，都将内心各自的圣人之道视为不容妥协、出卖的立身之本，于是双方由携手到分裂自然不可避免了。

康有为之所以在文人士大夫之中脱颖而出，成为一代之领袖，乃是有一种奇里斯玛之魅力。南粤一地，历史上民间出过禅宗大师慧能，到了近代，又最早受到西风之影响，康有为得风气之先，又有浪漫主义的奇思异想，在儒学的边缘之地，康氏掀起了一场马丁·路德式的儒家新教革命。他是慧能、阳明和路德三位一体的结合，天生具有民间教主之气质，他要成就内圣外王，外王是为拯救中国，但更重要的，是成为内圣，一代士大夫的教主。康有为号为长素，要比孔子还厉害，成为长久的素王。梁启超后来说：“先生最富于自信力之人也。其所执主义，无论何人，不能摇动之。……常有六经皆我注脚，群山皆其仆从之概。”[1] 故梁当年已经是举人，见到还是监生的康有为，听其一席宏论，如受电击一般，立即拜其为师。万木草堂聚集了一批康有为的信徒。

不过，一代年轻文人士大夫视康有为为慧能之再世、阳明之传

1 梁启超：《南海康先生传》，载梁启超：《梁启超全集》第一册，第 497 页。

人、中国之马丁·路德，但在上一代官僚士大夫看来，却是一个洪秀全式的异教人物，或者是一个危险的雅各宾党人，翁同龢、张之洞们对他的变法外王之术，尚有赞赏、敬佩之意，但对他的内圣之道，替代朱熹重新解释圣人之学，欲成为一代士大夫的教主，绝对不敢认同。何况他的狂妄，还不是藏在内心，而是放在脸上，让这些军机大臣、封疆大吏实在无法容忍。康有为的改教，就像洪秀全的上帝会，把整个官僚士大夫都激怒了。

从保守派对康党的各种参奏来看，所针对的除了激进变法主张之外，多是他的异端孔教思想。对于前者，变法派尚能为其解脱一二，而对于后者，无论是变法派，还是保守派，看法与立场都是一致的。一代官僚士大夫赖以安身立命的圣人之道一旦受到挑战，不管他们的权力背景和政治态度有多少差异，都会联合起来，绞杀共同的敌人：具有不同思想理念的新一代文人士大夫。

或许只有年轻的光绪皇帝，对保教和卫道不敏感，他一心要变法救国，继续对康有为信任有加。但老辣的慈禧太后深知，大清江山的合法性，取决于儒家正统的坚守，一旦意识形态的地基发生了动摇，接下来将是山呼海啸式的地震。她对身边的德龄吐露了心声："康有为欲令皇帝信仰异教，只要我在一天，任何人都不得入异教。"[1]

戊戌变法，从一开始就注入了意识形态的深层冲突，这就注定了其短命的结局。虽然两代士大夫的理念差异，迟早会引发冲突，但这么早就表面化，显然与康有为的个人气质有关。他教主般的神魅性成功地将新一代文人士大夫凝聚起来，同时也让老一代官僚士

1 萧公权：《翁同龢与戊戌维新》，第 49 页。

大夫迅速成了自己的敌人。梁启超说了一句意味深长的话，颇点中要害："先生所以效力于国民者，以宗教事业为最伟，其所以得谤于天下者，亦以宗教事业为最多。"[1]

争夺变法的领导权

假如康有为仅仅满足于在民间当一位教主，做孔子那样的素王，官僚士大夫尚不会感觉到切身的威胁，问题在于，康有为像历史上所有的大儒那样，要内圣而外王，进入上层权力，付诸政治实践。这就与各种既得利益集团发生了直接的利害关系。

政治与宗教不同，奉行的是不同的伦理标准。宗教家所要遵守的，只是信念伦理，只需对自己的信念负责，结果交给上帝（或天命）。但倘若离开抽象的理念世界，进入具体的政治场域，那么，角色就转化了，宗教家变成了政治家，按照马克斯·韦伯的说法，就要遵循另一种政治家的伦理，即责任伦理，对自己的行动的结果负责，而不能仅仅以自己的信念而自我辩护。

康有为作为民间的教主，一开始就野心勃勃，七次上皇帝书，为的是进入权力中枢，实现外王之大业。然而，正如梁启超所说，康有为"谓之政治家，不如谓之教育家，谓之实行者，不如谓之理想者"。[2] 他不仅是权力场上的素人，而且在政治上非常不成熟，无他也，乃是以自我为中心，极度自信，不懂得妥协二字。而政治，

1　梁启超：《南海康先生传》，载梁启超：《梁启超全集》第一册，第 488 页。

2　同上，第 496—497 页。

本来就是妥协的艺术。

在戊戌时期，虽然形成了变法新政的大潮流，但在变法派内部，存在着激进与温和的两条不同的变法路线。温和的变法路线，主要是体制里面的洋务派以及甲午之后转向改革的清流，而激进的变法路线，乃是新崛起的文人士大夫。两条路线的背后，其实是戊戌前后代际更替的两代士大夫。

从1898年这年的年龄来看，温和的变法派之中，李鸿章七十五岁，翁同龢六十八岁，张之洞六十一岁，孙家鼐七十一岁，张百熙五十一岁，张荫桓五十一岁，陈宝箴六十七岁。他们的知识结构基本是正统的，对新学的认知，不超过洋务的水准。无论是出身洋务还是清流，在官场已经有几十年的阅历，深知权力系统的运作，与体制也有千丝万缕的利益关联，他们希望通过变法而实现富强，但坚持循序渐进，以不引起官场和社会的剧烈震荡为前提。

同一年，激进的变法派之中，精神领袖康有为最为年长，四十岁，其他几位比如梁启超二十五岁，谭嗣同三十三岁，刘光第三十九岁，林旭二十三岁。这是一批充满朝气和浪漫主义气质的年轻人，思想已经偏离理学的正统，带有强烈的创造性和颠覆性，对西学、西法的认知大大超越了洋务时期的水准。他们的身份或者是民间的文人士大夫，或者是刚刚入官场的政治素人，对权力系统的复杂与诡秘缺乏切身的认知，以为凭一已之勇气和皇上的支持就能推进变法，阻力越大，越激发起亢奋的姿态。而作为他们的靠山，光绪皇帝，也只有二十七岁，充满了文人的气质，在帝后的双头政治当中，属于弱势的一方，但很想大有作为，通过变法强化皇帝的权威，扩张自己的权力。

時務報類編二集
卷一
學校
禮部議覆褚給
譯書篇
鄉學篇
德國創設華文報
論法人學校
丁酉
光緒二十二年
七月十四日
第一冊
時務報
館在上海四
馬路石路
每冊取紙料費一角五分定閱全年者
取費四圓五角先付費者取費四圓

激进的变法派与温和的变法派之间，除了前面所讨论的意识形态冲突之外，在变法路线上，分歧究竟在哪里？假如我们将百日维新期间的变法措施，分为两个层次，就可以看得比较清楚。

第一个层次的变法，是技术性层面的，比如修建铁路、筹办商务局及农学会、建立银行制度、创办京师大学堂、按照西式制度练兵等，激进、温和两派完全一致，是慈禧所默认、保守派也不敢反对的。技术层面的变法，是洋务运动的延伸，从器物层面上升到西法层面，虽然戊戌政变之后，大部分中止了，但到《辛丑条约》之后的晚清新政，得到了制度性的实施。

第二个层次的变法，涉及权力的再分配，这就是制度局的设置。这是康有为七上皇帝书中的核心内容，试图在旧体制之中，嵌入一个新的决策咨询机构，以绕过传统的官僚，推进新政。这自然为保守派官僚所拼命反对，但温和的变法派官僚士大夫对此态度如何呢？可以说制度局的设置来自西方议会的启发，翁同龢等人并非没有兴趣，在此前翁同龢送给光绪阅览的陈炽的《庸书》、汤震的《危言》之中，都有开议院的建议。但是温和变法派的开议会主张，乃是为了解决君民上下之通的问题，这议会中的民，乃是指中央与地方的士大夫官僚，这种议院式的设计基本在现有的体制框架之中，并无破局之危险。但激进变法派的制度局主张，其背后有一个令官僚士大夫非常恐惧的民权思想。张之洞对早期支持过的《时务报》中梁启超言论的不满，主要集中在对民权思想的鼓吹上。对于体制中人来说，这无疑是不可容忍的洪水猛兽。

不仅是制度局背后的观念有分歧，更重要的是，动了既得权力集团的奶酪。光绪在现有体制中变法受阻，便在人事格局上下手，一方面革除礼部六官，另一方面提拔军机处四章京，并且要设置懋勤殿，让康有为这些文人士大夫有机会进入权力的最高层，成为变法的决策中枢，这不仅触动了保守派的现实利益，也让温和变法派感到不满。后者不是反对改革，比较起具体措施，他们更看重的是谁掌握权力中枢，谁拥有变法的主导权。当康党们有可能通过懋勤殿左右皇上，而自己将被边缘化的时候，温和变法派毫不犹豫地站在保守派一边，共同阻击激进派进入权力中枢的企图。正如茅海建所分析的那样："在百日维新中，康有为及其党人的许多提议都被接受，惟此一条决不让步。军机处、总理衙门及其他高官们似乎同此一心，绝不让康有为掌握实际的政治权力。"[1]

前面提到，朝廷内开明的变法派官僚士大夫是一盘散沙，帝党与后党之间矛盾很深。曾经一度主掌变法大局的翁同龢气度狭小，不仅与后党的李鸿章结怨很深，对同时是清流出身的张之洞多有提防，而对于帝党的同僚张荫桓，也在皇帝面前争宠，关系紧张。

当康有为作为新人进入京城权力圈的时候，面临的是这样的四分五裂格局。在一开始，康有为的处境是非常有利的，各派开明官僚士大夫明白他懂得世界大势，肚子里有变革的锦囊妙计，光绪又非常欣赏其人，纷纷拉他入伙。假如康有为长袖善舞，处理好与各派的关系，大可左右逢源，或者背靠某派势力，也有可能实现变法的宏图。

然而，自负的康有为将一切都搞砸了，他得罪了几乎所有的变法派大员。因为他基本不了解两宫的政治格局，以为有了皇帝一头

1 茅海建：《戊戌变法史事考》，北京：三联书店，2005 年，第 43 页。

的恩宠，便可以搞定天下。更要命的是，他不是尽可能地去争取更多的开明派官僚的支持，却倒过来，不自量力地与自己的盟友争夺变法的领导权。

先看康有为与帝党变法派的关系。现在多个研究都发现，真正将康有为引入最高权力体制，推荐给光绪的，并非翁同龢，而是张荫桓。[1]

张是康的小同乡，同为广东南海人。乡缘关系在传统中国权力网络之中，最为重要，何况张荫桓在外任使节多年，了解各国情况与世界大势，与康有许多相似的趣味和立场。两人走得非常之近，康有为还应邀在张宅下榻喝酒夜谈。不过，当张荫桓受到保守派官僚围攻，慈禧对他严加申饬之后，老谋深算的张荫桓便与康有为划清界限，渐行渐远。深得光绪信任的他，还在皇上面前反对康有为以制度局为核心的全面改革方案，只同意建立路矿总局。康有为在朝廷的唯一靠山也失去了，自然无法如愿进入权力顶层。

前面提到，温和变法派的三大重臣，是翁同龢、李鸿章和张之洞。政治素人康有为，与他们的关系个个都不妙。康有为虽然对翁同龢非常重视，期待通过他走进光绪的视野，但如前所述，两人的思想与气质相差太远，翁对康始终若即若离，有提防之心。同为帝党的变法派重臣，翁同龢与张荫桓早期关系尚可，但随着张荫桓在光绪眼里分量加重，翁同龢便与张荫桓有了争宠的利益冲突，而在翁看来，康有为便是张的夹袋中人。随着光绪对康有为的兴趣增加，翁的猜疑就越深。萧公权认为："康很明显地不尊重翁的有限改革论，

1　马忠文：《张荫桓、翁同龢与戊戌年康有为进用之关系》，《近代史研究》，2012 年第 1 期。

也不尊重其变法领导权，他对翁的威胁变得甚至比李鸿章、张之洞更大。”[1]具有讽刺之意的是，竭力排斥康有为的翁同龢，最后还是背上了莫须有的康党罪名，最后郁郁而死。

康有为与第二位开明的变法派重臣李鸿章关系也不佳。李鸿章饱览世界大势，自认为眼界高时人一等，待他发现了康有为之后，感叹自己“欲为数十年而不能，彼竟能之，吾深愧焉”，他坦率承认：“康有为，吾不如也。”[2]当康有为联合翁同龢的门生陈炽、沈曾植等办强学会时，李鸿章也送来了两千银圆，想入会交好。但陈炽属于翁同龢的帝党，非常排斥后党的李鸿章，而康有为也认为《马关条约》之后的中堂大人也已经失势，不再有利用的价值，为了投翁同龢的心愿，于是附和陈炽将银圆退回，拒绝李鸿章入会。这不仅伤了中堂的面子，而且也多了一个政敌。后来李的亲家、保守派御史杨崇伊死盯康有为不放，虽未必是李鸿章之指使，但李未加劝阻，在一旁冷看康党受伤、变法失败，显然是事实。

新崛起的康有为、梁启超这些文人士大夫，骨子里看不起李鸿章这老一代洋务领袖。梁启超后来在为李鸿章盖棺论定时，口气颇为不屑，认为：中堂大人不是造时势之英雄，只是时势所造英雄。其与伊藤博文不同，没有在国外留学，不通世界大势，不知政治本原。徒有小技，不学无术。是补天式人物。总而言之，“李鸿章有才气而无学识之人也，有阅历而无血性之人也”。[3]

---

1 萧公权：《翁同龢与戊戌维新》，第 109 页。

2 丁文江、赵丰田编：《梁启超年谱长编》，上海：上海人民出版社，1983 年，第 197—198 页。

3 梁启超：《中国四十年来大事记》，载梁启超：《梁启超全集》第一册，第 512、527、531、554 页。

第三位温和变法派重臣张之洞，最初与康有为、梁启超有一段蜜月时期，张资助康、梁创立上海强学会、办《时务报》，还与康几天几夜倾心相谈，给梁启超以超规格的礼遇。但一旦张之洞发现康、梁要颠覆儒学正统、鼓吹民权，是几经劝说不肯回头的异端分子时，毫不犹豫地与康党斩断了联系。张之洞的幕僚辜鸿铭说，当张发现康党思想当中激进的雅各宾主义之后，“便舍弃他们，折了回去”。[1] 特别是康有为在政治上发迹、舆论上掀起狂澜之后，张之洞更是感到恐惧，惊呼：“康学大兴。可谓狂悍，如何！如何！”[2] 他视康有为是圣人之教和大清王朝的最大威胁。张之洞出身清流，又办洋务有方，清流与洋务是他一生的紧张。这位儒学重臣有自己的变法理论，为了回击激进派的变法主张，获得改革的意识形态主导权，他推出了中体西用的系统理论。自此，激进与温和两大变法派的理论分歧，已经是泾渭分明。

梁启超虽然对李鸿章颇有微词，但对曾经有过一段携手岁月的张之洞，最为鄙夷，他如此比较两人：十年以来，与李齐名者，张之洞也，但张何以能望李之肩背！李鸿章实践之人也，张之洞浮华之人也；李鸿章最不好名，张之洞最好名；李鸿章不好名，故肯任劳怨，张之洞好名，故常趋巧利。张之洞虚骄狭隘，残忍苛察，较之李鸿章有常识有大肚量，相去何止云霄也！[3] 虽然是事后之言，但也足见戊戌期间康、梁与张之洞关系之僵化，远远超过与翁同龢、

1 辜鸿铭：《中国牛津运动故事》，载黄兴涛等译：《辜鸿铭文集》上册，第 318 页。

2 茅海建：《戊戌变法的另面：“张之洞档案”阅读笔记》，上海：上海书店出版社，2014 年，第 236 页。

3 梁启超：《中国四十年来大事记》，载梁启超：《梁启超全集》第一册，第 550 页。

李鸿章。何况曾经有过一度蜜月，如今沦落到形同仇敌，更是由爱生恨，恨不得置对方于死地而后快。

康、梁与孙家鼐围绕着京师大学堂的冲突，最能说明问题。孙与翁同龢同为光绪之帝师，在翁去职之后，是光绪身边最为重要的大臣之一，作为管学大臣，受命筹备京师大学堂。他政治开明，有变法意愿，也性情温和，不似翁同龢，没有强烈的权力欲。而康、梁受张荫桓之托，起草京师大学堂章程，本来，他们彼此之间应该有良好的合作。但梁启超起草的章程，将学堂权力赋予总教习一人，而总教习的人选，几乎是按照康有为的模样量身打造。被架空了的孙家鼐当然要大光其火。与此同时，又发生了教科书之争。按照梁氏章程，之后全国各地方学堂的统一教材，将由康、梁主持的编译局负责编写，如前所述，孙家鼐这些官僚士大夫的革新思路，基本停留在冯桂芬的年代，与康、梁对孔教的标新立异，自然“道不相同”，于是孙家鼐提出，必须由他本人负责经、子、史的教材编定，否决了康、梁的方案。[1]

新锐的文人士大夫之崛起，所触动的不仅是上层的官僚士大夫的利益与理念，而且与整个老一代洋务变法派相抵牾。即使像上海滩开明的绅商阶层，也对康、梁侧目而视。上海电报局总办经元善如此评论康、梁的变法：“康、梁如药中生军麝脐。功效在开通闭塞关窍，原非参苓平和之品，全在良相医用之得当耳。吾华民气未醇，偏重效法东邻，日后恐滋流弊，谓其越中和位育笃恭而天下平

1　参见茅海建：《戊戌变法史事考二集》，第 207—283 页。

宗旨，以此责备，众皆诚服。”[1]由此可见，戊戌变法的失败，其原因不仅在于上层的变法派内部，文人士大夫与官僚士大夫之间不和，而且在社会层面，同样致力于变法的两代人，也缺乏必要的共识。

然而，康、梁远未意识到自己的变法基础不稳，文人的浪漫主义气质令他们一旦获得了光绪的支持，便以为不必争取更多的同盟力量，一意孤行。不用说与上一代洋务派，即便是与同代人的维新派，自以为得宠的康梁们，也与他们闹翻了。《时务报》改官报就是一个显例。在办《时务报》期间，梁启超与汪康年结下了梁子，梁离开以后，汪康年主持的《时务报》影响一落千丈。待光绪命梁启超主持编译局之后，康、梁就筹划将《时务报》从属于编译局，从民间报纸收归为官府，成为一张官报，每期送皇帝御览，然后进入官方流通渠道，令各地文武百官和地方学堂强行订阅。而且，该报还拥有审查各地报刊之权力，若有不实，责令纠禁。[2]《时务报》改官报之后，汪康年将原《时务报》改为《昌言报》，康有为要求各省大吏禁止发行《昌言报》。康梁们一朝得志便猖狂的行为，引起了士林的普遍反感。严复公开批评说："梁君平日持论云何？岂不曰：务凭公理以悦服人心，不宜借贵为尊势以劫制天下乎？……乃一旦志得，遂挟天子之诏，以令钱塘一布衣，非所谓变本加厉者耶？”[3]当年轻的改革势力刚刚得势之时，因为四处遍布政敌，其能够想到

1 经元善：《答原口闻一君问》，载虞和平编：《经元善集》，武汉：华中师范大学出版社，1988 年，第 349 页。

2 参见茅海建：《从甲午到戊戌：康有为〈我史〉鉴注》，第 552—553 页。

3 严复：《〈时务报〉各告白书后》，载严复：《严复集》第二册，北京：中华书局，1986 年，第 492—495 页。

的，竟然是拾起自己大力反对的传统做法：用官方对付民间，通过行政权力压制异端的声音。

一个领袖的气质，决定了一场运动的性质。康有为作为维新运动的领袖，他的自信和果敢，让原本几乎不可能的变法成为一时之狂澜，将朝廷内外裹挟期间，但他的狂热和鲁莽，又让这场声势浩大的百日维新最终归于失败。连他的弟弟康同仁都承认，康有为“规模太大，志气太锐，包揽太多，同志太孤，举行太大，当此排者、忌者、挤者、谤者盈衢塞巷，而上又无权，安能有成？”[1] 这几乎是同代人对康有为的一致观感。两位与康有为只有一面之交的英国人：戈颁和贝斯福，也异口同声地认为，康有为是“一个狂热的人和空想家”，他“办事太急，不讲章法，以致毫厘千里，求益反损”。[2]

保国、保种、保教

晚清的两代士大夫，都将“保种、保国、保教”作为变法的目标。然而，这三者之间，究竟内涵如何，何为优先，很可以看出不同的改革派士大夫之间的细微差别。

接下去，我们通过两组人物的比较，来看晚清士大夫的政治思想与立场的不同。第一组，是康有为与张之洞，这是文人士大夫与官僚士大夫的差异，第二组，是康有为与梁启超，这是文人士大夫内部的分歧。

1 丁文江、赵丰田编：《梁启超年谱长编》，第 122 页。
2 茅海建：《从甲午到戊戌：康有为〈我史〉鉴注》，第 791、840 页。

先来比较康有为、张之洞。

康有为与张之洞都提出过保国、保种和保教。康有为在保国会拟定的章程中，开宗明义，提出“保全国地、国民、国教”，这乃谓之康有为之“三保”。[1] 几乎与此同时，张之洞在《劝学篇》里面，也同样是开宗明义提出“三保”：“保国家、保圣教、保华种”。[2] 看起来，似乎两代变法派领袖有高度的一致，但细细考察，可以发现其中的差别大有讲究。

首先，是康、张两人对国、教和种的内涵理解不同。先是关于“国”和“种”，康有为的解读是“国”乃是“国家之政权土地”，“种”是“人民种类之自立”。[3] 主权、国土和国民，这已经是近代意义上的国家观念。张之洞虽然没有直接解释何为“国”与“种”，但从其上下文来看，所谓的“国”，依然是传统意义上的“朝廷”，所谓的“种”乃是夷夏之辨意义上的“华种”。[4] 由此可见，两代士大夫的观念之间，有一条近代与传统的鸿沟。虽然都要保国，但各自心中的“国”迥然不同。张之洞要保的，是清廷的小王朝，而康有为要保的，不再是传统的一家一姓之王朝，而是近代意义上的国家。

其次，康、张两人心目中的“教”也有天壤之别。辜鸿铭说过一句话：曾国藩大臣也，张之洞，儒臣也。“三公论道，此儒臣事也；计天下之安危，论行政之得失，此大臣事也。国无大臣则无政，国

1　康有为：《保国会章程》，载汤志钧编：《康有为政论集》上册，北京：中华书局，1981 年，第 233 页。

2　张之洞：《劝学篇》，载吴剑杰编：《中国近代思想家文库 · 张之洞卷》，北京：中国人民大学出版社，2014 年，第 285 页。

3　茅海建：《戊戌变法史事考》，第 43 页。

4　马忠文：《张荫桓、翁同龢与戊戌年康有为进用之关系》，《近代史研究》，2012 年第 1 期。

无儒臣则无教。政之有无，关国家之兴亡，教之有无，关人类之存灭。”[1] 张之洞作为一个儒臣，的确比曾国藩更关心儒教之存亡，因为儒教之于朝廷之“国”，乃是灵魂之于肉身。正如前述，张氏的儒教的核心，乃是与现实秩序相关的纲常名教。而康有为的孔教，不仅颠覆了纲常，而且破了理学之正宗，具有极强的杀伤力，在官僚士大夫看来，无异是骇人听闻的异端邪说。

再次，康、张心目中的“三保”，究竟何为优先？张之洞在《劝学篇》的选择是“保种必先保教，保教必先保国”。[2] 华种若要生存，首先民族的灵魂圣人之道不能亡；而圣人之道又与其制度肉身王权互为结合，所以，保教必保大清。没有了儒教的灵魂，即使保住了民族的生存，也等于被异族同化，亡国灭种。而儒家的纲纪伦理，最终要落实到王权的制度层面，大清的核心体制不容动摇。

假如只是到了这里，张之洞与之前的老传统主义者倭仁还没有什么区别，他毕竟是一个新时代的新传统主义者，不仅要守“理”，还要重“势”，势道变了，也要与时俱进。“种何以存？有智则存。智者，教之谓也。教何以行？有力则行。力者，兵之谓也。故国不威，则教不循；国不盛，则种不尊。”[3] 保江山也好，保民族也好，保圣教也好，最终还是要有力量，这力量就是富国强兵。19 世纪末进化论席卷神州，以力为中心的社会达尔文主义不仅为严复、梁启超等文人士大夫所鼓吹，也深刻影响了张之洞这样的官僚士大夫。圣人之道是空泛的，只有最终体现在实实在在的国家实力，才能保住

1　辜鸿铭：《张文襄幕府纪闻》，载黄兴涛等译：《辜鸿铭文集》上册，第 418 页。
2　张之洞：《劝学篇》，载吴剑杰编：《中国近代思想家文库 · 张之洞卷》，第 285 页。
3　张之洞：《劝学篇》，载吴剑杰编：《中国近代思想家文库 · 张之洞卷》，第 285 页。

大清江山，守护儒家伦理。不过，富强并非张之洞的终极关怀，“今日时局，惟以激发忠爱、讲求富强、尊朝廷、卫社稷为第一义”。[1]富国强兵只是手段，最终目的乃是守住大清江山。在他看来，江山与儒教乃是皮与毛的关系，皮之不存毛将焉附？“舍保国之外，安有所谓保教、保种之术哉？”[2]张之洞所以会与康、梁决裂，杀自己的学生唐才常，至死对朝廷忠心耿耿。保江山，就是保自己，保江山，才能保住心中的圣教。

如果说张之洞在“三保”之中的重心在“保国”的话，那么，康有为真正关心的，那是“保教”。他发起的儒家新教改革，动机无他，那是以改教而保教，且以保教带动保国与保种。在“教”与“国”的关系上，张之洞的“教”（纲常名教）与“国”（清廷）无法剥离，诚如辜鸿铭所说，张之洞“欲借富强以保中国，保中国即所以保名教”。[3]但康有为的“教”，是作为国教的孔教，像西方的基督教一样，具有独立的建制，可以与具体的“国”（小朝廷）剥离，而且与“国”形成了相互抗衡的双重权威。

从一件事上就可以看出康有为与张之洞的分歧。在两人的蜜月时期，康在上海办《强学报》，创刊号上大书“孔子卒后二千三百七十三年”，改光绪纪年为孔子纪年。这立即引起赞助人张之洞的强烈不满，正如茅海建所分析的，“以当时的政治观念而言，奉正朔用纪年当属政治表态，立教会更有谋反之嫌。康此时虽绝无与清朝决裂之意，但此举必引来许多不利议论。此在康似尚理

1　张之洞：《劝学篇》，载吴剑杰编：《中国近代思想家文库 · 张之洞卷》，第 285 页。
2　张之洞：《劝学篇》，载吴剑杰编：《中国近代思想家文库 · 张之洞卷》，第 285 页。
3　辜鸿铭：《张文襄幕府纪闻》，载黄兴涛等译：《辜鸿铭文集》上册，第 419 页。

念，在张则是政治”。[1]康是观念人物，毫无政治意识，而张久经官场，政治嗅觉较旁人敏感十倍。从此事开始，康、张之间有了不可消弭之裂痕，后来越演越烈，终于水火不容，成了政敌。

康、张之间，是文人士大夫与官僚士大夫之间的差异，但在同代文人士大夫之间，在“三保”之间，也是有不小的分歧。以康有为与梁启超为例，最大的分歧在于是否要“保教”上。

最初，当梁启超心智未完全成熟之际，追随乃师，鼓吹保教。在他看来，“夫天下无不教而治之民，故天下无无教而立之国”，“居今日而不以保国保教为事者，必其人于危亡之故”。[2]不过，梁启超的保教与其老师还是有微妙的差别。在康有为心中，“教”之价值在“国”之上，“国”可以亡，但孔教不能亡；“教”在，“国”也在，孔教之灵魂，决定了“国”之肉身存亡。所以，康后来可以诀别清朝，接纳民国，但在建立孔教上，是一以贯之的。

但梁启超就不同了。在不断的亡国灭种的危机面前，梁启超产生了一种强烈的“无国”感。[3]这种“无国”感，指的是中国人“知有天下而不知有国家”，“知有一己而不知有国家”。[4]梁启超所说这个“国”，与张之洞心目中的“国”（王朝）不同，也比康有为要清晰地意识到乃是欧洲那样的具有国际竞争力和内部凝聚力的现代民族国家。在晚清，梁启超是将现代民族国家意识引入中国的最早、

1 茅海建：《戊戌变法的另面：“张之洞档案”阅读笔记》，第18页。

2 梁启超：《复友人论保教书》，载梁启超：《梁启超全集》第一册，第150—151页。

3 张佛泉：《梁启超国家观念之形成》，《政治学报》（台北）第一期，1971年9月。

4 梁启超：《新民说·论国家思想》，载梁启超：《梁启超全集》第二册，第665页。

也是最有影响的启蒙者。[1] 对于他而言，保教只是工具，而保国才是目的本身。

在 1902 年之前，梁启超认为，为了保国，保教是有工具性价值的。他比较了宗教家与哲学家的区别，认为“言穷理宗教家则不如哲学家，言治事则哲学家不如宗教家”。显然，梁启超自认是哲学家，而康有为是宗教家。他承认，“历史上英雄豪杰能成大业轰轰一世者，殆有宗教思想之人多，而有哲学思想之人少”。何以如此？因为“哲学贵疑，宗教贵信……大人物所以能为惊天动地之事业者，亦常赖宗教”。[2] 这就是梁启超敬仰康有为的缘故。康有为有宗教般的神魅性，虽然梁启超未必喜欢宗教，但维新变法大业却需要有这样一位可以掀起狂潮的教主，而作为哲学家的梁启超却做不到这一点。他说：“启超与康有为最相反之一点，有为太有成见，启超太无成见，其应事也有然，去治学也亦有然。”[3]“太有成见”，是一方教主的心态，相信万物皆备于我，真理握在手中，而“太无成见”，则是一个知识启蒙者的姿态，面对各种新知，皆有开放、接纳和包容，自然无法皈依于某个教派。

在这里，可以看到戊戌维新运动之中，即使在文人士大夫当中，也有两种不同的动员取向。康有为诉诸的是信仰，他将人文的儒学，改造为启示性的孔教，而梁启超诉诸的是理性，到了日本以后，他

1　关于梁启超的国家思想，详见笔者：《家国天下：现代中国的个人、国家与世界认同》，上海：上海人民出版社，2017 年，第 83—85、89—93 页。

2　梁启超：《论宗教家与哲学家之长短得失》，载梁启超：《梁启超全集》第二册，第 762—764 页。

3　梁启超：《清代学术概论》，载朱维铮校注：《梁启超论清学史二种》，第 73 页。

对儒学的新教改革逐渐失去了兴趣，开始从事与康有为不同的知识启蒙，于是，必然要与保教分道扬镳。1902 年，梁启超致函康有为：“先生谓各国皆以保教，而教强国强。以弟子观之，则正相反。”“至于保教一事，弟子亦实见保之之无谓。”保教既然无谓，那么何等事情最为重要？梁启超说：“弟子以为欲救今日之中国，莫急于以新学说变其思想……思想不自由，民智更无进步之望矣。”“弟子意欲以抉破罗网，造出新思想自任。”[1] 梁启超公开发表《保教非所以尊孔论》，与康有为划清界限，明确表示：“吾爱孔子，吾尤爱真理；吾爱前辈，吾尤爱国家；吾爱故人，吾尤爱自由。”他历数不必尊孔保教八大理由，朗然宣布：在保国、保种与保教之间，“以今日之脑力眼力，观察大局，窃以为我辈自今以往，所当努力者，惟保国而已，若种与教，非所亟亟也”。[2]

在保国、保种、保教之间，康有为志在保教，张之洞和梁启超重在保国，但张之“国”，乃是大清小王朝而已，而梁的“国”，则是超越了一家一姓之私的共同体：现代民族国家。在晚清官僚士大夫与文人士大夫之间，以及文人士大夫内部的不同价值取向，后来发展为迥异的政治路线：康有为的保教，之后延伸为包括新儒家在内的各种文化保守主义；张之洞的保王朝，乃是各种政治保守主义的滥觞，而梁启超的保国，则是现代中国民族主义的开山鼻祖。

得到光绪支持的百日维新最后以流产而告终，但革命的遗嘱总是由刽子手来实行的。在戊戌变法之中，官僚士大夫击败了新兴的

1 丁文江、赵丰田编：《梁启超年谱长编》，第 277—278 页。

2 梁启超：《保教非所以尊孔论》，载梁启超：《梁启超全集》第二册，第 765—770 页。

文人士大夫，重新夺回了政治上的变法主导权，但到几年后的晚清新政，袁世凯、张之洞、刘坤一等官僚士大夫所实践的具体变法措施，基本在康有为划定的范围之内，虽然在保教和保国这两个节骨点上，前后两代士大夫依然是水火不相容。

戊戌维新是失败还是成功？

文人士大夫领导的戊戌维新究竟是失败了，还是成功了？

可以这样说，作为政治运动的戊戌变法失败了，但作为启蒙运动的戊戌维新却大大成功了。这一成功的标志，是自戊戌之后，社会层面的话语权已经转移，从官僚士大夫转移到文人士大夫手中。

康、梁这些文人士大夫搞政治，不是翁同龢、张荫桓、张之洞、袁世凯那些官僚士大夫的对手，但要论舆论宣传、鼓动社会，高高在上的官僚，远远不及靠舆论起家的文人士大夫。以张之洞为例，他在与康、梁决裂之后，筹办了《正学报》，试图与“素王改制”的康有为分庭抗礼，夺回话语主导权。主持《正学报》的梁鼎芬，虽然比康有为小一岁，但其思想做派与官僚士大夫同路，如茅海建所说，“其对学术精神的追求，可能会过于雅致而细碎，这作为学者当属极其自然与正当，而主持定期出版的刊物，字字处处计较，将大大不利于各位撰述的自由写作”。[1] 再加上后台老板张之洞，自视甚高，对言论和文字也多有苛求，最后《正学报》竟然夭折，不了了之。变法派官僚士大夫在整个戊戌维新前后，始终办不了一

1　茅海建：《戊戌变法的另面：“张之洞档案”阅读笔记》，第 49 页。

份哪怕可以勉强与文人士大夫竞争的报纸杂志，只能眼睁睁看着康梁之辈垄断了舆论阵地。

而继承了龚自珍、王韬文人传统的康梁们，与传统的官僚士大夫不同，他们自下而上、从地方到中央走入政治舞台，从一开始最重视的就是制造舆论、宣传鼓动，占领话语的制高点。康有为发起的联省公车上书，即《上清帝第二书》，虽然没有经都察院上递，对上层决策几乎没有任何直接影响，但康醉翁之意不在酒，作为文人士大夫，他所在意的，是舆论造势，旋即在上海刊行《公车上书记》，将这一事件公之于世。通过体制外的舆论声势，倒逼体制内走向变法改革，并一夜爆得大名，当仁不让地成了维新运动的精神领袖。之后的《上清帝第四书》，为保守派官僚士大夫所阻拦，也无法抵达天廷，康、梁亦如法炮制，在广东、上海刊行刻本，影响与声势同样胜过体制内的上书。

康、梁这些文人士大夫，很多人有在广州、香港、上海的口岸城市生活经验。晚清的口岸城市，已经出现一场印刷术的革命，为近代的启蒙奠定了物质与技术的基础。中国的印刷术虽然出现很早，但在晚清之前基本是手工雕版印刷，一个雕版最多也只能印刷百部而已，因此传播的能力有限。到了晚清，从西方传入的石版印刷和活字铅印技术，大大提升了出版印刷的效率，以上海为中心，由印刷术革命所带来的，是一场知识启蒙运动，而启蒙的核心人物，正是刚刚诞生的文人士大夫。他们与上一辈官僚士大夫不同，后者只是雕版印刷时代的知识者，而康、梁之辈适逢其会，则是石版印刷和铅字印刷时代的弄潮儿，梁启超主笔的《时务报》借助于石印技术，每期发行量，从最初的四千份，攀升到后来的一万七千份，那是倭仁、曾国藩这辈官僚士大夫学问再好，也是无法想象的影响力。[1]

如果说，在这之前，中国只有官方的邸报和士林中的清议的话，那么，到了 1890 年代，则出现了中国式的公共领域。正如我之前所研究的那样，近代中国的公共领域，是一个“三位一体”的结构：结社、学校和报纸。[2] 在变法派官僚士大夫的时代，在上海、广州等地，一些报纸和书院部分具有讨论公共政治问题的属性。比如上海的格致书院，从 1886 年起，进行季考，请洋务派的官员和著名士大夫出题，由学生自由回答。题目除了科学之外，多是一些与政治变革、国家致富、法律设置等公共问题有关的大题目，比如《中国近日讲求求富之术当以何者为先论》《中国创行铁路利弊论》《中国大宪选派办理洋务人员应以何者为称职论》《议院论》《中西律例异同得失安在》等。从目前所存的答卷来看，学生们畅所欲言，放言无忌，每次季考，等于一场内部范围的公共时务大讨论。[3] 但是，格致书院的讨论并不是公开的，也没有直接面对公共大众。而且，作为主持者洋务士大夫本身也依然属于体制的一部分，缺乏真正的民间身份。而按照公共领域的规范定义，其具有公开性、民间性和批判性三大特点。显然，在 1890 年代之前，由官僚士大夫主持的学校，都不具有这些特点。

1　详见雷启立：《印刷现代性与上海启蒙文化》，许纪霖、罗岗等：《城市的记忆：上海文化的多元历史传统》，上海：上海书店出版社，2011 年，第 64—85 页。

2　详见笔者：《现代中国公共领域的形态、功能与自我理解》，载笔者：《启蒙如何起死回生：现代中国知识分子的思想困境》，北京：北京大学出版社，2010 年，第 75—103 页。

3　参见郝秉键、李志军：《19 世纪晚期中国民间知识分子的思想：以上海格致书院为例》，北京：中国人民大学出版社，2005 年。

孔子二千四百四十九年
光緒二十四年歲次戊戌十一月十一日

清議報

第一册

THE CHINA DISCUSSION

ISSUED THREE TIMES PER MONTH.

清議報全編卷一

本館論說一

通論上

本館第一百册祝辭並論報館之責任及本館之經歷

梁啓超

第一　祝典之通例及其關係

祝典烏乎起。所以紀念舊事業。而獎厲新事業也。凡天下一事之成。每不易易。恆歷千……經許多忍耐。費許多價值而後僅乃得之。故當過其時。不忘其勞。於是乎……也。或以年年。或以十年。或以五十年。或以百年。要之借……深且美。若美國之七月四日。法國之七月……十八百八十七年。英國……年。開……

然而，新崛起的一代文人士大夫，就有了十足的民间性，1896年《时务报》的创办，是中国公共领域诞生的标志性事件。《时务报》不是一份孤立的报纸，其背后还有一个维新派组织：强学会。强学会的性质，按照梁启超的自我理解，是“兼学校与政党而一之”。[1]四马路上的时务报馆，成为当时维新人士的聚集地。《时务报》及其创办者康、梁、汪（康年）等人，虽然与体制有着千丝万缕的联系，但其基本的活动方式已经从体制内部转移到了民间，往下诉诸舆论的教化，向上对朝廷施加变革压力，开始具有了现实的批评性格。《时务报》虽然办在上海，但影响在全国，如梁启超所说，“数月之间，销行至万余份，为中国有报以来所未有，举国趋之，如饮狂泉”。[2]这表明，《时务报》已经具有了公众舆论那种公开的、覆盖全社会的影响。

较之官僚士大夫，文人士大夫最大的优势在于办报纸，掌握舆论。在报纸这种新媒介之中，梁启超的风头已经压过其师康有为。他之所以能够成为晚清的舆论界骄子，除了其借助日文引进了大量西方的新知之外，最重要的，乃是创造了一种半文半白、“笔锋常带情感”的新文体，为清末民初的两代读书人（晚清文人士大夫和民初新知识分子）所喜闻乐见。文体的革命，有时候往往比思想的革命更有吸引力，也更具颠覆性，梁任公的新文体，在清末民初风靡二十年，无人匹敌，直到五四白话文运动兴起，才拱手让出了话语的霸主地位，由更年轻的五四一代知识分子来接任。

1　梁启超：《莅北京大学校欢迎会演说辞》，载梁启超：《梁启超全集》第四册，第2527页。
2　梁启超：《本馆（清议报社）第一百册祝辞并论报馆之责任及本馆之经历》，载梁启超：《梁启超全集》第一册，第477页。

报纸之外，文人士大夫所重视的还有学校和结社。康、梁办的学校，从广州的万木草堂到长沙的时务学堂，此处不赘述。以结社而言，本来中国士大夫的传统是“君子群而不党”，党派之争被视为国家之祸害。但到了晚明，江南的士林社会，因为对朝廷宦官不满，出现了诸如东林书院、复社等士大夫结社。有清一代，对士大夫结社严加防范，待康有为励志变法，首先要做的，便是通过结社，联合士大夫。他认为：“中国风气，向来散漫，士夫戒于明世社会之禁，不敢相聚讲求，故转移极难。思开风气，开知识，非合大群不可，且必合大群而后力厚也。合群非开会不可，在外省开会，则一地方官足以制之，非合士夫开之于京师不可，既得登高呼远之势，可令四方响应。”[1] 这段话，应可注意的，其一，欲成大事，必合大群。康、梁这些文人士大夫与曾国藩、张之洞等官僚士大夫不同，走的是体制外自下而上的造声势、拉队伍路线，建立南学会、强学会、保国会就是基于这样的策略考虑。其二，合大群在地方不行，必在京城形成登高望远之势。康有为虽然不谙朝廷内部的权力格局，但对全国的政治布局还是清晰有知，各省督抚一统天下，除非遇上陈宝箴这样开明的封疆大吏，一般很难在地方突破。但在京城，上层权力多元抗衡，反而有空隙可图发展。公车上书凭借的是帝党的反议和势力，强学会的成立，更是借助了帝党和后党变法派各怀心思的支持。不过，康有为有一点高估了北京的重要性，京城的上层虽然有变法派，同样也有反对变法的保守势力，强学会、保国会开办不久就为后者所纠弹而受到夭折，足见在中国要实现“首都革命”谈何

1　康有为：《我史》，载刘梦溪主编：《中国现代学术经典 · 康有为卷》，第 841 页。

容易。倒是在上海，这个既有租界飞地又有中国最发达的工商业和现代传媒的现代都会，康梁们成功实现了公共领域的突破性发展，为舆论的造势找到了最合适的土壤和空间。

政治上的百日变法失败了，但文化上的戊戌维新却成功了。属于帝党变法派的张元济在政变之后写信给汪康年，公允地说："康固非平正人，然风气之开，不可谓非彼力。"[1] 与康同代人的宋恕，也客观地评论说："自中日战后，能转移天下之人心风俗者，赖有长素焉。何也？梁卓如以《时务报》震天下，使士大夫议论一变，卓如之功；而亲为长素弟子，亦长素功也。"[2] 时代人未必在学问上看得上康有为这位野狐禅，但他们不得不承认，正是康、梁改变了一代人的风气，从此掌控了清末的话语领导权。

梁启超在总结康有为一生时，如此说："戊戌维新之可贵，在精神耳。"[3] 这一维新的精神，像火炬一般，照亮了清末民初两代知识分子。究竟是一时的政治变法重要，还是更长久的观念革新更有影响力？答案显然不言而喻。

1　张元济致汪康年，《汪康年师友书札》第二册，上海：上海古籍出版社，1996 年，第 1738 页。

2　孙宝瑄：《忘山庐日记》上册，上海：上海古籍出版社，1983 年，第 220 页。

3　梁启超：《南海康先生传》，载梁启超：《梁启超全集》第一册，第 484 页。

延伸阅读

萧公权：《翁同龢与戊戌维新》，杨肃献译，北京：中国人民大学出版社，2014年。

萧公权：《近代中国与新世界：康有为变法与大同思想研究》，汪荣祖译，南京：江苏人民出版社，2021年。

汪荣祖：《从传统中求变：晚清思想史研究》，南昌：百花洲文艺出版社，2002年。

第三章

晚清一代激进知识分子

1953 1925 1900 1940 1911

1865 1866 1867 1868 1872

吴稚晖

孙　文

唐才常

蔡元培

杨笃生

1916	1905	1936	1913	1911	1911
1874	1878	1879	1882	1886	1887

黄兴	吴樾	胡汉民	宋教仁	方声洞	林觉民

20世纪的中国，是一个革命的世纪。前后出现过三次大革命：辛亥革命、国民革命和中共革命。这三次革命，知识分子都是发起者和鼓动者。

在传统的中华帝国之中，本来读书人都是政治秩序和精神秩序的守护者，为什么到了清末的世纪之交，会分化出激烈的革命者，他们究竟是怎样一些读书人？

是什么样的社会处境与思想因素，催化他们走向反满的激进道路？

关于晚清的辛亥革命，虽然研究汗牛充栋，但从知识分子革命者这个角度切入观察，依然有不少值得深入探讨之处。

本章的基本结论——

激进知识分子的出现，与两个重要的因素相关：第一，从帝国秩序里游离出一批反抗朝廷的边缘人；第二，这些边缘人抛弃了儒家的意识形态，思想深处的虚无主义，跟无政府主义的激进乌托邦与反满的族群意识结合，再加上唯意志论的催化，形成了视死如归的志士精神，从而掀起了20世纪第一波革命的狂澜。

从体制中分离出来的新游士

传统中国的读书人，他们的人生本来只有一条道：科举入仕。然而，千年来几乎不变的生命轨迹，到了“三千年未有之大变局”之晚清，发生了大扭转。中国历史上有两次全局性的“礼崩乐坏”，都颠覆了读书人的社会命运，从而也改变了社会本身——第一次是西周宗法封建制的解体，将本来依附于封建体制的底层士人抛到社会上，成为自由流动资源，进而产生百家争鸣，实现了中国文明的突破。第二次是在晚清，国耻与西潮的冲击之下，中华帝国濒临解体，特别是 1905 年科举制度的废除，又一次将其抛到社会上，出现大量新式学堂培养出来的边缘人，这些人在身份上已与帝国体制全然脱钩，可自由选择各种前途，大批读书人离开乡村，进入沿海通商口岸，甚至远渡日本留学，而参加革命，遂成为众多选择中的一种。

读书人的变化不是到了科举制度废除的 1905 年才发生的，事实上，1895 年之后的戊戌维新，已经让众多考科举的士子意识到，时代风向变了，科举考试不仅要圣人之书熟读，而且议论时政的策论在科举中的比重也增加，唯这些经世致用之学需要大量来自西方的新学，促使各种新式学堂的出现，正是为了满足洋务与维新的需求，培养一代中体西用的新式人才。不过，已经有不少敏锐的读书人注意到，科举的功名不再吃香，而到国外留学研习洋务，反而是获取仕禄的最新捷径。严复在 1902 年说：“近今海内，年在三十上下，于旧学根柢磐深，文才茂美，而有愤悱之意，欲考西国新学者，其人甚多，上自词林部曹，下逮举贡，往往而遇。”[1]

既然科举不再是人生的终极目的，那么读书人的身份就发生了变化。传统的读书人乃是通过科举入仕成为士大夫，挤入上流社会，但如今读书人获得了一个新的社会身份——学生，即最早的知识分子。湖北学生李书城在1903年就意识到：“二十世纪之中国，学生之中国也。其兴也，惟学生兴之，其亡也，惟学生亡之。”过去的士大夫社会，属于上流阶层，是读书人毕生向往之地。但如今的学生社会，却与上流社会划清了界限。“学生介于上等社会、下等社会中间，为过渡最不可少之人。上等社会既误于前，崩溃决裂，俱待继起者收拾之。”[2]传统士大夫的上流社会已经被后浪们瞧不起，一切待“继起者”学生社会取而代之，从头收拾旧山河。

学生知识分子的眼光不再往上，而是开始往下，注意到“下等社会”。李书城认为：“下等社会为一国之主人，如何使完其人格，如何使尽其天职，必养其独立自营之精神，而后能为世界之大国民……今日之学生，即下等社会之指向针也，则对下等社会所负之责任重也。”[3]湖南的杨笃生对同乡学生讲得更透彻：“诸君在于湖南之位置，实下等社会之说托命而上等社会之替人也。提挈下等社会以矫正上等社会者，惟诸君之责；破坏上等社会以卵翼下等社会者，亦为诸君之责。”[4]到了20世纪初，以学生为主体的中等社会由此脱

---

1 严复：《论教育书》，载张枬、王忍之编：《辛亥革命前十年间时论选集》第一卷上册，北京：三联书店，1960年，第113页。

2 李书城：《学生之竞争》，载张枬、王忍之编：《辛亥革命前十年间时论选集》第一卷上册，第453页。

3 同上，第453—454页。

4 杨笃生：《新湖南》，载张枬、王忍之编：《辛亥革命前十年间时论选集》第一卷下册，第615页。

颖而出，代替传统的士大夫成了新的社会精英。这些留学日本的青年读书人是如此自负、如此自信，他们与老一代士大夫隔断了身份和精神的脐带。他们的上两代人，曾国藩、李鸿章、张之洞是官僚士大夫，康有为、梁启超是文人士大夫，但新的一代学生知识分子，不再以士大夫自命，也不再看得起上流社会，他们相信自己代表新人类、新理想，要领导下等社会从事一场轰轰烈烈的反清革命。

中等社会与下等社会的结合，便是晚清革命的开端。最早的革命者，来自广东和海外，基本上是传统社会秩序中的边缘人：华侨富商、会党人物、边缘知识分子。兴中会主要由这三部分边缘人组成。兴中会最初的核心人物，孙文、陈少白、郑士良学医出身，尢列、杨鹤龄都是广州算学馆毕业，从事经商或测绘。陆皓东是富商出身，毕业于上海电报学堂。邓荫南是檀香山富商，慷慨大方，乐于施舍。首任会长杨衢云，也是在香港接受新式的英文教育，后来在商界讨生活，为人侠义，喜报不平，与会党关系密切。唯一的例外是刘学询，虽然拥有显赫的进士头衔，但在重商的广东，却无意仕途，因经办彩票而成为富商，见了孙文以后一拍即合。但他并非新式知识分子，而是一个旧式有野心的儒商。冯自由评论说："刘夙抱帝王思想，绝不了解欧美民权学说，故总理相与协议多次，刘均以朱元璋、洪秀全自命，而以总理为徐达、杨秀清。"[1] 总而言之，兴中会的发起者们，有一些共同的社会与精神特征：在社会身份上，不是商人，便是非正途出身的边缘知识分子，在社会上属于为世人

1　冯自由：《刘学询与革命党之关系》，载冯自由：《革命逸史》初集，北京：中华书局，1981 年，第 77 页。

所不看重的边缘角色；在社会网络中，要么本人就是洪门中人，要么与会党有密切的联系，富有底层江湖社会的侠义之气；在精神气质上，殊少儒家士大夫的修养，多受过基督教的洗礼，对洪秀全的太平天国甚为崇拜，自认是洪氏之后，继承反清复明的大业。显然，这样的边缘人，很难在中原的土壤上产生，而偏远的粤港、南洋地区，因为远离政治文化中心，而更接近欧风美雨，反而为边缘革命者提供了肥沃的生长空间。

中等社会与下层社会的结合，也是游士与游民的联盟。在中国历史当中，到了王朝末年，会出现大量生于中低阶层的士绅，因为入仕的空间有限，便积淀在社会底层，成为没有正当职业的游士，他们处于体制的边缘或者外部，很容易与社会上的游民阶级结合。游士与游民，一个是过剩的知识阶级，另一个是过剩的劳动阶级。杜亚泉曾经深刻分析过游民阶级的文化，以“尚游侠、喜豪放、不受拘束、不治生计、嫉恶官吏、仇视富豪，为其特征”。深受游民文化浸染的游士阶级，也因此具有了性格上的双重性：“吾国之知识阶级，向来生活于贵族文化及游民文化中，故其性质上显分二种：一种为贵族性质，夸大骄慢，凡事皆出以武断、喜压制，好自矜贵，视当世之人皆贱，若不屑与之齿者；一种为游民性质，轻佻浮躁，凡事皆倾于过激，喜破坏，常怀愤恨，视当世之人皆恶，几无不可杀者。”[1]

晚清出现的边缘知识分子，无疑是近代的新游士，他们不再是

1 杜亚泉：《中国政治革命不成就及社会革命不发生之原因》，载杜亚泉：《杜亚泉文存》，上海：上海教育出版社，2003年，第182—184页。

科举仕途中无望往上流动的过剩读书人，而是在剧烈的社会与政治大变局中被抛到边缘的新知识分子。他们基于反满与救亡的热忱，开始向新的游民阶级靠拢。晚清的新游民阶级，便是潜伏在社会底层反清复明的秘密会党，其基本成员除了过剩的农民阶级，还有大量的苦力、船夫和矿工等雇用劳动者。

晚清的这些新游士，已经不再是过去落魄的穷秀才，而是有了新的身份：学生。后来加入革命的新学生，其出身不是新学堂，就是留学日本。新型学生与传统士绅不同，后者虽然还没有入仕，却有确定的候补机会，秀才而举人，举人而进士，人生的道路早就被规划好，不会有非分之想。另一方面，传统士绅在家乡乃是地方精英，负有为乡梓服务、维护地方秩序的责任。从政治与社会两个角度而言，士绅都是体制中人，只是处于核心还是边缘的区别而已。然而，晚清的学生就不一样了，他们离开家乡，到省城或口岸都市的新学堂求学，个人的前途从此与家乡断绝，一心希望在城市里谋一个职业，他们从体制中游离出来，成为可以自由选择的游士。其中一个选择，就是从事反满革命。

走上革命道路的外部因素

游士们游离体制，参加救亡，可以是革命者，也可以成为立宪派。那么，革命者是如何炼成的？有些什么样的内部和外部的因素会让他们走上反满的革命道路？

就外部因素而言，时局的刺激、老师的启蒙与学潮的推动乃是三个最重要的动因。如果说 1895 年《马关条约》让康、梁这一代文人士大夫走向了历史舞台，那么，更年轻的一代反满知识分子的出现，与1900年满清的蒙耻有关。清廷利用义和团盲目对外宣战，随后又耻辱性地签下《辛丑条约》，让其脸面大伤，激发了愤懑青年的强烈不满。于右任当时是一个二十岁出头的陕西中学堂学生，听说慈禧逃到西安，试图上书陕西巡抚岑春煊，请其手刃西太后，但被同窗好友力劝阻止。对清廷不满，未必会走向反满，还需有师长启蒙，播下反满的种子。于右任曾师从当地著名塾师朱先照，朱在讲学中常为学生讲明末遗老的抗清故事，在其熏陶下，于右任改变了改良的政见，开始倾向反清。湖北的革命者张振武也是如此。他在省师范学校就读时，受业于湖北教育家时象晋。“时先生讲授时，每痛陈满洲专制，外人欺侮状，振武辄感愤不已，革命思想，实孕育于此。”[1]

晚清的不少读书人，都经历过由变法而保皇（光绪），由保皇而革命的心路历程，从改良到革命，中间的核心环节是自立军起义。戊戌年菜市口的鲜血，让本来从事温和变革的文人士大夫转向，通过激烈的方式寻求保皇。林圭原来是时务学堂学生，听到老师谭嗣同被杀，从上海赶回湖南奔丧，哭着说：“中国流血，自谭公始，我承其后，当以死报。”[2] 林圭后来参加了唐才常领导的自立军，与唐同时被杀。当年时务学堂中跟随梁启超、谭嗣同的学生，十一人中有八人都在自立军起义中牺牲了。

---

1 冯自由：《鄂军政府军务处长张振武》，载冯自由：《革命逸史》第六册，北京：中华书局，1981年，第206页。

2 林圭：《公请崇祀烈士文》，收入《悟庵先生成仁录》，载《湖南历史资料》1981年第1辑，长沙：湖南人民出版社，第46页。

1900 年庚子乱局中的自立军，得到了革命与保皇两派的共同支持，其起义也具有双重性质：通过革命的手段而保皇。起义之前在上海成立的中国议会，其背景更是复杂，有变法党、革命党、保皇党、逐满党四派人马参与。[1] 变法党的是代表张之洞的汪康年，革命党的是孙中山的兴中会，保皇党的是唐才常，而逐满党的是章太炎。由容闳起草的中国议会英文对外宣言云：有鉴于清廷内顽固守旧派煽动义和团以败国事，"决定不认满洲政府有统治清国之权"，"端在复起光绪帝，立二十世纪最文明之政治模范"。[2] 显然，中国议会四派的基本共识是只认光绪，不认满清，即使如极端反满的章太炎，也主张排斥满人，救出光绪为平民。中国议会与自立军在排满与保皇、变法与革命之间的游移不定，正是处于过渡期的晚清志士的心理写照。不过，正如章士钊所言："夫庚子之役，真像之究竟何若，遽难判定，而表面则莫不以为勤王。乃倡革命者，即出于勤王之军将，则为当年之隐没之宗旨，以迂就之手段，或由勤王之不成，受其刺激，而宗旨移趋于革命。"[3]

而唐才常被杀，第二次流血，让许多人对满清产生了绝望，这绝望不是对清廷中的保守派，而是对变法派，因为杀了唐才常的，正是体制内的变法派大员张之洞。对温和派的绝望，成了对清廷的最终绝望。1901 年，唐才常的战友秦力山在东京创办了第一份留学生中的反清刊物《国民报》，与保皇党划清界限，并组织了国民

1　参见孙宝瑄：《忘山庐日记》上册，上海：上海古籍出版社，1989 年，第 422 页。

2　冯自由：《中华民国开国前革命史》上编，收入《民国丛书》第二编第七十六种，上海：上海书店出版社，1989 年，第 74—75 页。

3　章士钊：《沈荩》，载章士钊：《章士钊全集》第一册，上海：文汇出版社，2000 年，第 130 页。

三年五月十九號禮拜二
報
英租界三馬路中市
國民公會啓
中國歷史出版
第二年第二期
告白刊例
蘇報
本館開設上海英租界四馬路東首
上諭電傳
恩同再
本館第十二

会小团体，志在用激烈的方式反清。梁启超的态度也日趋激进，他在寓言小说《新中国未来记》中，借转向激进立场的青年学生李去病之口，与温和的变法派黄毅伯论辩，指出："你说我们中国现在的主权，是在自己的民族，还是在别一个民族呢？……你想天下那里有四万万的主人，被五百万的客族管治的道理吗？"矛头直指满人的统治，他激愤地说："这样的政府，这样的朝廷，还有什么指望呢？倘若叫他们多在一天，中国便多受一天的累，不到十年，我们国民，便想做奴隶也够不上，还不知要打落几层地狱！"[1]

晚清的反满革命，何时形成运动之势？1902—1903 年可以说是运动的起点。运动的中心，一个在东京，另一个在上海，这两座城市，正是新型知识分子的云集之处。1902 年 4 月，章太炎、秦力山、马君武等筹备发起"支那亡国二百四十二年纪念会"，原定于 4 月 26 日在明朝末代皇帝崇祯自缢之日在东京召开，虽然没有开成，但影响波及革命、保皇两派。几乎在同时，4 月 27 日蔡元培等在上海成立中国教育会，该会名曰教育，实为宣传革命，响应入会的章太炎、吴稚晖、马君武、刘师培等都成了反满的志士。1903 年春天，在拒法、拒俄的爱国运动狂潮中，东京的留学生成立了义勇队，随之改组为军国民教育会，与此同时，上海的中国教育会在南洋公学学潮推动下，成立了爱国学社，与日趋激进的《苏报》一起，形成了教育会（社团）－学社（学校）－《苏报》（报纸）三位一体的公共领域，与之前康、梁文人士大夫建立的强学会－时务学堂－《时务报》三位一体公共领域相比，新型知识分子的这一公共领域

1 梁启超：《新中国未来记》，载梁启超：《梁启超全集》第十册，第 5618—5620 页。

更紧密，也更激进。[1]东京的军国民教育会与上海的三位一体革命型公共领域迅速合流，思想与人员的互动交往非常密切。东京的军国民教育会和上海的中国教育会，分别为后来的反满革命准备了两种不同的干部队伍，军国民教育会的多是行动人物——黄兴、钮永建、林长民、李书城等，中国教育会的则是观念人物——蔡元培、章太炎、刘师培、吴稚晖、黄节、邓实等。

1902—1903 年之所以成为革命的起点，除了外部形势的刺激，还有一个重要的推动力，乃是学潮的发生。1902 年的成城入学事件，是东京留学生第一次集体的政治行动，矛头直指清政府驻日公使蔡钧，而学潮的领头人吴稚晖被押解回国，途中欲投河自尽，也因此一夜成名。国内的学潮乃是起自南洋公学学生退学事件，该事件被舆论称之为“学界革命”，受此鼓舞，浙江吴兴浔溪公学、江宁江南陆师学堂、杭州浙江大学堂、上海广方言馆、杭州蕙兰书院等纷纷跟进，相应发生学生集体性退学，虽然都与抗议校方有关，无涉反满，但学潮的出现，表明社会中最活跃的力量学生知识分子已经无心学业，他们很快将从校园走向社会，从社会走向政治，加入革命的潮流。革命党人的骨干不少都是从学潮出身，除了前述的吴稚晖之外，章士钊是江南陆师学堂学潮的领袖，率领三十多位退学学生投奔爱国学社。马叙伦时在杭州府中学堂读书，为公认的高材生，因为抗议校监开除学生，与几位同学愤而退学，当时他只有十六岁，读了王船山、黄宗羲的著作和《扬州十日记》《嘉定屠城记》等书，

1　关于近代中国公共领域，详见笔者 :《现代中国公共领域的形态、功能与自我理解》，收入笔者 :《启蒙如何起死回生 : 现代中国知识分子的思想困境》，第 84—95 页。

遂有反满思想。南社的发起人之一叶楚伧在苏州高等学堂学业修满，按照清廷规定，本来可以视为举人五贡，授七品官职。但毕业生分发官职时，某监督收受贿赂事发，被学生们痛殴，从而引发学潮。当局诬指叶楚伧为带头的罪魁，以革命党的罪名拘捕入狱。后来被保释出狱，他从此对清廷绝望，索性成了真正的革命党人。

上海的爱国学社所云集的，多是江浙学潮中退学的青年学生，他们读《苏报》，听中国教育社的诸位先生讲课，但整个氛围不在讲学，意在革命，师生之间互相激荡，日趋激进。张园是师生们经常集会的场所，据马叙伦回忆："张园开会照例有章炳麟、吴敬恒、蔡元培的演说，年青的只有马君武、沈步洲也夹在里面说说，遇到章炳麟先生的演说，总是大声疾呼革命革命；除了听见对他的鼓掌声音以外，一到散会时候，就有许多人像蚂蚁附着盐鱼一样，向他致敬致亲，象征了当时对革命的欢迎。"[1]这段描述，极为生动，可见到了1902—1903年，在激进的新知识分子那里，气氛已经发生了变化。

外部因素的变化，并不必然导致青年学生趋向革命，他们可以投身保皇，可以趋向立宪，事实上，保皇党人以及后来的立宪派势力，在20世纪初，大大超过革命势力。要造就革命的形势，还需新观念的宣传和新心理的酝酿。晚清的革命思潮，除了学界早已熟悉的民权思想，还有三个非常重要的因素：排满复汉的族群民族主义、无政府的破坏主义、虚无主义的志士精神。这些思想与心理，形成了晚清革命者三位一体的内在精神结构。民权思想是理性的，但这

1　马叙伦：《我在六十岁以前》，北京：三联书店，1983年，第20页。

一内在精神结构更多地具有非理性的情感与意志成分。假如不深入讨论这一精神结构，就很难理解为什么到了晚清，在边缘知识分子那里，会突然出现如此激进、如此强烈的革命情绪。

排满复汉的族群民族主义

中国的文化传统本来是天下主义，而非民族主义。虽然有夷夏之辨，但何为华夏、何为蛮夷，在意的并非血统与种族，而是有无文明，只要接受了华夏汉民族的中原文明，蛮夷便可被接受为“我者”。即使是异族的统治，只要尊奉儒家为正统意识形态，汉人士大夫亦欣然拥戴。[1]而血统和种族意义上的民族主义，虽然在明末清初的王船山那里已经有萌芽，但并非在士林和社会上传播，直到二百年以后的晚清，王船山的反满思想才复活，与西方传入的种族、民族这些以科学为背景的新观念结合，刺激出了族群民族主义。

晚清的民族主义有两种形态。其一是国族民族主义，视汉满蒙藏回为同一个中华民族，梁启超在晚清所鼓吹的民族主义，即是这种政治性的“大民族主义”。其二是族群民族主义，以血统和种族区别“我者”与“他者”，只有汉族才叫中国，满人“非我族类”，自然在驱逐之列。这是革命党人所宣传的族群性的“小民族主义”。族群民族主义在当时获得了一种朴素而简单的表达：反满。

事实上，反满意识自有清以来，一直潜伏在民间，或者在反清

1　详见笔者：《家国天下：现代中国的个人、国家与世界认同》第一至第三章，上海：上海人民出版社，2016 年，第 19—73 页。

复明的秘密会党，或者在士大夫的历史记忆当中。众所周知，革命最活跃的区域是香港－上海走廊的南方沿海地区以及长江中游的两湖地区，它们分别诞生了兴中会、光复会和华兴会三个革命团体。革命自反满始，但三个地区的反满意识各有源头。广东、福建的反满传统是洪门的反清复明或者是对郑成功的历史缅怀；江浙反满的思想养料是黄宗羲思想和扬州十日、嘉定屠城的历史记忆；而两湖地区的反满则来自王船山种族思想的复活。

晚清的反满意识，虽然是革命党人的共同标识，但形态上还是有微妙区别的。简而言之，有三种不同的内涵：政治性的反满、文化性的反满和种族性的反满。

首先，政治性的反满源于近代国家意识的产生。在传统的“家国天下”观念之中，所谓的“国”即为王朝，而王朝又与君主无法分离，忠君即为爱国，爱国即是爱大清。一旦西方的 nation-state 观念传入中国，国便与朝廷分离，更与君主脱钩。1901 年秦力山创办的《国民报》上有一篇《原国》的文章，将国家视为一公司，人民是股东，君主是会计，官吏是司事；一国有国法，为民、为君、为臣者皆应服从国法。“然则所谓国者，果谁有之乎？曰：人人有之，即舆夫走卒得而有之，人人不能有之，即帝王君主得而有之。”[1] 另外一篇《说国民》，则讲得更透彻：一国当中，可以无君，但不可无国民。[2] 一旦清廷与国家分离，那么满清的专制便不再代表国家理性，而只是小朝廷的私利，反满便有了正当理由。然而，不满

1　无名氏：《原国》，载张枬、王忍之编：《辛亥革命前十年间时论选集》第一卷上册，第 64 页。

2　无名氏：《说国民》，载张枬、王忍之编：《辛亥革命前十年间时论选集》第一卷上册，第 72 页。

专制暴政是革命派与立宪派共同的立场，革命派不仅反专制，而且还要反满。朱执信明确说：“夫使我汉族而统治于一王之下，苦其暴政而欲革之，则暴政去而吾事毕矣。今之革命，复仇其首，而暴政其次也。”立宪固然可以改变专制，但无法为汉族祖先的耻辱复仇，“革命者，以去满人为第一目的，以去暴政而第二目的”。[1]

其次，文化性的反满即是鼓吹国粹。1905 年，邓实、黄节等在上海成立国学保存会，创办《国粹学报》，原为中国教育会成员的章太炎、刘师培、马君武等纷纷加盟。这些人多为江浙饱学之士，旧学根底深厚，同时又倾向革命，会员中后来加入光复会、同盟会或南社的，占了总数的六五成。[2] 从《国粹学报》到后来的《民报》，国粹派的精神领袖无疑是章太炎，他之所以能够成为群伦之首，一方面固然是国学之造诣超人一等，更重要的是他的激进与偏执，将国学用于宣传反满。1906 年他在东京留学生欢迎会上说：“为甚提倡国粹，不是要人尊信孔教，只是要人爱惜我们汉种的历史。”他大声疾呼“用国粹激动种姓、增进爱国的热肠”，[3] 将学问与反满直接挂钩，赋予了其工具性的价值，从此在一般知识分子心目中，国粹更不仅是国粹，它意味着是被湮没的汉族文化，具有了反抗异族统治、光复本族文化的激进色彩。在邓实看来，国学是先秦之学，自从“秦火之焚，而专制之政体出”，再加上“王朝之乱而外族之朝廷兴”，国与学俱亡矣，各种“异学异国”充塞神州，“国之不国，

1 朱执信：《论满洲虽欲立宪而不能》，载张枬、王忍之编：《辛亥革命前十年间时论选集》第二卷，第 115—119 页。

2 参见郑师渠：《晚清国粹派文化思想研究》，北京：北京师范大学出版社，1997 年，第 15 页。

3 章太炎：《东京留学生欢迎会演说录》，《明报》第六号，1906 年 7 月 25 日。

学之不学也久矣”。[1] 这就是说，国学不仅与秦始皇开始的专制无涉，也不曾受到外族的文化污染，是纯之又纯的汉族文化，国学是反专制的，也是反异族的。在晚清的历史背景下，国学具有了鲜明的反满立场，是以学术的方式表达的族群民族主义理念。

最后，种族性的反满是近代种族论的产物，满族与汉族虽然都为黄种人，但属于不同的种。满族关联西伯利亚人种，汉族多为中国人种。中国人种的象征，便是炎黄子孙、龙的传人。1903 年刘师培发表《黄帝纪念论》，提出汉族的鼻祖是黄帝，“乃制造文明之第一人，而开四千年之化者也”。[2] 此说一出，各方纷纷跟进响应，《江苏》《汉帜》《洞庭波》《黄帝魂》《二十世纪之支那》等相继改以黄帝为纪年，1908 年，同盟会在东京还举行仪式遥祭黄帝陵。当新的历史想象颠覆了以往的观念时，中国便与多民族的王朝脱钩，专指同文同种的炎黄子孙汉族。

传统中国虽然有夷夏之辨，却是“非我族类，其心必异”，心与文化有关，是可变异的，如今族群与血统挂钩，乃成为不可改变的绝对的异类。满族统治汉族，即使其服膺于汉民族文化，亦是外人的统治。邹容在《革命军》以煽情的语言向公众呼吁：“中国为中国人之中国，我同胞皆须自认为自己的汉种，中国人之中国。不许异族人沾染我中国丝毫权利。所有服从满族人之义务一律销灭。先推倒满洲人所立之野蛮政府。驱逐住居中国中之满洲人，或杀以

1　邓实：《国学保存论》，《政艺通报》第三号，1904 年 5 月。

2　刘师培：《黄帝纪念论》，载李妙根编：《国粹与西化：刘师培文选》，上海：上海远东出版社，1996 年，第 7 页。

报仇。诛杀满洲人所立之皇帝，以儆万世不复有专制之君主。”[1]胡汉民将清廷的恶，归咎于满人的劣根性：“所谓恶劣之政府，谓以恶劣之民族而篡据我政府，其为恶也，根据于种姓，无可剪除，无可增饰，且不指一二端之弊政而云然。”[2]之后革命风潮愈演愈烈，革命党人对满人的诋毁，也愈加激烈，有斥之为“犬羊贱种”[3]，有骂作“东胡兽裔”[4]，1905 年同盟会成立，以“驱除鞑虏，恢复中华”为革命的号召，极大地激发起青年学子的反满情绪。

晚清时代，虽然西方的民权思想引入中国，但共和远未深入人心，这个时候，借助族群动员的方式宣传革命，其效果要远远高于共和理念，清廷之恶，不仅在于专制，更重要的，乃是其为异族政权，种族不同，文明进化劣于汉人。张继斩钉截铁地说：“国亡可以再兴，种灭不能再长。一空间不能容两物，满汉不能两立。”[5]这样的观念，从读过书的知识分子，到不识字的会党人士，通俗易懂，老少咸宜。

事实上，即使到了现代，公民政治的意识依然不是部落政治、身份政治的对手，以血统和民族为本位的族群意识被激发出来，将如决堤之洪水，冲破和摧毁一切理性的大坝。

政治性反满与文化性反满的宣传针对的是读过书的知识分子，

---

1 邹容：《革命军》，《中国哲学史资料选辑》近代之部下册，北京：中华书局，1983 年，第 529 页。

2 胡汉民：《〈民报〉之六大主义》，载张枬、王忍之编：《辛亥革命前十年间时论选集》第二卷，第 375 页。

3 黄节：《黄史 · 种族书第一》，《国粹学报》第一年第一号，1905 年 1 月。

4 太原公子：《山西宣告讨满洲檄》，《民报》第二十一期，1908 年 6 月。

5 张继：《读“严拿留学生密谕”有愤》，载张枬、王忍之编：《辛亥革命前十年间时论选集》第一卷，第 687 页。

而种族性的反满宣传则更多针对一般的普罗大众。有人如此说：革命党人“以民族主义感动上流社会，以复仇主义感动下流社会”，[1] 此话甚确。反满意识当中，政治性的反满多侧重反对满清的专制特权，而种族性的反满则充满了族群的势不两立。大多数革命党人的反满意识，这二者是混淆的，比如影响最大的邹容《革命军》即是如此。但是，革命党人当中也有清醒者，蔡元培在《释“仇满”》一文中就指出，满人通过通婚和文化交往，早就同化于汉人，所谓的“满洲人”，只是政治特权的符号而已。当今的世界潮流，“决不使少数特权独留于亚东社会，此其于政略上，所以有‘仇满’之论也”。[2] 然而，这样的声音在革命党人之中并非主流，因为君主立宪同样可以解决满人的专制与特权问题，之所以要坚决排满复汉，乃是因为不容少数族群统治多数族群，西方的族群民族主义与中国本土的血统复仇意识叠加，才能有效地动员包括会党与新军在内的底层社会，掀起反满革命的狂澜。

周锡瑞说过，辛亥革命有两张面孔，一张是共和的，还有一张是封建的。[3] 其实，辛亥革命还有第三张面孔：反满。假如没有族群意识与族群动员，革命未必会那般摧枯拉朽，逼迫清廷退位，建立亚洲第一个共和国。

1　参见梁启超:《答和事人》,《新民丛报》第四二、四三期合刊（1903 年）第七册,第 169 页。

2　蔡元培：《释“仇满”》，载蔡元培：《蔡孑民先生言行录》重印本，济南：山东人民出版社，1998 年，第 259—260 页。

3　周锡瑞：《改良与革命》，杨慎之译，北京：中华书局，1982 年，第 10 页。

无政府的破坏主义

晚清革命党人的信仰是三民主义，然而，孙中山的三民主义要到 1905 年才为在日本的激进知识分子所了解，他们虽然赞成孙的民族主义和民权主义，但对民生主义的看法各有不同。事实上，在三民主义之前，对革命知识分子影响最大，非无政府主义莫属。三民主义只是革命的行动纲领，是现实社会的愿景，但革命需要一种高远的超越世界的乌托邦，而无政府主义，恰恰提供了一个无比美好、值得憧憬的美丽新世界。

无政府主义思潮，最初出现于 1903 年的东京与上海，几乎与激进知识分子的反满运动同步产生。来自俄国的无政府主义思想，通过日本而为激进知识分子所认知，很快风靡开来，其与本土的道家、佛教的乌托邦思想有内在相通之处，具有极强的魅力。只是传统的道家与佛教的无政府主义是审美或形而上意义的，而晚清的无政府主义具有强烈的政治性，直接与反满革命结合在一起。晚清的无政府主义，正如张灏教授所分析的那样，是一种历史理想主义："认为历史是朝向一个光明美好的未来发展，在这发展的过程中，当前的时代是一个基本的转捩点"，"一方面是对当前现实状况的悲观，另一方面是对未来理想社会的乐观期待"，而在黑暗的现实与理想的未来之间，产生了激化的革命情绪，唯有在危机之中的激烈行动，才能跨越二者之间的鸿沟。[1] 这一激化了的跨越，便是破坏主义。

1 张灏：《中国近百年来的革命思想道路》，载张灏：《幽暗意识与民主传统》，北京：新星出版社，2006 年，第 240—242 页。

在晚清革命党人那里，无政府主义与破坏主义几乎是同义词，而且破坏主义还早于无政府主义。1902 年冬天，张继等人模仿意大利的“少年意大利”，发起组织了“青年会”，会约第一条，即规定该会“以民族主义为宗旨，以破坏主义为目的”。[1] 连梁启超都曾经提倡破坏主义，认为日本明治维新的精神就是破坏主义，“务推倒数千年之旧物，行急激之手段”，“立观近世各国之兴，未有不先以破坏时代者”。[2] 鼓吹破坏主义最激烈的，当属无政府主义者刘师培，他说：“天下的事情，没有破坏，就没有建设。……中国的事情，没有一桩不该破坏的，家族上的压抑，政体上的专制，风俗、社会上的束缚，没有人出来破坏，是永远变不好的。”[3] 著名的无政府主义刊物《天义报》在创刊号上有一篇《破坏社会论》，公然提出：“建成（按：社会）必由于破坏，故处于今日之世界，当以破坏社会为人类共有之义务。”[4] 中国古代的历次底层暴动和农民起义都具有极大的破坏性，但将破坏加以主义化，成为一种意识形态，却是晚清以后才有的精神现象，其思想源头显然来自俄国激进的无政府主义思潮。巴枯宁就公开宣称：“破坏的精神即是创造的精神”，“我们需要另一种东西：激情和生活，以及新的没有法律和国家的，因而是自由的世界”。[5] 这种激情，既是破坏的激情，又是创造的激情，不破不立，破字当头，立也就在其中了。只有在破坏的废墟上，一

1 冯自由：《壬寅东京青年会》，载冯自由：《革命逸史》初集，第 104 页。
2 梁启超：《破坏主义》，《梁启超全集》第一册，第 349 页。
3 刘师培：《论激烈的好处》，载张坍、王忍之编：《辛亥革命前十年间时论选集》第一卷下册，第 888 页。
4 去非子译述：《破坏社会论》，《天义报》第一期，1907 年 6 月 10 日。
5 转引自张建华：《俄国知识分子思想史导论》，北京：商务印书馆，2008 年，第 393 页。

个没有国家、没有压迫的平等乌托邦世界，就有希望建立在人间。从晚清的反满到五四新文化运动，再到之后的革命浪潮，20 世纪中国一直有一种破坏主义的激情冲动，在激进知识分子内心荡漾。

对于晚清的革命者来说，破坏主义不仅是一种政治意识形态，而且是一种斗争方式。斗争无非两种模式，一种是暴动，另一种是暗杀。革命党内有两种人物，一种是行动人物，比如黄兴、宋教仁、胡汉民，另一种是观念人物，比如蔡元培、杨笃生、汪精卫，前者注重组织会党和新军起义，后者热衷于暗杀。组织起义需要长期的准备和忍耐力，还要有充足的经费和武器，而暗杀只需个人的牺牲精神和意志力即可。革命党中固然有不少擅长与底层社会打交道的行动人物，但更多的是徒有一腔豪情的书生，他们在气质上与会党和新军格格不入，又颇不耐烦，于是破坏主义的革命激情，最后只能落实到暗杀一途。汪精卫入京行刺，胡汉民竭力劝阻，但汪决心已定。他将革命比作一场轰轰烈烈的煮饭，革命党人中需要有两种角色，一种为薪，以一己之牺牲燃烧自己化为灰烬，另一种为釜，以坚韧的耐力默默忍受水煎火烤，薪釜合力，最后煮成一锅供四万万人食用的革命大锅饭。[1]汪精卫认为，革命者需要有“义理之勇，而非血气之勇”，一“不畏死”，二“不惮烦”。他知道自己不怕死却不耐烦，只能做薪，无法当釜。于是，给胡汉民留下手书“我今为薪，兄当为釜”，走上了刺杀摄政王的不归之路。

暗杀是秘密的，但鼓吹暗杀却是公开的大张旗鼓的，如同 19 世纪的俄国民意党人一般。梁启超虽然不是无政府主义者，但对俄

1　汪精卫：《革命之决心》，《民报》第二十六期，1910 年 2 月 1 日出版。

国民意党人的暗杀手段，却非常欣赏，他说："夫虚无党者，发愿流血以救众生者也"，"虚无党之手段，吾所敬佩，若其主义，则吾所不敢赞同也"。[1] 梁任公主编的《清议报》中有一文，曰《杀人篇》，其中说："西人之患在不知，不患不能行，支那之患不在不知，而在不行。"这行动便是"杀人"。"亡而存之，有术焉，是惟杀人。"[2] 1903年东京的军国民教育会成立以来，除了鼓吹、起义之外，就将暗杀作为重要的革命手段实行排满。不少人认为，相比起义，暗杀的震撼效果更强烈："往者吴樾一弹，徐锡麟一击，……毡裘之族，震慑而丧所持守，有甚于萍乡之举义，则岂不畏众力而屈于一人之下哉？"[3] 黄兴本来是行动人物，致力于会党的暴动，黄花岗起义失败之后，他也转向暗杀，相信"其收效至丰且速"，"此时党人惟有行个人暗杀之事，否则无以对诸烈士"。他闭门谢客，专事准备，消息为海外的同志知悉，纷纷去函劝阻，甚至有人愿代替黄兴行暗杀之职。[4]

在革命党内专门从事暗杀的，既非海外的兴中会，也非多行动人物的华兴会，而是观念人物成堆的光复会。光复会本来就是从暗杀团改组而来，比较起需要长期准备的武装起义，个人的暗杀显然更符合读书人的个性。1903年的《江苏》杂志有一篇文章歌颂俄国虚无党的暗杀壮举："夫天下事，苟一蹴可致也，则人尽能之，

1　梁启超：《论俄罗斯虚无党》，《梁启超全集》第三册，第1246—1247页。

2　李群：《杀人篇》，载张枬、王忍之编：《辛亥革命前十年间时论选集》第一卷上册，第21—24页。

3　汤增璧：《崇侠篇》，载张枬、王忍之编：《辛亥革命前十年间时论选集》第三卷，北京：三联书店，1977年，第86页。

4　参见李新：《中华民国史》第一编下册，北京：中华书局，1982年，第173页。

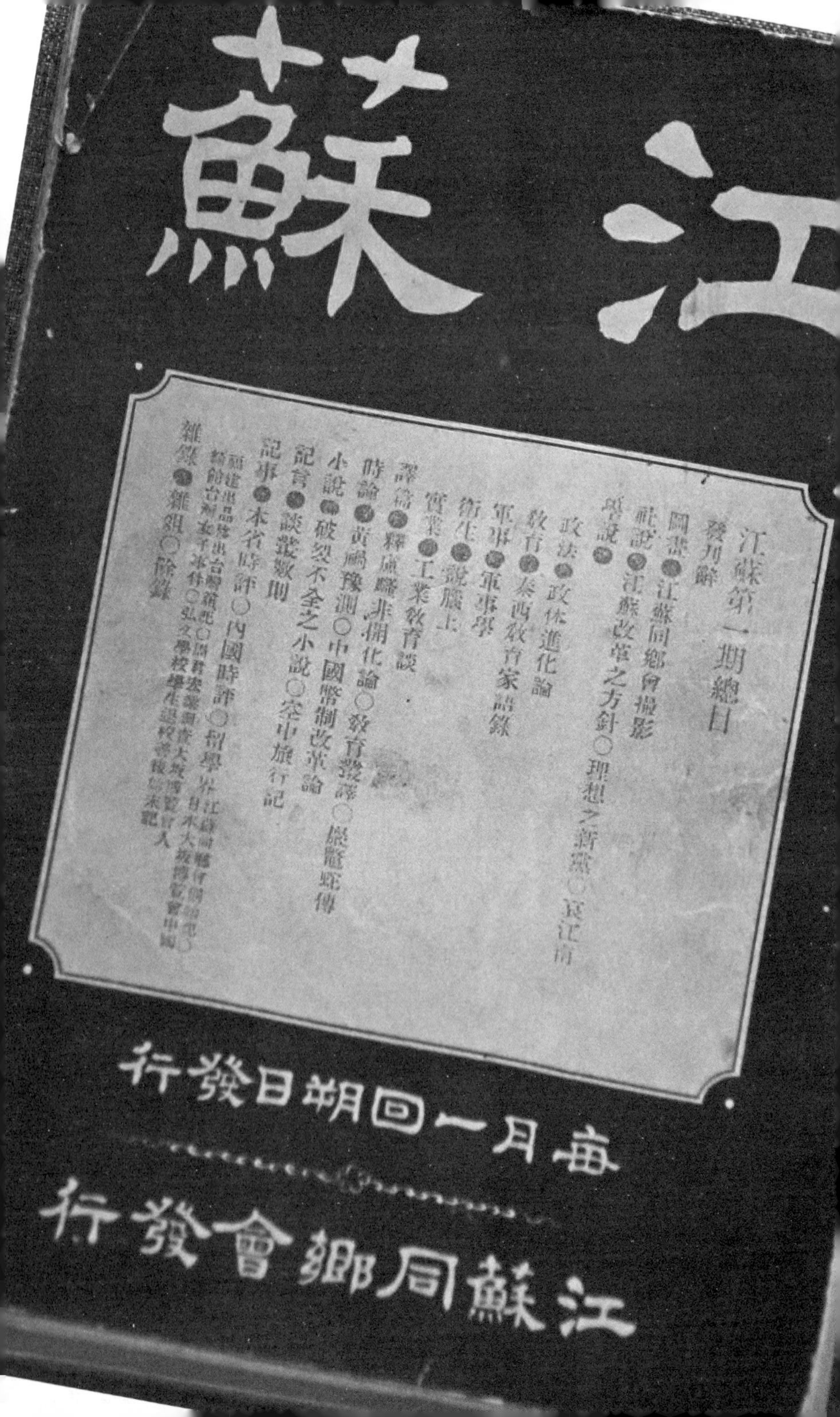

江蘇

江蘇第一期總目

發刊辭

圖畫◎江蘇同鄉會撮影

社說◎江蘇改革之方針◯理想之新黨◯哀江南

學說◎

政法◎政体進化論

教育◎泰西教育家語錄

軍事◎軍事學

衛生◎說腦上

實業◎工業教育談

譯篇◎釋盧騷非個化論◯教育發譯◯[illegible]傳

時論◎黃禍預測◯中國幣制改革論

小說◎破裂不全之小說◯空中旅行記

記言◎談叢數則

記事◎本省時評◯內國時評◯留學界江蘇同鄉會[illegible]◯日本大阪博覽會中國

福建出品[illegible]台灣[illegible]◯[illegible]大阪博覽會人

[illegible]台灣[illegible]◯弘文學校學生退校善後始末記

雜錄◎雜俎◯餘錄

每月一回朔日發行

江蘇同鄉會發行

何待豪杰，一人已胜任，何待百千志士之杀身流血，一朝夕可几，何事数十百年之惨淡经营？”[1] 光复会的精神领袖是蔡元培，这位翰林出身的读书人，属于秀才造反，陶成章曾经如此评价他：“元培德性有余，而方略颇短，性又好学，不耐人事烦扰。”[2] 光复会的行动人物陶成章和徐锡麟致力于联络会党，而蔡元培、杨笃生这样的观念人物除了宣传鼓动之外，就是凭借自己懂一点近代的化学知识，自制炸弹，搞暗杀。蔡元培认为女子从事暗杀更容易，因此他在主持爱国女校期间，专门开设理化课，以便将来试制炸弹，为革命培训暗杀的种子。像蔡元培、杨笃生这样读书人出身的革命者，都有一个共同的特点，情绪激昂的时候从事激进的暗杀活动，而一旦遭遇挫折，便心灰意懒，退出江湖，去欧洲读书，杨笃生、陈天华还投海自尽，试图以自杀唤起国人，他们所缺乏，正是行动人物的那种韧劲。

晚清刺客当中最出名的当属刺杀出洋五大臣的吴樾，他也是光复会之人，他在行动之前，著有《暗杀时代》，认为：“夫排满之道有二：一曰暗杀，一曰革命。暗杀为因，革命为果。暗杀虽个人而可为，革命非群力即不效。今日之时代，非革命之时代，实暗杀之时代也。”[3] 为什么“暗杀为因，革命为果”，个人英雄主义的暗杀会引发群体性的革命？吴樾相信暗杀将招来统治者疯狂的报复，继而

1　辕孙：《露西亚虚无党》，载张枬、王忍之编：《辛亥革命前十年间时论选集》第一卷下册，第 567 页。

2　陶成章：《浙案纪略》，1910 年，第 11 页，转引自周天度：《蔡元培传》，北京：人民出版社，1984 年，第 33 页。

3　吴樾：《暗杀时代》，载冯自由：《革命逸史》第三册，第 195 页。

激发民众更大的仇恨，如此仇仇相报的循环往复，最后会引发革命："以复仇为援兵，则愈杀愈仇，愈仇愈杀，仇杀相寻，势不至革命而不已。……此暗杀与复仇，亦互相为力，互相为功也。"[1]暗杀—流血—镇压—更多的流血—更大的反抗，直至推翻专制暴政，吴樾他们真诚地相信这套流血的历史逻辑，虽然后来的历史并不按照这一想象中的脚本演出。

显然，在激进革命者当中，有一种"血的崇拜"，相信只有通过流血，才能唤起民众，凝聚人气，激发起革命的热情。前引的《江苏》杂志歌颂暗杀一文，如此认为："西哲有言曰：'自由犹树也，溉之以虐政之血而后生长焉。'至哉言也！"[2]另一篇《军国民主义》中说："是非爱自由独立之好男儿，倾无量鲜血灌溉自由之花，掷无量头颅购取文明幸福，扫荡妖氛，霹雳当空，则阴霾沉沉，长此终古矣，且各国文明进步莫不由流血而成。"[3]如此不是被杀，就是杀人。章士钊在分析谭嗣同的思想时，针对他的"誓杀尽天下君主，使流血满地球，以泻万民之恨"一语，如此评论："嗣同不怕杀人，亦不怕被杀，认天下惟杀人可了事，应是嗣同思想症结。"[4]张继说得更痛快："吾愿杀尽满洲人，以张复仇大义，而养成复仇之壮烈国民；吾愿杀尽亚洲特产之君主，以洗亚人之羞辱，为亚人增光。"[5]

1 吴樾：《复仇主义》，《吴樾遗书》，《民报》临时增刊"天讨"，1907年东京出版，第11页。

2 辕孙：《露西亚虚无党》，载张枬、王忍之编：《辛亥革命前十年间时论选集》第一卷下册，第570页。

3 脱羁：《军国民主义》，《觉民》第一至第五期合刊，1904年，第10页。

4 章士钊：《疏〈皇帝魂〉》，载《辛亥革命回忆录》第一册，北京：中华书局，1961年，第225—226页。

5 张继：《"无政府主义"序》，载葛懋春等编：《无政府主义思想资料选》上册，北京：北京大学出版社，1984年，第23页。

晚清的仇满志士，多是无政府主义者。为了迅速从黑暗的现实跨越到美丽的乌托邦世界，他们不惜采取破坏主义的策略。对于激进的知识分子来说，他们对长期的起义准备过于缺乏耐心，而且与会党、新军这些底层社会在气质上也格格不入。读书人唯有的，是一腔的革命豪情和破釜沉舟的瞬间冲动，于是义无反顾地走向了暗杀一途。他们崇拜流血的效果，相信专制的解体和文明的进步皆依赖于血的浇灌，于是，对现代民权的追求，最终竟然落实于传统部落的“血仇政治”，反满与仇杀联系在一起，形成了晚清革命逻辑的一大历史吊诡。

虚无主义的志士精神

晚清的暗杀者虽然有“血的崇拜”，但与历史上许多民粹领袖不同，暗杀者要流的不是芸芸众生的鲜血，而是一己之身的热血，愿意将自己作为悲壮的祭品，奉献给未来的理想世界。在这背后，显然有一种宗教般的志士精神。问题在于，晚清革命者中的志士精神究竟源头何在?

读书人中的志士精神在中国历史上毕竟久违了。春秋战国时期曾经有过，在礼崩乐坏时代，西周一批士大夫从宗法封建体制中游离出来，成为自由流动资源，即所谓的“游侠”。在他们身上，依然具有西周士大夫的武士精神和侠义气概，于是出现了像荆轲、聂政这样成为千古美谈的刺客。司马迁在《史记》中专列《游侠传》，如此称颂他们：“其言必信，其行必果，已诺必诚，不爱其躯，赴士之厄困；既已存亡死生矣，而不矜其能，羞伐其德。”[1] 秦汉以降的大一统政治之下，读书人尽在儒学和君权的体制之中，已经全然失去先秦时期的自由之身，也没有了西周贵族社会留下的豪气与侠情，即使有疏离感，或者如魏晋名士的庄子式的消极抵抗，或者是如东汉太学生和晚明东林党人的儒家式的群体抗议，但已经没有了荆轲、聂政式的孤身行刺。江湖社会当中虽然有侠气，但，那是梁山好汉式的草莽英雄，与读书人基本无涉，后者只能充当农民起义幕后的谋士，不再是历史中的主角。

两千多年之后，春秋战国时期的游侠气质在晚清重现，演变为近代的志士精神。回归的历史有相似之处，如同先秦的士人脱离封建制度那样，晚清的读书人也从崩溃的科举体制中游离出来，再次成为自由流动资源，新游侠即产生于那些边缘的知识分子群体。但是，从精神源头而言，晚清的革命者显然有与先秦的游侠相通又相异的内涵。

在晚清的激进知识分子那里，人格理想经历了从圣人到豪杰、从豪杰到侠士的两次转变。在传统中国，儒家的内圣外王是士大夫人格的基本价值标准。内圣外王之中有修身与经世两个面相，因为受到内忧外患的形势逼迫，在晚清思想界，虽然修身依然重要，但经世思潮已经占据主流。从圣人到豪杰的第一步变化是在维新派士大夫那里完成的。为了建立现代的民族国家，最重要的不是德性，而是能力；不是立德，而是建功。梁启超在《自由书》中说：“世界者何？豪杰而已矣。舍豪杰则无有世界。一国虽大，其同时并生

1　司马迁：《史记 · 游侠传》。

之豪杰，不过数十人乃至数百人止矣。其余四万万人，皆随此数十人若数百人之风潮而转移奔走趋附者也。”[1]不过，在谭嗣同那里，已经有了侠士的气质，因此，他也成了晚清激进者的先驱。在先秦文化传统之中，墨家最具有侠的精神。谭嗣同在《仁学》中说：“墨有两派：一曰‘任侠’，吾所谓仁也”，“莫若为任侠，亦足以伸民气，倡勇敢之风，是亦拨乱之具也”。[2]谭嗣同将墨家的侠义视为宇宙与社会的最高价值仁的体现，在戊戌年间，无论是他大胆骇人的言论，还是无惧死亡、以身殉志的实践，都展现了墨家的侠义精神。继之而起的唐才常领导的自立军诸君，也具有同样的气质。谭嗣同对儒家正统鄙视侠气很不以为然：“儒者轻诋游侠，比之匪人，乌知困于君权之世，非此益无以自振拔，民乃益愚弱而窳败！”[3]维新派中的另一位大将麦孟华，在《时务报》上专门发表《尊侠篇》，认为“人而不侠，时曰不仁；国而无侠，时曰不国”，“无气之人罔不死，无气之国罔不亡”，[4]将有无侠气提升到保国保种的高度。

不过，在维新派知识分子那里，侠气只是少数人的英雄气概，到了新的一代革命知识分子这里，则成了普遍的精神现象，完成了从豪杰到志士的第二步转变。吴樾在《暗杀时代》中热烈称赞谭嗣同，称上引的两段话：“至哉言乎！”不过，他认为，“我同胞虽愚弱，而利害亦明；我同胞虽窳败，而心灰未死”，“今欲伸民气，则莫若

---

1 梁启超：《自由书 · 豪杰之公脑》，载梁启超：《梁启超全集》第一册，第354页。

2 谭嗣同：《仁学》，载蔡尚思、方行编：《谭嗣同全集（增订本）》下册，北京：中华书局，1981年，第289、344页。

3 谭嗣同：《仁学》，载蔡尚思、方行编：《谭嗣同全集（增订本）》下册，第344页。

4 麦孟华：《尊侠篇》，《时务报》第三十二册，1897年2月出版，第1页。

行此暗杀主义。”[1]章太炎也非常赞赏侠气，他与谭嗣同的看法不同，认为侠义亦来自儒，大儒本身包容侠士的风采：“世有大儒，固举侠士而并包之。而特其感慨奋厉，矜一节以自雄者，其称名有异以儒焉耳。”[2]章太炎所说的儒家，显然是指春秋战国时期的原始儒家，那个时候距离西周不远，儒生们亦文亦武，杀身成仁，故能包容墨家的侠气。不过，西汉之后，儒家登堂入室，成为帝国的主流意识形态，逐渐失去其原始的质朴面相，与侠义渐行渐远。有鉴于此，晚清更多的知识分子将侠与儒视为两种截然对立的气质，认为中国之所以衰落，乃是墨家的侠气太弱，儒家的文气过重：“侠者儒之反，儒者有死容而侠者多生气，儒者尚空言而侠者重实际，儒者计祸福而侠者忘利害，儒者蹈故常而侠者多创异。使中国而致于今日也，其儒之罪哉！”这篇文章的作者是苏州的文人革命者金松岑，在他看来，传统儒家的温良恭俭只能败国，革命需要召唤一种以侠为核心的新国魂：“共和主义、革命主义、流血主义、暗杀主义，非有游侠主义不能担负之。吾欲以此铸吾国民之魂，吾先溲儒冠、裂儒服以为国民倡，国民其肯从我游哉！”[3]汤增璧在《尊侠篇》中说得更透彻：“儒为专制所深资，侠则专制之劲敌。舍儒而崇侠，清明宁一之风，刚健中正之德，乃有所属，而民已兴起。”[4]彻底的反儒并非自“五四”的“打倒孔家店”开始，在晚清的边缘知识分子那里，

---

1 吴樾：《暗杀主义》，《吴樾遗书》，《民报》临时增刊“天讨”，1907年东京出版，第8—9页。

2 章太炎：《儒侠第五》，载朱维铮编校：《訄书（初刻本·重印本）》，上海：中西书局，2012年，第10页。

3 壮游（金松岑）：《国民新灵魂》，载张枬、王忍之编：《辛亥革命前十年间时论选集》第一卷下册，第574页。

4 汤增璧：《崇侠篇》，载张枬、王忍之编：《辛亥革命前十年间时论选集》第三卷，第83页。

已经充满了更为激烈的反儒言论，只是晚清是以墨侠反儒，五四是以西学反儒，从晚清到“五四”，只是政治的造反者变异为文化的革命者而已。

宫崎市定认为中国历史上有文明主义与朴素主义两种不同的气质，中原农耕文化代表了文明，文雅而精致，北方游牧文化代表了朴素，质朴而粗犷。[1]以此引申，我们也可将儒家文化视为一种文明主义，而墨家的侠义文化视为一种朴素主义。儒家的文明主义自西汉之后，特别是两宋以还，在汉族读书人精神世界当中拥有绝对的主宰地位，墨家的朴素主义被边缘化了。一直到晚清“三千年未有之大变局”之中，尚武好侠的朴素主义突然出现了大爆发，在梁启超这些维新派那里，虽然侠气已经渗透进精神世界，但内心的儒家文明尚存,两者之间有一定的平衡。但在边缘的游士革命者这里，文明主义的儒家开始崩溃，墨家的侠义与佛教的生死观、日本的武士道以及俄国的虚无党人精神结合在一起，成为他们精神世界中的核心成分。一个极具象征意义的例子是，革命派的刊物《民报》创刊号上，刊载了人类历史上四大伟人的像，除了华盛顿、卢梭、皇帝之外，就是墨翟。华盛顿象征共和，卢梭象征民权，黄帝代表反满，墨翟则代替了孔孟老庄，成为边缘知识分子心目中汉族的头号精神英雄。

晚清革命者的志士精神，处在先秦墨侠的历史延长线上，这仅仅是相通的一面，处在中西文明大交汇的时代，近代的侠士们，显

1　参见宫崎市定：《东洋的朴素主义民族与文明主义社会》，张学峰译，上海：上海古籍出版社，2018 年。

然还有之前从未有过的思想面相，这就是来自 19 世纪俄国的价值虚无主义。德里克说：20 世纪早期的中国激进派们“在无政府主义中找到了一个与自己有渊源关系的政治哲学，而从虚无党那里则找到了最重要的实践模式”。[1] 俄国的虚无党人以绝望的心态从事暗杀，固然给晚清的革命党人树立了一个行动的示范，但更重要的是，是激进行动背后的价值虚无主义。在 19 世纪俄国知识分子精神史之中，一直有一条虚无主义的思想脉络。彼时俄国的虚无主义有两代人，第一代是贵族知识分子，他们在西欧主义与斯拉夫主义的冲撞中无所依傍，只能信奉一种没有信仰的信仰：对虚无的信仰，虚无主义怀疑一切，所供奉的唯一大神，便是一己之自由意志。到了第二代虚无主义者，不仅有了信仰，而且诉诸行动，成了虚无党人，最极端的方式，便是暗杀。对此有深刻反思的别尔嘉耶夫指出：“俄罗斯虚无主义者否定上帝、精神、心灵、规范和最高价值”，“它反对历史的虚伪，反对文明的邪恶，要求历史终结，并开始一种全新的、超历史主义的或者高于历史主义的生活。虚无主义要求袒露、从自己身上剥落全部文明的外衣，把全部历史传统化为虚无，解放自然的人，使之不受任何东西的束缚”。[2]

晚清的革命者对俄国两代虚无主义都推崇备至，它给晚清激进派知识分子带来的影响，不仅是手段性的暗杀，而且是对绝对精神价值的蔑视、对历史传统的践踏。价值虚无主义表现在俄国，是对

---

1 阿里夫·德里克：《中国革命中的无政府主义》，孙宜学译，桂林：广西师范大学出版社，2006 年，第 68 页。

2 别尔嘉耶夫：《俄罗斯思想的宗教阐释》，邱运华、吴学金译，北京：东方出版社，1998 年，第 42—43 页。

东正教价值的反动，体现在晚清激进知识分子这里，则是对儒家伦理传统的否定。从谭嗣同开始便要冲决各种网罗，包括“君主之网罗”、“伦常之网罗”、“佛法之网罗”和“天之网罗”。[1]君主与伦常，是传统的社会政治秩序，值得注意的是，谭嗣同要冲决的，还有“佛法之网罗”和“天之网罗”，天理与佛法，代表了一套精神价值秩序，这不仅是传统士大夫的安身立命尺度，也是社会的伦理价值标准。当这一切皆在冲决、否定之列的时候，便打开了虚无主义的大门，一切皆可为之，包括最极端的杀人、暗杀和自杀。张继在《无政府主义即无政府党之精神》一文中说：俄国“恐怖党曾有公言曰‘目的认手段’，其意盖谓无论如何手段，足达我目的者，皆可实行，我之手段果足以安全国民，虽行杀害之事，亦不足咎也。无政府党之理论亦然，盛主张杀害之可行”。[2]在革命党人那里，之所以暗杀成风，引为自豪，乃是只问手段，不问善恶，只要目的是正义的，任何手段都在所不惜，可以自我正当化，无须超越的、客观的价值尺度去衡量它。因为内在价值与伦理被掏空了，晚清激进知识分子表现出十足的功利主义姿态，其影响所及，贯穿了整个20世纪中国的历史。

晚清天崩地裂，崩塌的核心层面，乃是一套原本是天经地义的有机宇宙观。这套宇宙观是每个人生命之意义所在，它可以让你在有限的人生中找到自己的位置，获得生死之超越。然而，在“三千年未有之变局”之晚清，天变了，道亦变了。大变局当中，原先让

1　谭嗣同：《仁学》，第2页。

2　张继：《无政府主义及无政府党之精神》，载葛懋春等编：《无政府主义思想资料选》上册，第25页。

人确信无疑的价值变得游移不定，不再可靠。唯一确定的，只是人自身，即每个人所拥有的自由的创造意志。于是，距离近代自由意志说只有一步之遥的阳明学在晚清大为流行，但此时阳明的“良知”背后，全然失去了客观可靠的“天理”，只是一个为所欲为的自由意志。当实在的价值归于虚空的时候，来自俄国的虚无主义便乘虚而入，占据了革命者的心灵。早在 1903 年，就有著名为“辕孙”者在《江苏》杂志撰文，热烈歌颂俄国虚无党人：“至哉虚无党，讵非可敬而可学者哉！”一个刺客，抵得上千百英雄豪杰：“一人已胜任，何待百千志士之杀身流血，一朝夕可几，何事数十百年之惨淡经营？”[1] 刺杀不仅是个人意志的展现，更重要的是体现了人民的意志。梁启超在论述当今世界就是豪杰之天下的时候，就认为豪杰之所以如此重要，乃是他们代表了“理”与“时势”：“豪杰之公脑，即国民之公脑也，国民有公脑，则千百亿万人如一人，千百亿万人如一人，天下事未有不济者也。”[2] 梁启超说的国民之公脑，类似卢梭说的公意，即人民的整体意志，但公意究竟何在，究竟由谁来代表？在具体的政治实践之中，便化身为少数豪杰和志士的个人意志，由他们代表人民意志执掌生杀大权。俄国的民意党人在 1879 年秘密讨论决定，以人民意志的名义判处亚历山大二世死刑，并以前赴后继的暗杀行动付诸执行。晚清的暗杀党人也相信自己代表的是人民意志，其背后正是一种虚无主义的乌托邦，它不相信任何实在的价值，只相信个人自身的自由意志，这种超乎常人的“超人”意志，

1　辕孙：《露西亚虚无党》，载张枬、王忍之编：《辛亥革命前十年间时论选集》第一卷下册，第 567 页。

2　梁启超：《自由书 · 豪杰之公脑》，载梁启超：《梁启超全集》第一册，第 355 页。

可以涤荡黑暗，制造光明。他们坚信自由意志的创造能量，只要一两个人的小宇宙大爆发，便可引爆专制制度崩盘，创造出一个光明灿烂的新国家与新世界。

虚无主义不相信任何确定的价值，更蔑视人间一切权威，无论在俄国，还是在晚清，价值上的虚无主义往往又是政治上的无政府主义，你中有我，我中有你，反抗一切暴力、压迫与不平等，热切期待建立一个自由的乌托邦。但这个自由，不是英美在法权体系下以权利体现的自由，而是欧陆式的自由意志与自我实现。当胡汉民、汪精卫等人在《民报》上热烈讴歌自由与民权的时候，其乌托邦理想的背后，是有一层虚无主义的底色在那里的。革命党人多次起义的失败，让暗杀党人们产生了深深的绝望，价值上的虚无主义，必定带来行动上的冒险主义。他们缺乏足够的韧劲去与黑暗势力纠缠，也没有耐心长期苦战，当绝望支配了其整个情绪的时候，只剩下一个反抗的手段，那就是个人意志的展示，决然而然的暗杀行动。知难行易，行就是知，行动就是一切，个人的道德实践是最高理性，也是最高美德。于是，来自传统的王阳明与来自俄国的虚无主义在晚清产生了奇妙的化学反应，迸发出强烈的唯意志论火花。

当刺杀摄政王失败被捕的时候，警察从汪精卫的贴身夹衣中搜出他在《民报》上发表的《革命之趋势》《革命之决心》文章，问他为什么，汪精卫骄傲地回答："没有别的，不过觉得拿墨来写，是不够的，想拿血来写，所以放在身上，预备死的时候，有些血沾在上面。"[1] 中国的圣人有立德立功立言之"三不朽"境界。《民报》

1 汪精卫：《自述》，《东方杂志》第三十一卷第一号，1934 年 1 月 1 日出版。

的文章已经让年轻的汪精卫声名大噪，实现了“立言”，如果要继续立功，绝望的汪精卫看不到革命的前途，他也没有这个耐心做长期打算。人生苦短，对于一个虚无主义者来说，与其苦撑待变，不如以片刻的轰轰烈烈，以带血的自由意志、以瞬间的死亡进一步实现“立德”之业。在这个重“义”之文明国度，再伟大的英雄宏业、再隽永的圣人之言，也比不上义侠们以极端的死亡所展示的千古绝唱。瞬间的牺牲，无须长年修炼与知识积累，只需有意志的决断，下得了决心舍弃肉身。血气方刚的汪精卫要用鲜血书写历史，也书写自己。他不在乎暗杀行动成功与否——这不重要，重要的是个人意志、人格和道德的公开展示，是激起公众同情与呼应的戏剧效果。这是一种充满宗教魅力的反抗美学，美学的意义大于政治意义，在血的公开展示之中，反抗的目的悄然退居幕后，在最前台的，正是一种甘愿钉在十字架上的耶稣精神，一出以一己之血留下千古芳名的行动戏剧。

晚清革命者的志士精神，不全然是传统的侠气，已经带有某种新信仰的宗教色彩，然而，与之后的两场大革命所信奉的刚性意识形态不同，晚清激进知识分子的新信仰不那么实有，带有强烈的虚无主义和唯意志论成分，只是一种抽象的精神形态：“烈士之精神亘万古而不摧，振我四万万国民之气，起我数千年国魂之衰。愿我同胞兮，毋徒效烈士之死，而群报烈士所怀。呜呼，烈士兮夫复何哀？精神精神兮盍归乎来。”[1] 这种志士精神，混杂了儒家的道德主义和俄国的虚无主义，正如张灏教授所分析的：“它的出发点是

1　韩梯云：《书潘烈士传后》，《直隶教育杂志》第九期，1906 年 7 月。

传统儒家的道德理想主义所形成的使命感，认为人是为了实现崇高的道德思想而活的，必须把生命无条件地奉献出来，透过政治去实现道德理想。因此志士作为人格理想含有一份道德绝对主义的精神，很类似韦伯所谓的信念伦理（ethics of conviction），认为为了实现道德信念，应该不问目的，不计后果与代价。”[1] 由此可以理解为什么章太炎一到东京，就大声疾呼“用宗教发起信心，增进国民的道德”。虽然被他人讥笑为“章疯子”，章太炎不仅不以为忤，还以此为荣：“兄弟承认自己有神经病，也愿诸位同志，人人个个，都有一两分的神经病。”因为“古来有大学问成大事业的，必得有神经病才能做到”，在他看来，“思想是个货物，神经病是个汽船，没有思想，空空洞洞的神经病，必无实济；没有神经病，这思想可能自动的么？”[2] 章太炎说的“神经病”，显然是一种道德性的宗教精神，民权思想也好，无政府主义也好，假如没有道德的宗教精神，便是无法落地的孤魂。无论是暗杀还是自杀，这些志士行为都需要道德的真诚和动机的纯洁，要求革命者个体承担自我牺牲的责任。

自我牺牲，是最崇高的宗教献身。同样在晚清，立宪党人就没有这样的牺牲精神，章太炎的学生黄季刚嘲笑他们：“今既嚣嚣然以救国自豪，而畏死特甚，则其心直可谓之仅能好名、慕势、竞利，而不能救国，可也。”且不论革命党与立宪党孰是孰非，在道德人格上，后者就比前者矮了一头，故黄季刚很自豪地宣称：“吾党之志，

1 张灏：《中国近百年革命思想道路》，载任锋编校：《转型时代与幽暗意识：张灏自选集》，上海：上海人民出版社，2018 年，第 325 页。

2 章太炎：《东京留学生欢迎会演说录》，《民报》第六号，1906 年 7 月 25 日。

以敢死为先。”[1]立宪党人都是理性的改革者，他们多不是浪漫的理想主义者，而是懂得权变的现实主义者，没有人愿意为了利益（无论是国家利益还是个人私利）将自己的性命搭进去。然而，革命党人是一批韦伯所说的尊奉信念伦理的理想主义者，正如张灏教授所分析的那样，他们具有双重的理想主义精神，历史的和道德的。历史理想主义让他们相信在光明的无政府主义乌托邦与黑暗的现实之间，需要一个激进的跨越与暴力的行动，以求局势的速变，而道德理想主义则促使他们愿意以决然之牺牲成就个人之德性，推动从现实到理想的跨越。这两种理想主义精神结合起来，催化出晚清革命者狂热的宗教性和绝望的虚无主义。

事实上，在“以敢死为先”的背后，还有一个思想的因素，乃是到了晚清，知识分子的生死观发生了微妙的变化。儒家文化很少谈生死，不知生，焉知死，虽然有杀身成仁的义勇，但从来不回应肉躯死了以后如何永生的问题。道家的庄子以“齐物论”的视角看淡生死，人的生命终点乃是向自然的回归。佛教的生死轮回观可以让人从对死亡的恐惧中摆脱出来，但与庄子一样，与其说是壮烈的，不如说是平静的。唯有游侠文化，才将死亡赋予一种特殊的审美价值，但依然缺乏形而上的论述。到了晚清，历史理想主义的出现，使得个人的生命不再在道家的自然循环或者佛教的生死轮回之中，而是到历史的长河之中呈现自我的价值。这个历史长河中的个人生命，便是融合入“大我”的“小我”。

最早正式提出“小我”“大我”概念的，是梁启超。他在1900

1　黄季刚：《论立宪党人与中国国民道德前途之关系》，《民报》第十八号，1907年12月。

年写的《中国积弱溯源论》中，提出："同是我也，而有大我小我之别焉。"所谓"大我"，乃是"一群之我"，而小我乃是"一身之我"。[1]1904年，他又专门作了《余之死生观》一文，以进化论的观点，详细论述其"大我""小我"论："何谓大我？我之群体是也。何谓小我？我之个体是也。""死者，吾辈之个体也；不死者，吾辈之群体也。"[2]儒学之中也有类似"小我"与"大我"，但是"小我"是私，乃躯体之自我，"大我"代表公，乃精神之自我，与道德的与宇宙的超越世界相关。到了晚清，在历史进化论的催化下，"大我"从道德的或者宇宙的"大我"演化为人类历史群体的"大我"，这种观念，也影响了晚清的革命志士们，只要个人之生命躯体，融入从家国到天下的历史长河之中，便获得了精神的永恒。黄花岗起义中林觉民《与妻书》中如此表示："汝体吾此心，于啼泣之余，亦以天下人为念，当亦乐牺牲吾身与汝身之福利，为天下人谋永福也。"[3]另一位方声洞在《禀父书》也留下这样的绝笔："祖国之存亡，在此一举。事败则中国不免于亡，四万万人皆死，不特儿一人；如事成则四万万人皆生，儿虽死亦乐也。"[4]同样是不畏死，谭嗣同受到佛教影响，视生命为一个从疏离和孤立回归到浑然为一的过程，"生命的最终目的就是化解自我，超越自我，与万化冥合，回归到那原始的和谐。"[5]但黄花岗志士们的死亡观更具有近代的历史意识，只

---

1 梁启超：《中国积弱溯源论》，载梁启超：《梁启超全集》第一册，第417页。

2 梁启超：《余之死生观》，载梁启超：《梁启超全集》第二册，第1373页

3 林觉民：《与妻书》，萧平编：《辛亥革命烈士诗文选》，北京：中华书局，1962年，第171页。

4 方声洞：《起义前别父书》《禀父书》，萧平编：《辛亥革命烈士诗文选》，北京：中华书局，1962年，第167页。

5 张灏：《烈士精神与批判意识》，北京：新星出版社，2006年，第304页。

要献身于国家与天下的“大我”,即使自然生命死亡,精神也将永存,获得超越性的快乐与幸福。

吴樾在给妻子的信中说 :“素非强壮，且多愁善病，焉能久活人间？与其悔之他时，不如图之此日。抑或苍天有报，偿我以名誉于千秋！”[1] 从谭嗣同到吴樾，还有因激愤而自杀的革命者陈天华、姚宏业、杨笃生，都有一个共同的特点，都感觉自己“体弱孱病”，或者“志行薄弱”,对自己的肉身价值充满了绝望,恐将不久于人世,故希望通过惊世之举动，获得精神自我的超脱，“名誉于千秋”。自然生命的绝望感和精神上的虚无主义分泌出志士的壮烈情怀，通过肉身“小我”的自我毁灭，换来精神“大我”的永垂不朽，那是何等的快意。吴樾在牺牲之后,有人看到他的遗体陈放在北京火车站,发现吴樾“面目如生，并带笑容”，虽然有时人的仰慕成分，但距离真实也不远。

如此便可以理解，为何到了晚清，在边缘知识分子那里，有这么多的激进年轻人，前赴后继，视死如归，以书生之一己肉身，去冲撞现实的黑墙。历史进化论让他们认定个人生命的价值只要融入历史的伟业，便具有了永恒的价值，而佛教与儒家对精神自我的本位肯定，又让他们坚信个人的“心力”具有超越性的神魅，可以跨越生死，改变一切 :“烈士惟知有精神而已，不知有生，安知有死。”[2] “我今早死一日，我们之自由树早得一日鲜血 ; 早得血一日，则早茂盛一日,花方早放一日。”[3] 以死洒下鲜血,以血浇筑自由之花,

1 吴樾 :《与妻书》,《吴樾遗书》,《民报》临时增刊“天讨”，1907 年出版，第 27 页。

2 韩梯云 :《书潘烈士传后》,《直隶教育杂志》第九期，1906 年 7 月出版。

3 佚名 :《熊烈士供词》,《辛亥革命》第三卷，上海 : 上海人民出版社，1957 年，第 241 页。

以个人生命的“小我”，祭祀国家与天下的“大我”，志士情怀的最高境界，升华到主动牺牲的烈士精神。

20 世纪三次革命的狂潮，无论其社会起点、组织形态，还是思想源头、精神世界，其实都在晚清，没有晚清，何来“五四”；没有“五四”，谈何革命。中国革命的许多秘密，都可以从晚清激进知识分子那里，找到最初的基因。

延伸阅读

张灏：《转型时代与幽暗意识：张灏自选集》，任锋编校，上海：上海人民出版社，2018 年。

张灏：《烈士精神与批判意识：谭嗣同思想的分析》，崔志海、葛夫平译，北京：中央编译出版社，2016 年。

[美] 阿里夫·德里克：《中国革命中的无政府主义》，孙宜学译，桂林：广西师范大学出版社，2006 年。

杨国强：《晚清的士人与世相》，北京：三联书店，2008 年。

第四章

五四运动中的『旧派中的新派』

1924

1852

林琴南

1921

1854

严 复

1936

1869

章太炎

1933

1873

杜亚泉

1935

1873

黄节

1938

1882

蒋百里

1919

1884

刘师培

1915

1885

黄远生

1973

1886

张东荪

1969

1887

张君劢

百年前的新文化运动，围绕着新旧与中西文化，曾经有过三场辩战——《新青年》与林琴南的骂战、陈独秀与杜亚泉的中西文化论战、《新潮》傅斯年与研究系的张东荪之间的辩论。

陈独秀、胡适为代表的“新青年”，被称为新派，而他们的论战对手，长期以来被认为是保守的旧派。但无论是林琴南、杜亚泉，还是研究系的精神领袖梁启超，他们从旧学阵营而来，在清末民初都是被公认的新派人物，属于“旧派中的新派”。只是到了新的一代知识分子崛起，他们才变得“旧”，但依然有其“新”的趋向。

罗家伦当年嘲笑《东方杂志》的杜亚泉诸人：“你说他旧么，他又像新，你说他新么，他却实在不配。”[1] 这种不新不旧、半新半旧、亦新亦旧，正是“旧派中的新派”在五四时期的独家特色。在五四时期，与“旧派中的新派”相映成趣的，还有另一类“新派中的旧派”，即以《学衡》杂志为代表的从海外留学归来却坚守中国文化本位的现代学人。

“新派中的旧派”我将另外撰文讨论，[2] 本章将重点围绕“旧派中的新派”在五四新文化运动中的表现以及与“新青年们”的论战。

关于这方面的具体研究成果已经很多，本章新的问题意识在于——

从晚清到“五四”的中国知识分子时代更替来看，这批“旧派中的新派”究竟处于什么样的位置？

他们与五四时期的“新青年们”共同参与了新文化运动，那

1　罗家伦：《今日中国之杂志界》，《新潮》第一卷第四期，1919 年 4 月 1 日。

2　关于这一研究，笔者有一个提纲性的短文发表，参见《“新派中的旧派”：留美海归中的“学衡派”知识分子》，《文汇报》（上海）2016 年 7 月 8 日。

么两代启蒙者的区别究竟何在，是知识上的还是态度上的？

最后，当“新青年们”登上历史舞台之后，“旧派中的新派”对年轻一代的影响真的消失了吗，如果还在，那么究竟何在？

什么是“旧派中的新派”

何谓“新派”？何谓“旧派”？从1860年代开始的自强运动，中国知识分子的世代交替之迅速，令人目不暇接。在晚清，被视为新派士大夫的，有两代人，第一代是官僚士大夫，第二代是文人士大夫。

曾国藩、李鸿章、张之洞，是官僚士大夫中的新派人物。虽然有儒家的正统观念，但在“理”之外，更重“势”，与正统出身的士大夫清流不同，有清醒的现实感，灵活实用，不拘泥于经典陈义，是清末自强运动的中坚。

1895年的公车上书，象征着新的一代改革士大夫的崛起。康有为、梁启超、谭嗣同这些文人士大夫，不是被朝廷吸纳的国家精英，而是暂时未入仕的举人、秀才，属于地方名流，他们处于远离权力中枢的南方，身上有强烈乌托邦情怀的文人气质，其活动地盘，不再是官僚士大夫擅长的权力中枢，而是地方与民间，特别是民间的舆论空间。戊戌维新之后，原先的新派官僚士大夫很快被视为旧派，文人士大夫成为新的“新派”代表。他们是19世纪、20世纪之交戊戌维新和晚清新政两场改革的主力军。本章讨论的“旧派中的新派”，就是指的这些文人士大夫，虽然身份和气质上依然是士大夫，但满脑子新思想、新思维、新语言，以梁启超的《新民说》最为典范，这位中国启蒙的先驱，足足影响了晚清和“五四”两代读书人。

张灏教授将1895年的戊戌维新开始到1925年的五四新文化运动结束，视为中国近代思想史上最重要的“转型年代”，这个“转型年代”，其实是通过两次知识分子的世代交替而完成的。第一次是戊戌维新年间康有为、梁启超这批文人士大夫从新派官僚士大夫那里夺过话语主导权，使后者蜕变为“旧派”，自己成了“新派”的代表。长江后浪推前浪，到了1918年以后，这批从晚清过来的“新派”人物，竟然也被新崛起的年轻一代知识分子视为“旧派”，重蹈前代新派人的覆辙！不是因为他们自身有什么变化，乃是在快速移动的舞台布景衬托下，他们的知识结构，特别是“文化态度”跟不上时代的变化，落伍了。

晚清这批“旧派中的新派”，在民国初年为时人称为“老新党”。钱基博在《现代中国文学史》中说，梁任公创造的“新民体”，“老辈则痛恨，诋为文妖，然其文晰于事理，丰于情感。迄今六十岁以下、三十岁以上之士夫，论政持学，殆无不为之默化潜移者”。[1] 待到《新青年》这拨更年轻的新派知识分子出现在地平线上，“新党”瞬间就变老了，退伍为“老新党”。胡适说：“二十年前，康有为是洪水猛兽一般的维新党。现在康有为变成老古董了！”[2] 他的学生罗家伦也说：“请问十年前的‘新党’，有几个不是《新民丛报》造的？……至于现在文学革命、思想革命的潮流，又何曾不是《新青年》等几

1 钱基博：《现代中国文学史》，长沙：岳麓书社，2010年，第300页。

2 胡适：《新思潮的意义》，载欧阳哲生编：《胡适文集》第二册，北京：北京大学出版社，1998年，第552页。

个杂志鼓起来的呢？”[1]

“老新党”是五四知识分子对上一代晚清新派的轻蔑之称，在他们看来，不将曾经启蒙过他们的父辈归为旧派，不足以显示自己的新。[2]这是思想史上常见的“弑父”现象，只有打倒了父辈，才足以长大成人。不过，“五四”的新青年们也知道，在一般世人心目中，梁启超们毕竟还属于新派，故送他们一个“老新党”的雅号，固为“新党”，却已过时，新得不够时代，不够彻底。

五四时期的新旧两代知识分子，一个是新学堂的老师，另一个是新学堂的学生，与更老一代的官僚士大夫曾国藩、张之洞相比，他们都与体制发生了疏离，从庙堂走向了民间，身上有强烈的文人习气，只不过梁启超、杜亚泉是文人士大夫，而陈独秀、鲁迅、胡适是文人知识分子，从文人气质而言，前后两代有一脉相传之处，与官僚士大夫有天壤之别。但是，正是这两代人，中间隔着传统士大夫与现代知识分子的世代断层，发生了尖锐的冲突。

不仅新一代知识分子嫌弃“旧派中的新派”已经落伍，连他们本人，到了五四时期，也常常感到自己新旧混杂，是过渡性的人物。民国名记者黄远生在1916年意识到“自西方文化输入以来，新旧之冲突，莫甚于今日”。[3]作为晚清过来的新派人物，感到自己身上有许多“旧派”的习气，“吾人以一身立于过去遗骸与将来胚胎之

1　罗家伦复熊子真，《新潮》第二卷第四号（1920年5月），影印合订本，第836页。

2　参见瞿骏：《老新党与新文化：五四大风笼罩下的地方读书人》，《南京大学学报》，2017年第1期。

3　黄远生：《新旧思想之冲突》，载黄远庸：《远生遗著》卷一，北京：商务印书馆，1984年影印，第154页。

中间，赤手空拳，无一物可把持，徒彷徨于过渡之时期中而已”。[1]他的苦闷与彷徨都来源于这种生存于新旧之间的自我意识，将来的新只是“胚胎”而已，而过去的“遗骸”却实实在在种植于灵魂之中。

这种新旧混杂的感觉，是陈独秀、胡适和傅斯年断然没有的。在五四时期，他们自信、阳光，傲视老一辈，相信唯有自己代表了文化的未来。只有自我反思意识比较强的鲁迅，对自己灵魂中的阴暗面有所警惕，自称自己只是过渡的一代，“自己背着因袭的重担，肩住了黑暗的闸门，放他们（按：青年们）到宽阔光明的地方去”。[2]而像胡适、傅斯年，是到了五四运动的十年之后，等到更新的革命一代崛起要打倒自己了，才承认“我们的思想新，信仰新；我们在思想方面完全是西洋化了；但在安身立命之处，我们仍旧是传统的中国人”。[3]

到了五四时期，晚清和“五四”两代新派知识分子，究竟区别在哪里？

时代更替首先表现在两代人的年龄结构上。在五四时期继续活跃的晚清新派士大夫，除了林琴南、康有为资格较老，分别出生于1852年、1858年之外，其余大部分人基本出生在1865—1880年间：张元济1867年，梁启超、杜亚泉1873年，章士钊1881年，杨度1875年。而五四新一代知识分子除了陈独秀稍年长，出生于1879年之外，大多出生于1880—1895年间：鲁迅1881年，周作人1885年，

1　黄远生：《想影录》，载黄远庸：《远生遗著》卷一，第161页。

2　鲁迅：《我们现在怎么做父亲》，《新青年》第六卷第六号，1919年11月1日。

3　胡适：《胡适日记全编》第五卷，1929年4月27日，合肥：安徽教育出版社，2001年，第404页。

钱玄同 1887 年，李大钊 1889 年，胡适、刘半农 1891 年。

生理上的年龄结构并非决定性的，重要的是与年龄相应的知识结构。近代中国的两次重要的学制改革，对知识分子的代际更替至关重要。1902—1903 年“壬寅－癸卯学制”建立了过渡性的半新半旧、半中半西的近代学堂体制，1912—1913 年“壬子－癸丑学制”奠定了延续至今的现代学校体制。20 世纪前半叶的三代中国知识分子：晚清一代、“五四”一代和“后五四”一代，概括地说，在晚清的学堂中，康有为、梁启超是老师辈，“五四”一代是学生辈，到了民国之后的学校，陈独秀、胡适、李大钊是老师辈，“后五四”一代（傅斯年、罗家伦、顾颉刚等）则是学生辈。

现代的学校体制所培养的，是新知识、新观念的新型知识分子；而过渡性的学堂体制，所培养的只是半新半旧的第一代知识分子，他们自以为是新知识分子，其实灵魂还是传统士大夫式的。至于康有为、梁启超、杜亚泉这些晚清末代士大夫，早年所受的教育是传统的私塾与书院的，其拥有的新学几乎都源于自学，而且是通过明治时期日文的二手转卖。在他们追补新学之前，旧学的知识结构已经廓然成形。一个人的认知框架，在二十岁左右形塑，形成一套思考的语法结构，即使以后再有新知添入，也只是零碎的“词汇”而已，其“语法”依然是过去的。用一个新词，其意义并非确定，置于不同的语法结构，就会有不同的理解。

因此，晚清的文人士大夫就知识结构和精神气质而言，与他们所取而代之的曾国藩、张之洞这些官僚士大夫差别不大，都是传统的经史子集与传统士大夫的家国天下关怀。但他们大多去日本见过世面，或者精通日文，对域外的各种新知，从科学技术到制度伦理都有非常庞杂的认知，急于要将这些经世致用的新知内化到旧学的知识结构之中。作为晚清新学堂的老师和新报纸的主笔者，他们传授给同代人和年轻一代的，正是这些中西混杂、混沌一片的新知。

那些晚清年间在国内学堂接受启蒙教育的新一代学生，等到民国初年有机会走出国门到日本帝国大学和英美一流大学继续深造时，发现自己曾经崇拜过的老师在西方学问上的粗陋，西学对于李大钊、钱玄同、胡适他们而言，不再仅仅是“词汇”，而是一套知识的“语法”，回到国内，自然看不起“旧派中的新派”，而要取而代之，以新派自任，搞一场新文化运动了。

不过，以知识结构来区别晚清新派士大夫与五四新知识分子，仅仅具有部分的有效性。对于林琴南、康有为这些年长的“旧派中的新派”而言，他们在“三十岁以后不复有变”，在知识上自然被“五四”一代看不起。但是，像稍微年轻一点的梁启超、杜亚泉，他们对新知之敏感，学习能力之强，全然不在五四知识分子之下，梁启超对西学的庞杂了解，即使到了五四时期，也不逊于年轻一代，杜亚泉在与陈独秀论战中对西方思潮的熟悉程度，也在对手之上。而跟随梁启超的年轻师友蒋百里、张君劢、黄远生、张东荪，都在日本名校受过系统的学术训练。1918 年以后，由梁启超为精神领袖的研究系所主持的“另一种启蒙”，依靠的就是这四位年轻大将，他们虽然在年龄上可以归为“五四”一代，但在人脉关系和精神气质上，特别在对旧文化的态度上，更接近新派士大夫，亦属于“旧派中的新派”。

不过，梁启超、杜亚泉他们并不承认自己是旧派，在他们看来，知识上的新与旧，都是相对的，杜亚泉说：“新也，旧也，不过一程度问题。”[1] 在不同时代，新与旧含义不同。“如戊戌时代之新旧，与欧战以后现时代之新旧，意义自然不同。”[2] 或许是被罗家伦批评为“半新半旧”刺痛，杜亚泉要证明自己无论是在晚清还是“五四”，都属于新派。在戊戌时期，“以主张仿效西洋文明者为新，而以主张固守中国习惯者为旧。吾人在当时，固为竭力鼓吹新思想，排斥旧思想者”。而欧战以后，更新的文明大潮来了，“以时代关系言之，则不能不以主张刷新中国固有文明，贡献于世界者为新，而以主张革除中国固有文明，同化于西洋者为旧。”[3] 杜亚泉以“调和中西为新”为己强辩，可见戊戌维新之后，思想的潮流不再是复古，回到黄金的三代，而是在进化论推动下，以趋新为价值尺度。即使是旧派人物，也要证明自己并非落伍，而是新人物、新思想。

梁启超更为趋新，从“戊戌”到“五四”，永远在变，变的方向，就是年轻人的步伐。钱基博如此评论他，梁任公“常自觉所学于时代为落伍，而懔后生之可畏，数十年日在旁皇求索中。故有为之学，踮定脚跟，有以自得者也，启超之学，随时转移，巧于通变者也”。[4] 连胡适都肯定梁启超，说身为“旧派中的新派”，梁启超与章士钊不同，“这几年颇能努力跟着一般少年向前跑，他的脚力也许有些差跌，但他的兴致是可爱的”。[5]

纯粹从知识而言，五四时期的两代人，其实都是新旧混杂，汪

1　杜亚泉：《再论新旧思想之冲突》，载杜亚泉：《杜亚泉文存》，第 354 页。

2　杜亚泉：《新旧思想之折衷》，载杜亚泉：《杜亚泉文存》，第 401 页

3　同上，第 401—402 页。

4　钱基博：《现代中国文学史》，长沙：岳麓书社，2010 年，第 321 页。

5　胡适：《“老章又反叛了！”》，载胡适：《胡适全集》第十二卷，合肥：安徽教育出版社，2003 年，第 74 页。

學燈
幾個字底分化的商榷
閱微草堂筆記
時事新報
The China
No. 162, Shantung
第一張
浙路第四期股款即日開付
浙江興業銀行
教育部審定
中華書局
神州女學招生
晨報副鐫
一九二一年十二月四日
星期講壇
人生的價值
松年
開心話
阿Q正傳
巴人
第一章 序

叔潜早就有一个观察：“旧人物也，彼之口头言论，则全袭乎新；自号为新人物也，彼之思想方法，终不离乎旧。”[1]既然如此，新派与旧派所争的，究竟何在呢？

“老新党”与“新青年”所争的，只是一个态度

学界如今已经有相当共识，承认“五四”的启蒙运动，并非以《新青年》和《新潮》为独家，同时从事新文化运动、传播新知的，还有“旧派中的新派”所主持的两个战线：一条是杜亚泉的《东方杂志》，另一条是研究系的《国民公报》、《学灯（副刊）》、《晨报副镌》和《解放与改造》。如果细读这些刊物，你会发现就传播与介绍西方新知的全面性和开放性而言，它们要比《新青年》和《新潮》更胜一筹，知识更纯粹，流派更丰富。

如果从知识性而言，“五四”时期的两代启蒙者并无太大的区别，因此，地方上的年轻读者对他们办的杂志是兼容并包，作为一个新知的整体加以接纳。既然知识上都是新的，不存在新旧区别，而且杜亚泉以及梁启超手下的四大干将对西学的了解，比较陈独秀、胡适、傅斯年毫不逊色，那么，所谓的新旧又从何说起呢？

“五四”阵营的大将蒋梦麟在 1919 年对此一语而中的：新思想不是知识，而是“一个态度”！这个态度是看思想是否往进化的那个方向走，而所谓的旧，“是对于这新态度的反动”。[2]这就意味着，“老

1　汪叔潜：《新旧问题》，《新青年》第一卷第一号，1915 年 9 月 15 日。

2　蒋梦麟：《新旧与调和》，《时事新报》，1919 年 10 月 10 日。

新党”的知识并不陈旧，但他们对传统的态度太旧了，竟然不往西学所指明的进化方向走，还在留恋传统，搞新旧调和。按照陈独秀斩钉截铁的说法：“若是决计革新，一切都应该采用西洋的新法子，不必拿什么国粹、什么国情的鬼话来捣乱。”[1]

由此可见，五四时期的新旧之争，并非知识之争，乃是态度之争。知识与理性有关，而态度则是一种文化认同。美国著名的中国思想史大师列文森在他的名著《梁启超与中国近代思想》中曾经提出过一个经典论断，认为梁启超这代新派士大夫是“理智上接受西方，情感上停留在传统”[2]，将他们的新与旧，以理智和情感的二元对立做了区别。“旧派中的新派”这代士大夫，虽然从理性层面意识到中国要成为像西方那样富强与文明的国家，必须吸取西学，但在情感层面他们依然认同中国文化的灵魂。这就可以理解为什么这些在清末积极鼓吹中国要学习西洋、融入世界的早期启蒙者，从康有为到梁启超、严复，到了民国初年会不约而同地强调“国性”“国魂”和“国本”的价值与重要。[3]在他们看来，民国的制度肉身可以是西方的，但民国的精神灵魂必须是中国的。

然而，“新青年们”的文化认同不一样。经过晚清梁启超的启蒙，他们有了强烈的“保种（中华民族）”意识，但对“保教（中国文化）”兴趣不大，文化只是一种生存的工具，与人的内在生命与情感无关，

1　陈独秀：《今日中国之政治问题》，《新青年》第五卷第一号，1918年7月15日。

2　列文森：《梁启超与中国近代思想》，刘伟、刘丽译，成都：四川人民出版社，1986年，第4页。

3　参见笔者：《两种启蒙：文明自觉，还是文化自觉？》，载《知识分子论丛》第十四辑，上海：上海人民出版社，2016年，第18—20页。

既然西方文化救得了中国，为何还要纠缠传统不放？与“旧派中的新派”执着地认同“国魂”“国性”不同，陈独秀、胡适他们对传统的态度变得异常地功利。

张灏教授对“五四”新文化运动的分析中，提出了一个“五四”思想两歧性的卓见，其中一个两歧性，是理性主义与浪漫主义的对峙。[1]杜亚泉主持的《东方杂志》、研究系从事的文化改造，在精神气质上与《新青年》与《新潮》是迥然不同的。“老新党”的启蒙是知识的，说理的，而“新青年”更多地表现出一种推倒一切、重新打造的狂飙精神，具有强烈的浪漫主义冲动。这在陈独秀和钱玄同身上特别明显。陈独秀、吴虞只是要“打倒孔家店”，而钱玄同则要废除汉字：“欲使中国不亡，欲使中国民族为二十世纪文明之民族，必以废孔学、灭道教为根本之解决；而废记载孔门学说及道教妖言之汉文，尤为根本解决之根本解决。”[2]这些惊世骇人之论，未必经过深思熟虑的理性思考，只是表明了与传统决然两断的姿态。

杜亚泉对五四时期的思想界，提出了一个观察，分为四类人：第一类是“知识敏感、情感热烈”者，指的是陈独秀这样的“新青年”；第二类是“知识蒙昧、情感热烈”者，公然与“新青年”叫板的林琴南就属这一类；第三类是“知识蒙昧、情感冷淡”者，应该是刘师培、黄季刚这些国学派；第四类是“知识敏感、情感冷淡”者，则是夫子自道，是杜亚泉、研究系这些“另一种启蒙”者了。[3]

1　张灏：《重访五四：论五四思想的两歧性》，载张灏：《幽暗意识与民主传统》，第21—206页。
2　钱玄同：《中国今后之文字问题》，《新青年》第四卷第四号，1918年4月15日。
3　杜亚泉：《再论新旧思想之冲突》，载杜亚泉：《杜亚泉文存》，第354页。

杜亚泉以知识新旧和态度冷热为坐标，明晰地画出了五四时期的思想地图。其中第二和第三类，都是知识上的旧派人物，但第一和第四类人物，则是知识上的新派，同属启蒙阵营，只是态度大不一样。“新青年”以浪漫主义的激情否定一切传统，但《东方杂志》和研究系的启蒙者们则是态度中庸的理性主义者，对中国文化始终怀有一份温情和敬意。

如今重温陈独秀与杜亚泉的论战，你会发现，就对西学思潮的了解和熟悉程度，旧派的杜亚泉不仅不输给陈独秀，而且在对手之上，各种西方最新的流派、思潮，娓娓道来，如数家珍。相比新学，杜亚泉的旧学倒并不显山露水，藏在深处。他是讲理的，习惯以理性的知识方式，证明新旧的调和是未来世界新文明的大趋势。对于杜亚泉来说，西方的新学是他的知识，而中国的旧学是他的灵魂。知识是显性的，而灵魂是隐性的。他与陈独秀的分歧，不在于新知识的高下，而只是一个对旧文明的态度。在理性层面上，《东方杂志》与《新青年》都是向前看，不断求变、趋新，分歧仅仅在于在心灵层面，在于对中国固有文明的态度，是否有文化上的情感认同。一个富有温情，另一个冷峻激进，形成了五四启蒙阵营的不同色调。对于文化民族主义者杜亚泉来说，文化之于他，是民族的灵魂所在，是具有内在价值的。杜亚泉认为：“共和政体，决非与固有文明不相容者。民视民听，民贵君轻，伊古以来之政治原理，本以民主主义为基础。政体虽改，而政治原理不变。”[1]

研究系的重要启蒙阵地《学灯（副刊）》，与《东方杂志》类似。

1　杜亚泉：《答〈新青年〉杂志记者之质问》，载杜亚泉：《杜亚泉文存》，第370—371页。

要论介绍与传播西方新知的丰富性,《学灯》应在《新青年》和《新潮》之上，其从创刊时的定位，就是为再造一个新文明而介绍新知。宗白华接手《学灯》任主编时，将《学灯》的主义与理想，交代得非常明确：“从学术的根本研究，建中国的未来文化”。[1]《学灯》的主持人从张东荪到宗白华等人，他们的年龄结构和知识结构已经属于“五四”新一代，与陈独秀、胡适一辈在知识上没有太大的差别，但他们的文化态度却与杜亚泉这些“旧派中的新派”保持一致，而与《新青年》诸位迥然有隔。

这个态度之“隔”，乃是体现在两个面向。其一，是对新文化运动的态度。针对《新青年》介绍新知时的单一与偏激，张东荪为《学灯》提出了“深化新思想”的使命:“现在流行的新思想是单调的，我们应当把他化为复调的，现在流行的新思想是浅薄的，我们应当将他化为正中健强的。”[2]显然,这些话都是针对《新青年》而言的。《学灯》诸人对陈独秀、胡适他们最为不屑的，是他们介绍新知时的单调，偏于浅薄的科学论，且又忙于破坏旧文化，没有什么真货色拿出来。张东荪直言不讳地批评说：“我对于《新青年》一流，有一个观念，觉得好像他们天天对于穿旧衣的人，用一种打骂的手段，教他脱去旧衣,但是他们却不去制一个新衣来给人穿。”[3]可以想见，当“新青年们”看到张东荪的言论，会如何地光火，其后由傅斯年出头，与张东荪对阵论战，是之前两家在戏剧问题、贞操问题和白

1　宗白华：《〈学灯〉栏宣言》,《学灯》，1920 年 1 月 1 日。

2　张东荪：《我辈对于新思想之态度》,《学灯》，1919 年 4 月 7 日。

3　张东荪：《新潮杂评》（续）,《时事新报》，1919 年 1 月 22 日。

话文问题上的多次语言摩擦有密切关系。[1]

《学灯》与《新青年》态度上的最大差异，乃是如何对待中国传统。《学灯》的态度很明确：输入新文明，尊重旧文明。张东荪在《学灯》创刊之始，就表明："于原有文化，主张尊重而以科学解剖之"。[2] 张东荪对杜亚泉、章士钊的中西新旧文化调和论倒并不以为然，认为现在是思想的潜变时代，"一经调和，那未成熟的新思想便消失了"。[3] 张东荪作为第一代知识分子，对于中国文化传统没有像杜亚泉那些末代士大夫那样有感情上的依恋，他只是理性的尊重，并非情感上的认同。在他看来，新文明的输入与旧文明的消亡，是一个新陈代谢的自然演化，无须刻意去推倒旧传统，"我们若认定中国今天既需要新道德、新思想、新文艺，我们就该尽量充分的把他输入，不要与那旧道德、旧思想、旧文艺挑战，因为他自然而然会消灭的"。[4]

研究系的另一位大将、同样是启蒙阵地的《国民公报》主编蓝公武称，新文化运动的名声就是被《新青年》中最偏激的钱玄同给搞坏的，他在给傅斯年的公开信中如此说："据你们《新青年》杂志诸君的文字，影响真是不小，就只有钱先生一个人的力量，把这改革的效果减去一大半。……不是为他议论太偏就只因他任意乱说，浅薄可厌。"[5] 不过，后来鲁迅对引他走上启蒙道路的老友钱玄同倒

1 关于《学灯》与《新青年》之间的矛盾纠葛，可参见周月锋：《从批评者到"同路人"：五四前〈学灯〉对〈新青年〉态度的转变》，《社会科学研究》，2015 年第 6 期。

2 张东荪：《本栏之提倡》，《学灯》，1918 年 9 月 30 日。

3 张东荪：《答章行严君》，《时事新报》，1919 年 10 月 12 日。

4 张东荪：《新……旧》，《学灯》，1918 年 12 月 14 日。

5 蓝公武：《蓝公武答傅斯年》，《国民公报》，1919 年 1 月 7 日。

有一个辩护，说正是因为钱玄同提出“尽废汉字”，吸引了所有反对改革的守旧者的炮火，“白话乘了这一个机会，居然减去了许多敌人，反而没有阻碍，能够流行了”。[1]

虽然同属启蒙阵营,“旧派中的新派”办的《东方杂志》与《学灯》，与“五四”新一代知识分子办的《新青年》与《新潮》，在刊物的性质上是不一样的，前者是追求兼容并包、客观理性的公共刊物，而后者呢，则是立场鲜明、充满战斗性的同人刊物。《东方杂志》的公共性和开放性自不待言，《学灯》在创刊宣言中明确表白“屏门户之见，”“非为本报同人撰论之用，乃为社会学子立说之地”。[2]晚清民初一代人相信的是“公理”,当超越的传统“天理”衰落之后，替而代之的，便是符合普遍人性的、全球普世的“公理”。新文化运动的使命，便是介绍和传播“公理”，它是知识的、科学的，无须意识形态优先，因此新文化的态度就是兼容并包、客观公正。

然而,《新青年》从一开始就是一个同人刊物,早期继承《甲寅》的传统，是一个安徽人为主的同人圈，陈独秀入主北大之后，又成为北人新派同人为核心的同人刊物,具有强烈的党人倾向。陈独秀、钱玄同在辛亥革命时期就是革命党人，他们将党人的偏激、武断的革命气象带到杂志中来，文字充满了宗教性和战斗性。钱玄同最喜欢的格言，是心学大师陆象山的四句话：“激厉奋迅，决破罗网，焚烧荆棘，荡夷污泽。”他的老师章太炎曾经将这十六字语录送给

---

1 鲁迅：《无声的中国》，载鲁迅：《三闲集》，北京：人民文学出版社，1973 年，第 8 页。

2 张东荪：《〈学灯〉宣言》，《学灯》，1918 年 3 月 4 日。

八月號

第十卷第二號

東方雜誌

…n Miscellan…
…ress, Ld., Shangha…

策之決定甲以爲可爲乙以爲否乙以爲可者丙以爲否而**三國協商之內部時顯不一致之象**。其象蓋屢見不一見矣今舉其最著者當戰端初開之日比迫於德軍之侵入求援於法而法國元帥霞飛則以援比之軍非法原定戰略中所有拒而不允繼以情不可卻乃遣數萬人至比南境然德軍已紛紛

英國名將勞白脫伯爵

勞氏曾任印度統兵官於一九一四年十一月初旬赴法慰勞印兵以是

而已盎浮港將下之日比人希冀萬一可保請兵英前海軍提督推次爾氏率海軍隊一旅至比不…而城陷英軍逃入和境爲和所拘留於是英輿論大…政府之無識無策…政府之所藉口者…日比請難卻故也…入戰局阻大達納…峽之通道俄以國內…糧食不…

钱玄同。章太炎晚年到北平，钱玄同请老师书写这四句格言，章太炎以为太过激烈，不肯写了。但五四时期的钱玄同却以陆象山的这种“我心即世界”、秉承天命、横扫一切的大无畏气概，出现在思想舞台上。常乃悳后来有一段评论说：“陈独秀、钱玄同二人的文字最犯武断的毛病，《新青年》之不能尽满人意在此。但是我们若从另外方面一想，若不是陈钱诸人用宗教家的态度来武断地宣传新思想，这新思想能够一出就震惊世俗，引起绝大的反响尚未可知。”[1] 胡适也承认，陈独秀“这样武断的态度，真是一个老革命党的口气。我们一年多的文学讨论的结果，得着了这样一个坚强的革命家做宣传者，做推行者，不久就成为一个有力的大运动了。”[2]

的确，《新青年》开创了五四运动后期“主义”的先河，意识形态先行，立场与态度决定一切。而《东方杂志》和《学灯》还坚守着“公理”的知识传统。在启蒙的阵营当中，知识的理性主义与态度的浪漫主义形成了强烈的色彩对比。

然而，正如王汎森的研究所敏锐注意到的，“五四”正是一个从“公理”到“主义”的时代。[3] 在这背后，是两代知识分子的世代更替。“新青年们”要从老一代启蒙者那里夺过舆论的话语权，需要的正是那种革命家的绝对自信、斩钉截铁和不容反对，而这种狂飙的气质，最能吸引在新旧冲突中迷失了方向感的年轻人。

1　常乃悳：《中国思想小史》，上海：中华书局，1930 年，第 184 页。

2　胡适：《逼上梁山：文学革命的开始》，载欧阳哲生编：《胡适文集》第一卷，第 163 页。

3　参见王汎森：《“主义时代”的来临：中国近代思想史的一个关键发展》，载王汎森：《思想是生活的一种方式》，台北：联经出版公司，2017 年，第 165—250 页。

两代知识分子争夺话语权的论战

1918—1919 年，在两代知识分子之间，为争夺舆论的话语权，发生了三场论战。论战的结果，“新青年们”掌握了舆论的主导权，“旧派中的新派”开始失去原有的光芒。

陈独秀 1915 年在上海创办《新青年》，头两年一直没有大的起色，读者寥寥，直到陈独秀担任北京大学文科学长，1917 年编辑部移到北京，杂志拥有了北大的后盾，新文化才正式“运动”起来。[1] 不过，当时的《新青年》，依然是默默无闻，其知名度和社会影响力远远无法与老牌的《东方杂志》相比，与新创刊的《学灯》相比也不占上风。用鲁迅的话说：“不特没有人来赞同，并且也还没有人来反对”。[2] “新青年们”面对的竞争对手，是从晚清到民初足足影响了两代青年读者的“旧派中的新派”人物，其中，康有为、辜鸿铭这些保皇派到了民国初年，影响已经大不如前，只是在清朝的遗老遗少中有跟随者。真正值得重视的对手主要是“三股势力”：一是林琴南为代表的晚清桐城派新式文人，二是杜亚泉任主帅的《东方杂志》，三是 1918 年开始退出政治场域、转向新文化运动的研究系知识分子。论知识实力，“新青年们”未必占优势，若论气势，那么陈独秀、胡适、钱玄同、刘半农他们有九分的胜算把握。于是，“新青年们”抓住时机，发起了与“旧派中的新派”的三场论辩。

这三个对手当中，虽然都属“旧派中的新派”，彼此之间并无

---

1 参见王奇生：《革命与反革命：社会文化视野下的民国政治》第一章，北京：社会科学文献出版社，2010 年，第 1—38 页。

2 鲁迅：《呐喊》自序，北京：人民文学出版社，1973 年，第 5 页。

人脉上的联系，而且新旧的程度不一，年龄差距甚大，林琴南已经年过六十，杜亚泉是四十多岁的中年人，而张东荪，只是三十出头的年轻人。他们的新旧之学差异更大：林琴南是翻译了许多西方小说的旧式文人，到了五四时期他仅有的那些西学早已褪色；杜亚泉是科学启蒙出身，对西方的思潮有精致的把握，但他的文化认同是中国的；而张东荪，则是一个与钱玄同年龄相仿的新派人物，他与林琴南无论是生理年龄还是文化心理，都属于父子两代人，而且对后者颇为不屑。只是人脉关系以及新文化运动中的态度不同，而被“新青年们”视为非同路人。

最早打响的是《新青年》与林琴南的骂战。文学革命初起，令自命为桐城学派传人的林琴南十分不爽，遂发表《论古文之不宜废》予以批驳，其态度还是温和讲理的。“敌人”自己跳出来了，钱玄同首开骂战先河，在《新青年》上痛斥“选学妖孽、桐城谬种”，随即在自编自导的“王静轩来信”中，钱氏模仿旧派文人的风格，挑起战斗，由刘半农出面，借驳斥“王静轩”将林琴南的翻译与旧学大大嘲笑了一番。六十老翁受到年轻人如此羞辱，自然心有不甘，林琴南拿出文学的看家本领，接连写了两篇文言小说，将陈独秀、钱玄同、胡适，连同北大校长蔡元培通通影射了一圈。“新青年”诸将一拥而上，集体围剿林琴南，连蔡元培也亲自撰文回应林琴南。老派文人最后明白年轻一代得罪不起，只能认错了事。

这一场混战，是旧式文人士大夫与新式文人知识分子的正面较量，充满了文人之间的意气用事和轻蔑态度，林琴南输在以讽刺小说代替理性回应的不明智，“新青年们”胜在得理不让人的气势如虹。其实，读者们未必站在林琴南一边，但对“新青年们”的咄咄逼人、首开骂战也颇不看惯，多有微词。但陈独秀傲慢地公开回答：对于林琴南这种“妄人尚复闭眼胡说，则唯有痛骂之一法”。[1]“到了辩论真理的时候，本志同人大半气量狭小，性情直率，就不免声色俱厉；宁肯旁人骂我们是暴徒是流氓，却不愿意装出那绅士的腔调，出言吞吐，至使是非不明于天下。”[2]

陈独秀被胡适称为“终身的反对派”，这位革命党人出身的反对派，勇敢地反对强权，自己也更强权，容不得别人的反对。革命党人的霸气，从政治战场运用到文化场域，自以为掌握天命，口衔真理，不容对手有辩驳余地，以压倒性的气势横扫千军。当时在美国留学的张奚若对《新青年》的骂战也看不下去，在给胡适的信中批评说：“有道理与无道理参半，因他们说话好持一种挑战的态度——谩骂更无论了——所以人家看了只记着无道理的，而忘却有道理的”。[3]

中国传统士大夫的灵魂，有儒道两面，但是从底层翻上来的“游士”知识分子，特别是革命党人出身的，还有闻一多所说的第三重灵魂“匪气”。[4]在“五四”之前，士林之中虽然论辩不断，比如宋朝的王安石与司马光之争，晚清的洋务派与清流党的矛盾，其思想的冲突不比“五四”新旧之争要小，但对立双方皆是深受孔夫子教养的儒家士君子，虽然意见分歧，但还是不失风度，何况双方都有

1　陈独秀：《讨论学理之自由权》，《新青年》第四卷第六号，1918年6月15日。

2　陈独秀：《答爱真》，《新青年》第五卷第六号，1918年12月15日.

3　《张奚若致胡适函》，1919年10月1日，载中国社会科学院近代史研究所编：《胡适来往书信选》上册，北京：中华书局，1979年，第30页。

4　闻一多：《关于儒·道·土匪》，载闻一多：《闻一多全集》第二卷，武汉：湖北人民出版社，1993年。

共同信仰之理:圣人之教。民国之后,天下为道术所裂,晚清尚有“公理”可言，到了“五四”，开始从“公理”走向“主义”，争论的双方，各有各信奉的理。理不相通、鸡同鸭讲的情形下，革命党人出身的陈独秀、钱玄同便拿出了“匪气”的一面。虽然他们不再是在社会游荡的“游士”,摇身一变为最高学府的北大教授,但身上的“游士”习气是底色不减的。

杜亚泉当年深刻分析过这种“游士”文化：“吾国之知识阶级，向来生活于贵族文化及游民文化中，故其性质上显分二种：一种为贵族性质，夸大骄慢，凡事皆出以武断，喜压制，好自矜贵，视当世人皆贱，若不屑与之齿者。一种为游民性质，轻佻浮躁，凡事皆倾于过激，喜破坏，常怀愤恨，视当世人皆恶，几无一不可杀者。”[1]陈独秀在论战中的表现,典型地体现了这种“游士”知识分子的性格。

杜亚泉这段话，写于 1919 年 4 月，其时他刚刚从与陈独秀的论战中脱身，深受对手蛮不讲理的战斗风格之苦，或许就是有感而发。陈独秀与杜亚泉的论战,是“旧派中的新派”与五四“新青年”第二场缠斗。如果说第一场论辩是林琴南主动跳出来的话，那么向《东方杂志》的发难，完全出自陈独秀的主动出击。

其时，《新青年》与林琴南的骂战还在方兴未艾，为何陈独秀要开辟第二战场？到了五四时代，林琴南这类桐城派文人虽然传播过欧洲文学，但已经不新，在青年中影响有限，只能满足那些习惯于文言的老派士绅口味。《东方杂志》就不一样了。在杜亚泉主持

1　杜亚泉：《中国政治革命不成就及社会革命不发生之原因》，载杜亚泉：《杜亚泉文存》，第 183—184 页。

之下，从民国初年到1918年欧战介绍，一方面介绍各种西洋新知，另一方面抓住时代热点，从读者最关心的欧战，到民初的社会政治，都有出色的分析与评论，知识性与公共性并重，从中年开明士绅，到青年知识分子，读者遍布全国各地，不愧为民初排名第一的读书人刊物。《新青年》要从"旧派中的新派"中夺过文化话语权，《东方杂志》是不容回避的核心对手。

于是，陈独秀抓住《东方杂志》的三篇文章（一篇杜亚泉，一篇钱智修，另一篇是日文的翻译），公开质问《东方杂志》。如果说与林琴南的骂战还只是文化层面的，那么陈独秀以革命党人的政治敏感，将三篇文章的性质上升到政治层面的大是大非，副标题就耸人听闻，将《东方杂志》与复辟帝制联系起来。这不啻是对杜亚泉极大的冤杀。林琴南每年还要去祭祀光绪墓，尚可勉强与康有为一起，算作保皇党。而杜亚泉，是共和制的坚定支持者，他在民初写的一系列文章，皆是在为共和体制寻找精神的国本，奠定其文化与道德的基础。作为主编的杜亚泉，虽然内心有气，但在回应文中依然保持其一贯的老派士大夫之文雅，不亢不卑，就事论事，以理自辩。

陈独秀读了杜文之后，自知失态，将《东方杂志》的言论与"复辟帝制"挂钩，实在牵强，承认自己"一时情急"。但以其好斗的性格，依然不饶不休，发表了第二篇再质问之文。《东方杂志》及其后台商务印书馆毕竟是学界主流，陈独秀可以轻蔑过气文人林琴南（何况林又是单打独斗），但不敢对主流的《东方杂志》开骂撒野，而杜亚泉有理有节的论辩风格只能逼迫他回到知识的战场，就具体的争辩问题，与对手一一过招。之后杜亚泉再无直接回应，论战告一段落。

这场论战，究竟谁是胜利者？从知识与学理而言，杜亚泉与陈独秀不相上下，打了个平手，不似林琴南输得那样惨。但论战并非学理层面上的，其实质乃是争夺对知识大众的话语控制权。

《东方杂志》与《新青年》是两种不同性质的杂志。前者是知识性、文化性的公共刊物，没有特定的党派和文化立场。它像蔡元培主持的北大那样，中西兼容，新旧并蓄。清末民初是一个“公理”的时代，知识界普遍相信代替传统“天理”的，是以科学为知识背景的、放之四海而皆准的“公理”。杜亚泉主编的《东方杂志》，正是抓住了这一时代的脉搏，通过知识性、全方位地介绍世界之“公理”，而成为知识界的头号刊物。不持特定立场的公共刊物诉诸的是人的理性，它让读者通过知识的了解，自由决定自己的文化态度。

然而，《新青年》杂志以及后来的《新潮》杂志，却是与《东方杂志》风格迥然不同的同人刊物，它们都有特定的文化立场和政治态度，战斗性强，旗帜鲜明，有强烈的阵地感和话语权意识。当传统的“天理”消解之后，而“公理”只是以一种科学的、中性的、多元的知识形态出现在读者面前的时候，中年读书人固然有成熟的世界观，但对于心智远未健全的年轻学生来说，仅仅阅读《东方杂志》只是让他们的内心更为迷惘，面对复杂而相互冲突的知识，他们无从选择，更无从构成自己独立的思考与判断。而《新青年》的出现，陈独秀那种说一不二、独断论的启示式宣谕，无异为年轻人“迷乱之人心”指出了一条真理之光。对于知识普罗大众而言，他们更需要的不是复杂的“公理”，而是简明的“主义”；不是多元的知识，而是一种新态度、新信仰。

《新青年》与《东方杂志》的论战，并非新学与旧学之战，而是新学对新学的论辩。但是，对于杜亚泉来说，新学是一种可以自由选择的“公理”，而对于陈独秀而言，新学则是“主义”的工具。虽然早年的陈独秀常常将“主义”包装在“公理”的话语之中，又以“主义”的启示方式宣传“公理”。

在五四爱国运动前夕，马上就要行动起来的青年学生需要的不仅是知识上的“公理”，更重要的是可以指导行动的“主义”，即一种简明的新学意识形态，以此获得一个驱散内心迷惑的态度。于是，论战本身虽然不分胜负，但其后两个人的命运，一个是被商务解除了《东方杂志》主编的悲剧人物，另一个成为“五四运动的总司令”，已经昭示了从晚清到民初主导了早期启蒙二十年的“旧派中的新派”即将退出历史舞台，而新的一代五四知识分子以狂飙式的浪漫主义姿态，正在取而代之，建立新的文化霸权了。对于杜亚泉、梁启超而言，他们的吃亏不在于知识陈旧、跟不上时代，只是态度与立场的“不正确”，而被年轻人淘洗掉了，虽然经过一个世纪的诡异轮回，历史重新发现，原来胜利者多有浅薄之处，而失败者倒富有超越时代的睿智。

“都市青年”与“小镇青年”的不同态度

“新青年们”与“旧派中的新派”第三场论辩，乃是在张东荪与傅斯年之间展开。张东荪是毕业于帝国东京大学的新派人物，知识上与五四知识分子完全是同构的，只是“态度上”与陈独秀们不同，而被打入了启蒙的另册。

张东荪看不惯《新青年》“只破坏不建设”的态度，多次对其有委婉的批评，他主持的《时事新报》与《新青年》也多有言论上的摩擦和冷战。正式燃起战火的，张东荪是始作俑者。1919 年初，《新潮》杂志创办，张东荪发表评论，盛赞《新潮》新的一代学生与他们的老师办的《新青年》不同，是以“独立的精神与研究的态度”倡导新思想，而非“一味乱骂”。[1] 这一下，《新潮》主编傅斯年看不下去了，他认为张是在北大师生两代知识分子之间挑拨离间，以与陈独秀同样的霸气回击张东荪是“似是而非不通得很”，是“乡愿态度”。[2] 张东荪讨了个无趣，发现年轻一代竟然也是“骂人派”，便反唇相讥教训这些学生切莫学《新青年》搞无价值的“纯粹的破坏”，还说了一些重话：“骂人的维新派的怙恶实在不下于被骂的守旧派，都是以为自己没有丝毫不是的地方。”“这就是帝王主义的人性观，也可以名为私塾的人性观。”[3]

傅斯年是北大学生中公认的学术领袖，自然不愿被研究系的人来教训，他立即敏感地将之理解为研究系的人马要与北大争夺新文化的正统，《新潮》被误读是小事，北大的新文化正统地位绝不容挑战。傅斯年立即回击说：“我所以不客气者，也有缘故。我们是北京大学的学生，张先生是和北京大学惯做对头的，我们对他当然无所用其客气。他今天登一篇骂北京大学的投稿，明天自撰一篇骂北京大学的文，今天指明了骂，明天含讥带讽地说着。这里头虽然有一半是攻击个人的，但是攻击大学本体的，也有一半。”[4]

1　张东荪：《〈新潮〉杂评》，《时事新报》，1919 年 1 月 21、22 日。
2　傅斯年：《破坏》，《新潮》第一卷第二号，1919 年 2 月 1 日。
3　张东荪：《破坏与建设是一不是二》，《时事新报》，1919 年 2 月 6 日。
4　傅斯年：《答〈时事新报〉记者》，《新潮》第一卷第三号，1919 年 3 月 1 日。

“新青年们”与林琴南的第一场骂战尚有新旧文化（白话文与文言文）之争的成分，陈独秀与杜亚泉的第二场论战还多少要拼新知、而傅斯年与张东荪之间的第三轮论辩，已经全然与新旧或者知识无关，表面上是年轻知识分子力比多过盛的意气之争，实质是对新文化运动话语主导权的争夺战。张东荪曾经提道：“我自从看了梁任公先生的讲坛以后，就觉得白话是非常的确切，颇想拿白话来译高深的哲理书。”[1] 傅斯年看了，非常不爽，以为研究系是要抢白话文革命的旗帜，讽刺张的心理：“只有我们梁任公先生做白话文的第一天，是中国文学史上的新机；只有我们主张革新是独立的，是正宗的，别人都是野狐禅。”

在这场新文化运动话语权的争夺战中，双方的根本分歧依然是对于旧文化的“态度”，张东荪始终坚守“不骂不破坏论”，他以瓶子与空气比喻，说假如整天摇晃瓶子，旧空气是出不去的，只有输入新文化，旧文化自然而然就消灭了。[2] 但傅斯年坚信只要打倒旧传统，才有新文化。他同样以瓶子做比喻，“假使是个浑水满了的瓶子，只得先把浑水倾去，清水才能钻进来”。[3]

不破不立，破字当头，立也就在其中了——这一延续了 20 世纪始终的革命逻辑，五四“新青年们”是事实上的始作俑者，但研究系的启蒙者们，则相信破坏不等于建设，新陈代谢，物竞天择，新文化输入了，旧文化自然就淘汰了。究竟孰是孰非，经过一个世纪的反复折腾，历史事实已经给出了答案，虽然这答案的代价未免

1 张东荪：《白话论》，《时事新报》，1919 年 1 月 17 日

2 张东荪：《〈新潮〉杂评》，《时事新报》，1919 年 1 月 21、22 日。

3 傅斯年：《破坏》，《新潮》第一卷第二号，1919 年 2 月 1 日。

高了一点。

五四时期“旧派中的新派”与“新青年们”对垒的三位，他们的文化立场是有微妙差别的：林琴南要守旧，守护传统价值之道与优美的文言文；杜亚泉要调和，将中西文化“接续”起来；而张东荪则要输入新文化，至于旧传统，既不破坏，也不守护，是生是死，就让新陈代谢的自然法则去决定它的命运。

经过 1918 春天到 1919 年春天三场与“旧派中的新派”的论战，《新青年》与《新潮》名声大噪，新的一代五四知识分子昂然登上了思想舞台，原来占据舞台中心的老一代启蒙者开始从顶峰跌落，步入衰运。将 1918—1919 年视为两代知识分子世代交替的转折点，是不无理由的。

不过，这一思想上的世代交替，并非一两年时间就完成了，事实上，大约一直到 1925 年新文化运动结束、国民大革命兴起，期间的七八年时间，都是两代人的交替期。科恩的《科学革命的结构》一书，提出过一个经典的观点：范式代替旧范式，并不是一两个决定性实验或重大的辩论就能定胜负，而是取决于信众，相信旧范式的人少了，信奉新范式的人多了，范式的革命就慢慢实现了。[1] 就是说，思想革命在世代更替的层面上，是以一种非革命的渐变方式实现的。

那么，在 1918—1925 年间，《新青年》《新潮》《东方杂志》《学灯》这些杂志在青年读者当中究竟各有多少信众？文化与舆论的话

1　参见托马斯·库恩：《科学革命的结构》，金吾伦、胡新和译，北京：北京大学出版社，2004 年。

语权是如何易手的呢？以往的研究，多集中于大城市的青年，故对《新青年》在全国的影响，未免多有夸大。这些年史学界对地方青年的不少研究发现，到了1920年代初，“旧派中的新派”所主办的启蒙杂志，依然在中小城市青年读者当中有不亚于《新青年》的影响。简单地说，“新青年们”的信众在一二线（京沪与风气开放的沿海省会城市）城市之中，而“老新党”们在三四线城市（内地省会和中小城市）依然保持了其持续的影响。用今天的语言来说，“都市青年”是“新青年们”的天下，而“小镇青年”则是“老新党”们的群众基础。

为什么“都市青年”到了1918—1919年之后要跟着陈独秀走？1918年底欧战的结束是一个重要的转折点。本来袁世凯的称帝、北洋政府的黑暗让人心普遍心灰意懒，欧战的结束让中国成了战胜国，天安门广场的提灯游行让人们感到了一丝希望，从大学教授到“都市青年”，都有了强烈的“动”的冲动，有如此心理背景，方有了第二年春天的五四爱国运动。

不过，要“动”的话，必须有思想作为导引。无论是《东方杂志》，还是《学灯》《晨报副镌》，都过于理性，与青年人的内心情感有很大的隔阂。“都市青年”特别是青年学生读了《东方杂志》和《学灯》之后，依然驱除不了心头的迷雾，找不到行动的方向。舒新城如此评论研究系：“梁先生等握着南北的两大言论机关——北京《晨报》及上海《时事新报》——鼓舞着一般青年，同时也想把握着一些青年，以期造成一种新的势力。不过他们对于新文化之努力，不完全是由于内心苦闷所发出的呼号，而有点‘因缘时会’，所以在言论上是附和的，在行为上则不大敢为先驱。这不是他们有意如此，是被他们的‘士大夫’集团先天条件规定得不得不如此。”[1]

梁启超与研究系在民初政坛中并不光彩，当过政客，而五四时期的知识分子则是视知识与文化为清高，对政治是颇不以为然，视为肮脏的名利场。于是，那些有研究系背景的刊物就令青年学生有点瞧不起。一位学生给胡适写信说：“我在学校并一般爱谈论时事的同学朋友中间，常常听到有人说：‘《晨报》有时常给该系护短，终究是有个替代的——清白无派的——出来，我们就要和他断绝来往。’如此传说的人，真是累千带万，而我有时当政潮变动的时候，也似乎觉得《晨报》是绝对鬼鬼祟祟的，好像言中有物似的。但是他总有一点儿可取的地方，也不极端地厌恶他。”[2]

之前《新青年》杂志并不出名，“都市青年”并未注意到他，及至三场论战、特别是五四爱国运动之后，《新青年》与《新潮》大放光芒，陈独秀、傅斯年身上的那种浪漫主义的激情、与传统决断的意志和启示性的真理宣谕，很有一点传教士的宗教魅力，一下子让激进的青年学生们如痴如醉，心灵的碰撞比知识的滋润更能打动年轻人。陈独秀、钱玄同、鲁迅各自有魔力所在，这是读《东方杂志》和《学灯》这些四平八稳的知识刊物所无法产生的奇异感觉。在一个心灵苦闷、需要行动的时候，说理的拼不过气势，纯粹客观的知识不是意识形态的对手。虽然杜亚泉和张东荪再三警告，如

1　文明国编：《舒新城自述》，合肥：安徽文艺出版社，2013 年，第 198 页。

2　《张焚致胡适》(1922 年 7 月 7 日)，载中国社会科学院近代史研究所编：《胡适来往书信选》上册，第 158 页。

今新思想成了空洞的口号和生意。[1]但迷失了方向感的“都市青年”没有耐心听他们将道理娓娓道来，何况这些新知还是互相冲突的，需要自己并不成熟的心智去选择对错，新学的杂芜比新旧冲突对年轻人造成了更大的迷茫。他们只需要一个先知性的青年导师，用简单明了的语言、毋庸怀疑的宣示，为行动指明走出黑暗的途径。而陈独秀，之所以能够成为五四运动的总司令、公认的青年领袖，绝非偶然，他的那些传教士的姿态、口号式的箴言，比如文学革命的三个主义（三个“推倒”、三个“建设”）、“要（如何），便不得不（如何）”这类排山倒海式的排比句，铿锵豪迈，朗朗上口，感染性强，极大激发了青年学生的行动激情，相比之下，《东方杂志》《学灯》的那种冷冰冰的理性从容，无法让人热血沸腾。晚清和民初两代年轻人曾经被梁任公“笔锋常带情感”的文字打动，如今京沪以及浙江一师、湖南一师这些一二线城市的青年学生，则被陈独秀的启蒙宗教激情点燃，于是纷纷舍弃了不温不火的“老新党”，加入了“新青年”的行列。

不过，以中国地域辽阔、落差之大，换一个场景，就是另一番面貌了。处于三四线城市的“小镇青年”，暂时未被五四运动大潮裹挟（那是要到国民大革命以后的事儿了），也对京城里的那些论战颇为隔膜，他们分不清“老新党”与“新青年”之间有多大的区别，也不理解他们究竟在争论些什么。科举废除之后，特别是民国之后新学校体制建立之后，处于偏远之地的“小镇青年”吃亏很大，

1　参见《对于李石岑先生演讲〈旧伦理观与新伦理观〉的疑义和感想》，载杜亚泉：《杜亚泉文存》第437、442页；张东荪：《我们为什么要讲社会主义》，《解放与改造》第一卷第七号，1919年12月。

为了向上流动，有机会从“小镇”进入“都市”，就需要赶上潮流，吸取来自“都市”的新知。于是“小镇青年”订阅与阅读的来自“都市”的新知报刊，通常是兼容并包，无所不有：《东方杂志》《时事新报》《晨报》《改造》《新青年》《教育杂志》《建设》《太平洋》《大中华》《教育界》等，《新青年》并非在其中占核心地位。[1] 即使 1919 年以后“新青年们”在都市中风头压过“旧派中的新派”，他们依然对《东方杂志》有很大的好感。在沈阳一个小学校任教，并且兼任省议会秘书的东北青年金毓黻，在日记中记载：“人有讥《东方杂志》陈腐者，然求之国内，运命之长则无与之相等者，今年之《东方杂志》已为第十八年矣。凡办何事业者，如《东方杂志》之持久，与吾国之文化岂不有更巨大之补助哉！”[2]

在五四时期，激进青年多在都会，而“小镇青年”多为温和。他们虽然因为各种原因无论是解决升学，还是兴趣爱好也开始趋新，对新知识如饥似渴，但并不像“新青年们”那样，以为新与旧之间决然不可调和并存。他们所处的“小镇”环境，依然是乡土的，他们并不愿与自己的家园在情感上一刀两断，因而对传统自有一种温情所在，故对杜亚泉的中西调和论更为倾心，反而对《新青年》只手推倒传统有心理的反感。陈独秀在《〈新青年〉罪案之答辩书》中也承认：“那旧人物是不用说了，就是呱呱叫的青年学生，也把

1　这一订阅的杂志类型可以从南方的青年恽代英和北方的青年金毓黻的日记中可以作为例证。参见王奇生：《革命与反革命：社会文化视野下的民国政治》，北京：社会科学文献出版社，2010 年，第 18 页；章清：《清季民国时期的“思想界”》下册，北京：社会科学文献出版社，2014 年，第 767 页。

2　金毓黻：《金毓黻日记》卷六，1921 年 1 月 15 日，第一册，沈阳：辽沈书社，1993 年，第 214 页。

《新青年》看作一种邪说、怪物。”[1]当时在武汉的进步青年恽代英，也对《新青年》提出的文学革命有所保留，在日记中说：“《新青年》创改革文字之说，吾意中国文学认为一种美术、古文、骈赋、诗词，乃至八股，皆有其价值。”[2]他也不赞成全盘推倒旧传统，认为可以利用旧思想中正确的一面，以传播新思想。没必要好奇立异，将旧思想一概抹煞。[3]“小镇青年”虽然趋新，但大都比较温和。文学可以改良，但不必革命，新旧文化各有所长，亦可调和。[4]

“旧派中的新派”在新文化运动中的影响，恐怕一直要持续到1925年国民大革命风暴兴起，席卷南方城乡，不仅“都市青年”，连“小镇青年”也被革命的狂风刺激，日趋激进化，到这个时候，不要说“老新党”，甚至胡适、鲁迅这些“新青年”也被更新的“革命青年”视为新的“老新党”了。这个问题将在第七章中详细研究。

1 陈独秀：《〈新青年〉罪案之答辩书》，载任建树、张统模、吴信忠编：《陈独秀著作选》第一卷，上海：上海人民出版社，1993年，第442页。

2 恽代英日记，1917年9月27日，《恽代英日记》，北京：中共中央党校出版社，1981年，第153页。

3 恽代英日记，1919年4月27日，《恽代英日记》，第530页。

4 这方面的研究还有瞿骏对浙江地方青年凌独见的研究，参见瞿骏：《天下为学说裂：清末民初的思想革命与文化运动》第五章，北京：社会科学文献出版社，2017年，第146—176页。

延伸阅读

[美]周策纵：《五四运动史：现代中国的知识革命》，陈永明、张静译，成都：四川人民出版社，2019年。

[美]舒衡哲：《中国启蒙运动：知识分子与五四遗产》，刘京建译，北京：新星出版社，2007年。

王奇生：《革命与反革命：社会文化视野下的民国政治》，北京：社会科学文献出版社，2010年。

高力克：《五四的思想世界（增订本）》，北京：东方出版社，2019年。

第五章

从怀疑到信仰：『五四』两代知识分子

1942

1879

陈独秀

1942

1880

李叔同

1964

1886

蒋梦麟

1927

1889

李大钊

1962

1891

胡适

1988	1950	1981	1969	1948	1999
1893	1896	1896	1897	1898	1900

梁漱溟	傅斯年	茅盾	罗家伦	朱自清	冰心

从1915年到1925年，是广义上的五四时期。

在这十年当中，发生了新文化运动和爱国运动，五四爱国运动何以发生?

到五四后期，为什么知识分子告别了启蒙，一步步走向了“主义”和“组织”，最后终结了五四时期，开始了以“五卅”运动为标志的国民大革命?

要回答这两个问题，有多种角度和途径，然而，从知识分子的精神史角度来说，有一个之前的研究相对忽略了的问题，即五四知识分子精神上的虚无与苦闷。

从某种意义上说，正是为了摆脱虚无主义的精神困境，五四知识分子先是投身于爱国的行动，运动落潮之后，新的苦闷随之而来，而对“主义”的信仰和从个人走向“组织”，成为五四知识分子重新寻找救国路径和个人生命意义的不二法门。

虚无主义的出现

虚无主义是五四时期特有的精神现象，在五四前后的时代，无论是清末民初，还是1925年之后的革命年代，虚无主义都不是主潮。在晚清，亡国灭种的政治危机很严重，但有志于救国的士大夫们亢奋于变法、革命，内心的精神世界依然是充实的。中国传统的士大夫，他们的精神世界由儒家的两种秩序所建构。第一是以礼教为核心的政治秩序，第二是以"仁"为核心的心灵秩序。前一个秩序，在晚清已经开始动摇，谭嗣同的"冲决网罗"，所冲决的正是以"三纲"为中心的规范伦理。但儒家士大夫精神世界的内核部分，即"仁"的德性伦理依然存在，"仁"与新的立宪秩序或民权想象结合，构成了晚清知识分子饱满的精神信仰。

辛亥革命结束了王权专制，儒家所赖以存在的制度肉身轰然倒塌，成为精神的孤魂。随后是代议制民主制在实践上的失败，让迷恋民权的新式知识分子感到迷惘；而袁世凯从强人威权走向帝制复辟，以及袁死后北洋政局的各种复辟乱象，又让人们对历史的倒退产生极大的恐惧，新的不知在何方，旧的又如此顽强。这让陈独秀等五四知识分子相信，共和制度之所以失败，乃是出于儒家的孤魂作祟的缘故，于是以"仁"为核心的儒家德性伦理开始动摇，从自我到家国天下的儒家精神世界由外到内全然崩塌，一个虚无主义的时代降临了。

蒋梦麟注意到，五四时期的青年心理，"事事要问做什么，就是对于事事怀疑”。[1]《学生杂志》上有一篇文章《今后应该怎样做学生》，虽然发表于1927年，但其中流露的情绪与感叹其实从五四时代就开始了："旧道德破产了，新道德并不曾建设；旧文化鄙弃了，新文化也不能取以自代。在这彷徨歧途中的学生，好像汪洋大海中的一只无舵孤舟，随风飘荡。……前途茫茫，伊于胡底？今后的学生，实在不容易做啊！”[2]

清末民初思想界争论的核心是建立一个什么样的政治秩序，很少有人讨论人生观的问题，但到了五四时期，由于人们对社会现状普遍失望，而政治失序的背后，是深层的心灵秩序之迷失，于是人生观的问题就成了大问题。

对这一问题最为敏感的，莫过于“五四”的青年作家们。冰心在小说《一个忧郁的青年》中，借主人公彬君之口说："从来我们可以说都是小孩子，无论何事，从幼稚的眼光看去，都不成问题，也都没有问题。从去年以来，我的思想大大的变动了，也可以说是忽然觉悟了。眼前的事事物物，都有了问题，满了问题。”[3]在1919年前后，文坛出现了一种新的类型“问题小说”，冰心、庐隐和叶圣陶是“问题小说家”的中坚，特别是冰心，以此而爆得大名，她的几篇引起注意的小说描写的都是青年们内心的苦闷和忧郁："世界上的一切的问题，都是相连的。要解决个人的问题，连带着要研究家庭的各问题、社会的各问题。要解决眼前的问题，连带着要考

1 蒋梦麟：《北大学生林德扬君的自杀》，载曲士培编：《蒋梦麟教育论著选》，北京：人民教育出版社，1995年，第155页。

2 种因：《今后应该怎样做学生》，《学生杂志》第十四卷第九期，1927年9月5日。

3 转引自肖凤：《冰心传》，北京：北京十月文艺出版社，1987年，第90页。

察过去的事实，要想象将来的状况。——这千千万万，纷乱如丝的念头，环绕着前后左右，如何能不烦躁？……不想问题便罢，不提出问题便罢，一旦觉悟过来，便无往而不是不满意，无往而不是烦恼忧郁。"[1]

五四青年的这种烦恼、惆怅和虚无的心绪，朱自清是用诗一般的语言表达的："燕子去了，有再来的时候；杨柳枯了，有再青的时候；桃花谢了，有再开的时候。但是，聪明的，你告诉我，我们的日子为什么一去不复返呢？……""在逃去如飞的日子里，在千门万户的世界里的我能做些什么呢？只有徘徊罢了，只有匆匆罢了；在八千多日的匆匆里，除徘徊外，又剩些什么呢？"[2]

并非虚无与惆怅只属于年轻人，事实上，上一代五四知识分子也有自己内心的苦闷。"五四"有两代知识分子，一代是老师辈，如陈独秀、鲁迅、胡适等，另一代是学生辈，如傅斯年、罗家伦、朱自清、冰心等。当陈独秀等发起新文化运动的时候，他们的世界观已经基本定型，精神世界深刻地浸润于传统之中，但又热烈地向往新学，如同列文森所说：理智上面向西方，情感上停留在传统。他们的观念与人格是二元的、分裂的，这从鲁迅和胡适对待婚姻的态度上，看得非常清楚。五四老师辈知识分子的痛苦，在于明白传统已经过时，但苦于自己的身心沉浸太久，无法自拔。新与旧、西与中、现代与传统，构成了内心的二元世界，似乎有两个自我在厮

1　转引自孔庆东：《1921：谁主沉浮》，济南：山东教育出版社，1998 年，第 62 页。

2　朱自清：《匆匆》，载延敬理、徐行选编：《朱自清散文》上集，北京：中国广播电视出版社，1994 年，第 3—4 页。

杀。黄远生说:“自西方文化输入以来,新旧之冲突,莫甚于今日。”[1]新旧思想不仅是新旧人物之间的外部冲突，更可悲的是新派人物内心的矛盾与紧张。作为新文化运动的发起者之一，黄远生吐露了自己在“过渡时代之悲哀”:“旧者既已死矣，新者尚未生。……吾人以一身立于过去遗骸与将来胚胎之中间，赤手空拳，无一物可把持，徒彷徨于过渡之时期中而已。”[2]

如果说上一代知识分子徘徊于新与旧之间，那么下一代知识分子则是在各种新知之间感到无所适从。他们是自信的，相信自己是新时代、新知识和新文化的化身，而且认定新旧之间不可调和，无法相容。然而，在眼花缭乱的新学面前，他们感到选择的困难，问题比答案更多，不知道该信哪一个。《新潮》的精神领袖傅斯年在出国之前，在给同学俞平伯和顾颉刚的信中承认:“我向来胸中的问题多，答案少。这是你知道的。近二三年来，更蕴积和激出了许多问题。最近四五个月中，胸中的问题更大大增多。同时以前的一切囫囵吞枣答案一齐推翻。……我现在自然在一个极危险麻乱的境地，仿佛像一个草枝飘在大海上，又像一个动物在千万重的迷阵里。”[3]

五四是一个怀疑的时代，怀疑到终极，是为了获得新的信仰。但当以怀疑的态度拷问一切新知识的时候，反而陷入了更深、更迷茫的精神迷宫，而无法落实内心的安身立命所在。于是，既自信、

1 黄远生:《新旧思想之冲突》，载黄远庸:《远生遗著》卷一，第 154 页。

2 黄远生:《想影录》，载黄远庸:《远生遗著》卷一，第 161 页。

3 傅斯年:《自然:以书为序》，载傅斯年:《傅斯年全集》第一卷，武汉:湖南教育出版社，2003 年，第 375 页。

又怀疑，就成为五四知识分子普遍的精神症候。

四种不同的纵欲与虚无

面对内心的虚无主义，五四知识分子又如何试图超克呢？

钱永祥提出，在一个祛魅的世俗化时代，当传统的绝对价值衰落之后，人们有两种不同的应对态度："纵欲"与"虚无"。所谓"纵欲"，乃是对于意义的存在有太多的幻觉，对于人类创造意义的能力有太大的信心。而所谓"虚无"，乃是当纵欲的亢奋高潮过后虚脱挫败，幻觉与信心瞬间崩解，沦为对一切价值的麻木形态。纵欲者靠奢侈的希望而生，不敢正视希望破灭的事实，虚无者则放弃一切希望，不敢在废墟中有所坚持。[1]

细细观察一下五四时代，亦是如此。周作人在五四时期曾经说过一段话："在悲哀中挣扎着正是自然之路。这是与一切生物共同的路，不过我们意识着罢了。路的终点是死，我们便挣扎着往那里去……我们谁不坐在敞车上走着呢？有的以为是往天国去，正在歌笑；有的以为是下地狱去，正在悲哭；有的醉了，睡了。我们——只想缓缓地走着，看沿途景色，听人家谈论，尽量地享受这些应得的苦和乐。"[2]

周作人在这里描述的，是面对旧价值崩解、无路可走时，四种

1　钱永祥：《纵欲与虚无之上：现代情境里的政治伦理》，北京：三联书店，2002年，第94—95页。

2　周作人：《寻路的人》，载钟叔河选编：《周作人文选（1898—1929）》第一册，广州：广州出版社，1995年，第248页。

新青年
LA JEUNESSE
要目
非君師主義 高一涵
我們政治的生命 陶履恭
去兵 王星拱
武力解決與解決武力 胡適
人的文學 周作人
小小的一個人 周作人
遺扇記 沈性仁
鬼相之研究 莫等
保護眼珠與換回人眼 陳大齊
原名青年雜誌
第五卷第六號
上海羣益書社印

青年
第八卷第一號
上海新青年社印行

LA JEUNESSE
第一卷第一号
青年雜誌
卡內基
上海羣益書社印行

不同的"纵欲"与"虚无"。第一种"纵欲"是精神性的，找到了新的皈依与信仰，"以为是往天国去"，这是五四后期出现的各种主义以及为主义献身的狂热。第二种"纵欲"是物欲性的，"醉了"，"睡了"，精神的信仰既然陨落，那么就沉湎于身体的欲望之中，成为一个永远叫不醒的装睡之人。第三种则是另类的"虚无"，"以为是下地狱去"，但以战士的姿态"悲哭"。第四种是逃遁的"虚无"，五四时期有不少知识分子自杀、出家，或者成为在家的隐士。

下面就来仔细分析五四时期这四种对虚无的超克。

先来看第一种"精神的纵欲"。

陈独秀对五四时期的虚无主义有敏感的感觉，他说："中国底思想界，可以说是世界虚无主义底集中地，因为印度只有佛教的空观，没有中国老子的无为思想和俄国的虚无主义；欧洲虽有俄国的虚无主义和德国的形而上的哲学，佛教的空观和老子学说却不甚发达；在中国这四种都完全了，而且在青年思想界，有日渐发达的趋势。"[1]他在整个五四时期，要面对的政敌，除了旧派人物之外，就是虚无主义了，以为这是毒害新式青年的大敌："近来青年中颇流行的无政府主义，并不完全是西洋的安那其，我始终认定是固有的老、庄主义复活，是中国式的无政府主义，所以他们还不满于无政府主义，更进而虚无主义，而出家，而发狂，而自杀。意志薄弱不能自杀的，恐怕还要一转而顺世堕落，所以我深恶痛绝老、庄底虚无思想、放任主义，以为是青年底大毒。"[2]

1　陈独秀：《随感录》，《新青年》第八卷第一号，1920 年 9 月 1 日。

2　陈独秀：《中国式的无政府主义》，《新青年》第九卷第一号，1921 年 5 月 1 日。

陈独秀、胡适等老师辈启蒙领袖要在新文化运动所实现的，是在旧信仰的废墟上，建立一种以新知识为背景的新宗教。他们对传统是怀疑的，要重估一切价值，但怀疑本身不是目的，乃是涤荡一切以后，建立一座新的信仰大厦。这个信仰，便是科学。陈独秀说："余之信仰。人类将来真实之信解行证，必以科学为正轨，一切宗教皆在废弃之列。……真能决疑，厥惟科学。故余主张以科学代宗教，开拓吾人真实之信仰，虽缓终达。"[1]以科学代宗教，以科学代儒学，不唯陈独秀如此，包括胡适在内的许多五四知识分子都相信，科学不仅成为一种认识世界的方法，而且成了一种可以解决人生观的包罗万象的"主义"。这就是一种"精神的纵欲"，以科学和启蒙为名创建一个不是宗教的宗教。

整个新文化运动时期，作为"五四运动总司令"的陈独秀，他的启蒙姿态不是知识性的，而是启示性的，如同一个启蒙的传教士，为的是布道一种新的信仰、新的观念。正是他这种真理在握、毋庸置疑的决然，让《新青年》杂志大放异彩，具有不可阻挡的思想神魅，吸引了一大批在虚无中彷徨的青年人。尽管后来陈独秀的信仰对象从法国式的启蒙哲学变为俄国式的共产主义，但他的话语方式是前后一致的，而他自己本人，也以烈士般的三次入狱展现了为新信仰献身的教徒精神，第一次是为了科学民主，第二、三次则为他所理解的共产主义。

如果说陈独秀的新信仰是建立在历史必然性基石上的话，那么，胡适"精神的纵欲"则是一种方法论的自信。他相信人的理性，相

1　陈独秀：《再论孔教问题》，《新青年》第二卷第五号，1917年1月1日。

信只要掌握了正确的科学方法，便可以通过点滴的改良改变世界，并且因此实现人生的"不朽"，获得人生的终极意义。这就是胡适后来自称的"我的宗教"。

陈独秀、胡适这样的老师辈启蒙知识分子因为有"先知"般的气质，容易陷入"精神的纵欲"，相比之下，具有知识型倾向的学生辈知识分子，当他们面对互相冲突的新知识的时候，反而显得无所适从。以上述的傅斯年为例，他在五四时期所感到困惑的，是跌入了王国维式的"可爱者不可信，可信者不可爱"陷阱。科学的知识是可信的，但并不可爱，而人文的趣味是可爱的，却未必可信。[1]在一团矛盾之中，傅斯年到欧洲留学，试图寻找一种能够超越二者、既是可靠的又能安身立命的确定性知识。他先是到英国学习心理学，后来到德国跟随兰克学派，最后皈依于科学的实证主义。对确定性的追求，终究是五四知识分子所孜孜以求的超克虚无、安顿生命的终极目标。

"精神的纵欲"乃是有思想追求的知识分子的形而上形态，对一般人而言，更多的乃是一种形而下的"肉身的纵欲"。这就是第二种类型的"纵欲"。

中国人的生活本来是很世俗，食色性也，百姓的幸福快乐，皆是以物欲的满足为底色。不过，当儒家的道德价值观依然是主流意识形态的时候，食色的物欲虽然有其一席之地，却并不构成一种人生的正当目的。只是到了民初，儒家价值观解纽以后，在价值虚无的背景下，世俗的"肉身纵欲"代替了原先的道德追求，变成了人

1　傅斯年：《自然：以书为序》，载傅斯年：《傅斯年全集》第一卷，第376页。

生的合理目标。

在五四时期，这种以价值虚无主义为背景的物欲狂欢，竟然得到了功利主义新思潮的加持。但中国的功利主义，与英国边沁、密尔的“为大多数人的最大利益”的功利主义不同，乃是一种杨朱式“人不为己，天诛地灭”的唯我主义。正如《东方杂志》的钱智修所指出的那样：“盖此时之社会，于一切文化制度已看穿后壁，只赤条条地剩一个穿衣吃饭之目的而已。夫以功利主义之流弊，而至举国之人，群以穿衣吃饭为唯一目的。”[1] 吴稚晖在科学与玄学大论战之中，发表了一篇让胡适大为称赞的《一个新信仰的宇宙观及人生观》，他将宇宙的本质视为完全受到物理学因果律支配的“漆黑一团”，从“漆黑一团的宇宙观”出发，他将“吃饭”“生小孩”“招呼朋友”视为人生观最重要的三个主题。[2] 过去不登大雅之堂的饮食男女，如今成为人生最重要的目的。

比钱智修更深刻地看到物欲主义危害的，是《东方杂志》主编杜亚泉。他发现，“今日之社会，几纯然为物质的势力，精神界中，殆无势力之可言，……既为物质的势力所奄有，处其中者，以充满其肉欲为惟一之目的，物质生活之向上，遂有一跃千里之势”。[3] 物欲主义盛行的背后，是精神上的虚无主义，对超越世界价值的唾弃。他沉痛地说：“盖物质主义深入人心以来，宇宙无神，人间无灵，

1　钱智修：《功利主义与学术》，《东方杂志》第十五卷第六号，1918 年 6 月。

2　吴稚晖：《一个新信仰的宇宙观及人生观》，载张君劢、丁文江等：《科学与人生观》，济南：山东人民出版社，1997 年，第 332—429 页。

3　杜亚泉：《论社会变动之趋势与吾人处世之方针》，载杜亚泉：《杜亚泉文存》，第 284—285 页。

惟物质力之万能是认，复以惨酷无情之竞争淘汰说，鼓吹其间，……一切人生之目的如何，宇宙之美观如何，均无暇问及，惟以如何而得保其生存，如何而得免于淘汰，为处世之紧急问题。质言之，即如何而使我为优者胜者，使人为劣者败者而已。如此世界，有优劣而无善恶，有胜败而无是非。"[1]

价值上的虚无主义与生活中的物欲主义是一个角币的两面，精神上越虚无，越热衷于肉身的纵欲，而一场世俗的纵欲之后，精神反而更为虚脱。功利主义是五四时期思想的玄学，它与物欲主义的结合，其流弊不仅没有克服虚无主义，反而让后者更为泛滥流行。

第三种对虚无的超克，乃是一种另类的虚无，用鲁迅的话说，是"绝望的抗战"。

五四新文化运动的早期，鲁迅也是避世的。在教育部当一个小官员，晚上抄碑拓，聊以度日。在日本留学的时候，他曾经"精神纵欲"过，自比尼采式的"摩罗战士"，相信启蒙的力量，可以拯救众生堕落的灵魂。但他以满腔心血编的《新生》杂志，却受到了冷遇，印了一千五百本，只卖出去一百本。他发现自己在茫茫人海之中，只是"一小撮"："独有叫喊于生人中，而生人并无反应，既非赞同，也无反对，如置身毫无边际的荒原，无可措手的了。这是怎样的悲哀呵，我于是以我所感到者为寂寞。"[2]这就是为什么当新文化运动兴起之时，鲁迅反而意兴阑珊。

在五四时期，鲁迅的虚无主义，最为深层，无人可比。前述陈

1　杜亚泉：《精神救国论》，载杜亚泉：《杜亚泉文存》，第 36—37 页。

2　鲁迅《呐喊 · 自序》，载鲁迅：《呐喊》，北京：人民文学出版社，1973 年，第 4 页。

独秀所提到的中国虚无主义四大源头,通通齐备。受章太炎的影响,在清末民初的十年潜伏期,鲁迅收集阅读了大量佛教经典,德国尼采式积极能动的虚无主义亦是其思想的底色,俄国的虚无主义作品,是鲁迅翻译介绍中的偏爱,而老庄和魏晋,又深入他骨髓。这四种思想相互呼应,在鲁迅的精神世界里面,构成了一种本体论意义上的虚无与绝望。

这种本体论意义上的虚无主义,就是所谓的黑暗与虚无的“实有”。世界的本质就是“无”,人的生命本质亦是如此。黑暗并不仅仅来自外部的环境,而是内在于宇宙与人心之中。然而,鲁迅有一句名言:“绝望之于虚妄,正与希望相同。”[1] 虚妄,无论对于宇宙还是个人的生命,都是一种本源性的存在,然而,人的终极性意义,不是屈从于命本身,而是反抗宿命,他说,“因为我常觉得惟‘黑暗’与‘虚无’乃是‘实有’,却偏要向这些做绝望的抗战”。[2]

五四的老一代启蒙者,陈独秀、李大钊和胡适都是“精神的纵欲”者,对各自的未来充满了乌托邦的憧憬,但鲁迅怀疑基于理性的盲目乐观,更拒斥传教士般对未来天国的虔诚。鲁迅在情感与理性之外,突出的是意志的力量,这种破坏性的战斗意志,是一种悟透了终极的虚妄,但依然积极能动的另类虚无主义,也就是基于虚无的反抗。

鲁迅说过一段话:“现在的地上,应该是执着现在,执着地上的人们居住的。”[3] 从某种意义上说,这正是一种马克斯·韦伯说的“责

1　鲁迅:《希望》,载鲁迅:《野草》,北京:人民文学出版社,1973年,第17页。

2　鲁迅:《两地书》,北京:人民文学出版社,1973年,第17页。

3　鲁迅:《杂感》,载鲁迅:《华盖集》,北京:人民文学出版社,1973年,第37页。

任伦理"。在一个祛魅的时代，各种古老的神魅与眼花缭乱的主义已经失去了光彩，价值的冲突使得不再有绝对的存在，不再有信仰。当信徒所依恃的"信念伦理"陨落之际，另一种对现在担当、对此刻负责的"责任伦理"成了严肃生活的价值尺度。而鲁迅，似乎是以这样一种新的伦理价值重新衡量人世、要求自己。

第四种对虚无的超克，乃是"避世"。"避世"有三种方式：自杀、出家和隐居。

先说自杀。民初自杀的知识分子当中，最引起轰动的当属梁济。梁济本来只是清朝一个小官员，却是将圣人的忠义视为生命的儒家士大夫。在他留下的几封遗书之中，可以发现他对民国之后的政治和精神现状之彻底绝望。儒家士大夫的安身立命，奠定于两种秩序之上：政治秩序和心灵秩序。然而，清朝崩解之后，这两种秩序在梁济看来，都荡然无存。其一是国家失去了精神灵魂，即儒家的正义、真诚、良知和公道，这些被梁济视为立国之道的"国性"，一旦失去，则国将不国。"现今人民现状，旧道德已厌弃，新道德未发明，法纪荡然。"[1] 其二是精神秩序的崩溃。梁济发现，民国之后，社会上下，"无论贵贱，几无不已利己为第一义，肆欲以逞"，"能免于昏迷偷惰者，百无一二"。[2] 儒家士大夫所忠诚的，与其说是王朝，不如说是王朝所代表的立国立心之精神，梁济之所以在清朝亡了之后没有殉清，乃是对新建立的民国还抱有一丝期待。观察了七年之后，他对中国的未来彻底绝望。

1　梁济：《梁巨川遗书》，上海：华东师范大学出版社，2008 年，第 104、64、75 页。

2　同上，第 277 页。

自杀前三天，已经下了决心的梁济问儿子梁漱溟："这个世界会好吗？"儿子回答说："我相信世界是一天一天往好里去的。"梁济无奈地笑笑："能好就好啊！"他感叹于清亡之后，大小文武百官和皇族八旗无一人去死，决意以死唤醒国人，不是为了殉清，乃是为了召回旧王朝所象征的精神灵魂。中国士大夫所忠诚的，与其说是家国，不如说是家国背后的天下：普遍的道德价值秩序。

在民国初年，自杀尚不是普遍现象，但出家却开始成为风气。辛亥前后的知识分子在政治上是亢奋的，都相信能够通过革命或者立宪拯救中国，纷纷投身于政治行动。连曼殊法师、宗仰法师、太虚法师，都成了政治和尚，与革命家打得火热。本来，佛教与革命党人的无政府主义有共同的理想愿景，大乘佛教也有入世的内在冲动。然而，民国初年的政治乱象，让一些革命者感到失望，对原本期待的现实愿景彻底幻灭，遂远避政治，退归佛林，在不完美的现世里面寻求心灵的解脱与自由。

梁漱溟是一个显例。在青年时代受到其父亲梁济的影响，也相信边沁、密尔式的功利主义，认为人的本性就是趋利避害，以"最大多数人的最大利益"作为善的尺度，但很快就失望了，他发现，人之苦乐不在外境，而是内心，"一切问题原都出自人类生命本身而不在外面，但人们却总向外面去求解决，这实在是最普泛最根本的错误！"[1]另一方面，在辛亥年间，他是一个激进的革命党人，但革命之后，他发现，那些原本非常令他崇敬的革命人物或政治领袖，

1　梁漱溟：《自述早年思想之再转再变》，载梁漱溟：《我生有涯愿无尽：梁漱溟自述文录》，上海：上海人民出版社，2013 年，第 73 页。

在道德上"不过如此"，"有些下流行径、鄙俗心理，以及尖刻、狠毒、凶暴之事，以前在家庭在学校所遇不到的，此时却看见了，颇引起我对于人生感到厌倦和憎恶"。[1] 梁漱溟遂转向佛教，有了出家的念头。

当然，梁漱溟后来还是回归了儒家，但李叔同就不一样了。他的学生丰子恺曾经说过，李叔同的一生，先后有过三层生命的境界：物质生活、艺术生活和灵魂生活。[2] 官宦人家出身的他，在清末民初的上海滩，有过声色犬马的公子哥儿生活，但这些"肉身的纵欲"，并没有让他内心感到充实，反而产生更大的虚无感。到日本留学之后，他为新文化运动所吸引，演文明剧、画西洋画，走在了新文艺的最前列，并且在回国以后浙江一师任教期间，影响了一批五四新学生。然而，艺术生活美则美矣，依然无法消解他灵魂之中的虚无感。他先是去接触断食法、寺院生活这些生命修行实践，最后在 1918 年杭州虎跑定慧寺，决然断绝红尘，削发为僧。李叔同的出家，有对外在的家国前景失望的原因，更重要的，是其内心的终极骚动，渴望摆脱生命的无穷轮回，在超越的佛国世界获得灵魂的永久安宁。

出家的毕竟还是少数，更多的是过隐居的生活，这种隐居，并非像传统士大夫那样隐居于山林，而是大隐隐于市，远离喧嚣的纷争，寻求自己的一片安宁小天地。周作人在五四时期尚未与鲁迅决裂，兄弟俩内心虽然都有深不见底的虚无主义，但对应虚无的姿态

1　梁漱溟：《我的自学小史》，载梁漱溟：《我生有涯愿无尽：梁漱溟自述文录》，第 21 页。

2　丰子恺：《我与弘一法师》，载丰子恺：《丰子恺全集》第五卷，北京：海豚出版社，2016 年，第 110 页。

是迥然有别的。鲁迅是“绝望的抗战”，而周作人则试图回归内心，寻找“自己的园地”。他从日本归国之后，恰发生辛亥革命，虽然他欢呼革命的发生，但也担忧革命的以暴易暴，最后会戕害到同路者，他猜想，假如陶成章“造反成功，做了皇帝，我们这班老朋友恐怕都不能幸免”。[1]不曾想到，革命成功以后，陶成章位子未稳，就被同为同盟会的陈其美暗杀，周作人震惊之极，像鲁迅一样，从此对未来不报任何乌托邦的期待。五四的启蒙是参与了，但他的内心始终是温暾水的，与运动保持着若即若离的联系。一场大病之后，更是觉得生命的无常，充满了感伤和颓唐。他感觉在黑夜里面，自己的力量实在太弱小了，担心自己会在黑暗中发狂，只祈愿“穿入室内的寒风，不要吹动我的火罢”。[2]在新文化运动当中，虽然他以鼓吹人道主义闻名天下，但他的内心依然是彷徨的，在东西南北的各种歧路之中，“不能决定向那一条路去，只是睁了眼望着，站在歧路的中间”，甚至哀叹，自己这个“懦弱的人，你能做什么事呢”。[3]在万般矛盾之中，他应邀在《晨报副镌》上开设专栏，名为“自己的园地”，在那里种一些花花草草，开始了自我的放逐生活。虽然作为超脱尘世的隐士，要到1930年代以后，但在五四时期早已有迹可循，弹下了“前世出家今在家，不将袍子换袈裟”的前曲。

纵欲与虚无，是五四时期上一代知识分子普遍的精神状态，他们基本都是观念性人物，然而，年轻一代的五四知识分子，却要直

1 周作人：《知堂回想录》，香港：三育图书文具公司，1980年，第263—264页。

2 周作人：《梦想者的悲哀》，载王仲三笺注：《周作人诗全编笺注》，上海：学林出版社，1995年，第381页。

3 周作人：《歧路》，载王仲三笺注：《周作人诗全编笺注》，第384页。

接诉诸行动，行动，似乎是暂时超克虚无、获得人生意义的最方便捷径。

以行动解决虚无

在 19 世纪的俄国，有两代知识分子，第一代是怀疑的、思考的，如赫尔岑、屠格涅夫，第二代是果决的、行动的，如车尔尼雪夫斯基、杜勃罗留波夫。面对大时代中价值的巨大转换与暂时出现的信仰虚空，上一代人要想明白了再行动，但年轻一代，则直接付诸行动，在行动中暂时克服虚无，获得饱满的精神价值。

在五四时期，也是如此。1919 年五四运动的突然爆发，就有这样的心理背景。在运动之前，学生们还在争论各种各样新的思潮，还在为何为新的信仰而苦恼，运动一来，雷霆万钧之下，走向社会的直接行动振奋了爱国学生的精神，之前的颓废、彷徨一扫而去，行动就是目的，行动就是一切，整个学生界风气为之一变。罗家伦说："这次运动，是学生牺牲的精神"，"学生牺牲的精神万岁！"[1] 当京城一波又一波的学生上街，又被军警抓进牢房，而更多的学生前赴后继的时候，这种具有强烈宗教情感的牺牲精神，不仅激励了全国的年轻人，也让成年的商人和市民也站出来，介入了抗议巴黎和会的群众性运动。

李叔同是 1918 年削发为僧的。沈仲九后来对曹聚仁说：李叔

1　毅（罗家伦）：《"五四运动"的精神》，《每周评论》第二十三号，1919 年 5 月 26 日。

新潮
第一卷·第四期
稿約重訂
「新潮」六月號
新潮
The Renaissance
第一卷第一號
民國八年一月
發行者
國立北京大學出版部

同如果到第二年五四运动爆发，他就不会出家了！[1]这个判断未必全对，李叔同的出家有其自身不可逆转的性格逻辑，然而，按照他并非冷漠的个性，身处浙江一师的沸腾环境，他应该不会置身事外，暂时的现世关怀会短暂地排解内心形而上之苦，出家之念至少会搁置推迟。

五四运动，无论是新文化运动，还是爱国运动，都有一些破坏主义的意味，而破坏主义的背后，其实是价值上的虚无主义。《学灯》的主编张东荪最不满意《新青年》那种文化上的破坏主义。他在《新潮》杂志创办的时候，曾经希望新的一代不要像陈独秀那样，"在那里专门想打破旧文艺、旧道德、旧思想，终日里做了许多驳难痛骂的文章"。[2]没想到，这番劝告引起了《新潮》的主编傅斯年很大的不满，他写了《破坏》一文，反驳说："中国是有历史文化的国家：在中国提倡新思想、新文艺、新道德，处处和旧有的冲突，实在有异常的困难，比不得在空无所有的国家，容易提倡。所以我们应当一方面从创造新思想、新文艺、新道德着手，一方面应当发表破坏旧有的主义。这是势必处此的办法。"[3]不破不立，破字当头，立也就在其中了——这一延续了20世纪始终的革命逻辑，五四"新青年们"正是事实上的始作俑者。

在五四前夕，张申府在《新青年》上发表了一篇《危险思想》，鼓吹"凡思想都是捣乱的、革命的，凡思想都是破坏的、可怕的"，"凡

1　曹聚仁：《李叔同》，载曹聚仁：《笔端》，北京：三联书店，2010年，第21页。

2　张东荪：《〈新潮〉杂评》，《时事新报》，1919年1月21、22日。

3　傅斯年：《破坏》，载傅斯年：《傅斯年全集》第一卷，第157页。

思想都是无政府无法律的”。[1]五四时期的破坏主义，相当一部分来源于流行的激进思想无政府主义，一切旧的秩序、一切权威与权力，皆在破坏打碎之列，唯一可以相信的，是个人的意志，即尼采的创造意志。新人有创造性的意志，可以抛弃一切传统和权威，按照自我的心愿，建立一个与过去截然两截的理想社会。这种破坏主义，终于在五四运动中爆发，引发了火烧赵家楼的过激行为。

在五四的前夕，1919 年 2 月的《新青年》杂志上，周作人已经未卜先知地担忧起为启蒙所激发的群众运动，他在《小河》的新诗中这样写道：“我是一株稻，是一株可怜的小草，我喜欢水来润泽我，却怕他在我身上流过”；“他在地底里呻吟，听去虽然微细，却又如何可怕”；“我只怕他这回出来的时候，不认识从前的朋友了，便在我身上大踏步过去，我所以正在这里忧虑”。[2]经历过义和团、辛亥革命和张勋复辟，又饱读英国、法国革命的历史，周作人深深地知道，启蒙是一把火种，一旦点燃愚昧的群众，让他们在昏睡中醒来，去摇撼那封闭的铁屋子，在迸发出革命的激情同时，也会将仇恨的魔鬼释放，到那个时候，过激的烈火，涤荡一切，玉石俱焚，这是作为绅士的周作人所不愿看到的。他后来解释说：“鄙人是中国东南水乡的人民，对于水很有情分，可是也十分知道水的厉害，《小河》的题材即由此而出。古人云，民犹水也，水能载舟，亦能覆舟。法国路易十四云，朕等死后之后有洪水来。其一戒如周公，其一放

1　赤（张申府）：《危险思想》，《新青年》第六卷第五期，1919 年 5 月。

2　周作人：《小河》，载王仲三笺注：《周作人诗全编笺注》，第 373—374 页。

肆如隋炀，但二者的话其归趋则一，是一样的可怕。"[1]

果然，三个月以后，学生运动爆发了，一把大火烧了赵家楼。之所以如此激烈，其背后乃是价值虚无主义的作祟，只要目的是正当的，任何手段都在所不惜，什么道德、法律不足为凭。就在舆论对学生的暴力行动一片同情的时候，只有梁漱溟站出来公开发表不同意见，他指出："纵然曹、章罪大恶极，在罪名未成立时，他仍有他的自由。我们纵然是爱国急公的行为，也不能侵犯他，加暴行于他。……试问这几年来那一件不是借着国民意思四个大字不受法律的制裁才闹到今天这个地步？"梁漱溟发现，民国以后，各种无论是革命，还是复辟，都是打着"国民意思"的旗号，抛离法治的轨道为所欲为，只相信实力与专制，容不了不同的意见和派别，他担心这个毛病不去掉，即使是改革后的社会制度，也未必是理想的人类生活。[2]

事实上，在新文化运动的时候，五四的启蒙者已经有此价值虚无主义为背景的实用主义苗头。当林琴南打上门来挑战《新青年》的时候，为了更有力回击敌人，吸引眼球，钱玄同和刘半农唱起了双簧，在自编自导的"王静轩来信"中，钱氏模仿旧派文人的风格，挑起战斗，再由刘氏出面，借驳斥"王静轩"，将林琴南的翻译与旧学大大嘲笑一番。如此令人不屑的作假，一旦被赋予了高尚的目的，只要是战斗的需要便可以突破任何道德的底线。

1　周作人《苦茶庵打油诗》后记，转引自钱理群：《周作人传》，北京：北京十月文艺出版社，1990 年，第 218 页。

2　梁漱溟:《论学生事件》,载梁漱溟:《梁漱溟全集》第四卷,济南:山东人民出版社,1991 年,第 571—572 页。

在五四这个旧伦理已经解体而新道德尚未形成的时代，类似突破底线的事例在“新青年”中绝非个别。罗家伦后来回忆说，在火烧赵家楼以后，“当时章宗祥的病还没有脱离危险期，时时有死耗之传闻，刚巧北大有一位同学叫郭钦光，在这个时间死了，他本来是有肺病的，在五四那一天，大约因为跑得太用力了，吐血加重，不久便死了。当时大家怕章宗祥和我们打官司，所以定下一个策略（这个策略之最初主动者便是狄君武），硬说郭钦光乃是在五四那一天被曹家佣人打死的。于是郭钦光遂成为五四运动中唯一烈士，受各处追悼会之无数鲜花美酒吊祭，和挽章哀辞的追悼。”[1]

罗家伦将五四的精神理解为除了学生的牺牲精神之外，另一个是社会制裁的精神。他说，在这个乱昏昏的中国，法律既无效力，政治又复黑暗，“在这无法律政治可言的时候，要想中国有转机，非实行社会裁制不可”。[2]五四运动在上海为中心的“六三”运动之后取得了胜利，从此，社会制裁，特别是舆论制裁开始流行。然而，信奉个人主义的周作人对此是有警惕的，1924 年他在给孙伏园的信中忧心忡忡地说：“中国自五四以来，高唱群众运动社会制裁，到了今日变本加厉，大家忘记了自己的责任，都来干涉别人的事情，还自以为是头号的新文化，真是可怜悯者。”[3]社会的制裁当然也代表一种民意，但在缺乏公共道德的虚无主义背景下，民意是常变的，很容易被政客和文人所操纵，反而失去传统社会中一以贯之的价值

1 罗家伦：《蔡元培时代的北京大学与五四运动》，《传记文学》（台北）第三二四号，1989 年。
2 毅（罗家伦）：《“五四运动”的精神》，《每周评论》第二十三号，1919 年 5 月 26 日。
3 周作人：《一封反对新文化的信》，载周作人：《谈虎集》，北京：北新书局，1929 年，第 170 页。

立场，比的是谁的声音嘹亮，更能蛊惑人心。

群众运动有一个共同的特点，发动容易收场难，具有自我加油、愈演愈烈的惯性。罗家伦回忆说："做第一次学生运动的时候，负责的大家都是用功的学生，静则思动，所以他们精力都很充足，思想也很周到，行动也很有计划，但是到后来动久而不能静，有许多人只知道动而不知道读书，于是乎其动乃成为盲动。"[1]学生天天想着罢课游行，不再有心思读书。时在杭州浙江一师的曹聚仁回忆说，五四以后，到了秋季开学时，整个学校风气都变了，老是罢课游行，很少有一星期完整的课上。[2]罗家伦感叹说："最初动的学生，是抱着一种牺牲的精神，不是为着出风头来做这些运动的。因为最初几个人声名较大，大家知道的多了，于是乎有许多人以为这是成名的快捷方式，乃是出风头的最好方法，于是个个想起来动，结果必至于一败涂地。"[3]

五四运动的胜利，让社会产生了"学生神圣""学生万能"的感觉，学生们更是趾高气扬。"因学生自认神圣，往往不问曲直，肆意攻击他人，故处分商人，殴打或监禁校长、教职员的违法悖理情事，也会发生；惟其自认万能，故而不究实际，争着要管辖，干预一切事务。"[4]以虚无主义为背景的无政府主义思潮在学生当中成为时髦，不仅政治权力，连学校里面的权威也成了推翻的对象，在浙江一师的学潮中，学生公开发表宣言说："我们承认校长制度，

1　罗家伦：《蔡元培时代的北京大学与五四运动》，《传记文学》（台北）第三二四号，1989年。
2　曹聚仁：《五四运动》，载曹聚仁：《文坛五十年》，上海：东方出版中心，1997年，第117页。
3　罗家伦：《蔡元培时代的北京大学与五四运动》，《传记文学》（台北）第三二四号，1989年。
4　吕芳上：《从学生运动到运动学生》，台北："中研院"近代史研究所，1994年，第95页。

是不合于德谟克拉西时代的组织的，我们理想中的社会，决没有什么‘长’的东西。”“所以我们对于本校校长姜伯韩先生，是认他和我们站在同一地位的。”[1] 北京高师在学生的压力下，连考试制度也废除了，引起了其他学校学生的极大注意，北京大学最具有虚无主义和无政府主义色彩的激进学生朱谦之发起了废考运动，贴出大字报《反抗考试宣言》，宣称既不参加考试，也不要学校的毕业文凭。[2]

对于蔓延不已的学潮，同样作为新型知识分子，老师辈与学生辈是有明显区别的。学生辈以行动克服虚无，并且在日趋激进的行动中表现出反抗一切权威的虚无主义，而老师辈（除了陈独秀）对行动始终保持着谨慎的距离，更愿意延续原先的启蒙方式。

以蔡元培为例。在五四运动之前，蔡元培对北大的自我定位与对学生的期待是双重的，甚至是矛盾的。在他看来，大学即是研究高级学问的学府，也要对社会担当责任。这从他对北大两份学生杂志的态度就能看出来。傅斯年、罗家伦等办的《新潮》乃是从事于思想启蒙的杂志，而许德珩、张国焘等办的《国民》杂志则热衷于救国救民，关心劳工教育。蔡校长对这两个杂志都给予经费的支持。并且亲自为《国民》创刊号撰序，说：“我国大多数之国民，方漠然于吾国之安危，……求能助此少数爱国家，唤醒无意识之大多数国民，而抵制栎丧国家之行为，非学生而谁？”[3]

然而，当学生真的动起来的时候，蔡元培犹豫了。在 5 月 4 日，

---

1 《浙一师学生第四次宣言》，《申报》，1920 年 5 月 25 日。

2 朱谦之：《世界观的转变：七十自述》，载黄夏年编：《朱谦之选集》，长春：吉林人民出版社，2005 年，第 409 页。

3 蔡元培：《序》，《国民》杂志第一卷第一期，1919 年 1 月。

当学生游行队伍即将出发、去天安门广场示威的时候，蔡校长匆匆赶来阻止学生，说示威并不能扭转时局，北大本来已经被政府和守旧派厌恶，如果闹出事来，北大恐怕会受到摧残。[1]老师对行动是有保留的，但学生们却是义无反顾。运动爆发之后，蔡元培迫于政府与学生的两头压力，辞职南归。他虽然同情学生，但担心学生会为胜利而陶醉，今后将不容易维持秩序，既然尝到了权力的滋味，以后学生的欲望恐怕难以满足。[2]蔡元培的担忧不是多余的，后来的事态果然如他所料。代替蔡元培出任代理校长的蒋梦麟在上任之始，就在欢迎大会上告诫学生说："救国之要道，在从事增进文化之基础工作，而以自己的学问功夫为立脚点，此岂摇旗呐喊之运动所可几？"[3]当蔡元培重新回归复职时，他提出回任的前提条件是学生不得参与干预政治之运动。[4]他发表了《告北大学生暨全国学生书》，希望学生"自今以后，愿以诸君共同尽瘁学术，使大学为最高文化中心，定吾国文明前途百年大计"。[5]显而易见，老师辈知识分子所想的社会责任，更多的是舆论意义上的启蒙，与学生一代付诸直接的行动并不在同一个层面上。

回到北大的青年学生。新潮社与国民社代表了五四青年中的两种类型：前者"是政治改革派和文化激进派，国民社由政治激进派

1　张国焘：《我的回忆》，北京：东方出版社，1991 年，第 51 页。

2　蒋梦麟：《西潮 · 新潮》，长沙：岳麓书社，2000 年，第 125 页。

3　同上，第 126 页。

4　《蔡元培回任条件与学生》，《盛京时报》，1919 年 7 月 11 日，转引自吕芳上：《从学生运动到运动学生》，第 159—160 页。

5　蔡元培：《告北大学生暨全国学生书》，《蔡元培全集》第三卷，杭州：浙江教育出版社，1989 年，第 313 页。

和文化改革派组成。这两个团体的杂志都瞄准了不同层次的观众：《新潮》的目标是中学和高等学校的学生，然而国民社的目标是普通民众”。[1] 罗家伦说："《国民》杂志里面的人，多半是实行的人；《新潮》杂志社的人，多半是偏重于学术方面的人。"[2] 运动之后，国民社的成员，继续深入社会，到长辛店为工人讲课，其中的骨干成员张国焘、邓中夏、黄日葵、段锡朋等后来一步步走入社会，成为政治人物。

新潮社的成员们虽然也是游行骨干，但面对方兴未艾的学潮，开始了自我反思，其中以罗家伦最为全面、深刻，他在五四一周年的时候，撰文检讨一年来学生运动的得失，重点反思了三点。第一是“学生万能”，“以为我们什么事都可以办，所以什么事都要去过问”。他反问：“假设现在把中国全部政权交给我们手里，我们怎样办法？”之所以没有办法，那是因为缺乏专业能力，故第二点反思是“学术的停顿”，接连不断的罢课游行，让学生只会行动，脑力却被掏空了，没有功夫也没有心思读书，他引用一位朋友的话感叹说：“我们全国青年学业的牺牲，其总数不止一个青岛！”第三点反思是“名为做群众运动而没有群众”。罗家伦感叹学生一点也不懂中国的群众心理，只知道革命以后，推翻了暴政就好，不知道中国的革命，大部分参与者都是被金钱收买、权位引诱而来，原来就没有民主共和的观念，如何期待他们实行民主共和的政体呢？罗家伦最后的结论是：“专门学者的培养，实当今刻不容缓之图。”“我

1　王汎森：《傅斯年：中国近代历史与政治中的个体生命》，北京：三联书店，2012年，第33页。
2　罗家伦：《蔡元培时代的北京大学与五四运动》，《传记文学》（台北）第三二四号，1989年。

们作文化运动的最后觉悟，是要指定现在中国没有一样学问，可以在世界上站得住位置的，无基本文化的民族，在将来的世界上不能存在的！"[1]

运动之后的第二波虚无

潮涨潮落，学生运动总有谢幕的时候。激进的行动可以短暂地遮蔽内心的虚无，但退潮之后，将是更大的虚空。果然，五四运动之后，在青年知识分子那里，出现了第二波苦闷。

对文坛心态有敏感观察的茅盾，如此描述从"五四"到"五卅"的中国："苦闷彷徨的空气支配了整个文坛，即使外形上有冷观苦笑与要求享乐和麻醉的分别，但内心是同一苦闷彷徨。"[2] 激动人心的运动一过去，只剩下精神上的空洞。茅盾对此进一步说："我们的青年的思想，自'五四'以来，不是也呈急遽的变迁么？而且不是也由兴奋而入颓丧么？我们现在追想到'六三'的热烈的举动，追想到那时上海各校童子军如何在南京路维持秩序，女学生如何在各马路分散传单，我们把那时火剌剌的精神，满怀的乐观，和现在的半睡半麻醉的状态作一比较，真不胜幻灭之悲哀！热烈的运动已经过去了，兴奋过后之疲倦的颓丧的一刹那，正在继续着，虚空的苦闷，攫住了人心。"[3]

那么，五四前后两个阶段的虚无与苦闷，究竟有什么变化呢？

1　罗家伦：《一年来我们学生运动底成功失败和将来取的方针》，《晨报》，1920 年 5 月 4 日。

2　茅盾：《中国新文学大系 · 小说一集 · 导言》，上海：良友图书印刷公司，1935 年。

3　茅盾：《杂感（二）》，《茅盾杂文集》，北京：三联书店，1996 年，第 92—93 页。

简单地说，五四之前的虚无，正如之前分析的那样，对于老师辈来说，基本是处于新旧之间的彷徨，对于学生辈而言，则是多种新信仰之间的无所适从。然而，五四之后的虚无，除了上述彷徨与无所适从之外，更具有了新的形态：醒了之后，无路可走。

五四运动的狂潮唤醒了都市的新青年，让他们为追求一个无政府的新社会而兴奋、狂热，但狂潮过后，发现社会黑暗依旧，理想与现实之间那条巨大的裂痕无法弥补；而个人的实际问题从形而下的升学、职业、婚姻，到形而上的人生意义，通通得不到解决，没有一个确定的答案，于是陷入更深的苦闷。从某种意义上说，注重行动、激进再激进的人，是幸福的，因为他们始终有一种“精神的纵欲”，有一种幻觉支撑着内在的生命，而大部分意志薄弱、情感冲动或对现实有理性认知的青年，反而是梦醒之后更为痛苦。

矛盾在 1922 年描述说：“理想与现实的冲突，各派思想的交流，都足以使青年感得精神上的苦闷。青年的感觉愈锐敏，情绪愈热烈，愿望愈高远，则苦闷愈甚。”[1] 叶圣陶的长篇小说《倪焕之》是对五四之后年轻人由希望而绝望的出色描写。师范生倪焕之毕业以后，怀着改造社会、启蒙民众的理想，到江南小镇的小学教书，随之遭遇一系列的挫折，镇上的劣绅百般刁难，乡野的愚众也不理解他的教育改革，与他同怀梦想的女友金佩璋结婚之后，变为只问俗务的贤妻良母，而一开始全力支持他的校长蒋冰如也退缩了。倪焕之成了孤家寡人，陷入了无可自拔的“愤怒、仇恨与悲伤、恐怖”之中。最后，只能逃到上海重新寻找出路。

1 茅盾：《青年的疲倦》，《茅盾杂文集》，北京：三联书店，1996 年，第 58 页。

鲁彦1923年发表的处女作小说《秋夜》中如此形容五四后的知识分子："不能救人，又不能自救，没有勇气杀人，又没有勇气自杀，诅咒着社会，又翻不过这世界，厌恶生活，又跳不出这地球。"[1]这段话活脱脱描述了从铁屋子中被唤醒之后的沉睡者，在梦醒之后更加绝望的内心困境。瞿秋白对这种梦醒之后无路可走的状态有一段更加沉痛的表述："大凡一个旧社会用他的无上威权——宗教，制度，习惯，风俗……造成了精神上身体上的牢狱，把一切都锢闭住了。当时的人绝不觉着不自由的痛苦，倒也忘其所以，悠游自在。一旦这个牢狱破坏了，牢狱的墙上开了一个洞，在里面的人可以看得见外面，他心里就起一种羡慕的心，顿时觉得自己处的地位没有一处是适意的合理的，可是他又不能出去，心思在外面，身体是在里面，那真一刻多不能容忍，简直是手足无措了，没有办法，只有撞杀在牢狱里。"[2]

五四之前知识分子的苦闷多是精神上的，五四之后年轻一代除了形而上层面之外，还多了一层形而下的因素：毕业即失业、娜拉出走之后经济无法独立、恋爱与婚姻的受挫、社会事业陷入困境……正如高波所分析的那样："在五四运动后，青年突然居于国家的思想与政治中心，被视为价值与权威的象征，但在经济上却仍多不能自立，这一尖锐反差很难不令他们感到激烈的内心冲突。"[3]

各种形而下的苦闷，在有思想能力的青年那里，最终都会上升为形而上的痛苦，这就是：人究竟为什么活着？普遍的无聊感和无

1　鲁彦：《秋夜》，转引自郑泽魁等：《左联五烈士传》，重庆：重庆出版社，1995年，第32页。
2　瞿秋白：《林德扬君为什么要自杀呢？》，《晨报》，1919年12月3日。
3　高波：《追寻新共和：张东荪早期思想与活动研究》，北京：三联书店，2018年，第187页。

意义感，成为五四后期青年人的普遍精神症候，正如内心世界异常敏感的青年作家柔石在自传体小说《生日》中所感叹的 ：“无聊的生命呀，你来到人间何所求？太阳呵，你不过，助无聊的人更无聊罢！”[1] 对一个追求严肃人生的青年来说，无聊是比死还要痛苦的折磨，柔石开始思考一个非常形而上的大哉问 ：人究竟是什么？他在日记里多次问自己 ：“‘人’究竟是真的还是假的？说假的实太自弃了自己，而眼见得身前都是一种幻象，梦中的遭遇。”他感觉不想清楚这个问题“心里总觉得不安定”，在百般困惑之中，他痛苦地向天发问 ：“宇宙啊！为什么有一个‘人’的大谜呵？”[2]

不止柔石一个人挣扎于人究竟是什么的终极性问题。在五四之前很少人关注的人生观问题，之所以到五四之后成为热点讨论的话题，正是因为太多的知识分子像柔石一样，要在形而上的信仰层面获得一个确定性层面，否则，究竟为什么要活着，都成了问题。

在五四时期，有一位知识分子将虚无主义人生从宇宙论的高度加以思考的，这就是北大的学生朱谦之。他少年时代经历了惨苦的心灵创伤，父母与姐姐的早逝，让他感觉人生毫无乐趣，产生了厌世主义与悲观主义，待到北京哲学门读书之后，整天在思考，人生的意义究竟何在？中国思想的传统乃是天人合一，人生的价值最终来自宇宙的本质。朱谦之名为新青年，但他的思维方式依然是中国的，他要刨根问底 ：“玄想宇宙本体是什么？怎样由本体变起宇

1 柔石 ：《生日》，载赵帝江、姚锡佩编 ：《柔石日记》，太原 ：山西教育出版社，1998 年，第 125 页。

2 赵帝江、姚锡佩编 ：《柔石日记》，第 62、39、71 页。

宙？"[1]到 1920 年，他得出一个极端的结论：认为宇宙是恶的，世界是没有意义的，人类的信仰也是虚无的："我去！我去！把身意断灭，吹成灰的我，也自和虚空无二。虚空里没有国，没有人，没有嗔，没有喜，既远离你和他，也没有他和我。"[2]

朱谦之断了信仰，他唯一的信仰就是虚无。这种虚无的宇宙观既来自传统的道家和佛教，也受到俄国虚无主义和无政府主义的影响。但朱谦之与蹈入空门的李叔同不同，当他意识到宇宙即是虚无之后，反而走向激进的"宇宙革命"："以无政府主义为手段，而以虚无主义为目的"。[3]他比无政府主义走得更远。在宇宙论层面，他否定天地存在的正当性，从而否认一切社会政治制度的意义。与其说政府与国家是强权，毋宁说天地乃是最大之强权。如果消灭了天地，政府与国家等强权便无枝可依，自然就消亡了，只有达致无政府、无聚落、无人类、无众生、无世界的理想境界，方才罢休。[4]

那么，这个"宇宙革命"究竟如何进行？沿着阳明学的"我即宇宙"思想轨迹，朱谦之放大了"我"的价值："我就是宇宙本体，所以超越一切，作宇宙主。我比宇宙还大，宁可为我而牺牲宇宙……我是永续不断的和宇宙奋斗，把我来征服那'无而有，有而无'的永远轮回。我是革命的神。……我是绝对自由的，打破一切的网纲，不受任何事物，加诸其身。我是宇宙万物的根本大法。……我就是

1　朱谦之：《世界观的转变：七十自述》，载黄夏年编：《朱谦之选集》，第 405 页。

2　朱谦之：《虚无之什八首》，载黄夏年编：《朱谦之文集》第一卷，福州，福建教育出版社，2002 年，第 451 页。

3　朱谦之：《世界观的转变：七十自述》，载黄夏年编：《朱谦之选集》，第 407 页。

4　邓军：《浪漫的宗教革命：五四时期朱谦之的生命求索》，《华东师范大学学报》，2013 年第 1 期。

无我，就是大我，所以天上地下，只唯有我，更没有人。”[1]

无独有偶，朱谦之“我即宇宙”之狂言，与郭沫若的《天狗》几乎如出一辙：“我是一条天狗呀！我把月来吞了，我把日来吞了，我把一切的星球来吞了，我把全宇宙来吞了。我便是‘我’了！我是月底光，我是日底光，我是一切星球底光，我是X光线底光，我是全世界底Energy底总量！”[2]这些充满浪漫主义激情的梦呓，与虚无主义、无政府主义为底色，最终形成了一个无限放大了的“自我－宇宙”合体，而这个自我，就是抽去了实在价值的唯意志的自我。这个意志的自我就是宇宙，就是法则，可以为所欲为，可以创造一切。从虚无主义到绝对的自我，其间所相隔的距离，只是一个无政府主义而已。

不过，五四之后的虚无主义，更多的表现形态还不是自我的无限膨胀，而是自杀。朱谦之在内心将自我想象为宇宙本体，但在现实生活之中依然寻找不到生命的意义，或者说，既然宇宙为虚空，那么生命的终极目的也同样是一个黑洞，那就是死亡。朱谦之自杀过三次，除了十岁那次之外，1920年和1921年两次都具有形而上的意义，但因为事先过于张扬，而没有死成。

自杀是虚无的最极端形式，蒋梦麟在五四运动落潮以后，说了一句话：“凡人自十六岁至二十岁的时候，个个人想着自杀的。”[3]这话虽然有点绝对，但可见五四之后，自杀的确在青年当中有弥漫的

1 朱谦之：《革命哲学》，载黄夏年编：《朱谦之文集》第一卷，福州：福建教育出版社，2002年，第381页。

2 郭沫若《天狗》，《时事新报·学灯》，1920年2月7日。

3 蒋梦麟：《北大学生林德扬君的自杀》，载曲士培编：《蒋梦麟教育论著选》，第156页。

趋势。

在五四时期，江西有一位青年袁玉冰在日记中说："若是否定人生，就足以自杀。不然就要向前奋斗。我们都觉得世界越进化，人类越受痛苦。要免去这种痛苦，只有实行虚无主义的无政府主义。或提倡自杀，全世界人同归于尽，那末就什么痛苦幸福都没有了。"[1] 要么奋斗，要么自杀，竟然成为某些五四青年的两种极端的选择。在运动高潮的时候，他们的情绪是亢奋的，对未来怀有一丝模糊的期待，但高潮过后，现实中的黑暗一切依旧，身体上的疲倦感、内心的绝望感接踵而来，那只有一死了。

五四以后，最引起轰动的自杀，是北大学生林德扬在西郊的三贝子花园，投莲花池自尽。林的自杀，本来是多种因素综合的结果，他生患肺病，本来就比较悲观，但运动一来，让这位热血青年变得亢奋，生命瞬间放出光彩，他举债办国货小店，号召抵制洋货。结果小店失败，理想幻灭，林德扬只能一死。这个悲剧，触动了五四知识分子内心敏感的神经，蔡元培称他是"北京大学第一个自杀的人"，[2] 学校还为他在法政礼堂举行了隆重的追悼会。

将林德扬的自杀与一年前的梁济之死比较一下，是很有意思的。作为最后一代晚清士大夫，梁济有确定的信仰，他是为自己的信仰而死，带有强烈的宗教性。虽然梁济是新派知识分子所看不起的旧派人物，但他的以身殉教精神，依然得到了新派知识分子的尊重。陈独秀在《新青年》中撰文发表感想，很佩服地说："梁先生自杀，

---

1 袁玉冰日记，1921 年 12 月 22 日，未刊影印电子版稿，见"大学数字图书馆国际合作计划"（CADAL）数据库。

2 《蔡孑民先生在林德扬君追悼会上之演说》，《晨报》，1919 年 12 月 24 日。

无论是殉清不是，总算以身殉了他的主义。比那把道德礼教纲纪伦常挂在口上的旧官僚，比那把共和民权自治护法写在脸上的新官僚，到底真伪不同”，“新时代的人物，虽不必学他的自杀方法，也必须有他这样真诚纯洁的精神，才能够救济社会上种种黑暗堕落”。[1]徐志摩更是称赞梁济内心还闪亮着弥足珍贵的东西，“随你叫他‘天理’、‘义’、信念、理想，或是康德的道德范畴——就是孟子说的‘甚于生’的那一点”。[2]在五四运动的前期，虚无主义与犬儒主义已经弥漫知识界，陈独秀对此非常忧虑，而徐志摩对科学主义能够解决人生意义又嗤之以鼻，因此他们对梁济为信念殉身表现出十足的尊重，这正是新一代知识分子自身所缺乏的精神。

然而，下一代五四知识分子林德扬之死，就迥然不同了。他不是为信念而殉身，而是没有了信念，或者说失去了人生的方向而不得不死。梁济这代士大夫的个人前途与家国天下的命运紧密关联，当家国失去了天理、不再有正义的时候，个人的生命也就不再有价值。但林德扬这代五四新知识分子已经从家国的“网罗”之中解放出来，成了自主的、独立的个人，但自由了的个人要担负的，是自我的完全生命，没有什么“大我”来为一个个“小我”分担痛苦、遮风挡雨，于是在社会中孤独无助的个人一旦遭遇挫折，便陷于更大的苦闷而不能自拔。由苦闷而怀疑人生，这种虚无主义既是病理性的，又是社会性的，更是精神性的，甚至是宗教性的。

林德扬自杀之后，就像梁济之死一样，引起了知识界广泛的热

1　陈独秀：《对于梁巨川先生自杀之感想》，《新青年》第六卷第一号，1918年1月15日。

2　徐志摩：《论自杀》，引自黄曙辉编：《梁巨川遗书》，上海：华东师范大学出版社，2008年，第309页。

议。同为北大学生的罗家伦，他将林的自杀原因与五四青年当中流行的怀疑主义联系在一起："我以为'五四'以后，我们青年的人生观上发生一种大大的觉悟，就是把以前的偶像，一律打破，事事发生一种怀疑的心理，在中国这样的社会里，自然东望也不是，西望也不是。旧的人生观既然打破了，新的人生观还没有确立。学问又可没有适当的人来作指导，于是消极的就流于自杀。"[1]

当李大钊等人将林德扬自杀归咎于社会的黑暗和制度的不合理的时候，感觉敏锐的陈独秀却看到了更深的一层："这种对于人生根本上怀疑的自杀，绝非单是改良社会制度减轻压迫所可救济。"他非常警惕五四所弥漫的虚无和怀疑是一个"很危险的时代，很可恐怖的时代"。这位以新思潮启蒙年轻一代的大将，发现播下的是龙种，收获的却是跳蚤，各种新学五花八门，让青年们眼花缭乱，反而无所适从，因此形成了"新思潮杀人"："这种新思潮，从他扫荡古代思潮底虚伪、空洞、迷妄的功用上看起来，自然不可轻视了他；但是要晓得他的缺点，会造成青年对于世界人生发生无价值无兴趣的感想。这种感想自然会造成空虚、黑暗，怀疑、悲观、厌世、极危险的人生观。"[2]

是生，还是死，这个哈姆雷特式的问题折磨了许多五四后的知识分子，林德扬投湖自尽，了结了年轻的生命，但也有不少青年反而激起了奋斗的勇气。据俞秀松日记记载，沈仲九因为失恋和无政府主义的虚无思想，终日在烦闷之中，想因此而自杀，后来想到，

1　志希（罗家伦）：《是青年自杀还是社会杀青年》，《晨报》，1919年11月19日。

2　陈独秀：《自杀论》，《新青年》第七卷第二号，1920年1月1日。

自己“固然脱离苦痛了，但是别人因他自杀而苦痛的，不知多少”。因此下了三次决心，与“自杀”的念头永别，投身于“社会情”。[1]这位无政府主义者，后来成了中共最早的共产主义小组的成员之一。

无独有偶，在江西的一批青年人，办了一个《新江西》杂志，他们都对现实与人生感到绝望，前引的袁玉冰提出了自杀还是奋斗的严峻问题，与他同为《新江西》作者的中学生徐先兆发表《我的人生观》文章，先是感叹：“活着倒还可以，只是现世的生活，都是凄惨，无聊……那么这个人生还有什么价值可言！”但他最后痛苦思考的结果，却是积极的奋斗：“人生是毫无意义的；人生是没有真正幸福可求的，要求真正的幸福只有无生——自杀，但因社会与个人的关系是极为密切，社会对于我有无穷的影响，人生既然是终有一死，我又并不想求什么真正幸福，所以我就本自杀的精神献身社会，同一切阻碍人类趋向自由的恶魔宣战！——这就是我真正的人生观。”[2]

以自杀的精神献身社会，这意味着这批五四青年将带着绝望的心情，像鲁迅那样，投身于社会事业，与黑暗的魔鬼作殊死的搏斗，果然，袁玉冰、徐先兆后来从组织小社群改造社开始，后来一步步为苏俄式的共产主义所吸引，投身于中国革命。

这个从虚无、苦闷和痛苦最后走向革命的行动，其间有三个中介的环节：第一个环节是寻找一个确定的信仰，即所谓的“主义”，以终极性的信仰超克虚无；第二个环节是参与以“主义”中心的“组

---

1 《俞秀松烈士日记（1920 年 6—7 月）》，《上海革命史资料与研究》辑刊，1992 年 9 月 30 日，第 287 页。

2 孔生（徐先兆）：《我的人生观》，《新江西》第二期，1922 年 3 月 1 日。

织"，从个人的孤独心境里面挣脱出来，与志同道合者从事新人的塑造和社会的改造；第三个环节是从柔性的"主义"发展为刚性的"主义"，从点滴改造的无政府主义小团体转型为寻求根本解决、有严密纪律的政党。在五四运动的后期，差不多经过这三个中介环节之后，一批原先陷入虚无和苦闷的青年获得了坚定的信仰，介入了革命的组织，最后投身于1925年爆发的国民大革命。关于这一历史的过程，将在第九章撰述。

延伸阅读

王汎森：《思想是生活的一种方式：中国近代思想史的再思考》，北京，北京大学出版社，2018年。

海青：《"自杀时代"的来临？二十世纪早期中国知识群体的激烈行为和价值选择》，北京：中国人民大学出版社，2010年。

瞿骏：《天下为学说裂：清末民初的思想革命与文化运动》，北京：社会科学文献出版社，2017年。

第六章

从『五四』到『创党』：『五四』的激进知识分子

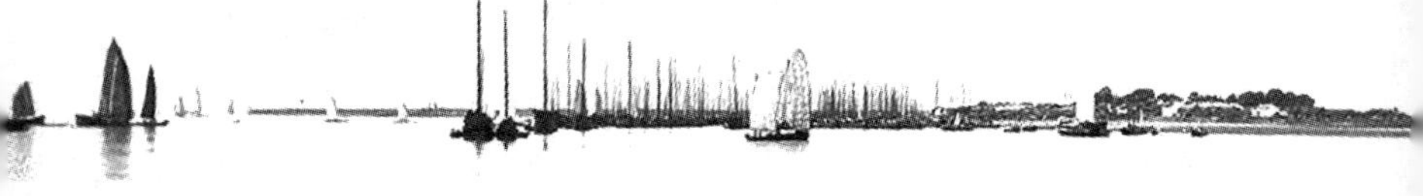

1928

1883

沈玄庐

1927

1890

李汉俊

1966

1890

李 达

1949

1891

戴季陶

1977

1891

陈望道

1892–1936

王光祈

1893–1969

左舜生

1893–1986

张申府

1894–1933

邓中夏

1895–1931

蔡和森

1899–1970

施存统

关于五四知识分子如何走向马列主义之路的问题，已经汗牛充栋，史料也基本穷尽，似乎已无多大的再研究空间。不过，从思想史角度而言，依然有若干问题值得继续发掘——

第一，无政府主义和社会主义是五四知识分子接受马列主义之前的两大思潮，那么，这三大思潮之间的逻辑脉络究竟如何？它们在类型上究竟有何不同，以至于革命知识分子最终会从无政府主义、社会主义走向马列主义？

第二，"主义"总是与一定的组织形态发生关联，五四时期的组织类型与什么样的"主义"类型有着对应的关系？

第三，现有的研究大都将五四知识分子接受的马克思主义与列宁主义统称，或者以马克思主义，或者以马列主义命名之，但我们都知道，到了20世纪初，特别是"一战"以后，国际共产主义运动内部已经分裂，西欧（特别是德国）的社会民主主义与俄国的列宁主义泾渭分明，那么，创党的革命知识分子在什么阶段接受的是未分化的马克思主义，到什么时候最后认同了俄国的列宁主义？

本章将围绕上述问题，在历史与逻辑同一的前提下，提出关于"主义"的两组前后递进的"理想类型"。

第一组是"知识化主义"与"信仰化主义"的区分。在清末民初的"主义"热之中，这两种"主义"并非分化，但到了1919年问题与主义论战之后，"知识化主义"成为注重点滴改良的自由知识分子的科学方法论，而激进知识分子开始追求寻求可以"根本解决"中国危机的"信仰化主义"。

第二组"理想类型"，在"信仰化主义"当中，又有"柔性化主义"

与“刚性化主义”的不同。五四运动中流行的无政府主义、各种社会主义，包括马克思主义，都是属于可以互相兼容的“柔性化主义”，因此在中共创建早期，不仅在信仰层面，而且在组织层面上，都是非常复杂的。早期的共产主义者所接受的，其实是一种柔性化“复调的马克思主义”，包括西欧的社会民主主义与俄国的布尔什维克主义。到了1920年底以后，才开始逐步认同“刚性化主义”，即“一元的列宁主义”。

按照上述“理想类型”的分析方法，结合具体的历史叙述，本章将勾勒从1919—1921年这两三年间，五四的激进知识分子是如何一步步从“知识化主义”的点滴改造，走向寻求通盘解决的“信仰化主义”；随后从“柔性化”的无政府主义、社会主义，走向“复调的马克思主义”，最后认同“刚性化”的“一元的列宁主义”的？

在这一过程当中，五四知识分子内部是如何发生了三波的思想与组织的分化？

首先是寻求点滴改良的温和知识分子与追求整体解决的激进知识分子的分化，其次是相信兼容各种“主义”的知识分子与认同马克思主义的知识分子的分化，最后是“复调的马克思主义”者与“一元的列宁主义”者的分化。到第三波分化的完成，中共在信仰力和组织力两个层面自我定型，最后成了一个布尔什维克的政党。

问题与主义论战背后的两种“主义”之争

“主义”是一个从日本来的外来词，据王汎森的研究，最早是黄遵宪的《日本国志》中出现了“主义”，随后晚清的各种对新思潮的介绍都以“主义”名之，以至于“主义”满天飞，而梁启超，更是制造“主义”的高手，凡是某种特定的主张、特定的方法或者具有某种特性的，都缀以某种“主义”。[1]

如果我们仔细观察，就会发现“主义”在近代中国，有两种不同的类型。第一种是作为科学方法论的“知识化主义”，主要用来认识世界和改造社会的有效方法，它是一个工具箱，各种“主义”未必具有内在的价值，可以按照有效性的原则自由选择。第二种是作为意识形态的“信仰化主义”，具有某种道德正当性和启示性的终极真理，是个人的安身立命之本与团体共同的信仰。

在清末民初和新文化运动的早期，这两种形态的“主义”并未在中国思想界混沌一片，并没有明确的分化，一般人所热衷谈论的“主义”，既是一种认识世界和改造社会的有效工具，又与世界公理相联系，具有客观性和公共性，是值得追求和信仰的。傅斯年在五四前夕谈到了中国需要“主义”：“人总要有主义的，没主义，使东风来了西倒，西风来了东倒”，“没主义的人不能做事，做一桩事，总要定个目的，有个达这目的的路径”。[2]一个是“目的”，另一个是“路

---

1 关于“主义”在近代中国思想的发生史，参见王汎森：《“主义时代”的来临：中国近代思想史的一个关键发展》，载王汎森：《思想是生活的一种方式：中国近代思想史的再思考》，第168—186页。

2 傅斯年：《心气薄弱之中国人》，载傅斯年：《傅斯年全集》第一册，第146页。

径”,五四之前的“主义”,具有信仰和方法的双重性,由此可见一斑。

两种“主义”的分化，要到1919年，最重要的标志，是问题与主义的论战。

问题与主义的论战，表面来看，是问题与主义之争，假如仔细阅读论战的文本，便会发生，其实质是两种“主义”的分化与决裂。胡适在《多研究些问题，少谈些“主义”！》中说：“我并不是劝人不研究一切学说和一切‘主义’。学理是我们研究问题的一种工具。”“一切学理，一切‘主义’，都是这种考察的工具。有了学理作参考材料，便可使我们容易懂得所考察的情形。”[1]显然，胡适并不反对“主义”，只是在他看来，“主义”只是工具箱里的一套有效的科学方法，针对具体的问题，哪个有效就用哪个，并无价值高下之分，更没有唯一性和排他性。这就是胡适式的“主义”——实验主义。

但胡适的论敌们，对“主义”的理解显然不同。对社会主义颇有兴趣的蓝公武指出：“世间有许多极有力量的主义，在他发生的时候，即为一种理想，并不是什么具体方法，信仰这主义的，也只是信仰他的理想，并不考究他的实行方法。”[2]在这里，要注意的是，蓝公武将“主义”与终极的理想联系在一起，特别强调“主义”是“信仰”的，而非“实行”的。问题与主义之争的背后，是两种“主义”之争。

胡适的另一个更有名的论敌李大钊同意蓝公武的“主义”是一

1　胡适:《多研究些问题，少谈些“主义”！》，载耿云志主编:《胡适论争集》中卷，北京：中国社会科学出版社，1998年，第966、964页。

2　蓝志先（蓝公武）:《问题与主义》，载耿云志主编：《胡适论争集》中卷，第977页。

种“理想”的看法,他进一步将“主义”与“运动”联系起来,说:“一个社会的解决，必须靠着社会上多数人共同的运动”，由此必须“先有一个共同趋向的理想主义”。[1] 问题与主义论战发生在五四爱国运动刚刚发生不久，为运动的胜利而激奋的李大钊非常重视“运动”的价值，也发现“运动”要持续下去，必须有一个作为共同信仰的“主义”，如此才能实现俄国革命式的“根本解决”。

事实上，在五四运动后不久，“知识化主义”比较起“信仰化主义”，还是有更大的思想市场的。北大的新潮社受到胡适的影响很大,《新潮》主编傅斯年将杂志就定位在“科学的主义”,[2] 这个主义就是前述的以科学的研究方法为核心的“知识化主义”，他说：新潮社“是个人发挥个人的主张的,不是有一致的主张壁垒森严的。这可从我们同社的性情、品质、知识、兴趣上断出，我觉得我们同社很多个性主义和智慧主义的人”。[3] 这一“个性主义”和“智慧主义”，注重的是多元的个人思考和理性精神，与共同的信仰无关。基于科学方法论的理性思考需要坚实的学理基础，在运动过后，新潮社的另一员大将罗家伦在总结运动的经验教训时便深切感到作为启蒙者在学理上的不足，他呼吁：“专门学者的培养，实当今刻不容缓之图”，“我们作文化运动的最后觉悟，是要知道现在中国没有一样学问，可以在世界上站得住位置的，无基本文化的民族，在将来的世界上不能存在的！”[4]

---

1 李大钊：《再论问题与主义》，载耿云志主编：《胡适论争集》中卷，第 980 页。

2 傅斯年：《〈新潮〉之回顾与前瞻》，载傅斯年：《傅斯年全集》第一册，第 291 页。

3 同上，第 296—297 页。

4 罗家伦:《一年来我们学生运动底成功失败和将来取的方针》，《晨报》，1920 年 5 月 4 日。

不仅京城的北大学生如此认为，连内地趋新的“小镇青年”也有类似的看法。南昌二中的中学生、《新江西》主编袁玉冰在差不多时期的日记中写道：“我觉得一种学说，要彻底的研究，不可于没成熟的时候，轻易发表。社会主义今后应极力研究。不能还不知道他是什么东西，就去运动”，“我觉得心理学、论理学、哲学，是研究各种学术的基础，是不得不学的。今年到年（底）心理学和论理学总要研究一个大概。明年再来研究哲学”，“真正的文化运动要求自己对各种科学有切实的研究，有了基本学问才可以说话；大学毕业还要加二三十年的研究”。[1] 南昌的袁玉冰想的是研究学问，强化自己的“主义”能力，而长沙的青年毛泽东更注重社会的实践，他受到胡适“多研究些问题”的影响，在 1919 年 9 月拟了一个《问题研究会章程》，提出了当时中国需要研究的政治、经济、社会、文化等七十一项大大小小共一百四十四个问题，他把这个《章程》寄给各地朋友，其中包括北大学生邓中夏。

不过，到了 1920 年代，对“信仰的主义”的精神渴望开始在青年知识分子燃烧起来。五四是一个虚无主义的时代，传统的儒家价值观随着王权制度的崩盘而式微，而新的信仰又在路上，在这样的精神背景之下，老一代启蒙知识分子徘徊在新旧之间，而新一代年轻知识分子则在各种新思潮面前无所适从，不知道何从选择。[2] 张灏教授在分析五四思想的两歧性的时候，指出其中一种两歧性，

---

1 《袁玉冰日记》1921 年 3 月 24 日、26 日及 4 月 4 日，未刊影印电子版稿，见“大学数字图书馆国际合作计划”（CADAL）数据库。

2 关于五四的虚无主义，参见笔者：《从疑到信：五四两代知识分子（1915—1925 年）》，《天津社会科学》2020 年第 4 期。

即五四既是一个怀疑主义的时代，又是一个寻找“新宗教”的时代。[1]怀疑一切，只是为了扫清旧信仰的地基，但在旧信仰的废墟上，新信仰并不会自动到来，于是，各种虚无主义在五四思想界弥漫。虚无主义在五四时代有各种思想源头，陈独秀分析说：“中国底思想界，可以说是世界虚无主义底集中地，因为印度只有佛教的空观，没有中国老子的无为思想和俄国的虚无主义；欧洲虽有俄国的虚无主义和德国的形而上的哲学，佛教的空观和老子学说却不甚发达；在中国这四种都完全了，而且在青年思想界，有日渐发达的趋势。”[2]

然而，无论是中国传统的佛教和道家，还是外来的俄国虚无主义和德国叔本华、尼采思想，都不是中国思想的主流，在儒家思想的主导下，对以“天命”“天道”“天理”这些绝对价值的追求，始终是中国古代思想的核心所在。到了近代，宋明理学的“天理”转型为具有客观普世性的世界“公理”，无论是清末民初，还是新文化运动早期，以科学为背景的“公理”始终是近代中国思想的核心话语。1919 年之前尚是个思想启蒙的时代，不断挑战旧的陈说，将一切“问题化”是新文化运动的主流，但五四运动之后，中国用罗家伦的话说，开始“动”起来了，社会运动与文化运动最大的区别之一，就是后者可以怀疑一切，不断“问题化”，但前者必须寻找“确定性”，为社会运动确定一个共同的价值与目标，这就是李大钊认为需要“信仰的主义”理由所在。于是，如何“问题化”到寻求“确定性”，渴望确定性的“新宗教”“新信仰”，便成为五四

1 张灏：《重访五四：论五四思想的两歧性》，载张灏：《幽暗意识与民主传统》，第 206—207 页。

2 陈独秀：《随感录》，《新青年》第八卷第一号，1920 年 9 月 1 日。

后期日趋明显的思想趋势。

1922 年，梁启超在批评非宗教同盟的文章里，如此说：“信仰是神圣，信仰在一个人为一个人的元气，在一个社会为一个社会的元气。中国人现在最大的病根，就是没有信仰。……像这样的国民，说可以在世界上站得住，我实在不能不怀疑。我说：现在想给我们国民一种防腐剂，最要紧是确立信仰。”[1] 梁任公这里说的信仰，自然是广义的，不仅是指宗教层面的，更多是意识形态层面的“主义”。关于这一点，后来的国家主义派领袖曾琦在给同是少年中国学会同人的田汉的信中说：“其实信仰何尝只限于宗教才有，即如对于一种学说之主张，一个人物之崇拜，也算是一种信仰。”[2]

在一开始，不少五四知识分子以为掌握了新思潮的学问，学到了一套科学的方法论之后，就会解决内心的迷茫和苦闷，后来发现理性是理性，信仰是信仰，科学的理性解决不了价值与意义问题，于是“信仰的主义”问题就凸显出来了。浙江一师学生俞秀松来到上海之后，在日记里面倾诉自己思想处于某种“真空”状态，感慨强烈的求知欲但又找不到切实的信仰：“爆发于此番长期烦闷之后，觉得一切问题以我现在的知识，决不能去解决的。”[3] 肖楚女后来在《中国青年》杂志上告诫青年读者要走出虚无主义，对主义要有信仰：“我们只是单纯地无条件地任什么都不信仰。这，实在是一种盲目

1　梁启超：《评非宗教同盟》，载梁启超：《梁启超全集》第七册，第 3969 页。

2　《曾琦致田汉》，载周月峰编：《〈少年中国〉通信集》，福州：福建教育出版社，2015 年，第 295 页。

3　《俞秀松烈士日记（1920 年 6—7 月）》，《上海革命史资料与研究》辑刊，1992 年 9 月 30 日，第 297 页。

少年中國
THE JOURNAL OF THE YOUNG CHINA ASSOCIATION
第一卷第一期
中華民國八年七月十五日發行
本期要目
說人生觀 宗之櫆
平民詩人惠特曼的百年祭 田漢
人類進化的各面觀
野犬呼聲 魏嗣鑾
中國家庭對於子女教育的根本錯誤 易家鉞
少年中國學會消息 左學訓
少年中國學會出版
會員通訊
增刊
日本號
全書一百六十四頁
定價三角
平民藝術的浮世繪
運動小史
日本之煤鐵問題
日本平民金融機關之研究
上海亞東圖書

的‘否认狂’。我们生活上，一切烦恼、沉闷、悲哀、痛苦，都是发于这个根源。……我们要晓得：一个人底内心没有信仰，就是那个人没有‘人生观’。没有人生观的生活，等于没有甜味的蜜，没有香气的花。”[1]

不过，要改造社会，除了“信仰的主义”之外，还需要另外一个要素，那就是“组织”。同样以1919年的五四运动为标志，是两个时代的分野，五四之前，是一个个人主义的时代，五四之后，开始进入一个集体主义的时代。

新文化运动始于个人的觉悟与个性的解放，北大学生康白情在写给少年中国学会会员的信中宣称：“假使将来有新宗教被创造出来，必会是唯我的宗教。这种宗教，要完全建立在自觉上固不待说，而其所信仰底上帝更不可不就是我，就是除开我以外更没有上帝，我自己宰制我自己，同时也为宇宙底中心。”[2]青年毛泽东也在蔡元培翻译的德国哲学家泡尔生的《伦理学原理》批注中，热烈地写道：“吾于伦理学上有二主张。一曰个人主义，一切之生活动作所以成全个人，一切之道德所以成全个人，表同情于他人，为他人谋幸福，非以为人，乃以为己。”“故个人、社会、国家皆个人也，宇宙亦一个人也。故谓世无团体，只有个人，亦无不可。”[3]五四之前，已经有新潮社、国民社、新民学会等各种知识分子的小组织，但这些组织都有一些共同的特点，组织松散，没有共同的“主义”，会员们

1 肖楚女：《革命的信仰》，《中国青年》第十二期，1924年1月5日。

2 《康白情致魏时珍》，载周月峰编：《〈少年中国〉通信集》，第315页。

3 毛泽东：《伦理学原理批注》，载中共中央文献研究室等编：《毛泽东早期文稿》，长沙：湖南出版社，1990年，第203、153页。

各自为中心，之所以结合在一起，乃是对新思潮有共同的兴趣，或者对旧传统在态度上一致。五四前的小组织，无疑是一种“态度的同一性”之结合。

然而，五四运动的成功改变了这一切。郑超麟在晚年回忆录中说：“一九一九年，当代中国的集体意识，可以说，是在这一年觉醒的。”[1]五四运动本身并无严密的组织，从某种意义上说，毋宁说是一场无政府主义的运动，但五四以后，风起云涌的学生运动暴露了组织力不足的缺陷，不少知识分子意识到“组织”的重要。与胡适有过辩论的蓝公武在北大的国民社成立周年的演讲中说：“必先有组织而后始能奋斗，设‘五四’后而无组织的运动，卖国者何能遽去？”[2]在浙江一师学潮中有过重要影响的沈仲九，对一师学生演讲中特别提醒：“要有组织，才有纪律，才可做事。”[3]

之所以在五四之后“组织”问题开始受到重视，乃是与社会改造有关。与五四前后有一个从个人主义到集体主义的转变同步，以1919年为界限，思想界也有一个从解放个人到改造社会的变化。从清末民初开始，个人从各种家族、地方和国家的“网罗”中解放出来，这是一个“脱序化”的过程，但是五四以后，开始了相反的历程，也就是“再序化”，重新寻找个人在社会之中，特别是“组织”中的位置。这一变化的过程，与知识分子的一个非常深刻的感受有关，这就是个人的不幸与社会制度密切相关。

1　郑超麟：《郑超麟回忆录》，北京：东方出版社，2004年，第160页。

2　一觉：《本社成立周年纪念大会记事》，张允侯、殷叙彝、洪清祥、王云开编：《五四时期的社团》第二册，北京：三联书店，1979年，第27页。

3　坂井洋史整理：《陈范予日记》，上海：学林出版社，1997年，第188页。

五四知识分子中的激进者，许多人对少年时代的家庭生活都有负面的记忆，受到过严重的心理创伤。浙江一师学生施存统以写《非孝》一鸣惊人，他乃是受到心爱的母亲病重、父亲见死不救的刺激，遂怀疑“孝道”的价值，发出了惊人之论。北大学生中著名的无政府主义者朱谦之少年时代父母与姐姐就先后去世，感觉“永永没有生人乐趣了，这是我后来偏于厌世主义悲观主义的思想根源”。[1] 瞿秋白本来出生于常州城的大户人家，但因为家道中落，母亲自杀，令他的童年蒙上了惨痛的阴影。他在上海大学的学生丁玲，也是官宦家庭出身，同样由于父亲早逝，家庭衰落，不得已跟随母亲回到外婆家，寄人篱下，看透了家族的黑暗，丁玲后来说：“正是这两个家，在我心中燃起了一盆火，我走向革命，就是从这一盆火出发的。”[2]

俞平伯说过一段话，感受新思潮要有两个条件：“第一，要懂得新主义、新问题的真意义，第二，要对于现在生活环境觉得有深切痛苦。前者是智的一面，后者是情的一面。”[3] 接受新思潮都要有情感上对痛苦的感受，遑论走上激进之路！同是少年中国学会会员的左舜生承认：“我感受社会的苦还比较的少，感受家庭的苦实在太多。”[4] 不过，他们都将个人在家庭中所经受的苦与社会的黑暗联系起来，家庭的不幸实是社会的问题，是制度的残缺。施存统将父亲的冷酷归咎为旧道德的荒谬，他激愤地说：“‘孝’是一种戕贼人

1　朱谦之：《世界观的转变：七十自述》，载黄夏年编：《朱谦之选集》，第 403 页。
2　许杨清、宗诚编：《丁玲自传》，南京：江苏文艺出版社，1996 年，第 4 页。
3　俞平伯：《一星期在上海的感想》，《新潮》第二卷第三号，1920 年 2 月。
4　《左舜生致王光祈》，载周月峰编：《〈少年中国〉通信集》，第 17 页。

覺悟
民國日報
中華民國十二年十二月十八日
第四張
評論
馬克思主義上所謂「過渡期」
覺悟
民國日報
中華民國十二年七月廿四日 星期二
第四張
評論
清宮大火與中國的美術品保管問題
▲中國應該從速籌設國立美術博物館
▲關心文化事業者應特別留意
▲希望溥儀及早覺悟
新青年季刊
嚮導週報第三十二期合刊
北京政變特刊號
建業大學暨附屬中學招收男女學生
講演
中國小說談
目錄

性的奴隶道德；假使没这种道德的束缚，吾父如此不当的行为，我一定要极力反抗”；我鼓吹“非孝”的目的，“不单在于一个‘孝’，是要想借此问题，煽成大波，把家庭制度根本推翻，然后从而建设一个新社会”。[1]柔石的小说《旧时代之死》描写了一个贫病交加的知识分子主人公，如何备受生活的煎熬和心灵的创伤，他“憎恨现社会”，“残暴者把持所有，这是怎样的一个时代呀”，“现在我很明白，社会是怎样的一个怪物！它是残暴与专横的辗转，黑暗与堕落的代替”。当他的未婚妻自杀时，他愤怒地控诉：“是制度杀死她的，是社会在杀人呵！”[2]

当意识到问题不是出在个人，而是社会的时候，改造个人就转变为改造社会的动力。改造个人，可以通过一己之力的研究和修身获得，而改造社会，显然需要结合成“组织”，于是，如何以“信仰的主义”为中心，建立知识分子的团体，在五四之后就浮出了水面。袁玉冰在日记里面说：“我们天天在学校里坐起来高谈社会改造，试问我们个人到社会上去，会不会为社会所同化？”[3]他与方志敏、徐先兆等一批志同道合的中学生一起组织了改造社，编辑《新江西》杂志，后来，他们都成了中共在江西的骨干人员。而当年参与浙江一师学潮的施存统和俞秀松，一个到北京参加了工读互助团，另一个来到上海，参与编辑《星期评论》，随之参加马克思主义研究会，

1 施存统：《回头看二十二年来的我》，《民国日报·觉悟》，1920年9月23日。

2 柔石：《旧时代之死》，转引自郑择魁、黄昌勇、彭耀春：《左联五烈士评传》，重庆：重庆出版社，1995年，第90页。

3 《袁玉冰日记》1921年6月29日，未刊影印电子版稿，见“大学数字图书馆国际合作计划”（CADAL）数据库。

都找到了志同道合的“组织”。

“主义”与“组织”，终于结合在一起了。

从“态度的同一性”到“主义”的分裂

五四之后，各地的知识分子小组织，如同雨后春笋爆发性诞生。那么，这些小组织，信奉的是什么“主义”呢？在马克思主义成为显学之前，五四前后在知识界作为“信仰化主义”中最有影响的，当属无政府主义与社会主义。

五四后早期的很多知识分子小组织，比如少年中国学会、新民学会、觉悟社、改造社等，都几乎经历了三部曲：第一阶段，在一个抽象的、模糊的理想趋向感召之下，信奉各种“主义”的会员们集聚在一起，具有某种“态度的同一性”；第二阶段，围绕着要不要接受一个共同的“主义”发生分歧，产生了第一波分化；第三阶段，进一步辩论团体究竟要什么样的“主义”，成员之间发生第二波分裂，最终导致小组织解体。

在五四前后，影响最大的“信仰化主义”当属无政府主义莫属。无政府主义，自清末民初就在中国风靡，到五四前后，在知识界有广泛的弥散。从某种意义上说，五四运动亦是一场无政府主义的运动，而最初中国知识分子对十月革命一声炮响的理解，也带有强烈的无政府主义色彩。[1] 在 19 世纪的俄国，马克思主义出现之前，最

1　参见 [美] 阿里夫 · 德里克：《中国革命中的无政府主义》，孙宜学译，桂林：广西师范大学出版社，2006 年，第 179—184、165—167 页。

大的流行思潮是民粹主义，而在五四时期的中国，马克思主义之前的显学，却是无政府主义。在五四时期，严格意义上的无政府主义者在知识界未必很多，但作为一种泛化的思潮，几乎影响了所有的知识分子，包括后来的激进左翼、自由主义和保守主义，无不受到过无政府主义的精神洗礼。傅斯年有段名言：“我只承认大的方面有人类，小的方面有‘我’是真实的。‘我’和人类中间的一切阶级、若家族、地方、国家等等，都是偶像。”[1] 施复亮鼓吹“非孝”，“没有父母子女的关系，则无论何人都一样亲爱，生死病痛，随时随地有人照料”。五四之后，各地的学潮汹涌澎湃，很多学生要求废除校长制，或者校长民选，实行彻底的学生自治。凡此种种，五四知识分子崇尚个人的绝对自由、反对一切权威与权力的激进言行，无不洋溢着无政府主义的精神色彩。它与平民主义思潮与社会主义思潮嫁接在一起，主宰了五四的思想界。

五四时期最大的知识分子社团少年中国学会，也是一个不打安那其主义旗帜的泛无政府主义组织。由王光祈起草的《〈少年中国〉月刊的宣言》表示，其宗旨是“本科学的精神，为文化运动，以创造‘少年中国’”。[2] 这个宗旨自然是模糊的、混沌的，后来王光祈解释说：“少年中国”要围绕着打造适应新社会的新人这一核心，建立“创造的生活”“社会的生活”“科学的生活”。[3] 当时，学员当中已经有不少相信“主义”者，有无政府主义、社会主义，也有国家主义。但作为学会精神领袖的王光祈，试图模糊“主义”之间的

1　傅斯年：《〈新潮〉之回顾与前瞻》，载傅斯年：《傅斯年全集》第一卷，第 297 页。
2　王光祈：《〈少年中国〉月刊的宣言》，《少年中国》第一卷第一期，1919 年 7 月 15 日。
3　王光祈：《〈少年中国〉之创造》，《少年中国》第一卷第二期，1919 年 8 月 15 日。

壁垒，形成一种“共同的趋向”，这个趋向，无以名之，用他的话说，乃是“先将中国人个个都造成一个完全的‘人’，然后再讲什么主义”。[1] 显然，王光祈的愿望还停留在五四新文化运动的早期，他试图以打造“人”为中心，而非建立“组织”为核心，“组织”可以是松散的，“主义”也应该是淡化的，只需像新文化运动那样，有一个“态度的同一性”。的确，作为一个五四时期少有的全国性社团，少年中国学会虽然在入会的标准上是严苛的，在组织结构却是松散的。左舜生后来回忆说：学会“好像一开始政治意义便相当浓厚，可是一看它的宗旨和信条却又不尽然”，“约束既是如此疏阔而轻松，因此对于会员的思想和行动，确没有什么了不得的束缚，除掉友情的交流，知识的交换，事业的互助以外，在最初几年‘少中’的会员间，实在没有给我留下半点不良的印象，这与我后来所过的党人的生活，和政治上一切钩心斗角的把戏，真是截然不同，而具有充分的人味”。[2]

左舜生说得不错，正是因为少年中国学会早年宗旨的模糊性，因而能够包容各种不同的立场、思潮和“主义”，使得会员们的生活具有了一种难得的理想主义精神。学会做成的最有影响的一件事，便是北京的工读互助团，一批来自全国各地的理想青年们，在一起食住、学习和劳作，过集体主义的生活，提前实验小团体的理想社会。在杭州待不下的施存统，加入了工读互助团第一组，以为“无

1 王光祈：《少年中国学会之精神及其进行计划》，《少年中国》第一卷第六期，1919 年 12 月 15 日。

2 左舜生：《万竹楼随笔：近三十年见闻杂记》，载沈云龙主编：《近代中国史料丛刊》第五辑，台北：文海出版社，1967 年，第 454—455 页。

政府、无强权、无法律、无宗教、无家庭、无婚姻的理想社会，在团里总算实现一部分了，所以精神上非常快乐”。[1]

这种被王光祈称为“小菜园”式的团契生活，受到了周作人从日本引进的“新村主义”的影响，但显然更多染有浓郁的无政府主义色彩。事实上，不唯少年中国学会，许多地方的知识分子小团体，都具有这种主义模糊、组织松散的特点，是不打安那其主义的泛无政府主义。邓颖超在回忆天津觉悟社的时候说：“‘觉悟社’受的思想影响，与其说是接近共产主义，不如说更多地接近无政府主义。但这不是说，当时天津文化界有谁向我们宣传无政府主义，小资产阶级知识分子接受无政府主义比接受马克思主义容易。”[2]恽代英与毛泽东来自两湖，都是少年中国会员，他们青年时期都迷恋过无政府主义。恽代英对王光祈说：“我信安那其主义已经七年了，我自信懂得安那其的真理，而且曾经细心的研究。”[3]毛泽东在与斯诺的谈话中，提到在新民学会的早期，“我读了一些无政府主义的小册子，很受影响。……在那个时候，我赞成许多无政府主义的主张”。[4]由于无政府主义是包容性很强，所以赞成无政府主义的，也会同时对其他主义感兴趣，毛泽东在1920年3月给周文钊的信中，承认：“现

1　存统：《“工读互助团”底实验和教训》，《星期评论·劳动日纪念号》第七版，1920年5月1日。

2　邓颖超：《回忆天津“觉悟社”》，载王来棣采访编辑：《中共创始人访谈录》，香港：明镜出版社，2008年，第188页。

3　恽代英：《恽代英日记》，北京：中共中央党校出版社，1981年，第624页。

4　埃德加·斯诺：《西行漫记》，董乐山译，北京：三联书店，1979年，第128页。

在我于种种主义，种种学说，都还没有得到一个比较明了的概念。”[1] 他在长沙开办的文化书社，也是什么书都卖，从《克鲁泡特金的思想》《托尔斯泰传》到《社会主义史》《新俄国之研究》《马克思〈资本论〉入门》，对各种“主义”可以说是兼容并包，并无特别偏好。在国内是如此，留学法国的中国工读生亦是如此。早早就坚定信仰马克思主义者，唯独蔡和森而已，其他大多数人，包括李维汉、陈延年、陈乔年、萧三等，也都一度信仰无政府主义。

泛无政府主义的一个重要共性，乃是极端排斥各种权力，从政治专制到微观权力，因而拒绝介入肮脏的政治。五四运动的结局让他们看到，这是一场“社会制裁的精神”的胜利，是社会对政治的胜利。傅斯年非常兴奋地欢呼：“五四运动可以说是社会责任心的新发明，这几个月里黑沉沉的政治之下，却有些活泼的社会运动，全靠这社会责任心的新发明。……所以从五月四日以后，中国总算有了‘社会’了。”[2]

民国初年议会民主制的失败和北洋时期政治的黑暗，让爱惜羽毛的五四知识分子以政治为耻。傅斯年偏激地将政治与专制联系起来：“凡相信改造是自上而下的，就是以政治的力量改社会，都不免有几分专制的臭味；凡相信改造是自下而上的，都是以社会的培养促进政治，才算有彻底的觉悟了。”[3] 石樵在《新江西》杂志中也同样写道：“我常常听到人们说：‘改革社会要从改革政治入手。有

1 湖南省博物馆历史部校编：《新民学会文献汇编》，长沙：湖南人民出版社，1980 年，第 22 页。

2 傅斯年：《时代与曙光与危机》，载傅斯年：《傅斯年全集》第一卷，第 355 页。

3 傅斯年：《时代的曙光与危机》，载傅斯年：《傅斯年全集》第一卷，第 349 页。

贤良的官吏、修明的政治，天下就太平了。’”但“要知道政治为权力所附，权力为作恶最好的凭借”，“我们如打算改革社会，便应该从铲除政治入手；万万不可以为社会一切不公平不合理的事情，都可以以政治为手段来改革他，只要有真以改革社会为己任而且可靠的人去掌握政治就是了。”[1]

未来中国的希望不在政治，而在社会。因而，对社会改造最为重视的傅斯年，提出必须“无中生有的造社会”，造一个“有组织的社会，一面是养成‘社会的责任心’，一面是‘个人间的黏结性’，养成对于公众的情义与见识与担当”。[2] 这一具有“个人间的黏结性”的有组织的社会，在五四之后便是各种从事社会改造的知识分子小社群。五四时期的小社群在成立之初，普遍是“去政治化”，极端厌恶政治。不过，江西改造社一位社员张石樵在《怎样改造社会》中指出：“要知道无政治不是无组织，只是要用各种自由的组织来代替现在的政治：只是要使人人对于社会公共的事业、公共的利益有平等处理和享受的权力，没有现在政治上特殊权力能压制他人的人就是了。”[3] 显然，一个“去政治化”、没有特殊权力、人人自由平等的小乌托邦社会，是充满安那其主义的浪漫色彩的，也与康有为设想的大同世界具有同构性。

自然，这种过于乌托邦的微型共产主义生活很快就失败了。对于工读互助团的溃散，有不少分析和总结，但有亲身经历又为此痛心疾首的施存统，他的醒悟最为深切，直接呼应了李大钊在问题与

1　石樵：《怎样改造社会》，《新江西》第二期，1922 年 3 月 1 日。
2　傅斯年：《青年的两件事业》，载傅斯年：《傅斯年全集》第一卷，第 386 页。
3　石樵：《怎样改造社会》，《新江西》第二期，1922 年 3 月 1 日。

主义论战中提出的看法，点滴的社会改造不行，需要“根本解决”的方案。施存统在《星期评论》上发表《“工读互助团”底实验和教训》一文，认为：“（一）要改造社会，须从根本上谋全体的改造，枝枝节节的一部分的改造是不中用的。（二）社会没有根本改造之前，不能试验新生活；不论工读互助团和新村。”[1] 无政府主义的社会改造方案，与胡适的研究问题与方法有相近之处，即从点滴的社会改良做起，无论是实验新人小社群，还是改善劳工生活，皆是如此。但不少知识分子在实践了一段时间的社会改造，却沮丧地发现，社会是一个完整的、互相联系的有机体，各种问题相互关联，“头痛医头，脚痛医脚，一定顾到这里，又顾不到那里”。于是，施存统断然相信：“我们总要寻一个根本原因，从事根本改造。”[2]

那么，如何从事“根本改造”，实现“整体解决”？到这个时候，知识分子社团就进入了第二阶段，是否要有一个共同的“主义”，一个可以为“根本改造”指明方向和途径的信仰？无论在少年中国学会，还是新民学会，会员之间都发生了激烈的争论。在此之前，学会内部不是没有“主义”，实验主义、无政府主义、新村主义、基尔特社会主义、马克思主义，从温和到激进，形成了系列的光谱，会员之间，各行其是，没有一个共同的信仰。1920 年 11 月，毛泽东在给同是新民学会会员的罗章龙信中说：“要有一种为大家共同信守的‘主义’，没有主义，是造不成空气的。我想我们学会，不能徒然做人的聚集，感情的结合，要变为主义的结合才好。主义

1 存统：《“工读互助团”底实验和教训》，《星期评论 · 劳动日纪念号》第七卷第六号，1920 年 5 月 1 日。

2 存统：《为什么要从事社会改造？》，《民国日报 · 觉悟》，1920 年 5 月 27 日。

譬如一面旗子，旗子立起来了，大家才能有所指望，才知所趋赴。”[1]

在少年中国学会内部，围绕着学会要不要有共同的“主义”问题，争论更是激烈。1921 年 7 月的南京年会，南方的会员与北方的会员展开激辩。来自北京的邓中夏呼吁：“学会以往的对社会无甚效力，都因无共同主义之故。必须规定了主义，大家求学做事才不误入歧途，才便于分工互助，向外活动才旗帜鲜明，易结同志团体。”而来自江苏的郜爽秋认为：“会既以学为名，则与只以‘少年中国会’为名的政治团体有别，本无规定一种共同主义的必要”，“强定一种共同主义，必至因大家意见不同，引起分裂，且一种主义总有缺点，我以为但能采取各主义之张，以定位学会共同事业亦便够了。”[2] 在这里，南北会员的核心分歧，在于三点：学会究竟是以“学问”为重，还是以“主义”为核心？是继续保持“态度的同一性”，容忍不同的“主义”并存，还是转而认同一个“信仰的主义”？是继续点滴的社会改造，还是转向政治组织，寻求“根本的解决”？显然，这些都涉及对学会性质的自我理解，究竟是一个不同“主义”松散联盟的知识分子社群，还是转型为一个有着共同“信仰化主义”的紧密团体？

显然，已经分歧为不同立场的会员们的意见是不可调和的。以后几年，少年中国学会不仅因为要不要“主义”而争论不休，更要命的，是第二波的分化：那些赞成要有“主义”的会员，围绕是认同马克思主义，还是国家主义，展开了更为严重的冲突。第一波分

1 《毛泽东致罗章龙信》，载中共中央文献研究室等编：《毛泽东早期文稿》，第 554 页。

2 《南京大会纪略》，《少年中国》第三卷第二期，1921 年 9 月 1 日。

化所产生的矛盾，还是有限度的，毕竟“态度的同一性”让他们还能在一个团体里面能够相处。何况各种不同“知识化主义”之间，是可以兼容的，似乎没有非此即彼的冲突，从第一次南京年会的辩论就看得出来，争论的双方还是心平气和，彼此讲理的，如同问题与主义的论战一样。但第二波分化就不同了，无论是马克思主义者，还是国家主义者，都是“信仰化主义”的忠诚信徒，相信自己的“主义”绝对正确，可以“根本解决”中国的问题，别的“主义”都是误人子弟，要不得的。因此“主义”与“主义”之间不可通约，甚至互为敌人。果然，到了1925年的南京年会，国家主义派和共产主义派之间发生严重冲突。国家主义派的曾琦、余家菊、左舜生、陈启天等大将悉数到场，借着人多势众，试图将学会宗旨定为国家主义，而共产主义派的恽代英、邓中夏、杨贤江、沈泽民等坚决反对，两派围绕着宣言中究竟“以国家为前提”还是“注重民族独立”这两套迥然不同的“主义”话语争论不休。会议结束时，邓中夏对左舜生说：“我们以后在疆场上相见吧！”[1]本来为了一个共同的理想走到一起的五四青年，为了各自的“主义”，终于分道扬镳，而且以后还要到另外的战场去彼此厮杀。

从“柔性的主义”到“刚性的主义”

在五四以后，除了无政府主义之外，另外一个显学就是社会主

---

1 左舜生：《万竹楼随笔：近三十年见闻杂记》，载沈云龙主编：《近代中国史料丛刊》第五辑，台北：文海出版社，1967年，第459页。

义。这两个“主义”都是“柔性的主义”，彼此之间也没有严格的界限，无政府主义的核心是反对国家，反对一切权力与压迫，而社会主义的重心在于反资本，反对一切经济的剥削与压迫，它们都共同憧憬一个自由、平等的乌托邦理想，因而这两种主义在五四时期，也会重合在一起，彼此难以分离。少年中国学会早期不少会员信仰无政府主义，同时也对社会主义感兴趣，而接下来我们要研究的《星期评论》同人，主要的兴趣在社会主义，但也对无政府主义颇为关心。比如，五四时期的戴季陶就是一位集社会主义、无政府主义和三民主义于一身的思想人物。

十月革命的一声炮响，不仅送来了无政府主义，也送来了社会主义。马克思主义只是五四知识分子心目当中社会主义的一种，暂时还没有与其他社会主义思潮切割，但有一个共同点，即开始对俄国发生兴趣。

对社会主义的兴趣，乃是从追求“根本改造”开始的。那么，究竟何处是“根本”呢？李大钊在与胡适论战问题与主义的时候，引用马克思的唯物主义观点，相信“就是经济问题的解决，是根本解决。经济问题一旦解决，什么政治问题、法律问题、家族制度问题、女子解放问题、工人解放问题，都可以解决”。[1] 从工读互助团的失败醒悟到需要“根本改造”的施存统，也得出了与李大钊同样的结论，社会的“根本”在于经济，“社会底经济组织一有了变动，其余的一切组织都跟着变动。我们要改变其余的组织，必须先改变

1　李大钊：《再论问题与主义》，载耿云志主编：《胡适论争集》中卷，第 983 页。

星期評論 四十八

勞動日紀念

中華郵政特准掛號立券之報紙 （本號共十張）

星期評論

勞動世界歌

经济底组织”。[1]从实现社会改造转而追求“根本改造”，随之受到唯物史观的影响，发现解决经济问题是“根本解决”之本，这条思想逻辑让五四一批知识分子转向了对社会主义发生兴趣。无政府主义虽然理想高远，富有魅力，但社会主义似乎更脚踏实地，能够“根本解决”问题。

五四时期的社会主义团体，主要是三群知识分子：第一是北京的陈独秀、李大钊和留日的李达、李汉俊，拥有重新迁回上海的《新青年》杂志，他们后来都成了中共的创党分子。第二是具有国民党背景的《建设》和《星期评论》，核心成员是戴季陶、沈玄庐、朱执信、廖仲恺、邵力子、胡汉民等。第三是研究系知识分子，最具有代表性的人物是主持《学灯（副刊）》的张东荪，后来又创办了《解放与改造》杂志。第一类知识分子从社会主义当中最终认同了马克思主义和列宁主义，第二和第三类知识分子分别欣赏三民主义和基尔特社会主义，对马克思主义也有部分兴趣，但绝对不认同列宁主义。不过，在五四之后，他们曾经有一段短暂的蜜月时期，那就是1920年5月建立的上海马克思主义研究会。

在马克思主义研究会之前，不能不提到五四运动第二个月就在上海创办的《星期评论》，1930年中共草拟的《中国党史纲要大纲》时，将《星期评论》称为孕育中共的“细胞”之一。[2]这不是没有道理的。原因有二：其一，马克思主义研究会最初成员中的大部分人，如戴季陶、沈玄庐、沈仲九、陈望道、李汉俊、施存统、俞秀

1　存统：《为什么要从事根本改造》，《民国日报·觉悟》，1920年5月27日。

2　瞿秋白：《中国党史纲要大纲》，载中央档案馆编：《中共党史报告选编》，北京：中共中央党校出版社，1982年，第200页。

松、杨之华和丁宝林，都是《星期评论》的人马，而且除了李汉俊，也都是浙江同乡，有密切的乡缘关系。其二，《星期评论》是最早系统介绍欧洲社会主义的杂志之一，而马克思主义在社会主义思潮当中最有理论分量，因此也颇得《星期评论》的青睐。

《星期评论》的核心人物，是“三驾马车”：戴季陶、沈玄庐和李汉俊。其中沈玄庐具有领袖气质，是一个行动型人物，而戴季陶和李汉俊因为在日本留过学，通过日文阅读了大量欧洲的社会主义著作，包括日本学者对马克思主义的介绍，也翻译了一批马克思主义的经典著作，比如李汉俊翻译的《马克思〈资本论〉入门》、戴季陶翻译的《马克思经济学说》等，因此他们两个的理论水准，明显领先于其他的同志。特别是戴季陶，石川祯浩认为：“他对马克思主义的理解和批判绝非肤浅之物。正因如此，在考察马克思主义在中国被接受的过程中，他所发挥的作用是不可忽视的。戴季陶在上海共产主义小组活动的初期之所以能够扮演指导角色，就是因为他当时对马克思主义的理解远远超过了其他知识分子。”[1] 陈望道翻译《共产党宣言》是从日译本转译的，而这个日译本，也是由戴季陶提供给陈望道，原来准备在《星期评论》发表的，只是后来刊物停刊了，才出版单行本。

戴季陶虽然在马克思主义理论素养上高人一头，但这不意味着他完全认同马克思主义。在“三驾马车”当中，沈玄庐毋宁说是一个社会主义者，戴季陶则是一个不完全的马克思主义者，只有李汉

1 石川祯浩：《中国共产党成立史》，袁光泉译，北京：中国社会科学出版社，2006 年，第 30—31 页。

俊才彻底认同马克思主义。马克思主义的历史观是唯物史观和经济决定论，在政治观上是阶级斗争和无产阶级专政学说。戴季陶感兴趣的并且终身接受的是前者，对后者则不仅有保留，而且后来还以三民主义的立场激烈批评之，因此，戴季陶只是一个半吊子的马克思主义者，他后来退出共产主义小组的筹备，虽然有孙中山不同意他加入的因素，但从他本人来说，不是没有思想缘由的。

不过，社会主义与马克思主义之间，还有一个更重要的区别。同样作为“信仰化主义”，社会主义与无政府主义一样，都是“柔性的主义”，而马克思主义则具有“刚性的主义”的趋向。“柔性的主义”虽然有共同的意识形态，但作为共同的信仰，其内涵有相当的自由解释空间，可谓是“一种信仰，各自表述”，它与其他“主义”的界限也不那么分明，有一定的开放度和容忍度。而“刚性的主义”就不同了，其与一神教的传统有着某种历史的和思想的联系，坚信自己的信仰就是绝对客观的真理，代表自然与人类演化的必然法则，要求信徒们对“主义”有绝对的信仰，遵从统一的意识形态解释。然而，无论是马克思本人的“元主义”，还是后来的西方马克思主义，都在“柔性”与“刚性”之间，特别是西欧的社会民主主义，将马克思的社会主义理想与议会民主制结合，而欧美的社会党人，无论是主义形态还是组织形态，都是半松散的，同样具有充分的“柔性”。具有“刚性”典范特征的，无疑是俄国的列宁主义和布尔什维克党，关于这一点，下一节将详细论述。

《星期评论》同人团体是一个对马克思主义有着特殊兴趣的社会主义社群，因而具有某种开放的“柔性的主义”的特征，在1920年夏天共产主义成立之前，这些知识分子虽然读了各种社会

湘江評論
Weekly Review
第二號

主义特别是马克思主义的书籍，但并没有将这些“信仰化主义”绝对化，也并不认为它们是相互排斥的。也就是说，马克思主义依然是“柔性的”，依然可以与其他社会主义思潮甚至无政府主义并行不悖，因此，跟着《星期评论》几位大佬近一年的俞秀松到了1920年夏天的时候，还如此困惑地感叹：“对于安那其主义和波尔雪佛克主义都觉得茫无头绪，从前信安那其主义的确是盲从的，此后不是自己对于现在社会有很明瞭很正确的观察，应取甚样的方法来改造他是不行。”[1]

这一切，都随着陈独秀的到来而改变了。1920年3月，这位被毛泽东誉为“五四运动的总司令”因为在北京无法再待下去，离开北大来到了上海。刚刚出狱不久的陈独秀在激进知识分子那里如日中天，光芒四射。后来同为中共发起人的李达就在《觉悟》副刊撰文《陈独秀与新思想》，真情表白：“我们对他要表两种的敬意。一敬他是一个拼命‘鼓吹新思想’的人。二敬他是一个很‘为了主义吃苦’的人”。[2]青年毛泽东更是如此：“我们对于陈君，认他为思想界的明星。陈君所说的话，头脑稍为清楚的听得，莫不人人各如其意中所欲出。”文章最后高呼：“我祝陈君万岁！我祝陈君至坚至高的精神万岁！”[3]

在新文化运动期间，从事启蒙的思想家从胡适、李大钊到鲁迅、周作人，有社会声望的不下数十位，但陈独秀的风头依然卓冠群伦，

1　《俞秀松烈士日记(1920年6—7月)》,《上海革命史资料与研究》辑刊，1992年9月30日，第297页。

2　鹤（李达）：《陈独秀与新思想》，《民国日报 · 觉悟》，1919年6月24日。

3　泽东：《陈独秀之被捕及营救》，《湘江评论》创刊号，1919年7月4日。

其中有两个原因。其一，陈独秀虽然学理不深，但他有超众的敏锐，擅长把握知识大众的心理趋向和最新的时代脉络。一般的启蒙者只会写理性的文字，但陈独秀的文章如同晚清的梁任公，“笔锋常带情感”，极具激情与感染力，而且比梁启超更为自信而独断，说一不二，他的语言风格不是说理式的，而是宣谕式的，如同一位传教士的布道，颇能俘获一般青年大众的心灵。其二，陈独秀不仅是一般的宣传家，而且像阳明学的志人那样，有“致良知”的道德勇气，愿意为自己的“主义”而献身，他的身上散发着一种烈士般的宗教精神。囚禁在北京看守所的日子里，他无书可读，手边只有一本圣经，按照胡适的说法，“他本是一位很富于感情的人，这回读了基督教的圣经，很受感动”，“使他感到一种宗教的需要。……抱着这种新宗教热忱的陈独秀，后来逐渐的走进那二十世纪的共产主义”。[1]正是陈独秀传教士般的思想魅力和烈士般的实践人格，使得他在五四时期成为众星拱月的人物、当仁不让的领袖。

陈独秀离开北京南下之时，已经决定不再研究学问，专心从事社会运动，他怀着浪漫社会主义的理想，先是参与工读互助团的事业，失败以后与施存统一样，试图寻找“根本解决”中国问题的“主义”与方案。在五四期间，他曾经是一个坚定的民主主义者，无论是接受社会主义，还是受马克思主义影响，都比李大钊和戴季陶要晚。张国焘说，“他的信仰马克思主义，最初也许是受李大钊和戴季陶等朋辈的影响”。[2]这话当是事实。在到上海之前，从陈独秀的言论中很难找到马克思主义的思想踪迹，可以推断，到了1920年

1 《胡适手稿》第九卷（下）卷三，台北：胡适纪念馆，1970年，第545—550页。
2 张国焘：《我的回忆》第一册，北京：东方出版社，1980年，第93页。

春天，正是他与《星期评论》同人特别是李汉俊、戴季陶这两位理论功底深厚知识分子的接近，从而迅速受到马克思主义的影响。

不过，即使是《星期评论》的同人，马克思主义当时也是他们感兴趣的众多社会主义思潮中的一种，未必将它作为唯一的“信仰化主义”，陈独秀暂时也是如此，这从 1920 年 5 月《新青年》杂志与《星期评论》周刊同步刊出“劳动节纪念号”文章中可以看出，对劳工问题的关心、对资本家阶级的批判，属于广义的社会主义思潮范畴。戴季陶对马克思主义的兴趣，多在学理层面，试图以此弥补三民主义的理论不足，因而马克思主义在戴季陶看来只是一种“柔性化主义”，但陈独秀就不同了，他说过：“我们行船时，一须定方向，二须努力。”他澄清了有人对自己的误会，以为只做事，不谈主义和制度，错了，“主义制度好比行船底方向”，不定方向的话，只是一味努力，是要触礁的。[1] 陈独秀是辛亥年间革命党人出身，比较起戴季陶的文人性格，他具有鲜明的党人性格，对理论的所有兴趣，不在于学理本身，而是对于社会政治实践的意识形态指导功能，因而，他要寻找的，就不是什么“柔性化主义”，而是一种唯一正确的“刚性化主义”，而他本人，又具有强烈的宗教感和传教士性格。在众多的社会主义思潮当中，列宁式的马克思主义显然是最符合他内心期待的。

让陈独秀迅速接受马克思主义的，除了戴季陶之外，还有一个更重要的人物，是 1920 年 4 月来到上海的维经斯基。这位俄共的特派员来到中国，负有两个重要使命，一是传播俄国的马克思主义，

1　陈独秀：《主义与努力》，载任建树、张统模、吴信忠编：《陈独秀著作选》第二卷，第 217—218 页。

二是帮助中国知识分子建立共产党和反帝的党派联盟。通过李大钊的介绍，维经斯基在上海先找到陈独秀，然后通过陈独秀结识了《星期评论》的同人。在这一外在因素推动下，上海的前述三群具有社会主义倾向的知识分子，在《星期评论》杂志停刊前后一段时间，即1920年的春天，建立了马克思主义研究会。[1]

作为一个系列性的座谈会，马克思主义研究会显然有两个阶段，第一阶段大约在5—6月期间，在性质上属于探讨和研究包括马克思主义在内的各种社会主义思想的学术团体，参与者包括陈独秀、《星期评论》诸位同人、《觉悟》副刊主编邵力子和《学灯(副刊)》主编张东荪。这是一个短暂的蜜月期，他们虽然怀有不同动机，但对马克思主义都有强烈的学理兴趣，具有某种"态度的同一性"。

这种"态度的同一性"，在成立早几个月的北京马克思主义研究会那里也是如此。这个研究会由对马克思主义最早有兴趣的李大钊发起，主要从事对马克思主义的学理探讨和向工人宣讲，成员中多是北大学生，有跟随李大钊的后来的共产党人，也有无政府主义者、托尔斯泰主义者、工团主义者、基尔特社会主义者等，思想成分比上海的马克思主义研究会更杂乱。

---

1 关于上海的马克思主义研究会是否存在，或者以什么名义或方式存在，由于年代已久，回忆者各有说法，研究界也有许多争论，详见杨奎松：《从共产国际档案看中共发起组成立史实》，载《中共党史研究》1996年第4期；杨奎松：《日本学者的贡献与局限》，载杨奎松：《开卷有疑》，南昌：江西人民出版社，2007年，第17—26页。鉴于本章讨论的主题集中于五四知识分子在思想上通向列宁主义之路，故不拟纠缠于这一问题，笔者更倾向于《伟大的开端》一书的表述，将马克思主义研究会理解为以《新青年》杂志社为中心、讨论社会主义和马克思主义的系列座谈会，详见李新、陈铁健主编：《伟大的开端》，北京：中国社会科学出版社，1983年，第325页。

德里克在《中国共产主义的起源》一书中，分析早期中国的马克思主义者具有“调和主义”的特征：“1920年以前盛行的对待马克思主义的态度似乎混乱不定，这不仅是由于对马克思主义的不了解造成的，也是一种调和主义的表现，即试图缩小马克思主义与其他社会主义的差别，并由此使马克思主义‘人性化’，使它更接近于‘五四’激进文化的准则。”[1]

为什么到了五四之后，在各种社会主义思潮蜂拥而入的背景下，中国的激进知识分子会独独青睐马克思主义？最重要的因素，乃是比较起其他的“主义”，马克思主义是一个整全性的意识形态，不仅有一整套的宇宙观、社会观、人生观这些形而上的抽象理论架构，而且还有阶级斗争、无产阶级专政这些形而下的具体政治学说，它继承了德国古典哲学的理性思维，具有极强的科学性和思辨性，同时又以隐匿的方式复制了基督教的末世论、弥赛亚主义。马克思主义不仅是思辨的、反思性的哲学，也同时具有启示传统的世俗化宗教信仰。这种无政府主义、各社会主义思潮乃至三民主义所远远不具备的整全性优势，使得参加研究会的各路知识分子从自己的精神需求出发，各取所需，走到一起，迷上马克思主义。但不少参与者未必全盘接受，这也是研究会从聚集到迅速分裂的重要原因。而全盘接受马克思主义的，只有后来的共产党人，他们所需要的正是一个能够“根本解决”中国所有问题的整全性“主义”，这个“主义”不仅是值得信仰的，而且是唯一正确的、毋庸怀疑的。

1　Arif.Dirlik, The Origins of Chinese Communism, Oxford University Press,1989, 引自德里克：《中国共产主义的起源》，载萧秋等编：《国外学者评中国共产党》，北京：中国华侨出版社，1992年，第47页。

施存统后来到日本留学，阅读了各种社会主义文献，最后决定皈依马克思主义，因为他发现其他“主义”只有高妙的理想，缺乏实现理想的方法和手段，但马克思主义既有共产主义理想的迷人魅力，又有非常现实的奋斗途径。他在《觉悟》副刊上发表《为主义信主义》一文，公开宣布：“被主义征服，屈服于主义，这绝不是有丝毫可耻的事。只有主义是值得跪下的。”[1] 李大钊是五四知识分子中最早欣赏马克思主义的，他之所以敬佩马克思，乃是发现在众多社会主义理论当中，唯独马克思主义最为完整，“一为关于过去的理论，就是他的历史论，也称社会组织进化论；二为关于现在的理论，就是他的经济论，也称资本主义的经济论；三为关于将来的理论，就是他的政策论，也称社会主义运动论，就是社会民主主义”。从过去、现代到将来，这三部分理论完整严密，“而阶级竞争说恰如一条金线，把这三大原理从根本上联络起来”。[2] 解释人类发展的历史唯物论、揭示现实生产关系秘密的资本论和通向理想共产主义的阶级斗争学说，马克思主义的这一整全性架构将李大钊等一批有理论素养和体系追求的知识分子，皈依为新信仰的忠实信徒。

这批对马克思主义有兴趣的知识分子，聚会了几次以后，立即发生分歧。分歧表现为三个方面：第一，是全盘接受马克思主义，从形而上的唯物史观到现实的阶级斗争学说，还是仅仅接受马克思的形而上部分？第二，马克思主义究竟是一种可以与其他“主义”兼容的“柔性化主义”，还是认同它为唯一正确的“刚性化主义”？

1 施存统：《为主义信主义》，《民国日报 · 觉悟》，1921 年 5 月 8 日。

2 李大钊：《我的马克思主义观》，载李大钊：《李大钊全集》第二卷，石家庄：河北教育出版社，1999 年，第 232—233 页。

第三，是否要将马克思主义研究会从学术性研究团体转型为共产主义政治团体？

维经斯基虽然不是马克思主义研究会的成员，但他的影响是显而易见的。据周佛海回忆，有一次在新青年社聚会，维经斯基对陈独秀等人说：“中国关于新思想的潮流，虽然澎湃，但是，第一，太复杂，有无政府主义，有工团主义，有社会主义，有基尔特主义，五花八门，没有一个主流，使思想成为混乱局势，第二，没有组织，做文章、说空话的人多，实际行动一点都没有，这样决不能推动中国革命。”[1] 认定一个“主义”，组建一个政党，这个提议正对上陈独秀的心思。但在研究会里面，还有一批与陈独秀迥然不同的知识分子戴季陶、张东荪、沈仲九等，于是他们就分道扬镳，先后离开了研究会。

戴季陶虽然马克思主义的理论修养最好，但他只接受马克思的唯物史观和资本学说，对阶级斗争学说始终有保留，而对俄国式的无产阶级专政更是不满。杨之华本来想去俄国留学，李汉俊介绍她去学俄文，但戴季陶却劝她去德国，显然，戴季陶可以部分接受德国社会民主党的道路，但对俄国布尔什维克式的“刚性化主义”是决然不认同的，他对三民主义和国民党有感情，如果二者可以兼容，戴季陶愿意参与，但如今二者要选其一，他只有退出，虽然感情上有点痛苦，还为此哭了一场。

比较起戴季陶，张东荪更是一个书生。他对各种社会主义都有浓厚的学理兴趣，主张一种“浑朴的社会主义”，只确定走向社会

1　周佛海：《扶桑笈影溯当年》，载周佛海：《往矣集》，上海：古今出版社，1944 年，第 27 页。

主义的大致方向，不能也不必认同哪一种具体的社会主义。[1]他欣赏马克思的经济决定论，但也仅此而已，原来以为研究会只是从学理上研讨马克思主义，听到陈独秀他们要组织俄式的共产党，立即表示反对，因为在他看来，“马氏之集产主义与国家社会主义实有不同”，而“俄国所行之无产者专制大背于马氏之说”。[2]当时研究会的许多年轻人不太分得清楚马克思主义与其他社会主义的区别，更分不清楚俄式布什尔维克主义与马克思主义的不同，但张东荪是敏锐的，他发现了马克思主义与他欣赏的国家社会主义不同，而列宁的无产阶级专政更是他拒绝的。在各种社会主义运动当中，张东荪所欣赏的，是英国式的基尔特社会主义，组织松散，个人具有绝对的自由，不要说俄国，连德国社会民主党稍微强调一点组织纪律的，也为张东荪所不喜，因此他退出中共的筹备是不奇怪的。

第三位退出的人物是沈仲九。这是一位坚定的无政府主义者，曾经在浙江一师风潮中对施存统、俞秀松这些学生有过巨大的影响。俞秀松在日记中记载，沈师的满是安那其主义味道的《我底人生观》，不知唤醒多少梦人，就是“我”得益于这篇文章也不小。[3]虽然他也加入了《星期评论》同人圈，也参与了最初的马克思主义研究会，但对马克思的兴趣，始终停留在与无政府主义重合的乌托邦理想层面。他之所以退出中共的组党活动，一个是因为卷入了三角恋，与沈玄庐共同爱上了同人圈里的绍兴女师教员丁宝林，作为失败者，一怒之下便离开了上海。自然，更深层次的原因是作为无政

1 张东荪:《我们为什么要讲社会主义》,《解放与改造》第一卷第七号，1919年12月1日。

2 张东荪 :《复鲁赟》,《时事新报》第四张第二版，1920年5月1日。

3 《俞秀松烈士日记（1920年6—7月)》,《上海革命史资料与研究》辑刊，第275页。

府主义者，沈仲九难以接受党的组织纪律，邵力子后来回忆说：“沈仲九思想接近社会主义，也不愿过严密的组织生活。”[1]

于是，到1920年的夏天，成立了不过一两个月的上海马克思主义研究会，一批原来志同道合的年轻知识分子，终于在要不要一个“刚性的主义”和搞不搞一个有组织纪律的政党这两个问题上，分道扬镳了。这是继“知识化主义”与“信仰化主义”第一波分化之后，激进知识分子内部继续分化的第二波。

但这没有结束，待共产主义小组建立之后，将围绕着究竟是认同“复调的马克思主义”还是“一元的列宁主义”这一问题，继续产生第三波分化。

复调的马克思主义，还是一元的列宁主义？

在中共的筹备过程之中，上海的共产主义小组显然扮演了核心角色。关于上海共产主义小组何时成立的问题，学界有多种看法，但基本是两条脉络，第一条是从前述的以系列座谈会为组织形式的马克思主义研究会，到了1920年夏天，研究会转型为中共的前身上海共产主义小组，第二条脉络是由维经斯基亲自主持和创建、有陈独秀等人参与的社会主义者同盟，并在此基础上成立的常设机构

1　邵力子：《党成立前后的一些情况》，载中国社会科学院现代史研究室等选编：《“一大”前后》第二册，北京：人民出版社，1984年，第62页。

革命局。[1]这两条中共建党的脉络，到了1920年7—8月革命局成立之时，合二为一，革命局的核心就是上海共产主义小组的基本成员。现在的问题是：这些激进知识分子所组成的早期中共，是如何从信仰"复调的马克思主义"，逐步走向认同"一元的列宁主义"的？

所谓"复调的马克思主义"，是包括了西方和俄国两大流派在内的多种思潮、多种流派的复数意义上的马克思主义，具有"柔性的主义"的特征。而"一元的列宁主义"，则具有前述的典型的"刚性的主义"特征，是马克思主义中更为革命、更为激进的一支。十月革命之后，在国际共产主义运动内部，形成了"社会党国际"与"共产国际"两大阵营，基本的分歧在于两点：第一，是在议会民主体制下通过选票和平地争取政权，还是通过暴力革命，武装夺取政权？第二，无产阶级政党是以争取选票为中心，广泛地团结各个阶级和阶层，党员只要承认党纲，而不必有严密的组织纪律，还是像列宁所说的那样，党是由职业革命家为核心的先锋队组织，有高度统一的信仰和严密的组织纪律？这两大分歧，在第一次世界大战之前的国际共运当中就已经存在，在俄国社会民主工党内部，表现为孟什维克与布尔什维克两条路线之争。

那么，决定接受马克思主义的早期中共知识分子，究竟是选择哪一边呢？虽然上海共产主义小组是维经斯基一手促成的，但在一

---

1 参见石川祯浩：《中国共产党成立史》，袁光泉译，北京：中国社会科学出版社，2006年，第174—193页；杨奎松：《日本学者的贡献与局限》，载杨奎松：《开卷有疑》，南昌：江西人民出版社，2007年，第24—26页；杨奎松：《从共产国际档案看中共发起组成立史实》载《中共党史研究》1996年第四期；杨奎松：《"中间地带"的革命：国际大背景下看中共成功之道》，太原：山西人民出版社，2010年，第29页。

开始，中国的共产主义小组并非布尔什维克政党，依然具有浓郁的知识分子团体的气息。简单地说，从 1920 年 7 月上海共产主义小组建立到 1921 年 7 月召开中共一大这一年，中共经历了两个阶段，第一阶段的共产主义小组更像一个半松散的“社会党”，接受的是“复调的马克思主义”，因此在早期还可以继续兼容其他无政府主义和他社会主义思潮和人物。但以 1920 年 11 月《共产党》杂志创刊和《共产党党纲》确定为标志，第二阶段的中共开始向“一元的列宁主义”认同，通过与社会主义和无政府主义两场论战，净化思想基础和组织结构，逐渐转型为俄式的布尔什维克政党。

早期建立的各地共产主义小组，可以说是“双重复杂”：思想来源复杂，组织成分复杂。石川祯浩在《中国共产党成立史》一书中详细考证了早期中共的思想源头，发现主要来自日本的社会主义者堺利彦、丸山昏迷和马克思主义思想家河上肇等，但即使像对李大钊、施存统有重要影响的河上肇，他的思想更多的不是列宁主义，而是社会民主主义。而对俄国马克思主义思想的吸收，更多地来自英文文献，主要是美国的《苏维埃·俄罗斯》杂志，但其中的思想既有列宁的，也有托洛茨基的，连复刊后的《新青年》第八卷封面，都是复制了美国社会党的党徽。[1] 毛泽东后来对斯诺说，他 1920 年春夏在上海受到陈独秀很大影响，读了三本书，让他最后从各种“主义”中脱颖而出，成了马克思主义者。这三本书除了《共产党宣言》之外，是社会党国际的理论家考茨基的《阶级争斗》和英国费边社社会主义者柯卡普的《社会主义史》，显然，这个时候的青年毛泽东，

1　石川祯浩：《中国共产党成立史》，第 34—72 页。

像其他早期的共产主义者一样,依然是一个“复调的马克思主义”者,而且距离列宁思想,要比社会民主主义还更远。正如德里克所说:“他们所认识的马克思主义,不是列宁的马克思主义,而是考茨基的马克思主义。”[1]

据施存统回忆,在1920年6月陈独秀等五人最初筹建上海共产主义小组时,完全不了解俄国的列宁主义思想,只是根据几本看过的马克思主义书籍草拟了党纲,其中有“用劳农专政和生产合作作为革命手段”等内容,“带有相当浓厚的社会民主党色彩,个别同志还有几分无政府主义色彩”。[2] 7—8月共产主义小组建立之后,陈独秀等创党知识分子也一时无法确定党的名称应该叫什么,究竟是社会党呢,还是共产党?陈独秀还写信给在北京创党的李大钊和张申府,征求他们的意见。名称的背后,是走哪条路的问题,是社会民主主义,还是布尔什维克主义?事实上,在“复调的马克思主义”阶段,他们对国际共运中的两条路线的区别,未必是很清晰的。

这不清晰,不仅是思想上所然,也是组织结构所然。维经斯基到中国的使命,一方面是组建共产党,另一方面更重要的,是联合中国、日本和朝鲜各种激进的组织,组建社会主义者同盟,以配合苏俄,打破帝国主义的包围。这大同盟里面,既有共产党人,也有社会主义者,更有无政府主义者,而无政府主义的势力又比共产主义和社会主义要大得多。且不说社会主义同盟,即使在北京和广东的共产主义小组当中,无政府主义者也是人数最多。1920年8月

1 德里克:《中国共产主义的起源》,载萧秋等编:《国外学者评中国共产党》,第46页。

2 施复亮(施存统):《答复几个有关党成立时期的历史问题》,载王来棣采访编辑:《中共创始人访谈录》,第54页。

成立的上海社会主义青年团，“只不过带有社会主义的倾向，并没有确定哪一派社会主义。所以分子很复杂：马克思主义者也有，无政府主义者也有”。[1]这表明，在“复调的马克思主义”第一阶段，早期共产主义知识分子所信仰的马克思主义，具有充分的“柔性”，能够包容其他的“主义”，这既是思想意识的问题，也是统一战线的需要，“主义”的内涵越是模糊，不同“主义”趋向的激进青年就越能够同屋相处。

一个政党的理论趋向和精神气质，取决于领袖。中共早期的创党知识分子大都是二十多岁的年轻人，而陈独秀和李大钊是他们的老师辈，无疑是一南一北两位思想领袖。那么，在1920年夏天到1921年期间，他们两位的思想趋向究竟如何呢？有意思的是，在中国最早接受马克思主义的大知识分子李大钊，却始终没有完全认同列宁主义，而比较晚才皈依马克思主义的陈独秀，却是最早认可列宁主义的党内第一人。

先说李大钊。李大钊虽然是最早拥抱俄国革命的知识分子之一，但他的历史观不是目的论，而是调和论的。1918年7月1日，他在《言治》季刊第三册上同时发表四篇文章，如果放在一起阅读，便会明白他的思想原点。第一篇和第二篇文章都是讨论调和的，他认为无论自然界、人类社会还是新旧文明、政治生活，调和二种相反的元素乃是美德。[2]第三篇文章《东西文明根本之异点》比较了东西文明，

1 《中国社会主义青年团第一次全国代表大会文件（一九二二年五月）》，中共中央文献研究室、中央档案馆编：《建党以来重要文献选编（一九二一——一九四九）》第一册，北京：中央文献出版社，2011年，第70—74页。

2 李大钊：《调和之法则》《调和剩言》，载李大钊：《李大钊全集》第三卷，第31—38页。

结论是“愚确信东西文明调和之大业，必至二种文明本身各有澈底之觉悟”。[1] 第四篇是《法俄革命之比较观》，遵循同一的调和论逻辑，李大钊将俄国革命视为双重的调和与超越，一方面，从空间关系来看，俄国作为东西方文明的结合部，将创造一个“兼东西文明特质”之新文明，另一方面，从时间关系而言，20 世纪俄国革命又将超越 19 世纪的法国革命，从追求政治独立的“国家主义”革命，发展为表现人道主义的“社会主义”革命。[2] 在他的想象中，这种全新的第三种文明将东与西、19 世纪与 20 世纪连接与融合为一体，代表人类未来的光明。

找到了未来文明的方向，李大钊自然要寻找这背后的“主义”，但他没有找到列宁主义，却从十月革命那里回溯到共产主义运动的源头马克思主义。这自然与他的阅读文献有关，李大钊主要是通过日本的河上肇了解到马克思主义的，而河上肇在理论上的倾向，更多的不是东方的列宁主义，而是第二国际的理论家们所解释的元马克思主义。李大钊也受到了河上肇的影响，从《我的马克思主义观》一文中可以看得很清楚。在 1918 年 10 月他写的《Bolshevism 的胜利》一文中，李大钊将欧战的胜利，既视为公理的胜利、自由的胜利、民主主义的胜利，也看作社会主义的胜利和布尔什维克的胜利。作为一个调和论者，他将 19 世纪的民主主义与 20 世纪的社会主义等同为一体，认为布尔什维克主义的理想是要“创造一自由乡土，先造欧洲联邦民主国，做世界联邦的基础”。[3] 显然，李大钊在

1 李大钊：《东西文明根本之异点》，载李大钊：《李大钊全集》第三卷，第 39—54 页。
2 李大钊：《法俄革命之比较观》，载李大钊：《李大钊全集》第三卷，第 55—59 页。
3 李大钊：《Bolshevism 的胜利》，载李大钊：《李大钊全集》第三卷，第 105—107 页。

这里是以他最钟爱的民主主义精神理解布尔什维克主义，让十月革命染上了鲜明的社会民主主义的色彩，虽然这是中国知识分子对列宁的想象性的误读。

李大钊毕竟是早稻田大学法政学科班出身，早年还是一个立宪党人，民主主义和宪政主义是他学理上的底色，同时，他又是一个非常重视“民彝”的中国式民粹主义者，这两方面结合起来，形成了李大钊独特的政治观，既是立宪的、民主的，又是平民的、民粹的。他试图将二者调和起来，这也构成了他对马克思主义的基本理解。在他看来，民主主义、民粹主义与苏俄式的社会主义和布尔什维克主义没有也不应该有任何的对立与冲突。很有意思的是，即使到了 1921 年 3 月，李大钊已经是北京共产主义小组的领袖，在分析俄国革命的时候，依然将俄国民主工党内部的孟什维克与布尔什维克等量齐观，认为“无论何派，皆具有共同的目的，想法去发言保持俄国的精神，再用俄国精神来建设新鲜的世界”。[1]

不过，李大钊虽然思想比较复杂、多元，偏好调和，属于典型的“复调的马克思主义”者，但他的思想趋向与社会民主主义更为接近，反而与列宁主义比较疏远。按照列宁的经典理论，作为先锋队的布尔什维克党，是一个有统一信仰、严密组织的党性政党，但李大钊对平民主义的直接民主有强烈的偏好，对列宁强调党应该代表无产阶级实行党的专政这一点，显然没有太大的兴趣。迈斯纳对此分析说：“李几乎完全不关心组织问题，而是把注意力首先放在

1　李大钊：《俄罗斯革命之过去、现在及将来》，载李大钊：《李大钊全集》第三卷，第605—606 页。

中国社会内部自发的革命力量上，根本不考虑革命过程中党的作用”，“李大钊不同意用组织观念约束群众的自发习惯，他正是带着这种民粹主义观点开始了自己的马克思主义生涯，民粹主义也成为他的革命理论的基础”。[1]

相比较倾向于社会民主主义的李大钊，陈独秀虽然接受马克思主义比较晚，但他几乎是跳过“复调的马克思主义”这一中介环节，直接认同了列宁主义。1921 年 9 月 1 日，就在上海共产主义小组成立后不久，陈独秀在复刊的《新青年》杂志第八卷第一号上发表了著名的《谈政治》，正式宣告了他对列宁主义的皈依。在该文中，陈独秀首先与昔日的盟友实验主义、社会主义和无政府主义划清界限。五四运动中的这些最为流行的“主义”有一个共同的特点，吸取民国初年议会民主制失败的教训，回避政治运动，注重社会改造，试图为新的理想社会打造一个坚实的社会基础。但陈独秀开篇即说：“你谈政治也罢，不谈政治也罢，除非逃在深山人迹绝对不到的地方，政治总会寻着你的。”其次，在国际共运当中，陈独秀又与马克思主义的修正派社会民主主义划清界限，指出他们“反对劳动专政，拿德谟克拉西来反对劳动阶级底特权”。而且说“中国此时还够不上说真有这派人，不过颇有这种倾向，将来这种人必很有势力要做我们唯一的敌人”。最后，陈独秀通盘接受列宁主义的暴力革命与无产阶级专政的核心思想，宣告要“用革命的手段建设劳动阶级（即生产阶级）的国家”。早在新文化运动前夕，陈独秀就一反

1　莫里斯 · 迈斯纳：《李大钊与中国马克思主义的起源》，中共北京市委党史研究室编译组译，北京：中共党史资料出版社，1989 年，第 221、224 页。

晚清民初流行的国家有机体说，将国家视为实现人民福祉的工具，但那个时候的他有点无政府主义的色彩，对作为工具的国家是颇为鄙视的。当他接受了列宁主义思想之后，对作为工具的国家突然大感兴趣，认为“工具不好，只可改造他，不必将他抛弃不用”。[1]他相信，通过俄国式的无产阶级专政国家之路，将比无政府主义和其他社会主义更有效地达至乌托邦的理想世界。

如果说李大钊是通过布尔什维克的十月革命回到经过考茨基等人阐述的“元马克思主义”，更多地体现为社会民主主义倾向的话，那么，正如石川祯浩所说，在“陈独秀身上发生了一个奇妙的颠倒，即他正式研究马克思主义是在接受布尔什维克主义之后”。[2]令人惊奇的是，在1919年底之前，陈独秀还只是一个法国式的民主主义者，为何短短一年，陈独秀的思想在柔性的社会主义（包括马克思主义）短暂地过渡了一下，就直奔刚性的、一元化的列宁主义而去？维经斯基直接的思想影响和参加由共产国际直接领导的革命局自然是重要因素，但最重要的，陈独秀与李大钊不同，是一个行动型的领袖。

创党时期的这些大知识分子，显然分为两种不同的精神气质。第一种是观念人物，如李大钊、戴季陶、李汉俊、李达、陈望道、施存统、张申府、茅盾等，他们对马克思主义更多的是理论的偏好，而非实际的组党与政治行动。第二种是陈独秀、沈玄庐、蔡和森、张国焘等，他们对马克思主义发生兴趣，不是那些形而上学的理论部分，而是政治的学说与革命策略。对他们而言，理论仅仅是实现

1　陈独秀：《谈政治》，载任建树、张统模、吴信忠编：《陈独秀著作选》第二卷，第154—164页。

2　石川祯浩：《中国共产党成立史》，第50页。

行动的工具，于是，形成了中共早期“普列汉诺夫”与“列宁”两条不同的思想路线和组织路线。

德里克说过：“中国的马克思主义者与注重形而上学问题的日本马克思主义者不同，他们从布尔什维克主义中找到了一种能迅速转变为革命实践的行动世界观。”[1] 德里克这里说“中国的马克思主义者”显然指的是作为主流派的陈独秀他们这些行动人物。而作为具有普列汉诺夫理论气质的观念人物，无论是李大钊，还是李汉俊、李达，他们更像滋润自己的日本社会主义者那样，具有十足的书生气和书斋气，因而对更具现实性格和行动色彩的列宁主义的兴趣，远远比不上对考茨基等这些第二国际的理论家。但陈独秀完全不同，作为一个老革命党人，他对理论本身兴趣索然，理论对他而言只是行动的工具，他具有同时代人不拥有的思想嗅觉、趋势判断力，他的精神气质不是孟什维克，而是布尔什维克，因而跨越元马克思主义，拒绝社会民主主义，而直奔行动力更强的列宁主义，正是他内在的性格与气质所决定的，维经斯基是否出现，都是偶然因素而已。

与李大钊的调和与包容不同，陈独秀具有极强的决断和独断性格，一旦认定了刚性的列宁主义，便再也容不得其他的“主义”，包括社会民主主义。在发表《谈政治》一文的同时，他在《对于时局的我见》另一文中，明确宣告：“吾党虽不像无政府党绝对否认政治的组织，也决不屑学德国的社会民主党，利用资本阶级的政治机关和权力作政治活动。”[2] 过去他是一个 19 世纪的民主主义者，如

1　德里克：《中国共产主义的起源》，载萧秋等编：《国外学者评中国共产党》，第 60 页。

2　陈独秀：《对于时局的我见》，载任建树、张统模、吴信忠编：《陈独秀著作选》第二卷，第 166 页。

今他决然隔断过去的“我”，认为：“民主主义是什么？乃是资本阶级在从前拿他来打倒封建制度底武器，在现在拿他来欺骗世人把持政权底诡计。”[1] 陈独秀要到他的晚年，独居江津的时候，经历过各种政治的沧桑，他早年的那层19世纪民主主义的底色才重新翻了上来，对俄式的布尔什维克主义有了深切的反思，但这已经是不在本章研究范围中的后话了。

1920年秋天以来的陈独秀，在他自信找到了新的信仰之后，焕发出强烈的宗教献身情怀，他在公开回应给张申府的信中说：“不但革命事业非以生命来换不可，在这种邪恶的社会里，要想处处事事拿出良心来说实话办实事，也都非有以生命来换的精神不可。吴稚晖先生也说过，罗素谓此时俄人列宁等行事有些宗教性，此话诚然不差；但无论什么事若不带点宗教性，恐怕都不能成功。”[2] 对于李大钊等观念人物来说，马克思主义是理性的产物，是科学的与反思的理论；但对陈独秀这些行动人物而言，列宁主义就是行动的指南，是不容怀疑的真理，是具有启示性的信仰，值得为此而献身与牺牲。

在早期创党知识分子当中，最早接受列宁主义的、与陈独秀一样具有宗教情怀的，是在巴黎的新民学会成员蔡和森。1920年7月，巴黎的新民学会会员在蔡和森家里聚会，开了五天的会，讨论“改造中国与世界”的方案。受到共产国际思想影响的蔡和森第一个站

1　陈独秀：《民主党与共产党》，载任建树、张统模、吴信忠编：《陈独秀著作选》第二卷，第219页。

2　《陈独秀答张申府》，载周月峰编：《〈新青年〉通信集》，福州：福建教育出版社，2016年，第657页。

出来，主张走俄国的道路，组织共产党，通过激烈革命，实现无产阶级专政。[1]随后，他两次写长信给留在国内的毛泽东，以非常决断的口吻，说服国内的同人建立共产党组织，“其方法在无产阶级专政，以政权来改建社会经济制度”，打破国会政府，建立阶级专政的苏维埃政权。[2]在1920年夏天，对列宁主义有如此深刻认识的，除了陈独秀，非蔡和森莫属，而且他比陈独秀对列宁主义的实质更有清晰的认知。

蔡和森出身寒苦，从小性格坚定，有铁一样的意志，他讨厌中庸的儒家，崇拜兼爱天下、有摩顶放踵宗教精神的墨家。他有非凡的领袖才华，在新民学会内部当时毛、蔡并存，蔡的思想在建党之初还更成熟，并强烈影响了毛泽东，在众多的“主义”当中，最终认同了列宁主义。他在给陈独秀的信中，自称是“极端马克思派，极端主张：唯物史观、阶级战争、无产阶级专政”。[3]他深受五四时期功利主义思潮的影响，并将之推演到极致，相信革命的功利效果要高于道德的善恶，只要目的正确，手段可以在所不惜。他在给毛泽东的信中如此坦言：“弟尝慨世之君子，为种种的舆论律、道德律说束缚，只能为伪善，不能为伪恶。……吾人若以一身之利害及名誉计算，诚有不宜屈节者；若以全体之利害计算，可以杀身成仁，况不可行伪恶以得权乎？”[4]这种极端的功利主义与列宁在精神气质上非常接近，因此他对布尔什维克主义一见倾心。蔡和森在中共党

1 参见李锐：《毛泽东：峥嵘岁月》，北京：北京联合出版公司，2014年，第392—393页。

2 《蔡和森致毛泽东》，载湖南省博物馆历史部编：《新民学会文献汇编》，第86—87页。

3 《蔡和森致陈独秀》，载周月峰编：《〈新青年〉通信集》，第691页。

4 《蔡和森致毛泽东》，转引自李锐：《毛泽东：峥嵘岁月》，第218页。

内最早义无反顾地认同俄国的无产阶级专政，绝非偶然，有其自身的思想逻辑和性格逻辑，在墨子的理想与精神的延长线上，与列宁主义产生了热烈的化学反应。

如果说在创党时期的第一阶段，大部分中共知识分子还不像陈独秀、蔡和森那样，依然搞不清马克思主义内部的不同流派，在社会党与共产党之间犹豫徘徊的话，那么，1920 年 11 月党内刊物《共产党》的创刊和“作为收纳党员之标准”的《中国共产党宣言》的拟订，则标志着进入了第二阶段。由陈独秀起草的《共产党》月刊发刊辞明确提出三点：第一，用革命的阶级斗争手段打倒国内和国际资本阶级。第二，跟着俄国共产党一同实验新的道路，其他什么民主政治、代议政治都是向老虎讨肉，是不可能的。第三，通过无产阶级专政，建立劳动者的国家，正式认定接受列宁主义，走俄国布尔什维克的道路。[1]《中国共产党宣言》也重申了这些内容。这表明，得到共产国际直接扶植的中共核心成员开始接受刚性的列宁主义，拒斥社会民主主义和其他社会主义方案，下定决心走俄国布尔什维克的激进道路。

受到陈独秀、蔡和森深刻影响的毛泽东，也从最初对“复调的马克思主义”和其他各种“主义”的无所适从中摆脱出来，在 1921 年 1 月毛泽东在收到前述蔡和森的信后，回信说：“你这一封信见地极当，我没有一个字不赞成。党一层陈仲甫先生等已在进行组织。出版物一层上海出的《共产党》，你处谅可得到，颇不愧‘旗

---

1 陈独秀：《〈共产党〉月刊短言》，载任建树、张统模、吴信忠编：《陈独秀著作选》第二卷，第 200—201 页。

帜鲜明'四字。"[1] 毛泽东赞成蔡和森的，乃是全盘接受列宁主义的暴力革命和无产阶级专政学说，而对陈独秀为核心的上海共产主义小组的"旗帜鲜明"，也十分肯定，这让他不再在各种"主义"中徘徊，从此认定了俄国革命的道路。在长沙的新民学会年会上，国内的会员像巴黎的会员一样讨论"改造中国与世界"究竟选择什么"主义"作为共同的信仰，在社会主义、社会民主主义、列宁主义、罗素主义和无政府主义这五种主义之中选择一个，最后相持不下，只能付诸表决，列宁主义最终获得毛泽东、何叔衡等多数人赞成，这些认定了列宁主义的知识分子成了湖南最早的一批共产主义者。

不过，即使到了第二阶段，在各地共产主义小组和社会主义青年团当中，依然有许多温和的社会主义者和激进的无政府主义者。刚性的列宁主义与柔性的"复调的马克思主义"不同，其所依靠的一是"信仰力"，二是"组织力"，作为一个布尔什维克政党，一定要通过不断的思想斗争和组织斗争，纯洁革命队伍中的信仰，净化队伍中的成员，形成统一的意识形态与严密的组织纪律。由于中国缺乏工人阶级和市民社会，陈独秀原先所担心的修正派马克思主义在中国并没有社会基础，于是，最终皈依了列宁主义的中共，必须与统一战线中的革命同路人无政府主义与社会主义展开论战。只有通过思想的辩论，一元化的列宁主义才能在党内获得自我确认，占领意识形态的主宰性地位。

与社会主义和无政府主义的论战从 1920 年底开始打响，这个时间节点并非偶然，恰恰在共产主义知识分子断然认同列宁主义、

1 《毛泽东致蔡和森》，载湖南省博物馆历史部编：《新民学会文献汇编》，第 116 页。

与其他“主义”划清界限的时候。论战在外部与内部两个战场同时展开。首先，外部是与张东荪、梁启超关于社会主义的论战，本来在年初，陈独秀刚刚到上海的时候，与张东荪等社会主义者还有一段不长的蜜月时期，基尔特社会主义也在充满乌托邦幻想的青年那里很有市场。但是罗素访华以后，发现中国实在太落后，连实现基尔特社会主义的条件也不具备，遂建议中国先发展实业、兴办教育。张东荪、梁启超也追随罗素后退一步，认为在中国社会主义应该缓行。于是，李达、陈望道等与张东荪、梁启超打了一场捍卫社会主义道路的保卫战。

李达说，社会主义运动当中，存在三种手段：议会主义、劳动运动和直接运动。其中，最值得中国学习的，就是俄国革命式的劳农主义直接运动。[1] 李达的立场多少还是“复调的马克思主义”的，但列宁主义立场最为坚定的陈独秀与李达不同，他的思想核心不在于守护社会主义和马克思主义，而是认定唯有布尔什维克是唯一正确的道路，因此他不仅横扫各种社会主义，而且也将矛头对准了马克思主义内部的修正派社会民主主义。他说：“只有俄国底共产党在名义上，在实质上，都真是马格斯主义，而德国底社会民主党不但忘记了马格斯底学说，并且明明白白反对马格斯，表面上却挂着马格斯派的招牌”，“中国若是采用德国社会民主党的国家社会主义，不过多多加给腐败贪污的官僚政客以作恶的机会罢了”。[2] 由此可以看到，这场外部的大论战，真正的核心不在于要不要社会主义，而

1　李达：《讨论社会主义并质疑梁任公》，《新青年》第九卷第一号，1921 年 5 月 1 日。

2　陈独秀：《社会主义批评》，载任建树、张统模、吴信忠编：《陈独秀著作选》第二卷，第 349—350 页。

是要不要与马克思主义内部的社会民主主义划清界限向共产国际看齐，认同一元化的列宁主义。

几乎与此同时，在各地共产主义小组内部，还有一场与无政府主义的论战。无论在俄国革命当中，还在中共创党的第一阶段，人数众多、势力浩大的无政府主义者与马克思主义者最初都是革命的坚定盟友，因为这两种主义有着共同的敌人和共同的理想目标，然而，到了中共将列宁主义作为自己的行动纲领和建党原则以后，与无政府主义者之间便无法在一条战壕里面联合作战了。陈独秀的《谈政治》一文首先挑明了与无政府主义的分歧，随着《共产党》的创刊和《中国共产党宣言》的确定，与无政府主义者的论战便公开化和表面化。分歧的核心，在于两个：第一，在革命运动中，是个人自由至上，还是实现无产阶级的专政？第二，在革命党内，是有个人的行动自由，还是要有严密的组织纪律？俄国社会民主工党内部，主要是布尔什维克和孟什维克的对立，但在中共早期组织内部，取代孟什维克与布尔什维克对立的，是无政府主义者。他们主张“无政府主义的社会，是自由组织的，人人都可自由加入，自由退出”。[1] 陈独秀反驳说：“有史以来革命成功的，无一不是少数人压服了多数人”，俄国十月革命就是少数人的运动，“因为抵抗便需要强力，便会发生多数压服少数，甚至与少数压服多数的事”。[2]

陈独秀此时通过日本的共产主义小组施存统、周佛海的翻译，已经阅读了马克思的《哥达纲领批判》，了解了无产阶级专政的学

1 《区声白致陈独秀》，载周月峰编：《〈新青年〉通信集》，第 659 页。

2 《陈独秀答区声白》，载周月峰编：《〈新青年〉通信集》，第 682—684 页。

说。在新文化运动的早期，作为启蒙的领袖，他大声疾呼“自主的而非奴隶”的个性解放，到了 1921 年，为了整体的民族解放，他从个人的立场转向阶级的立场，将希望寄托于劳工阶级的专政。他明白中国的国民性，众多民众依然是愚昧的，而觉悟的阶级永远是少数，因此革命的领导权不能诉诸无政府主义式的民主，必须集中于列宁式的先锋队政党。列宁主义与元马克思主义的最大区别之一在于，列宁将无产阶级专政发展为党的专政，在一个产业落后、劳工阶级尚未产生阶级觉悟的俄国，由少数布尔什维克党人代表无产阶级实行党的专政。在巴黎的张申府写信给陈独秀说：“今日的共产主义者大都晓得无产阶级专政并不是无产阶级全体的专政，只是少数先锋少数前驱的专政，只是少数有充分阶级自觉的无产者的专政。”这个“少数先锋少数前驱的专政”，就是列宁式党的专政。张申府意识到列宁式的“无产阶级专政”与中国式的“开明专制”是同一个意思，虽然感觉惭愧，但“狙公之术还不能不用”。[1]

显然，陈独秀是很赞同张申府的，他在回应另一位无政府主义者黄凌霜的信中直言不讳地说：“实行无产阶级革命与专政，无产阶级非有强大的组织力和战斗力不可，要造成这样强大的组织力和战斗力，都非有一个强大的共产党做无产阶级底先锋队与指导者不可。所以要想无产阶级底革命与专政实现，非去掉我们厌恶首领、厌恶指导者的心理不可。”[2] 北大的无政府主义者朱谦之愤怒地指责陈独秀：“你要造成一个‘名称其实’的开明专制的局面吗？果然，

1 《张申府致陈独秀》，载周月峰编：《〈新青年〉通信集》，第 701 页。
2 《陈独秀答黄凌霜》，载周月峰编：《〈新青年〉通信集》，第 703 页。

你的人格就破产了，你已没有再向青年们说话的余地了。你是新式的段祺瑞，未来的专制魔王！”陈独秀潇洒地将朱谦之的信在《新青年》杂志上公开发表，反唇相讥问："主张造成一个'名称其实'的开明专制的局面，为什么便算是人格破产？”[1]

一个是要不要信奉一个共同的刚性“主义”，另一个是团体里面要不要有严密的组织纪律，正是这两个分歧，让原来在北京、广州共产主义小组以及社会主义青年团内部不少的无政府主义者，在经历了这场论战之后，都退了出去。不过，中国的共产主义运动，毕竟在早期经历过无政府主义的深刻洗礼，而且大部分人是从无政府主义者演化而来，因此这层底色一直在许多共产党人内心里面弥久不散，特别是知识分子党员里面，更是如此。在后来的延安整风时期毛泽东要反对的“自由主义”，其实并非政治意义上的西方自由主义，而是从五四和早期建党时期延续而来的无政府主义而已。

列宁主义政党，比其他政党强大之处在于其有强大的“信仰力”和“组织力”。无论是无政府主义、社会主义，还是社会民主主义、孟什维克政党，皆不像布尔什维克那样，有高度统一的意识形态信仰和完整严密的组织结构与纪律。发生在中共建党第二阶段时期的这两场大论战，与社会主义的论战解决了中共的信仰问题，与无政府主义的论战，明确了政党的纪律问题，从而从外部和内部纯化了思想与队伍，一步步以俄国为榜样，从柔性的“复调马克思主义”走向刚性的“一元化列宁主义”，从松散的泛无政府主义团体演化为严密的布尔什维克政党。

---

1 《朱谦之致陈独秀与陈独秀答言》，载周月峰编：《〈新青年〉通信集》，第658页。

当无政府主义者退出党的组织之后，并不意味着就是列宁主义的一统天下。在 1921 年 7 月由各地共产主义小组派代表参加的一大上，在党内最具有马克思主义理论素养、喜欢考茨基学说的李汉俊提出了三个主张：第一，派代表去考察德国革命，有了充分的比较和研究之后，再选择究竟走德国社会民主党，还是俄国布尔什维克的道路。第二，共产党主要从事马克思主义理论的宣传，而非实际的劳工运动，待孙中山的革命成功之后，参加议会斗争。第三，只要信仰马克思主义，从事马克思主义的宣传，不管其成分如何，皆可入党，不一定要实际参加党的组织活动。[1] 但李汉俊的主张没有被其他已经具有初步列宁主义信仰的代表们所接受。而在此之前，主持上海共产主义小组的代理书记李汉俊与在广州的党的领袖陈独秀，围绕着党纲的起草中，党的组织形式究竟采取地方分权制，还是中央集权制，产生了分歧，最后以主张地方化、松散型组织的李汉俊愤而辞去代理书记而告终。李汉俊的建党思想与个人气质，非常接近俄国社会民主工党中的孟什维克，用茅盾的话说，“李的知识分子的高傲气质很重，坚持个人的独立见解，对一切听从国际代表的作法，很不以为然”。[2] 这样一个具有普列汉诺夫气质的观念人物，在已经纳入共产国际控制之下、选择了布尔什维克道路的中共内部，自然成为孤家寡人，也无法形成一派势力，最后的命运就是注定被边缘化。

1　参见张国焘：《我的回忆》，北京：东方出版社，1980 年，第 138—139 页；陈潭秋：《第一次代表大会的回忆》，载中国社会科学院现代史研究室等选编：《“一大”前后》第二册，第 286—287 页。

2　茅盾：《我走过的道路》上册，北京：人民文学出版社，1997 年，第 199 页。

中共一大通过的纲领，虽然模仿的版本是《美国共产党党纲》，[1]但从其内容来看，“以无产阶级革命军队推翻资产阶级”，“采用无产阶级专政”，“联合第三国际”，“采取苏维埃的形式”，等等，就是一个列宁主义的思想纲领。从党的组织形式来看，强调了个人服从组织，地方组织服从中央，要有严密的组织机构和组织纪律。[2]这也表明新成立的中共与孟什维克彻底决裂，坚定地成为一个布尔什维克式的政党。

早期参与创党的一些观念型知识分子，虽然在思想上接受了列宁主义，但是在五四时期毕竟接受过无政府主义的思想熏陶，而且对“复调的马克思主义”比较留恋，他们喜欢独立思考，从事宣传写作，而不习惯服从纪律，过组织生活，投身于革命的行动。于是，渐渐地与组织发生了疏离。特别是列宁主义的政党需要一个有权威又有权力的领袖，陈独秀本来就是一个充满霸气、领袖欲极强的老大，待他离开广州回到上海担任职业革命家、专职总书记之后，各种革命活动，从宣传组织到工人运动，都由他决断、落实，而共产国际提供的经费又掌握在他手中，陈独秀在党内被称为“中国的列宁”，许多人背后都叫他“老头子”。本来具有浓郁的知识分子散漫气息的早期中共，演变为高度集权的列宁式政党。于是，李汉俊、陈望道、李达这些与陈独秀平起平坐、一起创党的观念人物，对陈的颐指气使和霸气作风渐生不满，他们与党的组织路线的分歧，便表现为对陈独秀“家长制”的不满。李达看不起陈独秀的理论素养，

1　石川祯浩：《中国共产党成立史》，第 295 页。

2　参见李新、陈铁健主编：《伟大的开端》，第 450—456 页。

说他“不研究马列主义，只是文笔好，文章写得流利”，这是一个观念人物对行动人物的鄙视，但他最不满的是陈独秀的家长作风，“他的领袖欲很强，恶霸作风，动辄拍桌子骂人”，直到建国以后回忆当年，依然愤愤不平。[1]

中共三大以后，中央领导结构发生变化，陈独秀的权力更加强化，许多重要决策未经会议讨论便由他一人决定，他重用俞秀松、张太雷、施存统这些年轻党员，而对同辈的李达、陈望道及跨党的沈玄庐、邵力子等比较怠慢，于是便引起了这些老同志的强烈不满，纷纷提出退出组织。茅盾在奉组织之命去劝说的时候，陈望道很动感情地说：“你和我多年交情，你知道我的为人……我信仰共产主义终身不变，愿为共产主义事业贡献我的力量，我在党外为党效劳，也许比在党内更方便。”[2]李汉俊、陈望道、李达这些与陈独秀共同创党的老同志之所以愤而退出，与陈独秀的霸道固然有关，但更深层的原因，是这些观念人物与党的日趋布尔什维克化越来越不习惯，而列宁主义政党本身就是行动人物主宰的天下，长于思考、拙于行动、热衷宣传、不谙政治的书生们，绝对缺乏布尔什维克的气质，自然只有离开组织，成为党外的布尔什维克。但党外的布尔什维克就不是纯粹的列宁主义者，因为列宁主义者需要的是职业革命家的素质：对主义与组织绝对忠诚，具有超强的意志力与卓越的行动力。而知识分子气质过于浓郁的观念人物们，显然与之格格不入，何况他们的思想里面，还残留不少“复调的马克思主义”色彩。

1　李达：《中国共产党成立时期的思想斗争情况》，中共中央党史研究室、中央档案馆编《中国共产党第一次全国代表大会档案文献选编》，北京：中共党史出版社，2015 年，第 114 页。

2　茅盾：《我走过的道路》上册，第 268 页。

另一位中共创党元老沈玄庐与上述书生气十足的知识分子不同，他与陈独秀具有同样的气质，都是行动极强之政治人物，对列宁主义政党也十分倾心，这让他最初见到陈独秀时一拍即合。然而，他只是浙江一方之地方领袖，长于实干，缺乏理论，在全国的声望与影响无法望陈独秀之项背。一个列宁主义的政党，只能有一个领袖，当陈独秀主宰了党内的领导权之后，年轻的党员们都紧跟在陈独秀身后，有强烈领袖欲的沈玄庐自然感到很失落，再加上对党内风气和跨党政策的不满，最后两次退出组织，终于与中共分道扬镳。[1]

到此为止，在中共内部“复调的马克思主义”知识分子与“一元的列宁主义”也发生了第三波分化。当一波又一波的非布尔什维克知识分子被淘洗出去后，中共在共产国际的指导下，在列宁主义的道路上走得更深更远，无论是主义还是组织，也越来越统一与净化，拥有了比国民党更强大的信仰力和组织。国共合作之后，共产党融入国民党内部，以国民党的外壳发展共产党的队伍。虽然孙中山与国民党也倾慕布尔什维克，学习苏俄的建党方式，但国民党始终是一个主义多歧、组织松散的孟什维克式革命党，与中共的布尔什维克化形成了鲜明对比。1927 年，年轻的中共虽被国民党清党，受到严重的挫折，但最终谁笑到最后，已经被历史证明了。

1　参见萧邦奇：《血路：革命中国中的沈定一（玄庐）传奇》，周武彪译，南京：江苏人民出版社，1999 年，第 141—142 页。

延伸阅读

石川祯浩：《中国共产党成立史》，袁光泉译，北京：中国社会科学出版社，2006年。

[美]莫里斯·迈斯纳：《李大钊与中国马克思主义的起源》，中共北京市委党史研究室编译组译，北京：中共党史资料出版社，1989年。

杨奎松：《“中间地带”的革命：国际大背景下看中共成功之道》，太原：山西人民出版社，2010年。

杨念群：《五四的另一面：“社会”观念的形成与新型组织的诞生》，上海：上海人民出版社，2019年。

第七章

五四后期知识分子的内战

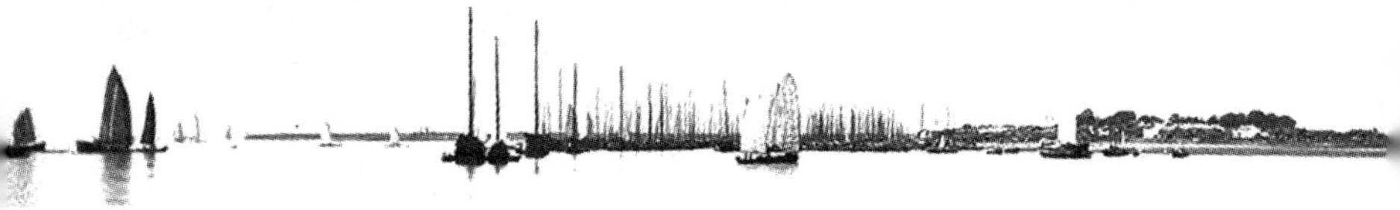

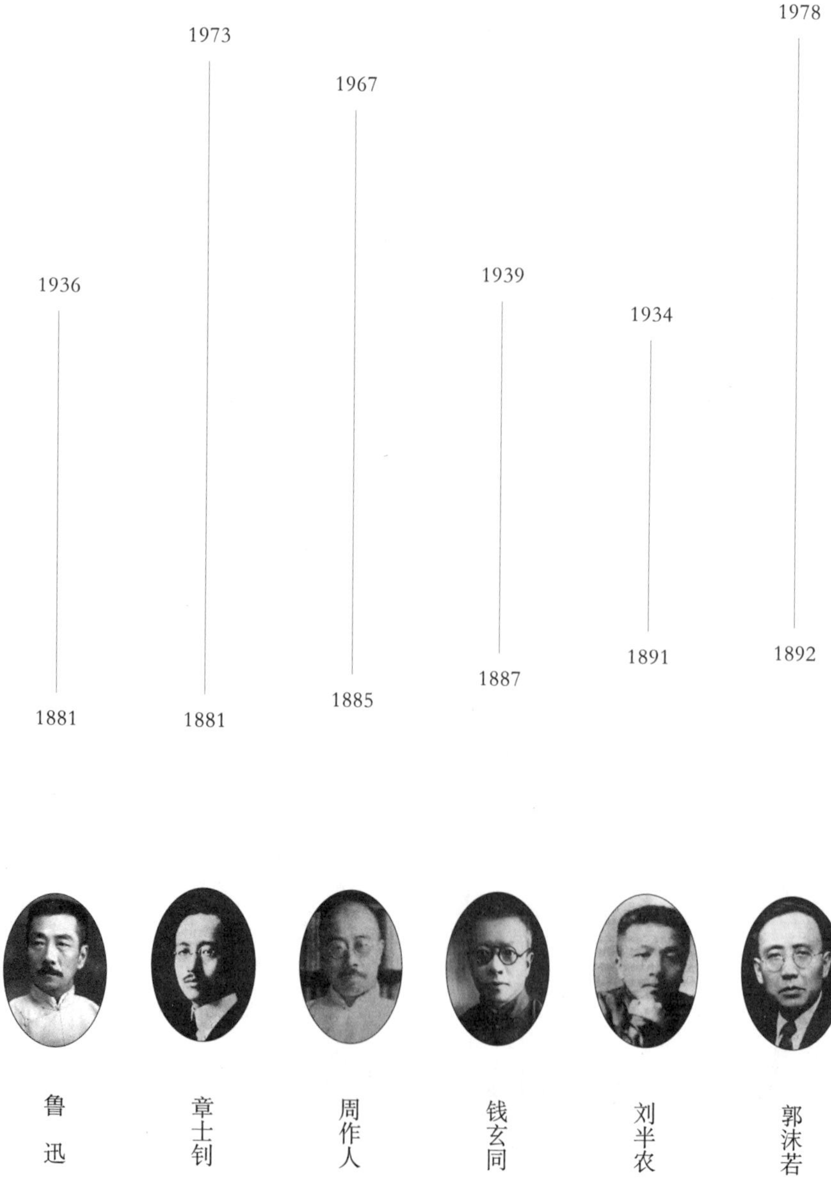

1936
1973
1967
1939
1934
1978
1881
1881
1885
1887
1891
1892
鲁 迅
章士钊
周作人
钱玄同
刘半农
郭沫若

1976

1895

林语堂

1970

1896

陈 源

1931

1897

徐志摩

1954

1898

高长虹

1958

1898

郑振铎

1990

1900

俞平伯

五四的新式知识分子，在1910年代发起了一场新文化运动，然而，这批曾经在同一个壕沟里向传统旧学并肩作战的同道，进入1920年代之后步入了分岔之路。

其中，最大的分歧有两条脉络——

一条是问题与主义之争，相信救世之道在于解决具体社会问题的，后来趋向了温和的自由主义；而坚信通过皈依主义、全盘解决中国危机的，随之走上了激进的革命道路。

另一条分歧的脉络，在于依然坚守启蒙理想的知识分子中间。《新青年》随着陈独秀迁到上海、变为中共的机关刊物之后，京城知识圈中，继承《新青年》启蒙传统的杂志中，最有影响的，当为《语丝》与《现代评论》。这两群知识分子虽然同以启蒙者自命，却产生了严重的对立，一半的精力用来打内战。其中有很多意气的成分。

值得追问的是，在"语丝派"与"现代评论派"分歧的背后，究竟意味着什么？

以往不少的研究将二者的分歧，从政治意识形态的角度，解读为激进主义与自由主义之间的冲突，这固然不错。然而，知识分子的内部分化，不仅是政治的，也是文化的；有时候文化气质的不同，要比意识形态的分歧，更能导致情绪上的对立。

这两份杂志，虽然活跃于国民大革命早期，但两派知识分子依然坚守启蒙的初衷，并不热衷皈依什么主义，更对政治本身保持警惕的距离。显然，彼此间的争论，文化上的相互鄙视要远远高于政治之间的分歧。

本章将从这一特定的问题意识切入，透过激烈争论的表象，研究"语丝派"与"现代评论派"——

首先，知识分子背后的“文化惯习”差异，如何形成了名士与绅士之间的不同格局，二者处于什么样的历史文化延长线上，他们与学术体制存在着什么样的关系？

其次，在“语丝派”文人内部，作为名士的周作人与作为斗士的鲁迅又有什么样的微妙差别，酿成了之后进一步的分歧？

再次，鲁迅在《语丝》之外与高长虹等合作创办《莽原》，更激进的狂飙青年又如何攻击周氏兄弟，试图从五四老师一代手中夺过舆论的话语权？

1920年代中期启蒙知识分子内部这些剧烈的分裂与对抗之中，鲜明地呈现出绅士、名士、斗士与流氓的不同面相。

出身、场域以及与体制的关系

《语丝》与《现代评论》,都是在1924年底创刊,几乎同时诞生。这两家杂志的精神趋向,都继承了五四的启蒙传统,有一些共通之处。其中,最重要的,是对中国国民性的批评。《现代评论》的主将陈源在《西滢闲话》中有多篇讽刺中国国民的文章,语言极其刻薄:"中国人永远看不见自己的尊容。自己的军阀每年杀人遍野,大家也一声不响。一旦外国人杀了几十个中国人,便全国一致的愤慨起来。"[1]他还挖苦小市民根深蒂固的奴性,说沪案("五卅"惨案)的时候全国总罢市,北京没有一个铺子关门,也没有一个店下半旗,"然而只要警察下一个命令,家家今天就可以挂上五色旗,明天就可以挂上龙旗"。[2]几乎与此同时,《语丝》刊登了林语堂致钱玄同的信,林语堂咬牙切齿地说:"今日谈国事所最令人作呕者,即无人肯承认今日中国人是根本败类的民族,无人肯承认吾民族精神有根本改造之必要。"钱玄同回信表示赞同:"真是一针见血之论,我的朋友中,以前只有吴稚晖、鲁迅、陈独秀三位先生讲过这样的话。"[3]"语丝派"与"现代评论派"在"群氓"面前,都有一种傲慢的精英意识,代表着五四知识分子共通的精神趋向。

然而,到了1924年的五四末期,已经与新文化运动早期迥然

1 陈西滢:《多数与少数》,载姜振昌、庄伟编:《〈西滢闲话〉及其他:"现代评论派"杂文选》,北京:文化艺术出版社,1996年,第53页。

2 陈西滢:《智识阶级》,载姜振昌、庄伟编:《〈西滢闲话〉及其他:"现代评论派"杂文选》,第56—57页。

3 林语堂与钱玄同的通信,载姜振昌编:《时政炼语·燕赵悲歌:"语丝派"杂文选》上册,北京:文化艺术出版社,1996年,第146、150页。

异趣，旧学的敌人已经被打败，舆论的话语权转移到新派手中，随着新学的引入和海外留学生的回归，各种互相冲突的主义、思潮进入中国，新派知识分子的队伍也开始庞杂、多元，于是，启蒙阵营之中“态度的同一性”日趋稀薄，而相互之间的分歧开始表层化，话语权的争夺，从新派与旧派之间，转移到启蒙派内部。于是《语丝》与《现代评论》，成了京城知识分子的主战场。

这两家杂志，都拒绝标榜任何主义，在思潮上也有兼容并包的大度，周作人为《语丝》拟的《发刊辞》声明：“我们并没有什么主义要宣传，对于政治经济问题也没有什么兴趣，我们所想做的只是想冲破一点中国的生活和思想界的昏浊停滞的空气。”[1]这种表白有鲜明的五四遗韵，的确，“语丝派”的核心作者群很多就是原来《新青年》《新潮》的成员：周氏兄弟、俞平伯、陶孟和、刘半农等，他们所继承的，是五四的“自由思想”和“独立判断”。[2]无独有偶，《现代评论》在《本刊启事》中也宣称：“本刊的精神是独立的，不主附和；本刊的态度是研究的，不尚攻讦……本刊同人，不认本刊纯为本刊同人之论坛，而认为同人及同人的朋友与读者的公共论坛。”[3]既然不以特定的意识形态为旗帜，又都以自由与独立为标榜，向各种歧见开放，那么，他们的真正分歧究竟在哪里呢?

在我看来，“语丝派”与“现代评论派”的核心分歧，在于“文化惯习”的不同。所谓的“文化惯习”(habitus)，是法国社会学家布迪厄提出的概念，与习惯 (habit) 不同，“文化惯习”是某个共同

1　《发刊辞》，载姜振昌编：《时政炼语 · 燕赵悲歌：“语丝派”杂文选》上册，第 1 页。

2　同上。

3　《本刊启事》，《现代评论》第一卷第一期，1924 年 12 月 13 日出版。

体成员在长期的共同社会实践中所形成的高度一致、相当稳定的品位、信仰和习惯的总和，是特定共同体的集体认同和身份徽记，也是其内部整合和区别于其他共同体的最重要标志。[1]“语丝派”与“现代评论派”之所以对立，主要不在于意识形态，而在于各自的共同体所形成的“文化惯习”不同。

简单地说，“现代评论派”知识分子的“文化惯习”是绅士型的，“语丝派”知识分子的“文化惯习”是名士型的。两个杂志的冲突，正是两种“文化惯习”的对抗。

“文化惯习”的形成，与不同的场域有关。布迪厄认为：“在高度分化的社会里，社会世界是由大量具有相对自主性的社会小世界构成的，这些社会小世界就是具有自身逻辑和必然性的客观关系的空间。”[2]这些一个个相对自主的社会小世界就是场域。场域是一种关系网络，是各种位置之间的客观关系之组合。在这些关系网络中，每个场域都有自己运作的支配性逻辑。要了解两派知识分子不同的“文化惯习”，首先要认识他们各自所活动的场域。“语丝派”与“现代评论派”的差异，在于他们与学术体制的关系，前者的场域在体制之外，而后者的场域在体制之中。

这里说的体制，并非政治体制，而是知识分子所栖身的学术文化体制。在传统中国，知识分子活动的场域，乃是以科举体制为核心的知识－政治系统，知识分子只有获得功名，特别是举人、进士以上的高级身份，方能成为士大夫，进入这个体制。这个士大夫体制，

1 参见布迪厄、华康德：《实践与反思：反思社会学导引》，李猛、李康译，北京：中央编译出版社，1998 年，第 163—186 页。

2 布迪厄、华康德：《实践与反思：反思社会学导引》，李猛、李康译，第 134 页。

奉圣人的经义为经典，有共同的价值观；以纲常名教为尺度，有内外的交往规则；以诗书琴画为中心，有自己独特的文化品位。长期在士大夫群体中浸润的读书人，在半封闭的场域中逐渐熏陶出士大夫的“文化惯习”。从汉代的儒生到宋元明清的道学家，都具有一脉相承的正统士大夫的精神气质，可以将之理解为是一种绅士风度。

与绅士形成对比的，是另一种名士的气质。所谓名士，也是正途出身，只是少了一点正统士大夫的方巾气，多了一点文人的潇洒自然、风流倜傥，最典范的如魏晋的竹林七贤，越名教而任自然，有狂狷豪放之气。他们有士大夫的身份，却不屑于在体制内部的场域活动，更愿意在山野自然或江南园林喝酒吃肉、抚琴低吟，创造一片个人自由的小天地。从魏晋的嵇康、阮籍，唐代的李白、李贺，明末的李卓吾、公安三袁，清朝的袁枚、龚自珍，在中国历史当中串联起一条与绅士迥然不同的精神脉络，所谓的名士风度、名士派头，指的就是这种与正统道学家对峙的“文化惯习”。

1905 年科举制度废除之后，传统的士大夫体制轰然倒塌，取而代之的是现代的学术知识体制。然而，作为两种不同的“文化惯习”，却以新的方式延续下来，演化为新绅士和新名士，新绅士的活动场域主要在大学体制内部，而新名士虽然也不乏大学教授的职业，但身在曹营心在汉，更多地以文人的身份在学术体制外的民间报刊上获取文化的象征资本。

五四的新文化运动如同法国的启蒙运动一样，其实是一场文人的运动，虽然《新青年》的核心作者大都是大学教授，但除了胡适、高一涵等个别人在国外受过严格的学术训练之外，大部分人是半路出家，像他们的前辈梁任公一样，是以文人的风格译介西学、指点江山。《语丝》被认为是《新青年》的继承者，部分也是因为这种文人论学、文人论政的话语传统。曹聚仁说："在五四文化运动低潮之际，《语丝》是填上了《新青年》的地位了。"[1]"语丝派"中人，一部分是学术体制中的名士，如周作人、钱玄同、林语堂、刘半农、俞平伯、江绍原等，另一部分是职业编辑或自由撰稿人，比如川岛（章廷谦）、章衣萍等，还有在教育部担任佥事的鲁迅。无论在学术体制内外，"语丝派"诸君都有共同的文化徽记：名士派头。

然而，到了1920年代以后，一批拿了庚子赔款或者自费出国留学的，纷纷拿了欧美洋学位回到中国，这是五四前期没有出现过的现象。《现代评论》的核心作者王世杰、陈源、徐志摩、周鲠生、钱端升、徐志摩、陶孟和、杨振声、李四光、陈翰笙都是任教于北京大学的海归。这些喝过洋墨水的专家学者，与"语丝派"那些短期求学日本的"土鳖"教授在精神上截然不同，他们深受中西主流文明的熏陶，厌恶玩世不恭的名士派头，身上既有儒家士大夫的道学家遗韵，也有西洋文明的绅士气质。这些西洋的留学生，很多是拿了庚子赔款的奖学金，生活比较优裕，不像"语丝派"文人当年留学日本时混迹于底层，吃过苦，受过累。杨振声留学哥伦比亚大学的时候，曾经在给胡适的信中写道："美国文化已足以与欧洲比并，一般人民又多安富尊荣，所以此处学生的生命较为安泰。来此留学之中国学生，久居乐土，几忘中国所处之地位与一般学生奋斗之艰难矣！"[2]他们回国以后共同创办《现代评论》，虽然不是故意要与《语

1　曹聚仁：《鲁迅评传》，北京：东方出版中心，1999年，第80页。

2　杨振声致胡适（1920年7月18日），载中国社会科学院近代史研究所编：《胡适来往书信选》上册，第102页。

丝》打擂台，但物以类聚，人以群分，两派知识分子很快变得阵垒分明，发生了冲突。像顾颉刚，早年因为是新潮社社员，也没有出过洋，本来属于“语丝派”，但他的精神气质更接近学术体制里面的绅士，与语丝同人的名士气格格不入，后来就跑到“现代评论派”的阵营去了，从此与鲁迅结下了心结，在同事厦门大学的时候，两人闹得沸沸扬扬。相反的例子也有，比如哈佛硕士毕业的德国莱比锡大学博士林语堂，按理说应该属于海归阵营，偏偏他从小就有潇洒自由、性灵活泼的名士派头，在哈佛求学的时候就看不惯学院中人一本正经的工匠气和绅士味，回国以后宁愿加入“语丝派”阵营，跟随周氏兄弟与“现代评论派”叫板论战。

两派知识分子冲突的背后，固然有政见的不同，但“文化惯习”的对立所导致的相互看不起，显然是同样重要的因素。留学西洋的知识分子自视甚高，相信自己有特殊的知识，理应是社会的中坚。鲁迅称这些西洋留学生是“特殊知识阶级”，他说：“有一班从外国留学回来，自称知识阶级，以为中国没有他们就要灭亡的。”[1] 鲁迅说这些如过江之鲫归来的留洋博士，在国外未必好好读书，只是关起门来炖牛肉：“炖牛肉吃，在中国就可以，何必路远迢迢，跑到国外来呢？……我看见回国的学者，头两年穿洋服，后来穿皮袍，昂头而走的，总疑心他是在外国亲手炖过几年牛肉的人物，而且即使有了什么事，连‘佛脚’也未必肯抱的。”[2]

1　鲁迅：《关于知识阶级》，载鲁迅：《集外集拾遗补编》，北京：人民文学出版社，1995 年，第 189 页。

2　鲁迅：《杂论管闲事 · 做学问 · 灰色等》，载鲁迅：《华盖集续编》，北京：人民文学出版社，1958 年，第 6 页。

鲁迅的挖苦有他的刻薄，但也并非全然没有理由。就比拼学问而言，至少海归们的国学就不是“语丝派”的对手，无论是要发扬光大本土文化的“学衡派”，还是同样批判传统的“现代评论派”。鲁迅随意挑出《学衡》杂志的几处硬伤，讽刺说：“夫所谓《学衡》者，据我看来，实不过聚在‘聚宝之门’左近的几个假古董所放的豪光，虽然自称为‘衡’，而本身的称星尚且未曾钉好，更何论与他所衡的轻重的是非”，“我所佩服的诸公的只有一点，是这种东西居然也有发表的勇气”。[1]对文化保守主义的“学衡派”是不屑与其争之，而对同样是新文化阵营中的《现代评论》，因为它在新派年轻人里面拥有与《语丝》同等的影响，是值得重视的竞争者，鲁迅则是紧紧盯住不放。有一次，陈源随意说了一句：“就以‘四书’来说罢，不研究汉宋明清许多儒家的注疏理论，‘四书’的真正意义是不易领会的。”鲁迅立即敏锐地抓住对手的破绽，狠狠挖苦了一番：“那短短的一部‘四书’，我是读过的，至于汉人的‘四书’注疏或理论，却连听也没有听到过。”即便陈源想去北大图书馆临时抱佛脚，“却连‘佛脚’都没有”。[2]

而“现代评论派”那一边，也看不惯“语丝派”的名士气，更认为他们没有学问，不在文学水平线之上。陈源承认鲁迅的小说是好的，但研究不行，认为鲁迅的《中国小说史略》是抄袭了日本盐谷温的《支那文学概论讲话》。他公开发表在《晨报副刊》上给徐志摩的信，嘲笑周氏兄弟“都有他们贵乡绍兴的刑名师爷的脾气”，

---

1 鲁迅：《估〈学衡〉》，载鲁迅：《热风》，北京：人民文学出版社，1973 年，第 71、74 页。
2 鲁迅：《杂论管闲事 · 做学问 · 灰色等》，载姜振昌编：《时政炼语 · 燕赵悲歌：“语丝派”杂文选》上册，第 276 页。

接着又补了一句："一位是没有做过官的刑名师爷，一位是做了十几年官的刑名师爷"。[1]"现代评论派"不承认对手是学者，对此鲁迅颇为不屑，他说，"我今年已经有两次被封为'学者'，而发表之后，也就即刻取消"，说其没有"学者的态度"，"其实，没有'学者的态度'，那就不是学者喽，而有些人偏要硬派我做学者"。[2]

启蒙运动本身就具有理性主义和浪漫主义的双重气质，法国的启蒙运动有伏尔泰与卢梭的双峰对峙，德国启蒙运动中有康德、黑格尔理性传统和歌德开始的狂飙运动，同样，中国的五四新文化运动亦是如此。张灏教授指出："理性主义是强调理性的重要，浪漫主义却是讴歌情感的激越。五四思想的一大特征就在于这两种趋向相反的思想，同时并存而互相纠缠、互相激荡，造成当时思想风云中最诡谲歧异的一面。"[3]在新文化运动时期，理性主义与浪漫主义并没有完全分化，《新青年》《新潮》启蒙者的内心世界当中，同时内含着这两种精神。然而，到了 1924 年，理性主义与浪漫主义正式分道扬镳，其标志就是《现代评论》与《语丝》的精神对峙。

这两家杂志面对的是同一个中国，继承五四的精神传统，他们的关切是共通的，批评的对象也是相近的，不是军阀，就是国民性。不过，两家参与现实的方式是很不一样的。如果说，《语丝》的气质更接近《新青年》和《新潮》的话，那么，《现代评论》则继承

1　陈源：《〈闲话的闲话之闲话〉引出来的几封信》，载陈漱渝主编：《一个都不宽恕：鲁迅和他的论敌》，北京：中国文联出版公司，1996 年，第 118—120 页。

2　鲁迅：《"碰壁"之余》，载姜振昌编：《时政炼语 · 燕赵悲歌："语丝派"杂文选》上册，第 210 页。

3　张灏：《重访五四：论五四思想的两歧性》，载张灏：《幽暗意识与民主传统》，第 201 页。

現代評論

中華郵政特准掛號立券之新聞紙類

第二卷第四十二期

每星期六日出版

國民十四年十月三日

時事短評
[illegible]解決了嗎？（手）——國際聯盟理事會
中國文藝譚（13）——美法的債務問題（皓）

國民經濟的獨立　陶孟和
無線電合同問題　燕樹棠
文言文的優勝　唐[illegible]
「國魔」　馮友蘭
閒話　西瀅
[illegible]（小說）　碁安
關於一個譯詩問題的批評　朱家[illegible]
通信

本刊定報及通信處
北京國立北京大學第一院轉現代評論社
報價
國內：郵寄半年大洋八角五分，全年大洋一元六角五分。又大洋一元寄足三十期。日本朝鮮同。歐美各國：郵寄半年一元二角，全年二元四角。零售：北京每份銅元十枚，外埠大洋四分。
不通郵匯之處，得以中國郵票代洋，但以九折計算，以一分及半分者為限。凡訂閱本刊者可將下面閱單剪下依式填或隨同匯信逕寄本刊[illegible]
本社印有代售簡章，函索即寄，[illegible]

現代評論
第二卷第[illegible]
每星期六
民國十四年六[illegible]

定報及通信處
北京國立北京大學第一院轉現代評論社
報價
國內：郵寄半年大洋八角五分；[illegible]又大洋一元寄足三十期。歐美各國：郵寄半年一元二角；全[illegible]零售：北京每份銅元八枚；外埠大[illegible]
不通郵匯之處，得以中國郵票代洋算，並以一分及半分者為限。
本社印有代售簡章，函索即寄。

廣告價目

地位＼面積	全面	半面	四之一
論前底面	二十五元	十五元	九[illegible]
正文後	十五元	九元	六[illegible]

登四期以上九折，十二期以上八五折，全年七五折，插圖價另議。
發行所北京黃化門內[illegible]

本報特別啟事
代派所　北京南柳巷實事白話報館　琉璃廠中華書局　上海五馬路棋盤街西首亞東圖書館

了《每周评论》的风格，“政治、经济、法律、文艺、科学各种文字”，“本刊的言论趋重实际问题，不尚空谈”。[1] 这些从国外回来的“现代评论派”是专家性学者，不是政治学家、法学家、经济学家，就是文艺理论家、社会学家，他们对时事的分析是专家型的，从具体的问题出发，一事一议，就事论事，秉持专业主义的立场，理性而温和。“五卅”惨案发生以后，虽然王世杰、钱端升、周鲠生他们也是义愤填膺，但在讨论如何应对抗议的时候，并非一味地拉高声调、采取激进的姿态，而是从专业主义的立场出发，详细分析如何通过法律和外交的手段，在现有的格局之下通过有节制的抗争，为国家赢得最大的、可能的利益。

“现代评论派”以专家自命，一言一行背后都要讲究学理。不要说王世杰那些学有专攻的社会科学家，即使像陈源这样的人文学者，也是言必寻据，喜欢掉书袋。作家苏雪林如此评论陈源的“闲话文体”：“《西滢闲话》何以使陈氏成名，则因每篇文章都有坚实的学问做底子，评各种事理都有真知灼见。尤其时事文章，对于当前政治社会的各种关系，分析清楚，观察深刻，每能贡献很好的解决方法。”[2] 苏是陈的好友，自然有溢美之词，但这段评价很能体现“现代评论派”作文论事的风格：一习惯引用专业学理，二喜欢分析复杂的政治社会关系，寻找现实可行的解决方案。

相比“现代评论派”的专家型学者，“语丝派”基本是一群充满浪漫主义激情的文人。《语丝》杂志与政治保持谨慎的距离，主

1　《本刊启事》，《现代评论》第一卷第一期，1924 年 12 月 13 日。

2　苏雪林：《陈源教授逸事》，《苏雪林自选集》，台北：黎明文化事业股份有限公司，1975 年，第 152 页。

要从事于文化和社会批评。《语丝》编辑孙伏园说："《语丝》同人对于政治问题的淡漠，只限于那种肤浅的红脸打进黑脸打出的政治问题，至于那种替政治问题做背景的思想学术言论等等问题还是比别人格外留意的。"[1]《语丝》不关心政治本身，但非常在意政治背后的思想文化背景，这才是启蒙所要针对的问题所在。不过，到了国民大革命前后，政治大事接踵发生，如女师大事件、"五卅"惨案、"三一八"惨案，"语丝派"有满腔的激情与正义感，有悲天悯人的人道主义情怀，独缺的是专业主义的知识。"五卅"惨案之后，《语丝》上弥漫的多是这样感性而激情的文字："我们不是刚睡的狮，我们是将死的猪……可怜而又可耻的我们！""拿着白旗在街上讲演的兄弟们和姊妹们！你们不要痛哭流泪地多发议论了。你们应该流血，不应该流泪。""我们不能屈服，我们宁愿灭亡，全体灭亡！"[2]《现代评论》将"五卅"惨案作为一个外交事件来对待，态度专业和冷静，同样是启蒙，诉诸的是读者的理智；而《语丝》以浪漫主义的激情话语，更多诉诸的是民众的情感。"现代评论派"从马克斯·韦伯的"责任伦理"出发，更多考虑的是"如何可能"，但"语丝派"的姿态则是马克斯·韦伯的"信念伦理"，以一己的信念价值判断是非善恶，不在乎运动所带来的实际后果。责任伦理与信念伦理、专家与文人碰撞在一起，自然是刀光剑影、火星四溅了。

"三一八"惨案是另外一个例子。两派都对段祺瑞政府屠杀学

1 孙伏园：《〈语丝〉的文体》，载姜振昌编：《时政炼语·燕赵悲歌："语丝派"杂文选》上册，第 222 页。

2 章衣萍：《漫语》，载姜振昌编：《时政炼语·燕赵悲歌："语丝派"杂文选》上册，第 176 页。

生强烈不满，但“现代评论派”专家们的态度是冷静而现实的，希望通过法律解决，而“语丝派”文人是激愤的，鲁迅写了《记念刘和珍君》，连一向平和温热的周作人也一连几天什么事都做不了。正在这个时候，陈源在《现代评论》发表文章，希望“女志士们以后少加入群众运动”,未成年的男女孩童们更“不再参加任何运动”，并且暗示背后有黑手“对理性没有充分发展的幼童，勉强灌输种种的武断的政治的或宗教的信条，在我看来，已经当得起虐待的”。[1]陈源的这种看法是一贯的,因为他自认超越于任何党派与政治势力，“非但攻击公认的仇敌，还要大胆的批评自己的朋友”，“非但反抗强权，还要针砭民众”。[2]这种自命站在独立与理性、对强权和民众两边都批评的立场，本身并没有错，但一旦运用于刚刚发生了流血与屠杀的具体场景，对两边各打五十大板，自然激起了“语丝派”文人的愤怒，周作人以少有的激烈揭露《现代评论》收取过章士钊转来的段祺瑞提供的一千银圆开办费津贴，批评陈源“使用了明枪暗箭，替段政府出力，顺了通缉令的意旨，归罪于所谓群众领袖，转移大家的目光，减少攻击政府的理论，这种丑态是五四时代所没有的”。[3]

“语丝派”文人在学术体制的边缘乃至外面，因此他们对体制那个场域颇不以为然，甚至认为其与官场和军阀有千丝万缕的暧昧联系。鲁迅厌恶学界的官气,认为“学界里就官气弥漫,顺我者‘通’，

1　陈源：《杨德群女士的事件》，《现代评论》第三卷第六十八期，1926 年 3 月 27 日。

2　陈源：《“表功”》，载姜振昌、庄伟编：《〈西滢闲话〉及其他：“现代评论派”杂文选》，第 113 页。

3　周作人：《陈源口中的杨德群女士》，《京报副刊》，1926 年 3 月 30 日。

逆我者'匪',官腔官话的余气,至今还没有完",[1]他所暗指的就是"现代评论派"这些在体制里的学者。在女师大事件当中,学生是"鸡蛋",杨荫榆与后台的教育总长章士钊是"高墙",在鸡蛋与高墙之间,《语丝》毫不犹豫地站在"鸡蛋"一边,他们讨厌陈源这些"现代评论派",名为公允,实际在为"高墙"帮腔,成为军阀与官僚的帮闲。因此鲁迅讽刺陈源这些绅士是叭儿狗:"虽然是狗,又很像猫,折中、公允、调和,平正之状可掬,悠悠然摆出别个无不偏激,唯独自己得了'中庸之道'似的脸来。因此也就为阔人、太监、太太、小姐们所钟爱,种子绵绵不绝。它的事业,只是以伶俐的皮毛获得贵人豢养,或者中外的娘儿们上街的时候,脖子上栓了细链子跟在脚后跟。"[2]"语丝派"将陈源、章士钊和段祺瑞视为一伙人,《现代评论》就是一张"白话老虎报"(老虎暗喻章士钊),周作人颇为鄙夷地说:我与陈源个人始终没有嫌怨,但"我看不起陈源的是他的捧章士钊,捧无耻的章士钊,做那无耻之尤的勾当"。[3]

学历出身的差异、活动场域的不同以及与国家体制关系的区别,这三点构成了"语丝派"文人与"现代评论派"学者的彼此对立,但这些还仅仅是外部的因素,更重要的,是他们内在的"文化惯习"迥然有异。

---

1 鲁迅:《学界的三魂》,载姜振昌编:《时政炼语·燕赵悲歌:"语丝派"杂文选》上册,第281页。

2 鲁迅:《论"费厄泼赖"应该缓行》,载姜振昌编:《时政炼语·燕赵悲歌:"语丝派"杂文选》上册,第264页。

3 岂明(周作人):《论并非睚眦之仇》,《语丝》第七十五期,1926年4月19日。

绅士与名士："文化惯习"的对立

上一节我们已经提到，民国以后，传统的官僚士大夫体制演变为现代的学术知识体制，但是在体制内外或体制的中心与边缘，不同的场域形成了两种对立的"文化惯习"：新绅士与新名士。新绅士处在正统儒学的官僚士大夫延长线上，到民国以后与西洋的理性主义相融合，演化为体制内学者共同体的文明修养；而新名士继承了庄子、魏晋名士和阳明学的传统，到民国以后与西方的浪漫主义相结合，形成了体制外文人共同体的精神气质。在五四新文化运动时期，这两种"文化惯习"暂时纠缠在一起，没有分化，但到了《语丝》和《现代评论》阶段，二者便分道扬镳，产生了尖锐的冲突。

绅士与名士在"文化惯习"的对立，首先体现在信念立场上，是公理与文明优先，还是个人的真实优先？按照葛兰西的观点，"现代评论派"属于19世纪的"传统知识分子"，在上帝死了之后，知识分子因为掌握了理性，因此拥有上帝一样的权力，代表了普遍的正义，也代表了人类的普世文明，他们必须摆脱个人的好恶，更要超越党派的偏见，以公理的化身和文明的名义发言。陈源在《现代评论》创刊一周年的时候，总结了刊物的宗旨，自认"在中国的评论界里开一新例"。他批评中国人只有党同伐异，缺乏是非善恶："在他们看来，凡是朋友，什么都是好的，凡是异党，什么都是坏的，凡是同党，什么都是对的，凡是仇敌，什么都是错的。"但本刊同人是"本科学的精神，以事实为根据的讨论是非"，而且"是所有的批评本于学理和事实，绝不肆口谩骂。这也许是'绅士的臭架子'"。[1]

陈源以绅士自称，他所说的"臭架子"，乃是一套文明的礼仪，其背后的支撑点，一是理性，二是公理。然而，在"语丝派"文人看来，所谓"绅士"，无异是现代的道学家，其核心就是"伪"。鲁迅嘲笑说："所谓学者、文士，正人、君子等等，据说都是讲公话，谈公理，而且深不以'党同伐异'为然的。可惜我和他们太不同了，所以也就被他们伐了一下，——但这自然是为'公理'之故，和我的'党同伐异'不同。"[2] 在鲁迅看来，不要以"公理""公正""中道"这样的大词掩掩饰饰，这些都不过是道学先生的虚伪，有什么话直说便是："假使一个人还是有是非之心，倒不如直说的好；否则虽然吞吞吐吐，明眼人也会看出他暗中'偏袒'那一方，所表白的不过是自己的阴险和卑劣。"[3] 在论战的白热化阶段，鲁迅对带着"正人君子"面具的"现代评论派"下了狠笔："我又知道人们怎地用了公理正义的美名，正人君子的徽号，温良敦厚的假脸，流言公论的武器，吞吐曲折的文字，行私利己，使无刀无笔的弱者不得喘息。"[4]

一方是掌握了公理与文明的正人君子，另一方是自然率性的真名士，从历史延长线来看，这场争论是明末的耿定向与李作吾争论的 2.0 版。耿是理学大师，在意的是"重名教"，而李卓吾是狂禅，

1 陈源：《"表功"》，载姜振昌、庄伟编：《〈西滢闲话〉及其他："现代评论派"杂文选》，第 112—113 页。

2 鲁迅：《华盖集题记》，载鲁迅：《华盖集》，北京：人民文学出版社，1973 年，第 2 页。

3 鲁迅：《并非闲话》，载陈漱渝主编：《一个都不宽恕：鲁迅和他的论敌》，第 67 页。

4 鲁迅：《我还不能"带住"》，载陈漱渝主编：《一个都不宽恕：鲁迅和他的论敌》，第 102 页。

重视的是“识真机”。名教来自公认的天命、天理，而真机则来自个人的一得之见。这也是理学的天理说与心学的良知说的差别所在。传统的天理到了近代以后转变为普遍的公理，从英美回来的学者专家们相信自己掌握了人类的科学与文明，它代替了天理成了终极的价值标准，一切言论与行动皆应以此为准则，因此他们要超越私见和门户之见，在舆论场上主持公论，陈源在女师大事件和“三一八”惨案之后，便以这样的面目出现的。但在“语丝派”文人看来，这就是一种新名教和伪道学。林语堂平生最讨厌名教与道学，因此他才会背弃海归而投身《语丝》，他说：“我主张《语丝》绝对不要来做‘主持公论’这种无聊的事体，《语丝》的朋友只好用此做充分表示其‘私论’‘私见’的机关。”[1]“我们的理想是各人说自己的话，而‘不是说别人让你说的话’。”[2]显然，在林语堂看来，所谓“公论”，恰恰是一种垄断性、宰制性的话语霸权，属于“别人让你说的话”，真理不在于“公”，而在于“私”，每个人内心都有良知，都有一己之真理，愈是“私见”与“私论”，愈能接近真理本身，因为真理是在众多的“私见”的交往和竞争之中呈现出来的。

最让“语丝派”文人鄙视的，是“现代评论派”的“正人君子”们的伪道学，是他们的伪饰，缺乏真的生命和真的“私见”。鲁迅颇为刻毒地批评说：“只要不再串戏，不要再摆臭架子，忘却了你们的教授的头衔，且不再做指导青年的前辈，将你们的‘公理’的

1　林语堂：《插论〈语丝〉的文体：稳健、骂人，及费厄泼赖》，载姜振昌编：《时政炼语·燕赵悲歌：“语丝派”杂文选》上册，第 252 页。

2　林语堂：《八十自序》，载林语堂：《林语堂自传》，南京：江苏文艺出版社，1995 年，第 96 页

旗插到‘粪车’上去，将你们的绅士衣装抛到‘臭毛厕’里去，除下假面具，赤条条地站出来说几句真话就够了！”[1]文明本身就是面具，唯有如此，人与人之间方能合乎礼仪地交往，道学提供的是绝对的价值，而名教则是教人如何做人与交往。但从魏晋名士到明末的李卓吾，再到“语丝派”文人，最厌恶的正是所谓的公理与文明，公理就是假道学，文明即是正人君子的伪善的面具，他们要的只是真：真话、真人与真性情。真的就是好的，甚至是善，是美，真之上，没有更高的价值。然而，在正人君子看来，真并非最高的价值，真性情之上，还有普遍的善与普遍的文明，公共的善与文明必须规范个人之真。

“语丝派”与“现代评论派”的争论，很有一点究竟“做真小人还是伪君子”的意味。在名士们的眼中，彬彬有礼的绅士们，不过是装腔作势的“伪君子”，但从另一阵营的绅士们看来，有性情的名士们就是一帮咄咄逼人的“真小人”。陈源被鲁迅一番痛骂以后，反唇相讥讽刺鲁迅哪里是“中国‘青年叛徒’的领袖”“思想界的权威”，他就是“中国的土匪”！[2]不仅鲁迅，整个“语丝派”文人在“现代评论派”眼里，都有一种“学匪”气。对此，“语丝派”的名士们不以为忤，反以为荣。在《语丝》创刊一周年的时候，周作人在《京报副刊》上写了一篇广告，说：“《语丝》是我们这一班多少有点‘学匪’脾气的人所办的，……我们的意见是反道学家的，但我们的滑稽放诞里有道学家所没有的那些端庄；我们的态度是非

1 鲁迅：《我还不能“带住”》，载陈漱渝主编：《一个都不宽恕：鲁迅和他的论敌》，第103页。
2 陈源：《〈闲话的闲话之闲话〉引出来的几封信》，载陈漱渝主编：《一个都不宽恕：鲁迅和他的论敌》，第120—121页。

学者非绅士的，但我们的嬉笑怒骂里有那些学者绅士所没有的诚实。我们不是什么平衡家，或专门的文士，所以议论未必公允，文章也没有水平线可说，不过这足以代表我们的真实的心。”[1]周作人的这段广告，句句针对《现代评论》，无论是“公允”“水平线”，还是“学匪”“非学者”“非绅士”，都是陈源们对他们的批评，周作人以皮里阳秋的态度一一予以回怼，声明我们就是“反道学家的”，就是没有那些虚假的“端庄”，我们所引以为荣的，就是“那些学者绅士所没有的诚实”，这就是“学匪”之真性情，就是魏晋名士的“越名教而任自然”和李卓吾的“识真机”。

林语堂索性写了一篇《祝土匪》，为“语丝派”的“匪气”辩护。在他看来，土匪“生于草莽，死于草莽，遥遥在野外莽原”。这里的草莽，暗喻为正式官僚学术体制外的民间社会。他讽刺那些体制里面的学者说：“学者只知道尊严，因为要尊严，所以有时骨头不能不折断，而不自知”；“惟有土匪，既没有脸孔可讲，所以比较可以少作揖让，少对大人物叩头”；“言论界，依中国今日此刻此地情形非有些土匪傻子来说话不可”。[2]站出来说话，是与鲁迅的精神是一致的，鲁迅在批评了“现代评论派”貌似公允的正人君子嘴脸之后，颇为深情地说：“我早就很希望中国的青年站出来，对于中国的社会、文明，都毫无忌惮地加以批评。”[3]从林语堂和鲁迅这里，可以发现，所谓的“土匪”精神，就是在黑暗的世界里面说真话，不是冒充公

1　周作人：《北京的一种古怪周刊〈语丝〉的广告》，《京报副刊》，1926年1月21日。

2　林语堂：《祝土匪》，载姜振昌编：《时政炼语·燕赵悲歌：“语丝派”杂文选》上册，第261—262页。

3　鲁迅：《华盖集题记》，载鲁迅：《华盖集》，第3页。

允、理性、文明，而是有一种直面黑暗的批评勇气。

不过，鲁迅所欣赏的土匪，乃是有特定内涵的“匪”。他在《学界的三魂》一文中特别区别了官魂、匪魂和民魂。在他看来，中国的国魂里面最重要的是官魂和匪魂，表面看起来，庙堂和江湖是冲突的，但是内在的灵魂却是同构的，因为中国最有大利的买卖便是造反，梁山泊的江湖英雄造反之后，只是为了做官，甚至自己过一把皇帝瘾而已。而鲁迅所欣赏的土匪，乃是真正与官对立的“匪”，所谓“真的国民”。“真的国民”与“伪民”不一样，后者只是“官之所谓‘民’”，其实只是衙役和马弁。而“民之所谓‘民’”，就是做官的眼中的“匪”，在民间的立场上，敢于说真话，直面批评黑暗，鲁迅是很愿意做这样的“学匪”的。[1]

但在鲁迅看来，在充满了官气的学术知识体制里面，只有“官之所谓‘民’”，所谓的衙役和马弁，没有“民之所谓‘民’”的学匪精神即反抗意识。这自然是鲁迅的偏见，但体制里的种种规训化的文明规矩，正是为他所不喜欢的。最重要的一点，是在论战当中，“现代评论派”多次以“学者风度”衡量鲁迅，要求“勿报复”“仁恕”“勿以恶抗恶”。[2]但在鲁迅眼里，这正是陈源们的诡计：“平时憎恶我的却总希望我做一个完人，即使敌手用了卑劣的流言和阴谋，也应该正襟危坐，毫无愤怨，默默地吃苦；或则戟指嚼舌，喷血而

1　鲁迅：《学界的三魂》，载姜振昌编：《时政炼语 · 燕赵悲歌：“语丝派”杂文选》上册，第 281 页。

2　鲁迅：《论“费厄泼赖”应该缓行》，载姜振昌编：《时政炼语 · 燕赵悲歌：“语丝派”杂文选》上册，第 268 页。

亡。”[1]鲁迅宁愿不要学者的头衔，也不愿拿出这样的绅士风度。文明是一套禁忌系统，是对人之个性的规训，体制内部的交往和争论是靠这套文明的规则维持的，因而能够斗而不破、和而不同。但是鲁迅偏偏是在体制外部生长起来的“野草”，最喜欢不守规矩的“野战”，他进入大学兼课纯属偶然，身上有嵇康、李卓吾那样桀骜不驯的斗士性格，因此当林语堂说公平竞争的“费厄泼赖”精神“在中国最不易得”[2]时，鲁迅要反驳说：“要‘费厄’，最好是首先看清对手，倘是些不配承受‘费厄’的，大可以老实不客气；待到它也‘费厄’了，然后再与它讲‘费厄’不迟。”他主张痛打落水狗，一直打到“落水狗”者带有人气之后，但现在万万不可实行宽恕之道。[3]

周氏兄弟与陈源的论战，有着太多的意气成分，甚至有点无聊，连鲁迅也意识到了这点：“我的生命，至少是一部分的生命，已经耗费在写这些无聊的东西中，而我所获得的，乃是我自己的灵魂的荒凉和粗糙。”[4]然而，口舌之战是一种毒瘾，一旦沉溺于此，很难自拔，鲁迅甚至觉得很有趣，很有快意。有人问他：是否知道苦了罢？改悔不改悔？他断然回复：“一点不苦，一点不悔，而且倒很有趣的。”[5]鲁迅后半生的一半精力，就耗费在令他有趣的与各色人

1　鲁迅：《“碰壁”之余》，载姜振昌编：《时政炼语 · 燕赵悲歌：“语丝派”杂文选》上册，第 211 页。
2　林语堂：《插论〈语丝〉的文体：稳健、骂人，及费厄泼赖》，载姜振昌编：《时政炼语 · 燕赵悲歌：“语丝派”杂文选》上册，第 254 页。
3　鲁迅：《论“费厄泼赖”应该缓行》，载姜振昌编：《时政炼语 · 燕赵悲歌：“语丝派”杂文选》上册，第 267 页。
4　鲁迅：《华盖集题记》，载鲁迅：《华盖集》，第 3 页。
5　鲁迅：《通信》，载鲁迅：《而已集》，北京：人民文学出版社，1973 年，第 40—41 页。

等的论战当中，其中有严肃的思想价值，也有因“文化惯习”不同而产生的摩擦。这些论战，加剧了民国知识分子内部一波波的分化，多少有点无聊的知识分子内战压过了对共同敌人的联合作战。

不仅鲁迅，连他的对手陈源，虽然标榜绅士的大度、学者的宽容、费厄泼赖和文明风度，一旦陷入论战，也陷入了自己所警惕的沼泽地。陈源在给徐志摩的信中意识到：“你要是同他们一较量，你不能不失足，那时你再不设法拔你的脚出来，你也许会陷，陷，陷，直到没头没顶才完结。”但是他无奈地承认自己已经堕落了：“我一向总想兢兢业业的向前走，总想不让暴戾之气占据我的心。可是，志摩，这次也危险得很了！这一次我想，我已经踏了两脚泥！”[1]与什么样的对手论战，就会成为什么样的人，陈源再如何以绅士自命，一旦与名士性格的周氏兄弟纠缠上，为了图口舌之快、不甘下风，便会不自觉地向自己的对手看齐，将从英国带回来的费厄泼赖、文明风度掷于脑后。

这场持续长达八九个月的笔战，让胡适看了非常痛心，他给三位加入论战的朋友写了一封信，引用鲁迅在《热风》中的“我又愿中国青年都只是向上走，不必理会这冷笑和暗箭”，指出，知道你们三位都自信这回打的是一场正谊之战，但我们现在应该做的事多着呢，我们的公敌还在我们前面，我们进步的方向是朝上走。胡适情真意切地说：“我最怕是一个猜疑、冷酷、不容忍的社会，我深深地感觉你们的笔战双方都含有点不容忍的社会”，“我们岂可自相

1　陈源：《〈闲话的闲话之闲话〉引出来的几封信》，载陈漱渝主编：《一个都不宽恕：鲁迅和他的论敌》，第 122 页。

猜疑，自相残害，减损我们自己的光和热吗？”[1]胡适此时已经是公认的启蒙运动领袖，他不忍看到五四知识分子内部共同体的分裂，更重要的是，他深感作为影响天下的启蒙大家，不应给少年朋友一个坏的榜样，“朝着冷酷不容忍的方向走”。[2]然而，双方一旦开撕，就难以歇手，不仅观点对立，而且人脉关系也从此断裂，即使胡适想力挽狂澜，也无力回天了。

五四运动之后，虽然启蒙阵营内部一再发生论战，从“问题与主义”到“科学与玄学”的论争，从阵势来说都超过“语丝派”与“现代评论派”的笔战，但前两个论争都是严肃的，仅仅针对观点，并未伤及人格，胡适与李大钊、科学派与玄学派在论战之后依然维持了知识分子共同体的表面情谊，但是，这场“语丝派”与“现代评论派”的笔战，双方都倾注了感情，伤害了对方的人格，为之后连绵不绝的“知识分子内战”开了一个负面的先例。由此可以看到，仅仅涉及意识形态的分歧，虽然会剑拔弩张，但争论双方诉诸的只是理性，不一定会伤害到根子，知识共同体的基本盘亦可勉强维持。但是一旦涉及“文化惯习”，绅士与名士之间彼此看不起、看不惯，情感好恶就会统统卷入，由此产生的裂痕从此难以弥合，成为终生的精神创伤。

1　《胡适致鲁迅周作人陈源》（1926 年 5 月 24 日），载陈漱渝主编：《一个都不宽恕：鲁迅和他的论敌》，第 129—130 页。

2　同上，第 129 页。

“语丝派”文人内部的名士与斗士

一般而言，绅士内部容易维持共同体的秩序，因为绅士讲究公平竞争（费厄泼赖）、宽容和公允，内部有一套潜在的文明规则，在人际交往的时候往往戴着温雅的面具，顾及别人的面子，尊重对方的人格。因此，民国时期的自由派绅士之间，包括“现代评论派”内部，虽然也有派别和矛盾，但很少爆发毁灭性的公开论战。然而，以真性情标榜的名士共同体，就是另一个格局了。

“语丝派”文人共同体，有共同的“文化惯习”：名士气质。所谓名士，其实具有双重性质，一方面其从体制里面走出来，毕竟有一点绅士气，另一方面在体制外的场域中浸泡，又有一点“学匪”气。周作人承认：在我们的心里，住着两个鬼，一个是绅士鬼，另一个是流氓鬼。“这是一种双头政治，而两个执政还是意见不甚协和的，我却像一个钟摆在这中间摇着。”[1] 不过，“语丝派”里面，不同的人身上绅士与“匪气”的比例不一样，以周氏兄弟来说，周作人虽然有“匪气”（即他说的“流氓鬼”），但毕竟在北大教书，更接近绅士，而鲁迅，则从骨子里痛恨绅士，又在学术体制外面，带有强烈的斗士性格。

先说周作人。“语丝派”的核心领袖虽然是周氏兄弟，但周作人更能代表“语丝派”的主流风格，即半是绅士、半是“流氓”的名士气。“语丝派”的作者很多在大学里面任教，与“现代评论派”

1 周作人：《两个鬼》，载张菊香编：《周作人散文选集》，天津：百花文艺出版社，2009 年，第 210—211 页。

的学者们在同一个知识体制的场域，彼此之间有着割不断的人脉关系。在双方的大论战中，周氏兄弟尽管此时已经失和，互不来往，但依然在同一条战壕里面与陈源笔战。陈源盯住鲁迅不放，但对周作人还是笔下留情，在给徐志摩的公开信中说："我把他们一口气说了，真有些冤屈了我们的岂明先生。他与他的令兄比较起来，真是小巫见了大巫。"[1]这口气颇有些惋惜，好像误伤了友军一般。徐志摩是周作人与陈源两边的朋友，他做了许多调解工作，却又两头不讨好。徐志摩多次给周作人写信，劝他停战，"看我们几个居中朋友的份上——因为还是深信彼此间没有结仇的必要"，"从此大家合力来对付我们真正的敌人，省得闹这无谓的口舌"。让徐志摩感到为难的还是鲁迅，因为他们不在同一个人际场域之内，他对周作人说："只有令兄鲁迅先生脾气不易捉摸，怕不易调和，我们又不易与他接近。"[2]

"现代评论派"将周氏兄弟区别对待，不是没有缘由的，除了关系亲疏之外，最重要的是周作人有绅士的一面，而鲁迅没有。对于绅士的游戏规则"费厄泼赖"，鲁迅是嗤之以鼻，但周作人是承认的，他说："在这一点上我们可以自信比赛得过任何绅士与学者"，而且"比绅士们要'正'得多多"。[3]其实，周作人与陈源的价值观是共通的，都认同体制的"费厄泼赖"，认同独立与自由的绅士人格，

1　陈源：《〈闲话的闲话之闲话〉引出来的几封信》，载陈漱渝主编：《一个都不宽恕：鲁迅和他的论敌》，第 118 页。

2　徐志摩致周作人，载陈漱渝主编：《一个都不宽恕：鲁迅和他的论敌》，第 126—127 页。

3　周作人：《答伏园论〈语丝〉的文体》，载姜振昌编：《时政炼语 · 燕赵悲歌："语丝派"杂文选》上册，第 224 页。

周作人之所以与已经失和的鲁迅并肩与陈源笔战，乃是看不起后者的伪道学嘴脸，拿了官家的钱，为官家说话，还要装成正人君子。因此，他觉得《语丝》要比《现代评论》正派得多，绅士得多，“办一个小小周刊，不用别人的钱，不说别人的话，本不是什么为世希有的事，但在中国恐怕不能不算是一种特色了罢？”[1]

名士与道学家最大的区别不在于有否绅士相，而是有否真性情、真精神。他在女师大事件之中，之所以站在学生一边，未必多少赞同学生运动，只是鄙视章士钊、杨荫榆以及帮腔的陈源的伪道学。待大获全胜之后，鲁迅是要痛打落水狗的，而周作人却觉得有点无聊：“一旦树倒胡狲散，更从哪里去找这班散了的，况且在平地上追赶胡狲，也有点无聊，卑劣。虽然我不是绅士，却也有我的体统与身份。”[2] 他不承认是绅士是自谦，而所谓的“体统与身份”正是体制里文明绅士的文化标配。因此，正如他自己形容的，内心的两个鬼当中，“流氓平时不怕绅士，到得他将要撒野，一听绅士的吆喝，不知怎的立刻一溜烟地走了”。[3] 假如“流氓鬼”是一种荒原上的“土匪”性格，鲁迅是彻底的，无所顾忌的，而周作人则是有分寸的，还要保持绅士的“体统与身份”。不过，他毕竟不是完全的绅士，否则便不成为具有双重性格的名士，在《语丝》时期，按照他自己的说法，竟然还是“流氓鬼”占了上风：“以开店而论，我这店是两个鬼开的，而其股份与生意的分配，究竟是绅士鬼还只居其小部

1 周作人：《答伏园论〈语丝〉的文体》，载姜振昌编：《时政炼语 · 燕赵悲歌：“语丝派”杂文选》上册，第 224 页。

2 周作人：《失题》，载姜振昌编：《时政炼语·燕赵悲歌：“语丝派”杂文选》上册，第 248 页。

3 周作人：《两个鬼》，载张菊香编：《周作人散文选集》，第 211 页。

分，所以去和道地的绅士们周旋，也仍旧是合不来的。”[1]要到“大革命”失败之后，周作人逐渐从名士变为隐士，“绅士鬼”压倒了“流氓鬼”之后，他才最终与绅士们握手言和，与鲁迅这些“学匪”渐行渐远，这已经是后话了，不在本章叙述之列。

作为绅士鬼与流氓鬼的复合体，周作人不仅对于陈源他们，而且对于群众运动同样也是矛盾的、纠结的。他是一个个人本位主义者，视个人的自由为最高价值，在他看来，群众运动与伪道学虽然对立，但同样是对个人自由的最大威胁。五四精神按照罗家伦的解释，是一种“社会制裁”，五四以后，各种社会舆论横扫各界，在周作人看来，无异是一种与国家权力同样的压迫性力量。早在 1922 年，他在《自己的园地》开篇文章之中，就批评所谓的社会舆论“倘若用了什么名义，强迫人牺牲了个性去侍奉白痴的社会，——美其名曰迎合社会心理，——那简直与借了伦常之名强人忠君，借了国家之名强人战争一样的不合理了”。[2]周作人敏锐地发现五四运动以后有一种比政府权力更强大的社会主宰性权力，即社会舆论：“中国自五四以来，高唱群众运动、社会制裁，到了今日变本加厉，大家都忘记了自己的责任，都来干涉别人的事情，还自以为是头号的新文化，真是可怜悯者。我想，现在最要紧的是提倡个人解放，凡事由个人自己负责去做，自己去解决，不要闲人在旁吆喝叫打。”[3]

1　周作人：《知堂回想录》中册，南京：江苏人民出版社，2018 年，第 572 页。
2　周作人:《自己的园地》，载钟叔河选编:《周作人文选（1898—1929)》第一册，第 136 页。
3　周作人：《一封反对新文化的信》，载周作人：《谈虎集》，上海：上海书店出版社，1987 年影印版，第 170 页。

这一年，世界基督教学生同盟在清华召开大会，在陈独秀、蔡元培、李大钊等支持下，北京学界发起了“非宗教大同盟”，反对宗教信仰。周作人感到一丝透心凉的可怕，由他领衔与钱玄同等教授联名发表《主张信教自由宣言》，声明：“我们不是任何宗教的信徒，我们不拥护任何宗教，也不赞成挑战的反对任何宗教，我们认为人们的信仰，应当有绝对的自由。”[1] 他感到，“思想自由的压迫不必一定要用政府的力。人民用了多数的力来干涉少数的异己者也即是压迫”，[2] 何况背后还有政治力量在操盘。钱玄同在给周作人的私信中，表达了这种担忧：“我在近一年来时怀杞忧，看看‘中国列宁’的言论，直觉害怕，……这条‘小河’，一旦‘洪水横流，泛滥于两岸’，则我等‘栗树’‘小草’们实在不免胆战心惊。”[3] 钱玄同信中所说的“小河”“小草”，引用的是周作人在五四运动之前写的《小河》，后者在诗中委婉地表达了对群众运动“小河”的担忧，虽然能够润泽“小草”，“却怕他在我身上流过”，汹涌的河水将“小草”吞没。[4] 周作人、钱玄同这些“语丝派”名士，毕竟从上流社会中走来，他们固然厌恶体制内正人君子的虚情假意，但同底层社会的民众更加格格不入，非常担心社会舆论与群众运动会摧毁新文化运动的核心价值个人自由，而在五四爱国运动之后，这种威胁已经像远方的雷声，依稀可闻了。

1 周作人等：《主张信教自由宣言》，《晨报》，1922 年 3 月 31 日。

2 周作人：《信仰自由的讨论》，《晨报》，1922 年 4 月 11 日。

3 钱玄同：《致周作人书》（1926 年 4 月 8 日），载钱玄同：《钱玄同文集》第六卷，北京：中国人民大学出版社，2000 年，第 75 页。

4 周作人：《小河》，载王仲三：《周作人诗全编笺注》，第 373—374 页。

待《语丝》创刊以后不久，“五卅”惨案发生了，“语丝派”文人虽然对英国的暴行不满，但更担心群众性的爱国狂飙会带来盲目的排外。钱玄同在《语丝》发表《关于反抗帝国主义》，强调“反抗强权”不等于“排外”，他说：“向咱们施行帝国主义的外国的文化，都比咱们高得多多，咱们不但不应‘排’它，而且有赶紧将它‘全盘承受’之必要，因为这是现代的世界文化，咱们中华民国也应该受这文化的支配。”[1]很少谈论时事的俞平伯也在《语丝》上发表《雪耻与御侮》，对“一致对外”提出批评，认为：“依我反省，被侮之责在人，我之耻小；自侮之责在我，我之耻大；雪耻务其大者，所以必先‘克己’。”[2]显然，“语丝派”文人所坚守的，依然是反省国民性、全盘引进西学的五四传统，他们担心“排外”的运动狂潮会让国人变得自大，盲目排斥外来的现代文明。然而，以“五卅”为标志，社会舆论发生变化了，“五四”已经落潮，一个新的“国民大革命时代”揭开了序幕，他们的声音自然与当下的民意产生了错位。俞平伯的好友、时在上海亲眼看见南京路鲜血的郑振铎读了俞平伯的文章，非常诧异，发表文章反驳说，大敌当前，奢谈“克己”无异于逃避当下的反抗责任：“内固然不能不努力整理，外却又不能不同时对待。且看现在的情形，如不唤醒国人明白‘外强’之狠毒与奸恶，则‘内患’恐终无了期。”[3]郑振铎的声音代表了包括茅盾在内的文学研究会南方诸君的共同意见，而俞平伯的背后，也有周作人、钱玄同等北方“语丝派”文人的力挺。周作人很赞成俞平伯的

1　钱玄同：《关于反抗帝国主义》，《语丝》第三十一期，1925 年 6 月 15 日。

2　俞平伯：《雪耻与御侮》，《语丝》第三十二期，1925 年 6 月 22 日。

3　郑振铎（西谛）：《答平伯君》，《语丝》第三十九期，1925 年 8 月 10 日。

意见，他认为："所谓国耻，并不专指什么国家权利的耻辱，乃是指一国国民丧失了他们做人的资格的羞耻"，周作人声明说，"我并不说不必反抗外敌，但觉得反抗自己更重要得多，因为不但这是更可耻的耻辱，而且自己不改悔也就决不能抵抗得过别人"。[1] 这表明，当一个新的时代降临之后，原来的五四新文化阵营撕裂了。

裂痕表现于究竟是"外抗强权"重要还是"克己反省"要紧，另一个分歧乃在于对群众运动的看法。在"五卅"运动兴起之时，南方的知识分子普遍地拥抱反帝大潮，而北方的"语丝派"文人倒是与"现代评论派"学者一样，对群众运动怀有一丝怀疑。俞平伯在公开回应郑振铎时说："多数人之力诚不可侮，但是多数人背后有少数人牵着线呢。有真的群众运动吗？"[2] 他们怀有五四时期纯粹的文化精神，对凡是与政治沾边的事情——无论是像"现代评论派"那样与官家的暧昧勾搭，还是背后可能有"牵线"的群众运动——都颇为不屑，十分警觉。俞平伯在另一篇时评中又说："凡是千人万人以上的集合，都无非在那边发泄孩子气罢了。即使那千万人一个个分拆开来，确尽是十足的成人，但是当他们集合，当他们整队游行，还依然变成了一大堆的小孩子。"[3] 俞平伯作为北大学生，是五四运动的参与者，回国以后又在国共两党合作训练干部的上海大学教过一个学期的课，他说这番话，显然有切身的感受在里面，别有深意。

"语丝派"的精神领袖周作人在"五卅"之后撰文《五四运动

---

1 周作人：《代快邮》，载周作人：《谈虎集》，第 174 页。

2 俞平伯：《答西谛君》，《语丝》第三十九期，1925 年 8 月 10 日。

3 俞平伯：《一息尚存，一息不懈》，《京报副刊 · 沪汉后援专刊二》，1925 年 6 月 20 日。

之功过》，说五四运动留下了两条幻妄的迷信，一是“有公理无强权”，二是“群众运动可以成事”。“五四运动之流弊是使中国人趋于玄学的感情的发动，而缺乏科学的理知的计划，这样下去实在很是危险。”[1] 周作人强调要有“科学的理知的计划”，这与“现代评论派”学者的态度是相近的，虽然身为名士，毕竟还是有绅士的血脉。周作人之所以有绅士鬼与流氓鬼的双重性，乃是与他所处的位置有关：既在体制之内，又在体制之外，或者说身在学府、心在民间，用周作人的话说，叫作“我在十字街头的塔里”。“十字街头”隐喻热闹的社会，“塔”意味着大学的象牙之塔。“塔”是出世的、安宁的，“十字街头”是世俗的、沸腾的。他看不起全身心投身群众运动的人，因为“只有预备跟着街头的群众去瞎撞胡混，不想依着自己的意见说一两句话的人，才真是没有他的塔”；也鄙视“不问世事而缩入塔里”“对于街头的反动”的纯然学者。只有那些“出在街头说道工作的人也仍有他们的塔，因为他们自有其与大众乖戾的理想”。这当然是周作人的夫子自道，他颇为自得地说：“我在十字街头久混，到底还没有入他们的帮。挤在市民中间，有点不舒服，也有点危险（怕被他们挤坏我的眼镜），所以最好还是坐在角楼上，喝过两斤黄酒，望着马路吆喝几声，以出胸中闷气，不高兴时便关上楼窗，临写自己的九成宫，多么自由而且写意。”[2] 这番白描，颇传神地体现了“语丝派”文人的姿态：与群众运动若即若离，有名士般对时事的关切，但又有绅士般的

1　周作人（意嫊）：《五四运动之功过》，《京报副刊》，1925 年 6 月 29 日。

2　周作人：《十字街头的塔》，载姜振昌编：《时政炼语 · 燕赵悲歌：“语丝派”杂文选》上册，第 88—90 页。

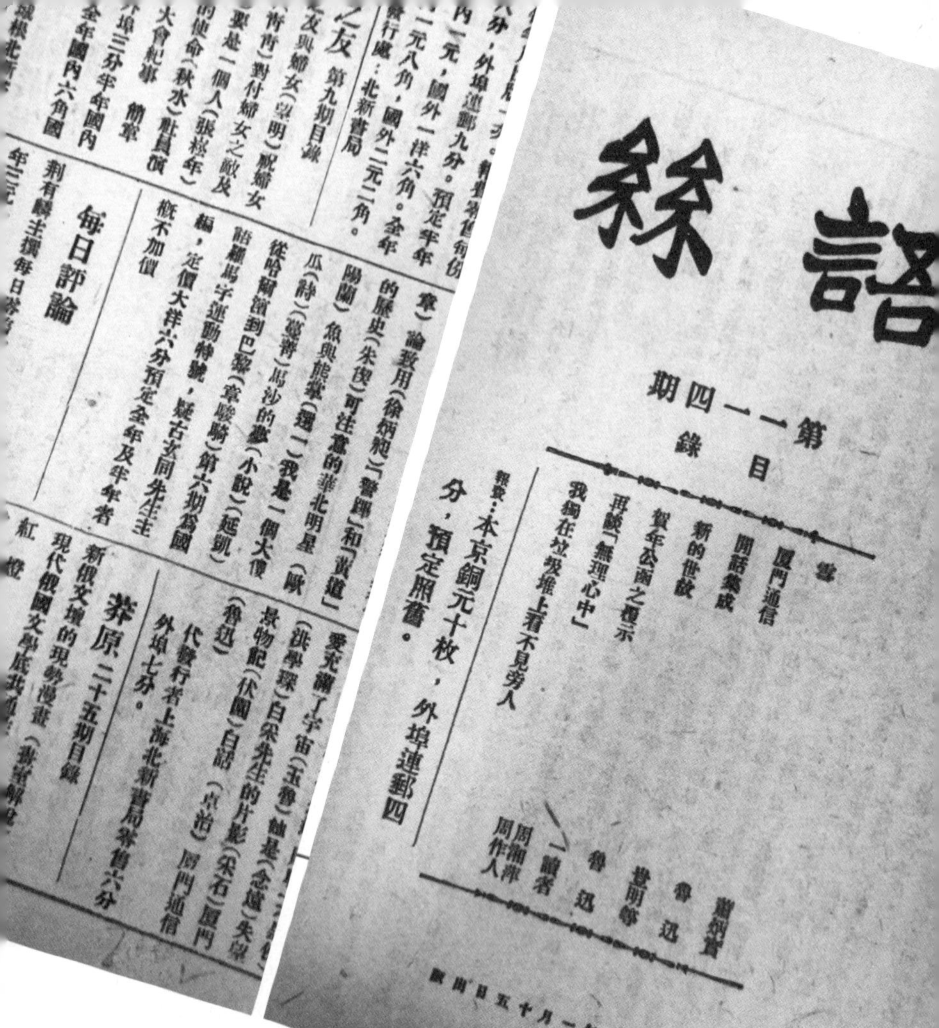

……外埠連郵九分。預定半年國內一元，國外一洋六角。全年一元八角，國外二元二角。
發行處：北新書局

……之友 第九期目錄
……友與婦女（曼明）親婦女……肯肯）對付婦女之敵及……要是一個人（張秋年）……的使命（秋水）社員大會紀事 簡章……外埠三分半年國內……全年國內六角國……

……章）論致用（徐炳昶）「警蹕」和「黃道」的歷史（朱復）可注意的華北明星（歐陽蘭）魚與熊掌（選一）我是一個大傻瓜（詩）（蔓菁）馬沙的夢（小說）（延凱）從哈爾濱到巴黎（章駿騎）第六期為國語羅馬字運動特號，疑古玄同先生主編，定價大洋六分預定全年及半年者概不加價

每日評論
荆有麟主撰每日……年三元……

……要充滿了宇宙（玉魯）𣪘是（念遠）失望（洪學琛）白采先生的片影（采石）廈門景物記（伏園）自記（卓治）廈門通信（魯迅）
代發行者上海北新書局零售六分外埠七分。

莽原 二十五期目錄
新俄文壇的現勢漫畫（……
現代俄國文學底我……
紅 燈

語絲

第一一四期

目錄

報費：本京銅元十枚，外埠連郵四分，預定照舊。

一九二七年一月十五日出版

超脱，与大众保持审慎的距离。这种名士做派，诚如鲁迅后来所尖刻分析的那样："对于世事要‘浮光掠影’，随时忘却，不甚了然，仿佛有些关心，却又并不恳切。"[1]

"语丝派"文人的这些做派，鲁迅是看不惯的。虽然他身上也有名士的"文化惯习"，但更多的是斗士的气质，周氏兄弟之间的区别，犹如嵇康与阮籍，虽然同为名士，但一个是疾恶如仇，不吐不快，不惜与天下为敌；另一个是内心愤世嫉俗，却又装得若无其事，超然于世。他们两个虽同为"语丝派"文人的灵魂，但《语丝》的整个风格和人脉关系更接近周作人，而非鲁迅。因此，鲁迅对《语丝》的看法大致是有保留的肯定，他在给许广平的信中如此评价："《语丝》虽总想有反抗精神，而时时有疲劳的颜色，大约因为看得中国的内情太清楚，所以不免有些失望之故罢。由此可见见事太明，做事即失其勇，庄子所谓‘察见渊鱼者不祥’，盖不独谓将为众所忌，且于自己的前进亦有碍也。我现在还要寻找生力军，加多破坏论者。"[2] 其实，鲁迅的内心也有"见事太明""有些失望"的一面，这是他与"语丝派"文人合拍的地方，然而，他毕竟不是阮籍式的名士，而是嵇康式的斗士，对于黑暗的势力，信奉捣乱与破坏，所以他开始寻找"生力军"，在《语丝》之外另外办一份杂志，这就是《莽原》。与"语丝派"文人立场迥异的《论"费厄泼赖"应该缓行》，就是发表在《莽原》杂志，而非《语丝》上的。

1　鲁迅：《病后杂谈》，载鲁迅：《且介亭杂文》，北京：人民文学出版社，1973 年，第 142 页。

2　鲁迅致许广平（1925 年 3 月 31 日），载鲁迅、许广平：《两地书》，北京：人民文学出版社，1973 年，第 28 页。

不妨将《莽原》的创办视为“语丝派”文人内部的又一次分化，同样为名士，周作人、俞平伯等多有绅士的一面，而鲁迅更有斗士的性格，其精神气质从远处来说，来自嵇康，他校勘了几十年的《嵇康集》，深受其人格熏陶；而从近处而言，则直接传承了自己的老师章太炎的“疯子”精神，在一般人都只记得章太炎是一位国学宗师的时候，鲁迅却认为“战斗的文章，乃是先生一生中最大、最久的业绩”。[1]如果从“有机知识分子”视角比较的话，周作人依然保留高贵的士大夫精英气，而鲁迅则像19世纪俄国民粹知识分子那样，愿意在情感上接近受压抑、被侮辱的平民大众。鲁迅后来在上海劳动大学的演讲中提出过“特别知识阶级”与“真的知识阶级”两个概念，知识阶级本来是“能替平民抱不平，把平民的苦痛告诉大众”，但等到地位提高、到处受欢迎之后，“却把平民忘记了，变成一种特别的阶级”，“享受了高贵的生活，就记不起从前一切的贫苦生活了”。显然，鲁迅在这里指的是他最痛恨的陈源这样的“现代评论派”学者，而“语丝派”文人中，多少也有这样的面向，即所谓的绅士气。鲁迅最赞赏的，是另一种“真的知识阶级”：“他们对于社会永不会满意的，所感受的永远是痛苦，所看到的永远是缺点，他们预备着将来的牺牲，社会也因为有了他们而热闹。”[2]他自己身体力行，希望更多的青年人能够发出真的声音，于是在《语丝》之外，另外与高长虹等年轻作家办了《莽原》。

---

1 鲁迅：《关于太炎先生二三事》，载鲁迅：《且介亭杂文末编》，北京：人民文学出版社，1973年，第70页。

2 鲁迅：《关于知识阶级》，载鲁迅：《集外集拾遗补编》，北京：人民文学出版社，1995年，第184—187页。

狂飙一代的“新流氓主义”

在给许广平的信中，鲁迅说到了创办《莽原》的初衷 ：“中国现今文坛（？）的状况，实在不佳，但究竟做诗及小说者尚有人。最缺少的是‘文明批评’和‘社会批评’，我之以《莽原》起哄，大半也就为了想由此引些新的这一种批评者来，虽在割去敝舌之后，也还有人说话，继续撕去旧社会的假面。”[1] 鲁迅对高长虹这些年轻人是充满期待的，他在给许广平的信中说 ：“居然也有几个不问成败而要战斗的人，虽然意见和我并不尽同，但这是前几年所没有遇到的。”[2] 因为他们是“未尝吃过人的孩子”，受到进化论深刻熏陶的鲁迅，总是以为时代会随着代际更替而进步，“下等人胜过上等人，青年胜于老头子”。[3]

《莽原》的作者群是由高长虹为首的狂飙社与“安徽作家群”两部分青年作者组成，不久两派人便发生了尖锐的矛盾，作为精神领袖的鲁迅也被迫卷入其间。这战火很快就烧到鲁迅与高长虹两人之间，两人之间的冲突虽然涉及高长虹对许广平的单相思，因而产生对鲁迅的妒恨，但更深刻的原因，乃是高长虹这些新一代激进斗士，已经迫不及待要与自己的老师辈争夺启蒙的话语权，雄心勃勃地预备取而代之了。

鲁迅是五四一代知识分子，而高长虹等作为学生辈，属于后

1　鲁迅致许广平（1925 年 4 月 28 日），载鲁迅、许广平 ：《两地书》，第 54—55 页。

2　鲁迅致许广平（1925 年 3 月 31 日），载鲁迅、许广平 ：《两地书》，第 27 页。

3　鲁迅 ：《通信》（1928 年 4 月 10 日），载姜振昌编 ：《时政炼语·燕赵悲歌 ：“语丝派”杂文选》下册，第 217 页。

五四一代。高长虹来自山西盂县，少年时代父母的包办婚姻让他无法与自己深爱的表姐结婚，只能被迫娶自己不爱的女人为妻。他志向很大，一心想进大学求学，但因为缺钱，只能在北京大学当旁听生。高长虹这批狂飙社作家本来都是被锁闭在“铁屋子”里面，是鲁迅这代五四启蒙者唤醒了他们，但依然不能挣脱枷锁而感到郁闷。高长虹说：“北京是一个陈腐和债务编织成的囚笼，但那里失陷着我的朋友，我能够不自愿地回到囚笼中去吗？”[1] 对于外省青年来说，尽管京城是一个囚笼，但比起老家，毕竟还是有出人头地的空间。高长虹自喻“槛中之狼，是我的生命的象征”。[2] 比较起鲁迅这一代斗士，与传统的名士气比较有隔膜，又与西洋的绅士气全然无涉的狂飙青年们，显然更具有狼性，他们被囚禁在黑暗的社会底层，内心的野心与地位的卑微，形成了鲜明的反差，刺激着他们有强烈的向上流动的欲望。高长虹在《狂飙周刊》的《本刊宣言》中骄傲地宣布：“软弱是不行的，睡着希望是不行的，我们要作强者，打倒障碍或者被障碍打倒。我们并不惧怯，也不躲避。”[3] 他们要成为尼采式的强者，显然是受到了鲁迅斗士性格的影响，但老师辈没有料到的是，他所播下的龙种，在学生辈那里收获的却是跳蚤。

狂飙青年要图谋文学事业的发展，很期待有长辈提携。高长虹对自己的才华非常自负，认为自己“缺乏的倒只是地位与声望，这

1 高长虹：《游离》，《高长虹文集》中卷，北京：中国社会科学出版社，1989 年，第 320 页。

2 高长虹：《槛中之狼》，《高长虹文集》下卷，第 16 页。

3 高长虹：《本刊宣言》，《狂飙》第十四期，1925 年 3 月 1 日。

倒正需要有人帮助，如蔡孑民昔日之帮助《新青年》者”。[1]鲁迅对同代人是苛刻的，但对青年作家却满怀期待、十分热忱，愿意自己扛着黑暗的闸门，让青年人通过，到更广阔的天地之中。莽原社的不少作者也奉鲁迅为自己的精神导师。不过，鲁迅一向讨厌有人自命为“青年导师”，他特地写了一篇《导师》发表在《莽原》，声明：“要前进的青年们大抵想寻求一个导师。然而我敢说：他们将永远寻不到……青年又何须那挂着金字招牌的导师呢？不如寻朋友，联合起来，同向着似乎可以生存的方向去。”[2]鲁迅视志同道合的年轻人为知己，但他断没有想到，狂飙社的领袖高长虹却未必将鲁迅看作朋友。从山西走出来的这个小镇青年，有着与自己实力远不相称的野心，他早就“不满意《新青年》时代的思想”，希望取而代之，从五四一代人那里夺过话语权，占据启蒙舞台的 C 位。他直言不讳地公开说：“如想再来一次思想革命，我以为非得由几个青年来做这件工作不可。他们的思想是新的，他们是没有什么顾忌的，他们是不妥协的。”[3]

在有野心的年轻人内心深处，隐藏着一个“弑父情结”。祖父一辈比如蔡元培因为时空比较遥远，对他们来说是一个和蔼可亲的意象，但对于周氏兄弟这代“父亲”来说，无异是压抑自己出人头地的大山，杀死父亲，便是年轻人最好的成人礼。于是高长虹的目

1　高长虹：《1925，北京出版界形势指掌图》，载陈漱渝主编：《一个都不宽恕：鲁迅和他的论敌》，第 606 页。

2　鲁迅：《导师》，载鲁迅：《华盖集》，北京：人民文学出版社，1973 年，第 42—43 页。

3　高长虹：《1925，北京出版界形势指掌图》，载陈漱渝主编：《一个都不宽恕：鲁迅和他的论敌》，第 605 页。

标便对准了继承了《新青年》血脉的《语丝》，尤其是名声最大的周氏兄弟。在他看来，狂飙社这代人代表了新，而“语丝派”已经是过时的老人，“十九世纪的思想不能应用于二十世纪的世界，《新青年》时期的思想不能应用于现在的中国”。[1]不仅是新与旧，而且也是青年与老人的决战，他批评周氏兄弟说：“须知年龄尊卑，是乃父乃祖们的因袭思想，在新的时代是最大的阻碍物……如自谓老人，是精神的堕落！”[2]

对于鲁迅，本来他还期待对自己独有青睐、能够得到提携，待莽原社内部两派矛盾爆发之后，发现鲁迅没有站在自己一边，各种私仇加上公愤便综合发作，将枪口也对准了鲁迅。他称鲁迅为“世故老人”，几年之间，退步甚速：“彼此时实在为真正的艺术家的面目，过此以往，则递降而至一不很高明却奋勇的战士的面目，再递降而为一世故老人的面目，除世故外，几不知其他矣。”[3]狂飙社原先要借助鲁迅的名望，在广告上称鲁迅为“思想界先驱者”，不过三个月，在他们的眼里，“先驱者”便成为阻挡青年的“绊脚石”了，还刻毒地挖苦鲁迅：“不再吃人的老人或许还有？救救老人！！！”[4]

对于高长虹为首的狂飙青年的围剿，“语丝派”文人颇为不屑。高长虹承认过，“《语丝》多讽刺，《莽原》则多谩骂”。[5]刘半农看

1 高长虹：《〈狂飙〉周刊的开始》，《狂飙》第一期，1926年10月10日。

2 高长虹：《1925，北京出版界形势指掌图》，载陈漱渝主编：《一个都不宽恕：鲁迅和他的论敌》，第609页。

3 同上，第599页。

4 参见鲁迅：《新的世故》《“走到出版界”的“战略”》，载陈漱渝主编：《一个都不宽恕：鲁迅和他的论敌》，第571—573页。

5 高长虹：《不装腔作势》，《狂飙》第一期，1926年10月10日。

穿了他们谩骂名人的把戏，以《语丝》特有的风格讽刺说："骂要骂有名一点的，骂一个有名的，可以抵骂一百个无名的。……既然是'为骂人而骂人',所以也就不妨离开了事实而瞎骂。"[1] 周作人对高长虹这些新派青年看得更透彻："古时皇帝是不准人说他，现代'青年'是不准人不说他,有这一点不同罢了。二十世纪这个年头儿，世界进化总是进化了吧，但我等老人却是更苦了，以前以为只要不干涉青年的事就是宽容了，现在才知道宽容须得'提'他们，而且要提得恭敬，否则便是罪大恶极。"[2] 不过，周作人与高长虹的关系比较疏远，后者的攻击并未伤到他的筋骨，他只是冷冷地回嘲几句，并不将年轻作家视为平等的对手。但鲁迅不一样，曾经对狂飙一代如此寄予厚望，又一度走得很近，感情自然受到深深伤害，他在给许广平的信中愤怒地说："我之所以愤慨，却并非因为他们以平常待我，而在他日日吮血，一觉到我不肯给他们吮了，便想一棒打杀，还将肉作罐头卖以获利。"[3]

鲁迅很鄙视高长虹他们"只要能达目的，无论什么手段都敢用，"一开始还以为他们没有"敢于坦白地说出来的勇气"。[4] 但鲁迅低估了这些狂飙青年的流氓气。"语丝派"文人身上虽然有"流氓鬼"和"学匪气"，毕竟还有"绅士鬼"的另一面，正如周作人所描述的那样："有时候，流氓占了优势，我便跟了他去彷徨……但是在我将真正撒野，如流氓之'开天堂'等的时候，绅士大抵就

1　刘半农（刘复）:《老实说了吧！》,《世界日报·副刊》第七卷第八号，1927 年 1 月 11 日。

2　岂明：《老人的命运》,《语丝》第一一五期，1927 年 1 月 22 日。

3　鲁迅致许广平（1926 年 11 月 20 日），载鲁迅、许广平：《两地书》，第 193 页。

4　鲁迅：《新的世故》，载鲁迅：《集外集拾遗补编》，第 151 页。

出来高叫‘带住，着即带住！’”[1]名士的流氓气是有节制的，还讲究“费厄泼赖”。鲁迅虽然讨厌“绅士气”，斗争精神十足，但他毕竟是老派文人，有名人的身份在，也是有分寸感的。确切地说，名士内心有绅士鬼，斗士身上有名士气，但到新一代狂飙青年那里，全然没有了名士的潇洒，只剩下为所欲为的“流氓鬼”了，他们可以为了目的，不择手段，而且赤裸裸地不加掩饰。高长虹主编的《狂飙》杂志接连刊发了几期“周氏兄弟批评专号”，高长虹如此攻击鲁迅：“鲁迅一生充满矛盾，羡慕新的时代，又不毅然走进新的时代，厌恶旧的时代，而又不毅然退出旧的时代，他有时竟又帮助了旧的时代来袭击新的时代了，然而他却忘记了他没有这样的力量。”[2]这些狂飙青年，自信代表了正义、代表了未来，而鲁迅已经是半新半旧的过气人物，成了青年人前进的绊脚石，他们打的是一场青年与老年、进步与腐朽的圣战，因此可以毫无顾忌、不留情面。鲁迅看穿了，高长虹他们“归根结蒂，总逃不出争夺一个《莽原》的地盘，要说得冠冕一点，就是阵地。中国现在道路少，虽有，也很狭，‘生存竞争，天演公例’，须在同界中排斥异己，无论其为老人，或同是青年，‘取而代之’”，简单而言，“仍旧是天无二日、惟我独尊的酋长思想”。[3]

这种“天无二日、惟我独尊的酋长思想”，其实在五四时期的陈独秀身上已经有所表现，特别是在与林琴南和杜亚泉的两场论战

1 周作人：《两个鬼》，载张菊香编：《周作人散文选集》，第 211 页。

2 高长虹：《我走出了化石的世界》，《狂飙》第 17 期，1927 年 1 月。

3 鲁迅：《新的世故》，载鲁迅：《集外集拾遗补编》，第 151、146 页。

之中。[1]作为五四的负面精神遗产之一，到了“国民大革命时代”，在后五四一代狂飙青年那里变本加厉了。与高长虹的狂飙社同时围剿鲁迅的，还有创造社和太阳社。时为创造社成员之一的潘汉年公开提倡一种“新流氓主义”：“生在这种世界，尤其不幸生在大好江山的中国，只有实行新流氓 ism（主义），方能挽狂澜于既倒，因为中国多的是正人、君子、绅士、学者，所以弄得现在一团糟的状态，假使有几个不愿为正人、君子、绅士、学者而甘心为新流氓 ism 的门徒，狂喊打倒绅士、学者，提出新流氓主义，或者有一线转机的希望。”[2]狂飙青年相信的是斗争哲学，只有通过斗争，才能将所有的绊脚石拉下马。潘汉年相信，不仅新与旧、是与非要斗争，而且妥协与不妥协、虚伪与真实、老与少也要斗争。他直言不讳地说：“新流氓主义”的斗争利器，则是开骂，“开先用‘骂’的争斗法术来激发对方面，使得降服或反抗，希望由冲突而争斗而统一”。[3]狂飙青年要横扫的正人君子，不仅指“现代评论派”的学者绅士，也包括“语丝派”的文人名士，而最大的攻击目标竟然是鲁迅。创造社主将郭沫若将鲁迅视为“二重的反革命人物”，因为绅士、名士是另一路人，狂飙青年对他们不屑一顾，而鲁迅是左翼青年崇拜的偶像，不将鲁迅拉下神坛，自己就没有取而代之、占据革命舞台 C 位的机会。“五卅”前后的鲁迅，乃是腹背受敌，前有“现代评论派”的明枪，后有狂飙社、创造社、太阳社的暗箭。后来鲁迅痛斥郭沫若是“才子加流氓”，他骂的不仅是郭沫若，

1　详见笔者：《五四时期“旧派中的新派”》，《华东师范大学学报》，2019 年第 1 期。

2　潘汉年（亚灵）：《新流氓主义（一）》，《幻洲》半月刊创刊号，1926 年 10 月 1 日。

3　潘汉年（亚灵）：《新流氓主义（三）》，《幻洲》半月刊第 3 号，1926 年 11 月 1 日。

而且也泛指包括高长虹在内的这些信奉“新流氓主义”的狂飙青年。这三个文学团体的大部分狂飙青年后来都加入了国民大革命，他们也将那种“新流氓主义”带入了革命队伍，形成了左翼知识分子挥之不去的“文化惯习”。[1]

以“五卅”为中轴，在1924—1926年间，正是“五四”和国民大革命这两个大时代的过渡期，外部环境的突变，刺激了启蒙知识分子内部的一波又一波的分化与冲突。从绅士到名士的分裂，到名士当中分化出斗士，最后又在斗士的延长线上变异出“新流氓主义”，1920年代中期中国知识分子的“文化惯习”的变异，是一个绅士气不断递减、流氓气逐级上升的过程。到了“五四”后期，因为知识分子共同体内部急剧分化，因此爆发了一场又一场的“知识分子的内战”。其中有“左右”之分（左翼思潮与自由主义的分歧），也有“上下”分野（“文化惯习”上的绅士与名士冲突），更有“前后”对抗（作为“后浪”的狂飙青年要打倒作为“前浪”的五四一代）。本章讨论的“现代评论派”“语丝派”和“狂飙派”之间的争论，集中体现了“上下”与“前后”的尖锐矛盾。论战与分化是知识分子共同体的常态，但之前的争论，从晚清的革命与立宪论战、五四的陈独秀与杜亚泉之争、问题与主义论战，到胡适与梁漱溟之争、科学与玄学论战，乃至关于无政府主义和社会主义的论战，虽然尖锐激烈，甚至充满了意识形态，但基本还是理性的，只批评思想不

1　关于左翼知识分子身上的“匪气”，详见笔者：《信仰与组织：大革命和“一二九”两代革命知识分子研究（1925—1935）》，《开放时代》，2021年第1期。

针对人格。然而，这几场绅士与名士、周氏兄弟与狂飙青年之间的骂战，因为“文化惯习”的不同，却开创了直接指向对手人格的先河，其播下的分裂与仇恨之种子，远比一般的思想与政治分歧，要深刻得多。而由此开始的论战风气，为之后连绵不绝的“知识分子内战”提供了恶性的范例，一个世纪过去了，至今谬种流传、阴魂不散。

延伸阅读

钱理群：《与鲁迅相遇》，北京：三联书店，2003 年。

钱理群：《周作人传》，北京：华文出版社，2013 年。

颜浩：《北京的舆论环境与文人团体（1920—1928）》，北京：北京大学出版社，2008 年。

第八章

五四时期『新派中的旧派』

1927

1877

王国维

1956

1880

柳诒徵

1923

1887

刘伯明

梅光迪

1890—1945

陈寅恪

1890—1969

汤用彤

1893—1964

胡先骕

1894—1968

吴 宓

1894—1978

楼光来

1895—1960

五四新文化运动的舞台，是陈独秀、胡适、李大钊、鲁迅这些《新青年》启蒙知识分子的天下，然而，也有与他们唱对台戏的人物，在前期，主要是晚清最早的启蒙者“旧派中的新派”，而在后期，则是另一种类型的新古典主义者，以“学衡派”知识分子最为典型。

“学衡派”是有着古典情怀的新派人物，可以称之为“新派中的旧派”。他们与清末民初的“旧派中的新派”是不同的。

所谓“旧派中的新派”，指的是晚清末代士大夫中的新潮派：康有为、梁启超、严复、章太炎、杜亚泉等，这些在晚清领时代风骚的启蒙先行者，在新文化运动当中，最初一代新潮派已经“老”了，他们被一般年轻人视为旧派人物，或者说是“半新半旧”人物，就像罗家伦批评杜亚泉那样：“你说他旧么，他却像新，你说他新么，他却实在不配。”[1]

而“学衡派”与这些“旧派中的新派”不同，他们在美国名校受到系统的、良好的学术训练，知识系统是新的、西方的，然而他们的关怀却以守护中国文化本位为己职，与同样是留美归来的胡适这些启蒙知识分子为敌。

从某种意义上说，“学衡派”与“启蒙派”的论战，是新派知识分子的内部较量。

为什么同样是留美学生，他们的文化立场截然相反？

这与他们的家庭出身、活动场域与“文化惯习”有何关系？

1 罗家伦：《今日中国之杂志界》，《新潮》第一卷第四期，1919 年 4 月 1 日。关于“旧派中的新派”，详见作者：《五四时期“旧派中的新派”》，《华东师范大学学报》，2019 年第 1 期。

“学衡派”与“启蒙派”各自接续了晚清以后什么样的知识传统的精神脉络？

为什么“学衡派”在文化主导权的争夺战中不是“启蒙派”的对手？

作为受过新学洗礼的古典主义者，他们的观念与行为之间又有一些什么样的矛盾和紧张？

本章将对这些问题逐一进行分析和研究。

留美学生的分化

五四新文化运动期间，围绕着文化话语权的争论，主要是三派知识分子的角逐：“老新党”（旧派中的新派）、“新青年”和“学衡派”（新派中的旧派）。从年龄和出身来分析，会发现一些很有趣的现象。

首先，三派知识分子是前后相继的三个年龄断层之人。“老新党”之中，梁启超和杜亚泉都是1873年生人；“启蒙派”之中，陈独秀1879年生人，李大钊1889生人，鲁迅1881年生人，周作人1885年生人，胡适1891年生人；“学衡派”之中，陈寅恪1890年生人，梅光迪1890年生人，吴宓1894年生人，汤用彤1893年生人，胡先骕1894年生人，张鑫海1898年生人。整体而言，“老新党”是1870年代之人，“新青年”是1880年代之人，而“学衡派”，则是1890年代之人。虽然也只是十年左右的差别，但在清末民初的大变局之中，三代人所受到的教育是不同的，“老新党”是最后一代传统士大夫，接受的是以科举为中心的私塾和书院教育，之后自习西学，虽然吸取了不少新学“词汇”，但“语法结构”依然是传统的。“新青年们”是在科举已经废除的清末接受的教育，最初是在亦中亦西的学堂，后来是去日本留学（留学美国归来的胡适是个案），他们是中国第一代现代知识分子，“语法结构”已经是新的，但残留不少旧学的传统“词汇”。而“学衡派”，除了柳诒徵等特殊的个案之外，大都有机会留学美国，他们的知识结构完全是现代的，但文化关怀却是古典的，下文将详细分析。

从家庭与学校出身分析，《新青年》四位主将陈独秀、胡适、李大钊和鲁迅，皆出身大户人家，但早年都有不幸，不是父亲早逝，就是家道破落。陈独秀出身于世家大族，但后来破产，被陈独秀称为“白胡爹爹”的祖父望孙成龙，方式粗暴，经常毒打他，他后来多次自称是“没有父亲的孩子”。[1]鲁迅少年时家道中落，深感世态炎凉的悲哀，胡适和李大钊的童年都是孤儿寡母，胡适的父亲在他三岁时去世，李大钊甚至是遗腹子，家庭的残缺不全与童年的不幸，刺激出四位《新青年》领袖的叛逆性格。除了胡适留美之外，其余几位皆是留学日本。相比之下，“学衡派”几位核心人物多为贵胄之家出身，成长之路多受祖荫庇护。胡先骕祖父为清末重臣，钦点探花，后来出任贵州学政。其父出身举人，官至内阁中书。他本人在民国建立之年即留学美国，先后就读加州大学柏克利分校和哈佛大学。梅光迪出身于宣城望族，从入学安徽高等学堂、复旦公学，到考取庚款留美，一路顺风顺水。汤用彤的父亲是晚清进士，先是在北京顺天府学堂读书，后顺利进入清华留美预备学校。吴宓也是

1　参见唐宝林：《陈独秀全传》，北京：社会科学文献出版社，2013 年，第 9 页。

官宦家庭出身，虽然母亲早逝，成为叔父的继嗣，但也是衣食无忧，少年在陕西弘道书院求学，后进入圣约翰大学，随后考入清华，成为汤用彤的同学。

在民国初年，就有“一流留美，二流留日”的说法，显然，“学衡派”比“启蒙派”的留学阅历要光亮得多。“学衡派”的几位核心人物，除了年长的柳诒徵之外，都是美国名校毕业，特别是吴宓、汤用彤、张鑫海，都是清华留美预备学校的同学。清华的学生，多富家和官宦子弟，注重学业，仅在谋取个人前途之发展。但吴宓等人，显然有更大的志向，他们对政治无甚兴趣，而对中国文化的前景，十分关心。在清华期间，就组织了天人学会，研讨中西文化。他们对当时的新学与旧学人士，都不甚满意，吴宓在日记中说：“晚近学者，于中国古昔圣贤言论，以及种种事理，多好下新解说，而旧学深邃之士，则诋斥之不遗余力。新旧对峙，无从判决。窃谓时至今日，学说理解，非适合世界现势，不足促国民之进步；尽弃旧物，又失其国性之凭依。唯一两全调和之法，即于旧学说另下新理解，以期有裨实是。”[1]这段话，奠定了后来“学衡派”的文化基调，一方面要“适合世界现势”，另一方面又要避免“失其国性之凭依”，唯一的两全途径，乃是调和中西文化，对传统的中国文化，予以新的理解与诠释。时年吴宓方才十九岁，虽然方向明确，尚不知如何着手，他相信：“此等事业，非能洞悉世界趋势，与中国学术思潮之本源者，不可妄为。他日有是人者，吾将拭目俟之，橐笔随之。”[2]

---

1 吴宓1915年2月15日日记，载吴学昭整理注释：《吴宓日记》第一册，北京：三联书店，1998年，第404页。

2 同上。

这个他愿意追随其后的“人者”，后来他到了哈佛，果然出现了，这便是“学衡派”的精神领袖陈寅恪。

在五四时期，在留美中国学生之中，后来对中国文化与教育最有影响的，当属两个群体：“哥大帮”与“哈佛帮”。前者属于进步主义，后者则是保守主义，在1910年代至1920年代的中国留美学生当中，也有进步主义与保守主义之对立。

“哥大帮”是在哥伦比亚大学求学、拜杜威为师的中国学生。杜威当时是美国进步主义的代表人物之一，其魅力吸引了胡适、蒋梦麟、陶行知等人，据统计，两百六十五位民国教育家当中，有一百四十二位有留学的经历，其中三十四位有在哥大求学的经历。[1]其中包括三任北大校长胡适、蒋梦麟、马寅初，南开校长张伯苓、张彭春兄弟，东南大学两任校长郭炳文、罗家伦，四川大学校长任鸿隽，齐鲁大学校长朱经农，青岛大学校长杨振声，沪江大学校长刘湛恩，金陵大学校长陈裕光，北京女子师范大学校长杨荫榆，北平师范大学校长李蒸，河南大学三任校长凌冰、查良钊、邓萃英，岭南大学首任华人校长钟荣光，安徽大学校长杨亮功等。[2]这些哥大出身的留学生，虽然大多并非杜威的学生，但都共享进步主义的教育理念，具有鲜明的哥大特征。而作为杜威学生的“哥大帮”胡适、蒋梦麟等人，更是与“学衡派”的“哈佛帮”形成强烈的对比与竞争。胡适、蒋梦麟一开始都是学农，后来半途出家，转向人文，带有明显的科学主义思维特征，服膺杜威的实验主义并非偶然。

---

1 陈平原：《老北大的故事》，南京：江苏文艺出版社，1998年，第182页。

2 参见谢长法：《借鉴与融合：留美学生抗战前教育活动研究》，石家庄：河北人民出版社，2001年，第154—155页。

如果说“哥大帮”敬仰的是进步主义的杜威的话，那么“哈佛帮”崇拜的便是保守主义的白璧德。“哈佛帮”的核心成员除了来自清华的吴宓、汤用彤、张鑫海、梁实秋、楼光来之外，还有梅光迪、陈寅恪、俞大维、顾泰来等人。他们不是修白璧德的课，成为白的亲炙弟子，就是与白的思想非常亲近。

在白璧德的学生当中，唯一与他们格格不入的，是来自贫苦的基督教家庭的林语堂，他看不惯“哈佛帮”的贵族精英气，与胡适的新文化气质更接近，他后来嘲笑“哈佛帮”的高傲说：“此辈人以为非哈佛毕业者不是人，非哈佛图书馆之书不是书。知有俗人之俗，而不知有读书人之俗。我见此辈洋腐儒，每每掩袂而笑。”[1] 吴宓将虽然身在哈佛的林语堂视为“胡适、陈独秀之党羽”，“林君独与我辈见解不同”。[2]

在“哈佛帮”之中，在见解和学问上高人一头的，是陈寅恪。吴宓第一次见到他，便为其学识深深折服。吴宓在日记中记载：“陈君学问渊博，识力精到，远非侪辈所能及。而又性情和爽，志行高洁，深为倾倒。”[3] 后来吴宓回忆说：“始宓于民国八年，在美国哈佛大学，得识陈寅恪，当时即惊其博学，而服其卓识。驰书国内诸友，谓‘合中西新旧各种学问而统论之，吾必以寅恪为全中国最博学之人’。……寅恪虽系吾友而实吾师。”[4]

1　林语堂：《哈佛味》，载张明高、范桥编：《林语堂文选》上册，北京：中国广播电视出版社，1990 年，第 367 页。

2　吴宓日记 1920 年 3 月 28 日，《吴宓日记》第二册，第 144 页。

3　吴宓日记 1919 年 3 月 26 日，《吴宓日记》第二册，第 20 页。

4　吴学昭：《吴宓与陈寅恪（增补本）》，北京：三联书店，2014 年，第 144 页。

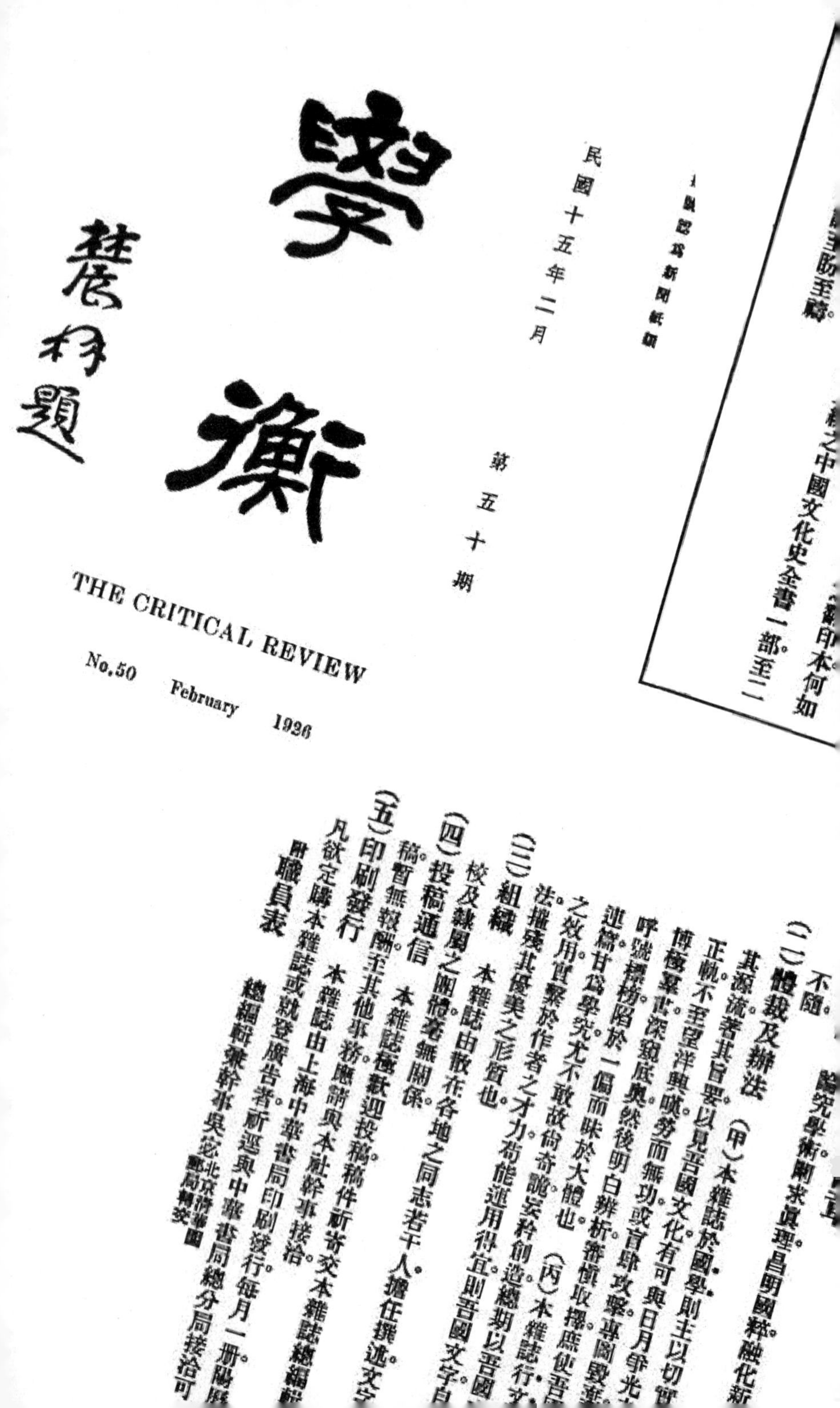

學衡

蕓村題

民國十五年二月

中華郵政認爲新聞紙類

第五十期

THE CRITICAL REVIEW

No.50 February 1926

……論究學術闡求眞理昌明國粹融化新……不隨。

（二）體裁及辦法 （甲）本雜誌於國學。則主以切實……其源流著其旨要以見吾國文化有可與日月爭光……正軌不至望洋興嘆勞而無功或盲肆攻擊專圖毀棄……博極羣書深窺底奧然後明白辨析審愼取擇庶使吾……呼號標榜陷於一偏而昧於大體也 （丙）本雜誌行文……連篇甘爲學究尤不敢故尙奇詭妄矜創造總期以吾國……之效用實繫於作者之才力苟能運用得宜則吾國文字……法擇殘其優美之形質也

（三）組織 本雜誌由散在各地之同志若干人。擔任撰述文字……校及隸屬之關係者無關係。

（四）投稿通信 本雜誌極歡迎投稿。稿件祈寄交本雜誌總編輯……稿暫無報酬。至其他事務。應請與本社幹事接洽。

（五）印刷發行 本雜誌由上海中華書局印刷發行。每月一册……凡欲定購本雜誌或就登廣告者。祈逕與中華書局總分局接洽可……

附職員表 總編輯兼幹事吳宓北京清華園郵局轉交

……之中國文化史全書一部。至二……翻印本何如……

吴宓所言不虚，从吴宓日记记载的与陈寅恪的私下谈话中，可以看到陈寅恪不仅有专深且广博的知识，而且打通古今中西，有超越脱俗的大见识。1919 年年底，陈寅恪在闲聊时对吴宓说 ：“中国古人，素擅长政治与实践伦理学，与罗马人最相似 ；其言道德，惟重实用，不究虚理，其长处短处均在此。长处，即修齐治平之旨，短处，即实事之利害得失，观察过明，而乏精深远大之思。……而救国经世，尤必以精神之学问（谓形而上学）为根基。乃吾国留学生不知研究，且鄙弃之，不自伤其愚陋，皆由偏重实用积习未改之故。此后若中国之实业发达，生计优裕，财源浚辟，则中国人经商营业之长技，可得其用，而中国人，当可为世界之首商。然若冀中国人以学问、美术等之造诣胜人，则决难必也。”[1] 说这番话的时候，陈寅恪未满三十岁，一百年后重温，不得不佩服他的远见卓识。中国文化可以造就一流的商业和技术，富强发达，雄傲天下，唯独过于注重实用，缺乏科学和形而上精神，“专谋以功利机械之事输入，而不图精神之救药，势必至人欲横流，道义沦丧”。[2] 陈寅恪虽然不参与《学衡》的具体事务，但他的观念通过吴宓的中介，奠定了“学衡派”的基本精神。

留美学生的分化，“哥大帮”与“哈佛帮”的分道扬镳，最初并不是进步主义与保守主义的观念分歧，而是从“文化惯习”开始的。这些读英文书、吃洋面包的留洋学生，即使到了美国，依然留有传统文人的习惯，以诗会友，互相唱和。“哈佛帮”喜欢作旧体诗词，吴宓日记当中有多处记载与陈寅恪互赠新诗。陈将诗词写示吴宓之

1　吴宓日记 1919 年 12 月 14 日，《吴宓日记》第二册，第 101 页。

2　同上。

留美學生季報
民國三年夏季第二號
上海中華書局發行
THE CHINESE STUDENTS' QUARTERLY
留美學生季報
The Chinese Students' Quarterly
PUBLISHED BY
THE CHINESE STUDENTS' ALLIANCE, U.S.A.
Entered as Second Class Matter at the U.S. Postal Agency, Shanghai, China, under the Act of Congress of March 3, 1879.
民國六年秋季第三號
Vol. IV, No. 3
September, 1917.
20 cts. (Gold) per copy. 60 cts. per year
留美中國學生會發行
GENERAL OFFICE:

后，即刻撕成碎片，不作保留。但吴宓过目不忘，回家之后，即在日记中诵录。《学衡》创办之后，文苑版的主编是胡先骕，他是南社会员，推崇“同光体”，邀约了众多喜欢宋诗的南社会员在《学衡》发表诗作。然而，在美国留学的胡适却开始尝试用白话写诗，就在1915年陈独秀在上海办《青年杂志》的同时，他在给梅光迪的信中，提出了“文学革命”的主张：“神州文学久枯馁，百年未有健者起。新潮之来不可止，文学革命其时矣！”[1]胡适提出：“诗国革命何自始，要须作诗如作文。”[2]从写作白话诗歌开始。梅光迪与胡适本来是安徽同乡，早在出国之前的上海就认识，成为好友，在美留学期间来往书信不断，争论也不断，梅光迪强烈反对胡适的白话革命的主张，劝胡适：“文章体裁不同，小说词曲固可用白话，诗文则不可。今之欧美，狂澜横流，所谓‘新潮流’者，耳已闻之熟矣，有心人须立定脚根（跟），勿为所摇。”[3]胡适后来说文学革命是被梅光迪逼出来的。

在留美学生当中，最早支持胡适白话文革命的，是女学生陈衡哲，两人以白话诗体互相通信声援，胡适、任鸿隽主编的《留美学生季报》在1917年6月发表了陈衡哲的第一篇白话文小说《一日》，它比鲁迅的《狂人日记》还要早。

胡适以倡导文学革命一夜爆得大名，回国以后与陈独秀一起，掀起了白话文革命与新文化运动大潮。昨天还是齐肩并行的留学好

1　胡适：《逼上梁山：文学革命的开始》，载欧阳哲生编：《胡适文集》第一册，第143页。
2　同上，第144页。
3　梅光迪致胡适（1916年7月24日），沈卫威编著：《“学衡派”编年文事》，南京：南京大学出版社，2015年，第12—13页。

友，今天胡适已经领先一个身位，在国内大出风头，这让自命不凡的梅光迪、吴宓非常眼红妒忌，比传统的保守主义者们还要痛恨胡适。吴宓在《留美学生季报》上发表《论新文化运动》，尖锐批评胡适："近年国内有所谓新文化运动者焉，其持论则务为诡激，专图破坏"，"利用国人一时之意气感情，以自占地步而厚植势力，是则商家广告之术、政党行事之方，而非论究学理、培植文化之本旨"。[1] 吴宓在日记里面记载："此间习文学诸君，学深而品粹者，均莫不痛恨胡、陈之流毒祸世"。"哈佛帮"之中最年轻的张鑫海愤愤地表示：今日吾们"羽翼未成，不可轻飞，他年学问成，同志集，定必与若辈鏖战一番。"[2] 梅光迪与吴宓先后回国，应聘于江南保守主义的重镇东南大学，与已经在东大的其他大将刘伯明、柳诒徵、胡先骕等汇合，创办《学衡》杂志，与新文化运动的堡垒北京大学一南一北，唱对台戏，展开了一场争夺文化话语权的大战。

"学衡派"的新古典主义情怀

文化话语权争夺战的背后，并非仅仅与利益有关，其中涉及深刻的思想观念的分歧。

1920 年代的中国思想界，有理性主义（机械主义和实验主义为主流）、浪漫主义（自然主义）和人文主义（白璧德式的古典人文主义，与近代人道主义有区别）的三大阵营。这三种主义对世界

1　吴宓：《论新文化运动》，载孙尚扬、郭兰芳编：《国故新知论：学衡派文化论著辑要》，北京：中国广播电视出版社，1995 年，第 78、89 页。

2　吴宓日记 1920 年 3 月 28 日，《吴宓日记》第二册，第 144 页。

与人的理解有重大的差异：理性主义将世界视为物理学的机械世界，而人是这个世界的主人，是征服世界的主体。浪漫主义将世界视为一个有机体，而人是有情感和意志、有能动创造性主体的人。而“学衡派”所秉持的古典人文主义更愿意将世界理解为一个有着自然法则的世界，人与世界是和谐的，人要遵循自然法则，自然法与人的内心法则是一致的，主观与客观、理性与情感需要平衡与和谐。

西方自18世纪之后，就走上了背叛自己古典传统的道路，二者相互结合。这两种思潮带来了功利主义、物质主义、滥情主义和人的狂妄自大。而白璧德提倡的新人文主义则是古老的轴心文明在近代的发扬光大，他对古希腊哲学、儒家文明和佛教怀有崇高的敬意，可以医治现代社会的弊端和现代人的心理疾病。因为古希腊文明与儒家文明具有相通性，白璧德在课堂上问中国的学生：“为何我的课你们一听就懂？”梅光迪回答：“因为这些思想二千年前中国就有了。”[1]

五四时期的思想主流，是机械主义与浪漫主义，虽然二者之间有紧张，但构成了五四思想的两歧性之一。在“哈佛帮”看来，西方文明最精髓的部分，是古希腊的人文主义传统，而胡适等人引进的以科学为中心的机械主义和卢梭发端的、滥情式的近代浪漫主义，是西方文明的末流。吴宓在介绍白璧德思想的专文中说：“彼科学的自然主义及感情的自然主义，皆未能以内心之规矩供给吾人，此近世最可悲最可痛之事也。”[2]他在《论新文化运动》一文中更是尖

1　参见段怀清：《白璧德与中国文化》，北京：首都师范大学出版社，2006年，第12页。
2　吴宓：《白璧德之人文主义》，载孙尚扬、郭兰芳编：《国故新知论：学衡派文化论著辑要》，第78、89页。

刻地将胡适他们的主义视为“一家之邪说”:“彼新文化运动之所主张，实专取一家之邪说，于西洋之文化，未视其涯略，未取其精髓，万不足代表西洋文化全体之真相。”[1]与吴宓相呼应，梅光迪也责问胡适等《新青年》众人：“现时吾国人之所谓世界潮流者，果为真正之世界潮流耶？……凡吾国人所盛称之各种主义，奉之为‘世界潮流’者，不过西洋一部分人之主张。其视之漠然，不足介意，或大声以张反对之帜者，实占多数。”[2]

显然，梅光迪夸大了白璧德的影响，即使在20世纪初的西方，最有影响、占据“世界潮流”的是机械主义与浪漫主义，而非他们信奉的古典人文主义。梅光迪、吴宓所生活的年代，正是中西文明激烈冲突的时刻，他们不满传统保守主义的抱残守缺，更鄙视新文化运动健将要将传统全部掀翻。他们对中国古代的文明怀有深切的敬意，试图将中西古典传统融会，将新旧之学贯通，苦于缺乏思想资源。正在焦虑彷徨的时候，这些留美中国学生遭遇到了白璧德的新人文主义，就如同在茫茫大海之中见到了引航的灯塔。梅光迪如此描述第一次读到白璧德著作的情形：“沉浸于托尔斯泰的人道主义之中的我，同样渴盼着在西方文学中能找到某种与古老的儒教传统相通的更为沉稳的人而又有朝气的东西。带着极为虔诚的热情，我反复阅读了白璧德当时所出的三部著作。这些书给我展示出来的是一个崭新的世界，或者说是把旧的世界赋予了新的意义和新的词

1 吴宓：《论新文化运动》，载孙尚扬、郭兰芳编：《国故新知论：学衡派文化论著辑要》，第83页。

2 梅光迪:《自觉与盲从》,载梅铁山编:《梅光迪文存》,武汉:华中师范大学出版社,2011年,第65页。

汇。我第一次意识到要以同样的精神去弥合在过去二十年中中国新旧文化基础上所出现的日趋明显的无情的杂乱无章的断层，我也第一次意识到要以同样的精神和所积累的财富，在这样一个前所未有的关键时刻去加固这个断层。"[1]

古希腊文明、儒家文明和佛教文明都是古代人类的轴心文明，用白璧德的话说，新人文主义就是要"用历史的智慧反对当代的智慧"。[2]特别是他钟爱的古希腊文明之中，人文主义与自然主义是并存的，是西方文明当中最有价值的古典传统。"学衡派"知识分子受到白璧德的影响，同样具有轴心文明的意识，要"用历史的智慧反对当代的智慧"，以新古典主义对抗启蒙运动之中的机械主义和浪漫主义。吴宓在《论新文化运动》之中将孔子、耶稣、释迦牟尼、柏拉图、亚里士多德视为轴心文明的"圣道"。[3]而其中分量最重的，乃是儒家文明与古希腊文明，《学衡》杂志开卷的两位插画人物便是孔子与苏格拉底，并非偶然，乃是刻意安排，意在融合儒家与古希腊文明。

作为"学衡派"的精神领袖，陈寅恪虽然没有修过白璧德的课，但他的思想与白璧德有许多暗合之处。前述陈寅恪对中西文明的见解，认为中国接近古罗马，与古希腊较远，缺乏的是科学的、形而上精神，过于实用。而西方的繁荣来自科学的产生，而非实用的产物。

1　梅光迪：《欧文 · 白璧德：人之师表》，段怀清译，《跨文化对话》第十二期，上海：上海文化出版社，2003 年。

2　梅光迪：《人文主义和现代中国》，载罗岗、陈春艳编：《梅光迪文录》，沈阳：辽宁教育出版社，2001 年，第 218 页。

3　吴宓：《论新文化运动》，载孙尚扬、郭兰芳编：《国故新知论：学衡派文化论著辑要》，第 96 页。

因此中国更需要的是形而上的人文精神。这一看法便与白璧德的思想有异曲同工之妙。后来，陈寅恪在冯友兰的《中国哲学史》的审查报告中提出对中国的传统要有“同情性之了解”，“一方面吸收输入外来之学说，一方面不忘本来民族之地位”。[1]

“学衡派”继承的是晚清曾国藩、张之洞的中体西用的思想传统，但与后者有区别。晚清对西学的开放和了解还是有限的，张之洞以传统的体用二分，将西学限制在工具性、实用性的层次。然而，“学衡派”所处的时代乃是中国向世界全方位开放，这些“新派中的旧派”对西学的了解已经相当深刻，丝毫不亚于胡适这些全盘西化派，他们深知中西之间的异同与各自利弊，“一方面吸收输入外来之学说”，乃是继续以开放的态度对待西学，不分体用，只要是好的尽量吸纳。但这种吸纳乃是建立在自觉的文化主体性基础之上，以“本来民族之地位”来选择和衡量西学，无论是文明比较，还是文化重建，不必固守本民族传统，但不能没有自身的主体意识。

在陈寅恪看来，中国文明如何应对西学的冲击，可以从一千前儒学融合佛教的理学那里获取智慧。就在 1919 年陈寅恪与吴宓的交谈中，陈寅恪分析了佛教入华对儒学起死回生的贡献：“宋儒若程若朱，皆深通佛教者，既喜其义理之高明详尽，足以救中国之缺失，而又忧其用夷变夏也。乃求得两全之法，避其名而居其实，取其珠而还其椟。采佛理之精粹，以之注解四书五经，名为阐明古学，实则吸收异教。声言尊孔辟佛，实则佛之义理，已浸渍濡染，与儒

---

1 陈寅恪《审查报告》，载冯友兰：《中国哲学史》下册，附录陈寅恪《审查报告一》，第 11 页；《审查报告三》第 4—5 页，北京：中华书局，1961 年。

教之宗传，合而为一。此先儒爱国济世之苦心，至可尊敬而曲谅之者也。”[1] 陈寅恪将理学对佛教的吸纳，理解为“避其名而居其实，取其珠而还其椟”，“名为阐明古学，实则吸收异教”，显然，中外轴心文明的第二次大遭遇，儒家对西学的融合，也应该以此开放的态度，一方面“不忘本来民族之地位”，保持中国文明的形式结构，另一方面尽量“吸收输入外来之学说”，这就是陈氏的“旧瓶装新酒”。他对“先儒爱国济世之苦心”，不仅有一种同情性之理解，而且也心有戚戚焉。

与陈寅恪有共鸣的，除了吴宓，还有汤用彤。早在清华读书的时候，汤用彤就对吴宓说：救国有两个途径：“其小者，则以武力图恢复；其大者，则肆力学问，以绝大之魄力，用我国五千年之精神文明，创出一种极有势力之新宗教或新学说，使中国之形式虽亡，而中国之精神、之灵魂永久长存宇宙。”[2] 汤用彤的看法，乃是传统中国士大夫的态度，国家可以亡，但文化不能亡，只要中国文化的精神在新的朝代继续留存，哪怕躯壳是外来的，灵魂依然是中国的。汤用彤回国发表的第一篇文章《评近人之文化研究》，批评了两种看似对立的文化倾向，一种是“排薄国学者”，另一种是“主张保守旧化者”，他指出，二者都是出于膜拜西方近代文明，前者用西方标准对待中国文化，后者同样以西方标准认为中国古已有之。[3] 他提出“融会中西”“接通华梵”，既不排外，也非复古，将中西印

1　吴宓日记 1919 年 12 月 14 日，《吴宓日记》第二册，第 102 页。

2　吴宓日记 1914 年 4 月 6 日，《吴宓日记》第一册，第 331 页。

3　参见汤用彤：《评近人之文化研究》，载孙尚扬、郭兰芳编：《国故新知论：学衡派文化论著辑要》，第 78—96 页。

三大文化置于同等的位置比较研究，但不忘以中国文化为主体本位。汤用彤后来研究的是魏晋南北朝的佛教史，但心里所关怀的，正是儒家文明复兴的大问题。

那么，这些受到了西学系统熏陶的新派知识分子，他们的“旧”究竟体现在何处呢？在笔者看来，比知识更重要的，乃是一种古典情怀。

国家主义派领袖之一李璜晚年在回忆陈寅恪时说：“我近年历阅学术界之纪念陈氏者，大抵集中于其用力学问之勤、学识之富、著作之精，而甚少提及其对国家民族爱护之深与其本于理性，而明辨是非善恶之切，酒酣耳热，顿露激昂，我亲见之，不似象牙塔中人，此其所以后来写出吊王观堂（国维）先生之致挽词而能哀感如此动人也。”[1] 在“学衡派”知识分子当中，真正懂得中国古典人文的，是陈寅恪、柳诒徵、汤用彤等少数几位，像吴宓、梅光迪这些留美学生，其基本知识结构是西方的，乃是以西学比附中学，以白璧德解读孔夫子，其国学知识并非童子功，所知有限，并偶有硬伤。要论传统学问的根底，全然比不上“启蒙派”中的鲁迅，连比胡适都有一段距离。难怪《学衡》一出版，鲁迅就很鄙夷，他随意挑出《学衡》杂志的几处硬伤，讽刺说：“夫所谓《学衡》者，据我看来，实不过聚在‘聚宝之门’左近的几个假古董所放的假豪光，虽然自称为‘衡’，而本身的称星尚且未曾钉好，更何论与他所衡的轻重的是非”，“我所佩服的诸公的只有一点，是这种东西居

1　李璜：《忆陈寅恪登恪昆仲》，转引自汪荣祖：《陈寅恪评传》，南昌：百花洲文艺出版社，1992 年，第 33 页。

然也有发表的勇气”。[1] 不说鲁迅，即使是钱穆，虽然文化立场与“学衡派”一致，也暗示他们知识太新，旧学不行，“欲直接以西洋思想矫正西洋思想”。[2]

吴宓的国学根底不硬，每次聆听陈寅恪高论，都佩服得五体投地，他在日记中说：“宓中国学问，毫无根底，虽自幼孜孜，仍不免浪掷光阴。……今之鄙陋，不登于大雅之堂，仅普通学生之程度，尚安敢以文学为专业号于人哉！”[3] 梅光迪也承认自己的中文不如英文，他的朋友评论说：“他的中文从古文入手，古文的家法，他也不尽守，而他所写的文章的内容，又多半是现代的材料。”[4] 中国的古典传统，虽然无法以知识的形态存在于他们的理性之中，却是以情感的方式沉淀在他们的心灵深处。梅光迪在《人文主义与现代中国》一文中写道：“现代中国人最大的责任就是保存自己的传统文化并维护它的声誉；……它也可能会被中国的某些革命者讽刺为‘中世纪和封建主义的残余物’；可是，对以它的名义发起一场运动的人来说，它应该是一种信仰，一种包含了宗教中所有的痴迷和悲怆的信仰。”[5] 对于“学衡派”知识分子来说，传统不仅是一种知识，更重要的，是一种信念，甚至信仰。他们以一种虔诚的痴迷和悲怆的精神，立志成为中国文化的托命之人。

1927 年王国维的投湖自尽，成为“学衡派”寄托情怀的象征

1　鲁迅：《估〈学衡〉》，载鲁迅：《热风》，北京：人民文学出版社，1973 年，第 71、74 页。
2　钱穆：《国学概论》，北京：商务印书馆，1997 年，第 349 页。
3　吴宓日记 1919 年 4 月 25 日，《吴宓日记》第二册，第 28 页。
4　贺昌群：《哭梅迪生先生》，载罗岗、陈春艳编：《梅光迪文录》，第 265 页。
5　梅光迪：《人文主义与现代中国》，载罗岗、陈春艳编：《梅光迪文录》，第 227 页。

性事件。王国维的死因，传说纷纭，有殉清之说，有恐惧北伐军之说，有罗振玉逼债之说，但作为他的同事与同道，陈寅恪与吴宓相信，王国维为的是殉中国文化。

吴宓在日记中分析说："王先生之死，必为不忍见中国从古传来之文化礼教道德精神，今将日全行澌灭，故而自戕其生"。[1] 陈寅恪的看法更为深切："凡一种文化值衰落之时，为此文化所化之人，必感苦痛，其表现此文化之程量愈宏，则其所受之苦痛亦愈甚；迨既达极深之度，殆非出于自杀无以求一己之心安而义尽也。……盖今日之赤县神州，值数千年未有之巨劫奇变；劫尽变穷，则此文化精神所凝聚之人，安得不与之共命而同尽。此观堂先生所以不得不死，遂为天下后世所极哀而深惜者也。"[2] 陈寅恪的挽词沉重而深切，名为追悼王国维，实为夫子自道，吐露一己之情怀。

吴宓也在日记里面暗自宣誓，当为观堂先生之后："宓固愿以维持中国文化道德礼教之精神为己任者，今敢誓于王先生之灵，他年苟不能实行所志，而溝忍以没；或为中国文化道德礼教之敌所逼迫，义无苟全者，则必当效王先生之行事，从容就死。"[3] 作为中国文化托命之人，他们为文化而生，亦愿为文化而死，而为此殉身的王国维，成了他们的情怀所寄的精神象征。

1 吴宓日记 1927 年 6 月 4 日，《吴宓日记》第三册，第 347 页。

2 陈寅恪：《王观堂先生挽词并序》，《陈寅恪诗集》，北京：清华大学出版社，1993 年，第 10—11 页。

3 吴宓日记 1927 年 6 月 3 日，《吴宓日记》第三册，第 346 页。

理学知识分子VS.文人知识分子

“学衡派”知识分子的精神世界渊源于何处？陈寅恪在冯友兰的《中国哲学史》的《审查报告三》中自称“平生为不古不今之学，思想囿于咸丰同治之世，议论近乎湘乡南皮之间”，这段话清晰地表明，其精神脉络来自清末的曾国藩、张之洞。

之前我对晚清变革派士大夫的研究，分析过官僚士大夫（曾国藩、张之洞）和文人士大夫（康有为、梁启超）两条不同的脉络。前者是体制里面的温和变革派，其核心思想是中体西用，引入西方的器械、工艺和法政，作为其用，但儒家的圣人之道作为中华文明之体，绝不容动摇。文人士大夫是体制边缘的激进变革派，不仅在制度层面追求全变、速变，而且要在儒学内部发起一场马丁·路德式的新教革命，重新塑造儒教的精神。[1]这两条精神脉络，到了民国初年，有各自清晰的代际传承：陈独秀、胡适等“启蒙派”知识分子继承的是晚清的文人士大夫传统，从激进的政治变革转向了更激进的文学革命和思想启蒙，而“学衡派”知识分子则是隔代传承，处于曾国藩、张之洞那一代温和变革的延长线上。

康有为、梁启超这些戊戌年间的文人士大夫，到了民国初年，当更为新潮的第一代知识分子出现之后，成了半新半旧的“旧派中的新派”。有意思的是，作为“新派中的旧派”，“学衡派”知识分子在精神气质上与“旧派中的新派”格格不入，他们属于两种不同

1　详见作者：《在“理”与“势”之间：晚清官僚士大夫的“自改革”》，《探索与争鸣》，2019 年第 10 期；《戊戌期间文人士大夫与官僚士大夫的世代交替》，《史林》，2019 年第 6 期。

类型的读书人。简单地说，“学衡派”继续湘乡南皮的官僚士大夫传统，成了“新派士大夫”，知识是新的，但精神气质依然是士大夫的；而在民国初年曾经争夺过话语霸权的两代启蒙者，反而是属于同一类型，都是具有浪漫文人气质的知识分子，只是康、梁这一代是文人士大夫，而陈独秀、胡适这一代是文人知识分子。

对于这两种不同的精神脉络，陈寅恪在谈到晚清变法的时候，曾经有过一段耐人寻味的话：“当时之言变法者，盖有不同之二源，未可混一论之也。咸丰之世，先祖亦应进士举，居京师，亲见圆明园干霄之火，痛苦南归，其后治军治民，益知中国旧法之不可不变。……至南海康先生治今文公羊之学，附会孔子改制以言变法。其与历验世务欲借镜西国以变神州旧法者，本自不同。故先祖先君见义乌朱鼎甫先生一新《无邪堂答问》驳斥南海公羊春秋之说，深以为然。据是可知余家之主变法，其思想源流之所在矣。”[1]

陈寅恪提到的先祖是湖南巡抚陈宝箴，虽然他在戊戌维新年间扶植维新派在长沙办时务学堂，但与后者并不属于同一路人，对康有为搞的儒学新教革命是有保留的。陈宝箴承继的是咸丰同治年间官僚士大夫的变革路线，与文人士大夫的浪漫而激进的变法大异其趣。不仅如此，他们各自的学术传统也是迥然有别，不仅有古文经学和今文经学的对立，而且在义理层面的精神世界，曾国藩、张之洞、陈宝箴是正统的理学传统，而康、梁更偏向王阳明的心学传统。

“学衡派”知识分子自命继承的是从理学到曾国藩、张之洞的

1 陈寅恪：《吴其昌撰梁启超传书后》，载陈寅恪：《寒柳堂集》，北京：三联书店，2001 年，第 167 页。

理学士大夫淳厚之风，即陈寅恪所说的“咸丰同治”“湘乡南皮”之遗风。陈寅恪对两宋理学的评价甚至高，他认为：“尝谓自北宋以后援儒入释之理学，皆‘格义’之流也。……以其为我民族与他民族二种不同思想初次之混合品，在吾国哲学史上尤不可不纪。”[1]他在1919年的那次与吴宓的著名交谈中，明确说：“自得佛教之裨助，而中国之学问，立时增长元气，别开生面。故宋、元之学问、文艺均大盛，而以朱子集其大成。朱子之在中国，犹西洋中世之Thomas Aquinas，其功之不可没。”[2]从朱熹的两宋理学到晚清的湘乡南皮，“学衡派”继承的是正统的理学传统，只是到了民国，他们不像传统的官僚士大夫那样固守庙堂，而是中经沈曾植、王国维的过渡，转向了学院的象牙塔，成为纯然的学人，从官僚士大夫变为学院知识分子，但精神气质依然是理学知识分子。

与曾国藩、张之洞到陈寅恪、吴宓这一理学士大夫脉络平行的，乃是另一路阳明心学的文人士大夫路线。从龚自珍到康、梁，之前的研究多注意其学术上的今文经学的革命传统，其实，还有另外一条心学的暗线。龚自珍以“自我”为本体的惊骇之论，已经跨越了阳明心学的最后一道“天理”的界限，足足领先了一个时代，到戊戌时期演化为康、梁一代文人士大夫致力于“六经注我”、发动儒学的新教革命的内在精神动力。康有为的教主性格当中有强烈的“自我”意识，这个“自我”既是精神的，又是物欲的，与晚明的精神解放与自然人性思想潮流一脉相传。而谭嗣同激进的仁学，将个人

1　陈寅恪：《支愍度学说考》，载《国立中央研究院历史语言研究所集刊外编第一种：庆祝蔡元培先生六十五岁论文集》，历史语言研究所，1933年1月版。

2　吴宓日记1919年12月14日，《吴宓日记》第二册，第103页。

意志中的“心力”，作为世界的大本大源，用“心力”对抗“天命”。而五四激进的启蒙者，从陈独秀到鲁迅，他们的精神世界中是尼采与王明学的融合，充满了崇拜自我的创造力、浪漫主义的破坏精神和宗教气质的实践勇气。

从戊戌到五四，两代理学知识分子与文人知识分子（张之洞VS. 康有为、“启蒙派”VS.“学衡派”）的对垒，不仅有思想观念和精神气质的差别，也与他们所活动的场域不同有关。曾国藩、李鸿章、张之洞这些庙堂内的官僚士大夫，主要的活动空间在体制之内，从事的是原有的儒家义理和制度框架之下的保守主义改革。而康有为、梁启超这些文人士大夫所领导的变革，他们的身份和活动空间不在庙堂之内，而是民间新起的公共舆论，以舆论掀动天下，因而也带有更多的激进色彩。五四的“新青年们”，所延续的是晚清的文人士大夫传统，五四的启蒙运动带有强烈的浪漫精神和激进心态，陈独秀、胡适、李大钊、周作人等虽然身在学院，但影响皆在社会。而“学衡派”知识分子，所继承的是理学士大夫传统，他们都是东南大学、清华大学高等学府的教授，是学术体制中人，作文为人比较严肃正经，他们非常看不惯陈独秀、胡适等人在思想和气质上的名士派头，那种语不惊人死不休的煽情语言。

且不说思想的分歧，即令是文化的做派，“新青年们”也为“学衡派”所侧目。而在他们看来，这种轻佻、浮夸的作风，正是来自康、梁。柳诒徵在《学衡》上发表《论中国近世之病源》，痛骂自康有为而始的文人习气：“昔《民报》斥康有为曰：康之为人，但使对人说谎，能经五分钟而后为人所觉者，亦必不惮施其谎骗。今者几活动于社会者，人人康有为也。……故在今日，虽似舆论有力，公理渐昌之时，实则舆论毫无价值。为众人所承认者，未必贤；为众人所摈斥者，未必即不肖。”[1] 胡先骕也批评“新青年们”以追逐新奇为时尚：“今之批评家，犹有一习尚焉，则立言务求其新奇，务取其偏激，以骇俗为高尚，以激烈为勇敢。”[2] 与胡适先友后敌、非常眼红与妒忌胡适爆得大名的梅光迪，在《学衡》创刊号上说得更刻薄：“彼等以学问之标准与良知，犹语商贾以道德，娼妓以贞操也。夫以功利名誉之熏心，乃不惜牺牲学问如此，非变相之科学梦而何？”[3]

如果用今天的概念来理解，五四时期的“启蒙派”属于公共知识分子，而“学衡派”是学院知识分子，一个活动的场域在公共舆论，另一个栖身的场域在象牙塔内，本来二者可以各守其道，相安无事。然而，重心究竟放在学院内部，还是公共空间，“学衡派”内部是有分歧的。陈寅恪、汤用彤、柳诒徵等看不起也看不惯陈独秀、胡适等人的学问与做派，不屑与他们为伍，他们非常警惕报业。吴宓在日记里面记载，在美国的时候陈寅恪就反对吴宓进入报业：“来美之时，本以习报业为志，既到此以后，乃知报业专以营业图利为之旨，故巴师及陈君寅恪等，均深鄙报业之一途，而劝宓专学文学，以‘评文者’Critic 自期。”[4] 陈寅恪、汤用彤、柳诒徵、刘伯明等所

1　柳诒徵：《论中国近世之病源》，载孙尚扬、郭兰芳编：《国故新知论：学衡派文化论著辑要》，第 150—151 页。

2　胡先骕：《论批评家之责任》，载孙尚扬、郭兰芳编：《国故新知论：学衡派文化论著辑要》，第 285 页。

3　梅光迪：《评提倡新文化者》，载孙尚扬、郭兰芳编：《国故新知论：学衡派文化论著辑要》，第 75 页。

4　吴宓日记 1919 年 11 月 13 日，《吴宓日记》第二册，第 91 页。

坚守的，是学院内的学术阵地，无论是清华、北大，还是东南大学，他们的志趣与岗位都在学院内部，这是他们要守护的“学术共和国”。饱览朝代更迭、家国兴亡的陈寅恪虽然不问外部之政治，拒绝人间之是非，但在清华期间，几次校内风潮，凡是涉及“学术共和国”内部的重大人事变动，他都是积极的参与者，而且是幕后的主事者。[1]然而，吴宓与梅光迪与他们不同，颇有用世之心。早在清华留美学校读书的时候，吴宓与汤用彤交谈，就立志投身报业，进入公共空间：“他日行事，拟以印刷杂志业，为入手之举。而后造成一是学说，发挥国有文明，沟通东西事理，以熔铸风俗，改进道德，引导社会。”[2]吴宓的志向与胡适相同，不满足于学院生活，更向往成为公共知识分子，以舆论引导社会，只是他们两人观念相反，在同一空间争夺话语权而已。梅光迪虽然对报业兴趣不浓，但他过于眼红胡适的大红大紫，写信动员“哈佛帮”同人一起回国，认为“不应错失任何机会，不应继续允许文化革命者占有有利的文化阵地”。[3]

然而，“学衡派”看错了时代，他们有太强的精英意识，蔑视大众文化。胡适是敏感的，也是聪明的，早在1916年，他就对梅光迪说：“文学在今日不当为少数文人之私产，而当以能普及最大多数之国人为一大能事。”[4]然而，梅光迪固守正统士大夫的传统观念，认为文学与学术都是少数人之事，知识阶级就是知识贵族，“学

1 吴宓日记1927年11月12日记载，在清华校事风潮中，“寅恪乃成为发纵指示之中心人物”，《吴宓日记》第三册，第104页。

2 吴宓日记1915年2月24日，《吴宓日记》第一册，第410页。

3 吴宓致白璧德，载吴学昭编：《吴宓书信集》，北京：三联书店，2011年，第13页。

4 胡适：《逼上梁山：文学革命的开始》，载欧阳哲生编：《胡适文集》第一册，第150—151页。

术上无所谓平等，平民主义之真谛，在提高多数之程度，使其同享高尚文化”。他还相信：“真正学者，为一国学术思想之领袖，文化之前驱，属于少数优秀分子，非多数凡民所能为也。”[1]这些话固然不错，但精英的贵族文化存在于学术象牙塔内，若要走向公共空间，掌控公共舆论，那必须放下身段，将精英的观念化为大众可以接受的语言与方式。然而，“学衡派”知识分子不屑为之，他们在时间（时代）和空间（场域）两个方面都有严重误判，《学衡》杂志不仅内容曲高和寡，而且其语言也疏离文化公众，拒绝用白话文，后来同为白璧德门生的梁实秋颇为《学衡》可惜，“这在当时白话文盛行的时候，很容易被人视为顽固保守”，他认为“人文主义的思想其实并不一定要用文言来表达，用白话一样的可以阐说清楚”。[2]《学衡》不敌新文化，固然因为新古典主义不适合五四的潮流，但形式重于内容，新的一代知识大众不再习惯文言文，转而喜欢白话文。故《学衡》杂志不讨读者的喜欢，它的基本盘一直少得可怜，发行量不过几百本，作为出版方的中华书局忍无可忍，最后不得不与他们终止合作。

梅光迪本来期望回国以后与胡适他们大干一场，决一死战，但没想到新文化运动到了1920年代初已经大获全胜，全然没有将“学衡派”当作对手。胡适在《学衡》出版之始，便在《五十年来中国文学》一文中轻松地说：“今年（1922）南京出了一种《学衡》杂志，登出几个留学生的反对论，也只能谩骂一场，说不出什么理由

1　梅光迪：《论今日吾国学术界之需要》，罗岗、陈春艳编：《梅光迪文录》，第16—18页。

2　梁实秋：《关于白璧德先生及其思想》，香港：《人生》杂志第一四八期，1957年1月，转引自段怀清：《白璧德与中国文化》，第186—187页。

(第四張)

大公報文學副刊

第六十八期

La Revue Littéraire de L'IMPARTIAL

No 68

29 Avril 1929

中國近世歌謠叙錄

知白

從民國七年北京大學徵集全國近世歌謠以來，集與討論成爲一種運動。有兩個大學在於這件事最努力的機關，語言歷史學研究所

(第三張)

大公報文學副刊

第二百七十一期

La Revue Littéraire de L'IMPARTIAL

No 271

来。……《学衡》的议论，大概是反对文学革命的尾声了。我可以大胆说，文学革命已过了讨论的时期，反对党已破产了。”[1] 郑振铎后来也说：学衡派“终于‘时势已非’，他们是来得太晚了一些。新文学运动已成了燎原之势，决非他们的书生的微力所能撼动其万一的了。”[2]

同样站在新文化运动对面的钱穆，后来在《国学概论》中谈到《学衡》时，对其评价也甚低：虽然“与北大胡、陈诸氏所提倡之新文化运动为对抗，然议论芜杂，旗鼓殊不相称”。钱穆的眼光是尖锐的，“学衡派”的短板在于旗鼓不相当，立场坚定，知识有限，负面的杀伤性攻击太猛，而正面的建设性理论过薄，因此无法成为新文化运动真正的对手，构成认真的挑战。

“学衡派”曾经先后拥有东南大学、清华国学研究院、《学衡》杂志和《大公报·文学副刊》四块阵地，两块在学院之内，两块在公共空间，然而随着时势的变化，都先后一一失落。东南大学作为“学衡派”的堡垒，本来是靠副校长刘伯明力撑，1923 年刘去世之后，“学衡派”逐渐在东南大学失势，梅光迪、吴宓、张鑫海等先后离去。随后吴宓参与筹建清华国学研究院，陈寅恪加盟，但未及四年，也停办了。《学衡》杂志惨淡经营了四年，到 1926 年底停刊，虽然后来两次复刊，但几乎没有影响。在《学衡》停刊之后，吴宓在 1927 年应《大公报》总编辑张季鸾之邀，创办《大公报·文学副刊》，本来意在与胡适为首的新文学抗衡，但依然不是后者的对手。

1　胡适：《五十年来中国之文学》，载欧阳哲生编：《胡适文集》第三册，第 261—262 页。

2　郑振铎编：《中国新文学大系·文学论争集》上册导言，上海：良友图书印刷公司，1935 年，第 13 页。

……不裁亦……之心、不欲重開戰禍、以……斷我國脈。信如是也、則南北可以攜手、國家可以統一。兵卽不裁、不過國家多一分養兵費、小民多一分擔負、其爲害猶不烈也。況尚可舉全國之兵編入國防軍與警衛隊。既以鞏我國防、又以控禦強暴。國家不徒有養兵之名、人民實受有兵之禍、吾儕小民、縱胼手胝足、節衣縮食以供給之、亦所甘心。若其不然、則今日裁兵、明日又可召兵。此方減兵、彼方又可增兵。一裁一召、一增一減之間、又不知多費若干手續、經幾許周折。且擁兵者復可藉裁兵之美名、多方勒索、任意報銷、隱隱中又不知爲吾儕小民增若干擔負矣。吾恐國家與人民未受裁兵之惠、且先飽嘗裁兵之禍矣。今姑假定執政者有實行裁兵之決心矣、擁兵者有貳欲

……之前業多橫行無忌、魚肉小民、當……以兵式教練、如虎傅翼、更足以助其作惡之肌、長其干法之心。故卽編入軍隊中、有軍法以畏之、有軍紀以範之、猶時有犯法禍民之舉。設一旦加以遣散、復不爲之另闢生路。是無異於驅一羣餓虎狼於人烟稠密之處、欲其不噬人、不可得矣。人民經此八年之兵禍、已在水深火熱之中、生意蕭條、不堪荼毒、倘再重以散兵之禍、我民其尚有孑遺乎。

夫若後云者、非亡羊補牢、賊去關門之謂。乃綢繆未雨、思患預防之謂也。必待事後而始謀所以善之、姑無論其事過情遷、難收成效。卽能矣、所生之惡果、所受之損失、已失而不可復償、已斷而不可復接。其發生之效力、蓋已微矣。故今日裁兵問題、不應於已裁而謀善後、應於未裁而慎事前。愚非在位、不敢越俎代謀、縱謀之人亦未必聽。然既有所見、又何敢緘默自安。姑忘言之、以供當世之研究。愚以爲今日裁兵、不應將各軍兵士加以遣散、只宜收去、

上事　人類

虽然碍于白话文学的压倒性胜利，吴宓被迫同意《文学副刊》增加新文学、白话文以及新式标点，但最后还是被新文学作家杨振声和沈从文主编的《大公报·文艺副刊》取代。

行为与观念的相悖

张灏教授将从戊戌到五四（1895—1925 年）这三十年视为中国近代思想史上的“转型时代”。[1] 活跃在“转型时代”的三代知识分子——“旧派中的新派”、五四“新青年”和“新派中的旧派”——他们的精神世界都是新旧交杂、半新半旧，内心充满了矛盾。晚清的过来人“旧派中的新派”诚如列文森所分析的，是理智上面向西方，情感上依恋传统。[2] 五四一代“新青年”观念上是新的，但在私人领域的行为依然是旧式的，比如胡适与鲁迅对待母亲的包办婚姻的屈从态度。同样地，在“新派中的旧派”中的吴宓、梅光迪那里也可以看到，他们的观念是古典的，要“维持中国文化道德礼教之精神”，但在具体的行为模式上却比他们所反对的“新青年们”更违背礼教之精神，更像一个时尚的新潮人物。

“哈佛帮”都有炽热的家国天下情怀，在美国时波士顿的中国留学生激愤于袁世凯政府屈从于日本“二十一条”，成立了国防会的学生组织，陈寅恪、吴宓等加入，但两人的态度迥然不同。陈寅恪相信“读书救国”，希望为危亡的中国保留文化的火种，不参与

1　参见张灏：《中国近代史的转型时代》，载张灏：《幽暗意识与民主传统》，第 134—152 页。

2　参见列文森：《梁启超与中国近代思想》，刘伟、刘丽译，成都：四川人民出版社，1986 年，第 3—17 页。

实际的政治活动，但吴宓却热衷此道，忙于为会刊《民心周报》组稿。虽然陈寅恪、汤用彤、张鑫海等再三劝说吴宓不要为此花费太多时间，但他承认："诸人之道理，宓尽通晓；然宓虽为俗事，确无一点俗心。宓每念国家危亡荼苦情形，神魂俱碎，非自己每日有所作为，则心不安。"[1]读吴宓的日记，经常可以看到他在学术与政治之间游移不定的矛盾心理。他懂得"读书乃极乐之事"，惭愧自己半个月忙于俗务，未读一页之书，"琐屑杂事，人人能办，必以之加于能读书者之身，妨害其修身学行之大业，夫亦世事之不平者哉！"[2]

从美国留学到回国以后，吴宓一直在学院与舆论、学业与俗务之间挣扎，他是读书人，对读书有天生的乐趣，但又放不下世俗的功名诱惑。他有两个对标的人物，一个是他所崇拜的陈寅恪，另一个是他反对的胡适。陈寅恪让他自惭形秽，几次发誓"宓回国后，作事之外，日必专以短时，治中西学问"。[3]然而，胡适在俗名上的巨大成功，又让他不甘人后，欲与胡适一比高下。功名上的诱惑，在吴宓的内心里，又被合理化为一种崇高的使命感，似乎自己是为国家与社会而自我牺牲。一方面想成为陈寅恪那样自得其乐的学院读书人，另一方面又羡慕胡适那样能够影响天下的公共知识分子，在二者之间，他一个也不能割舍："宓不幸，则欲二者兼之。心爱中国旧日礼教道德之理想，而又思以西方积极活动之新方法，维持并发展此理想，遂不得不重效率，不得不计成绩，不得不谋事功。"[4]

---

1 吴宓日记 1920 年 1 月 31 日，《吴宓日记》第二册，第 126 页。
2 吴宓日记 1920 年 7 月 1 日，《吴宓日记》第二册，第 176 页。
3 吴宓日记 1919 年 4 月 25 日，《吴宓日记》第二册，第 28 页。
4 吴宓日记 1927 年 6 月 14 日，《吴宓日记》第三册，第 355 页。

传统的礼教道德是理想主义的，而新式的入世精神是功利主义的，儒家的修身和经世的两面性格，到了五四时期，在“新派中的旧派”这里，演化为中与西、旧与新之间的紧张冲突，让吴宓感到自己好像同时骑在两匹奔驰的烈马上，“二马分道而奔，则宓将受车裂之刑矣。此宓生之悲剧也”。[1] 类似在学术与政治之间的挣扎，是现代中国知识分子的普遍精神现象。[2] 但在吴宓身上特别典型，而且很少有人像他这样有敏锐的自我感觉和深切的触心之痛，读了其日记中弥漫不绝的自怨自艾，不能不令人扼腕。

在“学衡派”群体之中，大多数是纯然学人，比较超脱，唯独吴宓与梅光迪有领袖欲，功名心重，最初两人因为有共同的敌人而成为同一条战壕的朋友，但很快就围绕着由谁掌控《学衡》杂志而发生了尖锐的矛盾。本来梅光迪是《学衡》的始作俑者，最初杂志是分栏目编辑制，并不设主编，吴宓的身份则是“集稿员”。梅光迪好高骛远，不耐俗务，吴宓评论他“好为高论，而无工作能力”。[3] 相比较梅光迪，吴宓任劳任怨，愿干实事，渐渐地《学衡》的所有编务几乎由他一手包办，吴宓也理所当然地成了《学衡》主编，杂志成了他的个人事业。梅光迪对此极为不满，从第二年起就不再供稿，到处对人说：“《学衡》内容愈来愈坏，我与此杂志早无关系矣！”[4] 不仅与梅光迪，吴宓与胡先骕、邵祖平等其他《学衡》编辑

1　吴宓日记 1927 年 6 月 4 日，《吴宓日记》第三册，第 355 页。

2　参见作者：《入世与出世：进退维谷的两难困境》，载作者：《安身立命：大时代中的知识人》，上海：上海人民出版社，2019 年，第 423—439 页。

3　吴学昭整理：《吴宓自编年谱》，北京：三联书店，1995 年，第 235 页。

4　同上。

也先后闹翻，杂志内部矛盾重重，几乎无以为继，只能由吴宓自掏腰包，补贴编辑费用。好友张鑫海劝他“办《学衡》为‘吃力不讨好’，不如不办”，[1]陈寅恪也表态说：“《学衡》无影响于社会，理当停办。”[2]吴宓欲哭无泪，在日记中自吐苦水：“以宓之辛苦致力，而世局时变，江河日下，阻逆横生。所经营之事业终于破坏，同志友朋，均受社会排斥，秉其学德志节，归于日暮途穷之境。可痛苦之事，孰有甚于此？”[3]

陈寅恪说“《学衡》无影响于社会”，其原因不仅在于杂志的内容和语言与时代相悖，更是因为在创刊之初，吴宓、梅光迪急于与胡适、陈独秀争夺话语权，其批判的声调过于尖刻，“政客”“商贾”“娼妓”“邪说”之类攻击性语言比比皆是，“新青年们”倒是难得的大度，没有反唇相讥，不以他们为对手，宽容了失意者。但旁观的读者很有点看不下去。同是留美学生的邱昌渭读了吴宓的《论新文化运动》，在《留美学生季报》上发表驳论，提醒吴宓：“所有不能采取的学说，或你以为不可采取的学说，请勿目为‘邪说’，因为西洋学说不是‘白莲教’‘张天师’类的学说。”[4]邱昌渭是胡适一边的人，看不惯吴宓的谩骂自不奇怪，但即使是“学衡派”的学生辈，也不赞成梅光迪、吴宓他们的论战方式。东南大学毕业的胡梦华表示：“虽然我却深信《学衡》里面所提倡的人文主义确有存

1 吴宓日记 1925 年 5 月 25 日，《吴宓日记》第三册，第 28 页。

2 吴宓日记 1926 年 11 月 16 日，《吴宓日记》第三册，第 251 页。

3 同上，第 252 页。

4 邱昌渭：《论新文化运动：答吴宓君》，《留美学生季报》第八卷第四号，转引自沈卫威编著：《“学衡派”编年文事》，南京：南京大学出版社，2015 年，第 38—39 页。

在之价值与一部分之信仰者”，“然现在《学衡》里的文章破坏多而建设少，似犹不能负此大任”，因为“以喻建设学术上之主义，欲其光大发扬，固不在攻击他人学说，乃在宣传自己学说。若想人家抛弃别的信仰，来服从我的主义，只能说出我自己主义的好处，不必攻击他人主义的不好”。[1]

中国的传统道德是“君子不出恶言”，在与“学衡派”的话语交往之中，“新青年们”这边做到了，即使有批评，也是对事不对人，尊重对方的人格，反而以守护“中国文化道德礼教之精神”为己任的吴宓、梅光迪，表现得非常失态，与陈寅恪、汤用彤、柳诒徵这些纯粹学人相比，在格调上低了一个层次。吴宓在公开文章当中尚属尽量克制，在其日记之中，对新文化运动的诅咒之语比比皆是，比如1919年12月30日写道：“新文学”者，“乱国之文学也”，“土匪文学也”，“今中国之以土匪得志者多，故人人思为土匪”。[2]次年5月1日日记记载：“目今，沧海横流，豺狼当道。胡适、陈独秀之伦，盘踞京都，势焰熏天，专以推锄异己为己事。”[3]在私人日记里情绪发泄，自然可以理解，但可以从中窥见一个人的修养高下。吴宓以儒家的道德修身标榜于世，而在日记里气度之狭隘，远远无法与同样写日记的胡适、梁漱溟相比。有真性情者未必是君子，吴宓攻击胡适这些“土匪”“专以推锄异己为己事”，读了这些话，却很让人怀疑假如有朝一日他们得势，是否更加不宽容，容不了异己？这并

1　胡梦华：《评〈学衡〉》，原载胡梦华、吴淑贞：《表现的鉴赏》，上海：现代书局，1928年，转引自沈卫威：《情僧苦行：吴宓传》，北京：东方出版社，2000年，第81页。

2　吴宓日记1919年12月30日，《吴宓日记》第二册，第115页。

3　吴宓日记1920年5月1日，《吴宓日记》第二册，第161页。

非杞人忧天，吴宓在《自编年谱》之中承认，当年《学衡》的“敌对者”，除了胡适、陈独秀、鲁迅等“新青年”之外，还有三个群体：茅盾为首的文学研究会、邵力子为主编的《学灯（副刊）》、郭沫若为代表的创造社。[1]《学衡》可谓是四面除出击、八方为敌，不是因为他们的新人文主义主张，而是咄咄逼人的不容人姿态，让他们成了孤家寡人。

中国文化的真精神，不仅是抽象的学说，而且是活生生的道德人格。陈寅恪的一生，文章学问与公私道德，皆为公认的楷模。相形之下，梅光迪与吴宓不仅公德有亏，而且在私德上也多有为时人诟病之处。先说梅光迪。吴宓批评他是一个“极端个人主义者与享乐主义者”，[2]原本有妻儿的梅光迪在东南大学任教时与女学生李今英热恋，成为校内一大绯闻。移情别恋，倘若发生在徐志摩这样的新派浪漫主义者身上，或许可以冠以精神解放、恋爱自由的美名，但梅光迪以反对浪漫主义、提倡传统道德著称，其观念与行为之间偌大的反差，大大败坏了“新派中的旧派”的名声。无独有偶，吴宓抛弃发妻，追求朋友之未婚妻毛彦文，更是民国知识界的轰动性绯闻。多少朋友劝阻吴宓万万不可，朱自清告诉他，“外人大都以宓离婚为奇怪，以为与宓平时之学说不合”。[3]吴宓的学生郭斌龢专门写信，劝老师“为《学衡》计，为人文主义计，为白师计，为理想道德事业计，均应与心一复合”。[4]

---

1 吴学昭整理：《吴宓自编年谱》，第 235 页。

2 同上。

3 吴宓日记 1929 年 12 月 31 日，《吴宓日记》第四册，第 313 页。

4 吴宓日记 1930 年 5 月 15 日，《吴宓日记》第五册，第 72 页。

吴宓身为《学衡》杂志的领袖与新人文主义的旗帜性人物，他的举动对“学衡派”正人君子的古典形象杀伤力甚大，为世人落下了“假道学”的口实。因此保守主义阵营，几乎全体动员，都来劝说吴宓，贺麟再三对吴宓说：“由是可返于 classical，而使《学衡》之事业主张与宓之生活行为前后一致，名誉完美。”[1] 然而，吴宓犹如情魔缠身，不肯回头。陈寅恪对他看得比较透彻：“昔在美国初识宓时，即知宓本性浪漫，惟为旧礼教、旧道德之学说所拘系，感情不得发舒，积久而濒于破裂。”[2] 吴宓本性是一位浪漫的传统文人，从小喜欢读《红楼梦》，自比为多愁善感的贾宝玉。他的学生温源宁一眼看穿了其表象背后的本性：“他承认自己是热心的人道主义者、古典主义者，不过，从气质上看，他是个彻头彻尾的浪漫主义者。”[3] 偏偏这位传统的浪漫才子，接受了白璧德的古典人文主义思想，在理性上反对近代的浪漫主义，鼓吹束缚他内心情感的旧式礼教，但又理不胜欲，抽象的理论观念无法匹敌被新时代释放出来的喷薄情欲。

吴宓在给女友张尔琼的信中如此倾诉内心的情怀：“我一生最倾心的是爱情与宗教。……在未死之前，爱情必至完全无望之后，乃静心皈依宗教。我的文学，我的生活，皆不外爱情、宗教二者之表现。此外一切，都不深系我心。”[4] 视爱情若宗教，这是西方的骑士精神。然而，笨拙的吴宓徒有骑士的浪漫幻想，并无骑士的浪漫

1　吴宓日记 1931 年 7 月 23 日，《吴宓日记》第五册，第 418 页。
2　吴宓日记 1930 年 4 月 22 日，《吴宓日记》第五册，第 60 页。
3　温源宁：《一知半解及其他》，沈阳：辽宁教育出版社，2001 年，第 6 页。
4　吴宓日记 1941 年 5 月 29 日，《吴宓日记》第八册，第 91 页。

风度。他与徐志摩不同，因为受到旧式礼教的观念束缚，不敢痛快淋漓地展现自己的浪漫情感，只敢偷偷幻想，暗自追求。除了毛彦文之外，他所爱过的十多位年轻女子，多是受过现代文化熏陶的新女性。同为清华英文教授的罗伯特·温德劝他："浪漫之爱，不但虚幻，且已为过去时代之陈腐观念，故宓不当受到其影响，与中国今日之新派人物同一错误。"[1] 张季鸾更是直言相告："以穷秀才当拥黄面婆而自乐其乐为言，且谓宓之性情不适于现代时髦女子，角逐情场，必失败而痛苦。"[2] 吴宓处于各种包围之中，内心煎熬，理性上的新人文主义与传统礼教，同情感上的中西浪漫主义之间发生了激烈的天人交战，最终还是情感战胜了理性，放纵自己的怪诞，以拙劣的方式毁弃了自己的人设，也连带伤害了新古典主义者的人格形象。

在五四时期，"启蒙派"知识分子活跃于民间的公共舆论，"学衡派"知识分子固守于学院的"新庙堂"。陈寅恪、汤用彤、柳诒徵等坚持的，是文化的贵族气质与精英传统，他们讨厌恶俗的平民文化，不满文化迁就于底层阶级，讨好大众的喜好，其守护的白璧德的新人文主义古典精神与"新青年们"的近代启蒙思想构成了有价值的平衡，他们所继承的晚清理学士大夫传统与五四知识分子的浪漫文人传统也形成了鲜明的对照。本来，学院是他们最好的家园与栖身之地，但梅光迪、吴宓等不甘寂寞，要走出学院，在公共空

1　吴宓日记 1929 年 4 月 24 日，《吴宓日记》第四册，第 245 页。
2　吴宓日记 1930 年 1 月 12 日，《吴宓日记》第五册，第 8 页。

间与“新青年们”争夺舆论的话语权，这便导致了时间与空间的双重错置。五四之后，一个平民的世俗化时代已经到来，白话文替代文言文、主义战胜学理、大众文化压倒精英文化、平民精神打败贵族精神，成为不可逆之大势。固守轴心文明传统的“学衡派”，终究抵不过启蒙知识分子所造就的时代大潮。“新派中的旧派”与“旧派中的新派”一样，最终殊途同归，被日趋边缘化。然而，思想与精神永远具有超越具体时空的价值，到了八十年后的世纪之交，当近代的启蒙大获全胜而显现其负面性的时候，这些不合时宜的唐·吉诃德，被重新发掘出来，他们的新古典人文主义思想与传统的士大夫精神，反而具有了难得的批判性价值，而被世人所重视，从而在近代中国知识分子的精神史上，获得了一个不可或缺的位置。

延伸阅读

吴学昭：《吴宓与陈寅恪（增补本）》，北京：三联书店，2014 年。

段怀清：《白璧德与中国文化》，北京：首都师范大学出版社，2006 年。

沈卫威：《情僧苦行：吴宓传》，北京：东方出版社，2000 年。

第九章

『大革命』和『一二九』两代革命知识分子

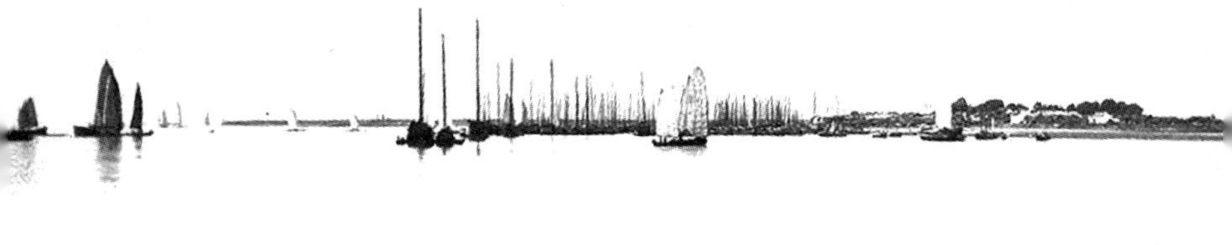

1988	1931	1976	1986	1988
1894	1901	1903	1904	1907

叶圣陶

蒋光慈

冯雪峰

丁玲

萧军

1989

1908

周扬

1977

1912

何其芳

1995

1914

杨沫

2009

1915

杨宪益

2002

1917

韦君宜

2008

1920

王元化

在1949年之前的中共历史上，曾经有三代典型的革命知识分子，第一代是五四时期的创党知识分子，第二代是“大革命”失败前后的“大革命”知识分子，第三代是抗战爆发前后的“一二九”知识分子。

政治与文化层面的知识分子的代际更替，虽然取决于年龄的差异，但更重要的是与政治与文化的时代氛围有关，特别是某一个重大的历史事件。

三代革命知识分子，显然定位于现代中国历史上的三个重大的历史转折点——1919年的五四运动、1925—1927年的国民大革命和1935年的“一二九”运动，由此形成“创党”和“大革命”及“一二九”这三代革命知识分子。[1]

关于创党知识分子，笔者已经有专文论述，本章将重点讨论“大革命”与“一二九”两代知识分子，从年龄结构而言，差距仅在十年左右，也共享大的政治文化背景，两代人有许多共同点，但他们的家庭背景和走上革命道路的动机是有微妙差别的。

本章将通过比较两代革命知识分子的异同，着重探讨这些重要的问题——

什么样的知识分子会走上革命的道路？

这与他们的家庭背景、少年经历和早年心理有什么关系？

---

1 “一二九”一代革命知识分子，在中共历史上也被称为“三八式”干部，即抗战初期加入革命的人士，多为有知识、有文化的知识分子。本章为了突出重大历史事件对于革命知识分子的影响，同时考虑到在抗战爆发之前的“一二九”运动前后，已经有大量知识分子加入抗日运动和中国的外围组织中华民族解放先锋队（简称“民先”），故将之称为“一二九”一代知识分子。

影响他们成为左翼青年的是什么样的学校、社群和老师？

知识分子具有什么样的内在气质，最容易成为革命者？

为什么中共的信仰力和组织力，对他们构成了巨大的神魅性？

革命知识分子身上天然具有的反权威、反束缚的无政府主义倾向，又如何与布尔什维克的党性构成了紧张与冲突，最后走上了自我改造之路？

家庭与少年经历

在同一个时代氛围生长的青年知识分子，为什么后来会发生分化，有的成为自由主义者，而有的走上革命道路？关于这个问题，自然受制于众多思想、社会和政治的因素，但是早年的家庭出身和少年经历并非不重要。一个人成年以后的人格，从某种意义上说，早在他的少年时代，就已经被打下了深刻的烙印。

革命知识分子大多出生于什么样的家庭？虽然笔者没有做过量化统计，但以接触到的大量个案，发现他们中的大部分人有一个共同的特点：破落的富家子弟出身。

贫家子弟也会参加革命，那是两把菜刀闹革命，并非读书人出身。在革命知识分子当中，虽然也有来自底层的贫寒家庭，但人数不多，不具有典范的意义。而一般的富家子弟，家里早就为他们安排好锦绣前程，或者出国读书，或者在国内名校深造，通常也很少自弃前途，选择有巨大风险的革命事业。一直要等到“九一八”以后国破家亡，特别是“一二九”运动的刺激，华北之大，再也放不下一张平静的书桌，燕京、清华和北大的富家子弟们，才出现大规模的投身抗日、走上革命之路的群体性现象，这就是“一二九”一代知识分子。但在这之前，这种群体性现象并不存在。

那么，为什么是破落的富家子弟最容易成为激进的左翼知识分子呢？鲁迅曾经说过一句沉痛的话：“有谁从小康人家而坠入困顿的么，我以为在这途路中，大概可以看见世人的真面目。”[1]祖上曾经阔过，然后家道中落，从上层跌落，与平民为伍，从此饱受家族和乡人由奉承到奚落的态度变化，那种心理落差，不要说大人，连小孩都有世态炎凉的感受。在各种失落、愤懑之中，最容易培育出极端的性格和革命的情绪。

与鲁迅同时代的读书人瞿秋白，生于常州城里出了名的官宦世家，然而，传到瞿秋白父亲一辈，开始家道中落，家里渐渐坐吃山空，债台高筑。母亲在他十七岁那年的正月初五自杀而死。年轻的瞿秋白因此受到极大的刺激。在他看来，这不是他个人与家庭的悲剧，而是整个旧士大夫阶级的没落。这个在传统社会最为富贵、最有尊严的特权阶级，到了清末民初，已经全然沉没：科举制度的废除，让其不再有繁衍的空间；社会结构的改变，新兴工商阶级的崛起，让乡村的士绅们脸面扫尽，只落得一个“穷”，被驱逐到庞大的游民阶级队伍之中。瞿秋白后来说：“我的诞生地，就在这颠危簸荡的社会组织中破产的‘士的阶级’之一家族里，这种最畸形的社会地位，濒于破产死灭的一种病的状态，绝对和我心灵的‘内在

1 鲁迅《呐喊 · 自序》，载鲁迅：《呐喊》，北京：人民文学出版社，1973年，第1页。

要求’相矛盾，于是痛，苦，愁，惨，与我生以俱来。”[1]

不唯五四一代激进知识分子如此，后来的两代革命知识分子当中，亦多为破落的富家子弟。瞿秋白在上海大学的学生丁玲，原先生于湖南常德安福县首屈一指的大户人家，但丁玲的父亲是个纨绔子弟，分家之后，坐吃山空，给丁玲留下的印象总是躺在床榻上抽鸦片。丁玲晚年回忆说：“总是讲蒋家过去怎么样显赫，有钱有势，有派头，可是我眼睛看见的，身临其境的，都是破败不堪，都是世态炎凉。”[2] 对于家庭的阴暗记忆，让丁玲的心里“燃起了一盆火”，她承认，“我走向革命，就是从这一盆火出发的”。[3] 温馨的小家庭多会孕育出充满爱心和宽容的自由知识分子，而封建的大家族更容易造就叛逆的革命者。丁玲与冰心是1930年代初最出名的女作家，一个是内心充满着苦闷、仇恨和激愤，另一个是笔下流淌着童心、温馨和爱意，她们两个截然不同的写作风格显然与不同的家庭氛围有着密切的关系。

以小说《青春之歌》而出名的女作家杨沫生于京城名门，父亲是私立商科大学新华大学校长，很会经商赚钱，但娶了好几个小妾，父母亲因此而经常吵架，对子女形同陌生人，不闻不问。杨沫、白杨（著名左翼电影演员）几个孩子如同孤儿一般，衣衫褴褛，浑身长满虱子，整天与街头捡煤渣的流浪儿混在一起。杨沫渴望温馨的

1　瞿秋白：《饿乡纪程（新俄国游记）》，载文木、郁华编：《瞿秋白散文》上册，北京：中国广播电视出版社，1997年，第11页。

2　1985年9月丁玲谈童年，引自李向东、王增如：《丁玲传》上册，北京：中国大百科全书出版社，2015年，第3—4页。

3　许杨清、宗诚编：《丁玲自传》，南京：江苏文艺出版社，1996年，第4页。

家，渴望爱，先是与北大学生张中行同居，但内心充满着骚动不安。有着波希米亚气质的杨沫，不满足于市民阶级的安逸生活，他的儿子老鬼如此描述："她渴望投身到一个伟大运动中，给自己的生命注入价值，即使危险丛生，也比这种灰色平庸的小布尔乔亚生活有意思。"[1]最后杨沫离开了张中行，加入革命队伍，找到了一个热血沸腾的"新家"。

与杨沫的经历相仿，在"一二九"之后就加入中共、后来以独立研究党史而闻名的司马璐，母亲是江苏海安的富家千金，与当地的名医私通，生下了司马璐之后，含愧吞金自杀。司马璐被另一家马姓的大户收养，但家族开会，宣布司马璐不是马家人，不得继承家产，不得入马家祠堂。司马璐十二岁就外出当学徒，后来在街头流浪，但喜欢读书看报。要饭的时候，还要讨旧书旧报纸阅读，让街坊觉得他是一个"小疯子"。后来他到了镇江，进入由左派人士主办的"私立镇江流通图书馆"，与左翼青年组织读书会，读了大量红色书籍，感觉终于找到了家。抗战前夕，他在上海秘密加入了中共。在对着镰刀斧头的党旗宣誓的时候，司马璐兴奋极了："我从小是个孤儿没有家，现在终于有了一个'家'了，我现在是属于革命，属于党的儿女，党就是我们的大家庭啊！"[2]司马璐参加革命的心理动力，显然与少年时期那段被两个家庭抛弃的孤儿经历有关，他流浪街头的时候连流浪狗都要欺负他，他一直想找到自己的"家"，一个可以遮风挡雨、给他生存力量和生活意义的"家"。心理上的

1 老鬼：《母亲杨沫》，武汉：长江文艺出版社，2005年，第33页。
2 司马璐：《中共历史的见证：司马璐回忆录》，香港：明镜出版社，2004年，第51页。

孤苦伶仃、对温暖共同体的热切渴望，正是流浪读书人纷纷投入革命怀抱的原因所在。

除了家道中落之外，还有两个家庭的因素很能刺激少年走向性格偏激乃至革命，那就是反抗父权与逃避包办婚姻。不少革命者的少年时代，都有一个残暴的父亲。从东北来到上海的左翼作家萧红、萧军夫妇，之所以会走到一起，除了文学的爱好之外，还有一个共同的经历：童年时缺少父母之爱。萧军在母亲生下他七个月的时候就因为丈夫的家暴而吞食鸦片自杀，临死前也往小萧军嘴里塞了许多鸦片，但他竟然活了过来。懂事以后，他想念母亲，痛恨父亲，“在我那时的观念中，不独‘母亲’这两个字的意义对于我是无关的，‘父亲’这两个字的意义对于我更是无关的”。坏脾气的父亲经常毒打他，让他的自尊心受到很大伤害，从小萌生了反抗的精神和与父亲同样的极端性格，内心充满了复仇愿望：“一颗小小的复仇的灵魂，它开始由柔软到坚硬，由晦暗到晶明，在我的血液中被滋养，被壮大起来。”[1] 萧红也是，母亲早逝，继母对她冷漠，父亲经常训斥他，唯有年老的祖父宠爱她，因而家对她来说是一个陌生而冷漠的存在，她早早就有出走的愿望，渴望得到男人的爱，有家庭的庇护和温暖。这也让她后来的感情生活跌宕起伏，屡遭不幸。

渴望爱，渴望被关怀，渴望一个高大的、可为自己遮风挡雨的“父亲”，这些心理因素都是这些精神孤儿后来为中共吸引、热切加入组织的早年心理动因。组织是家庭的替代物，领袖就是“精神的父亲”，何其芳生于四川万县的富贵大族，父亲教育儿女的方

1 萧军：《我的童年》，载萧军：《萧军全集》第十卷，北京：华夏出版社，2008 年，第 5、7 页。

式简单而粗暴，稍有不从或过错，便是打骂。何其芳因此从小性格压抑，有无可名状的孤独感。因为父爱的缺席，内心一直有强烈的“寻父”情结。后来，他到延安，第一次见到毛泽东，便被有着强大精神魅力的领袖所吸引，崇拜得五体投地，视为“精神的父亲”，这无疑与少年时代的父爱缺失有密切的关系。

除了反抗父权，另一个因素是逃避包办婚姻。传统的婚姻，是为家族娶妻嫁汉，与个人的感情无关。这一持续了两三千年的包办婚姻到了五四时代，终于让追求个人自由的年轻一代无法接受。像鲁迅、胡适这代知识分子因为人格深处观念与行为的分裂，虽然内心抵触，在现实中依然迈不出反抗父母之命这一步，但深受他们观念启蒙的学生一代就任性了许多。他们是行动的一代人，自由首先意味着恋爱自由，革命也是从家庭革命开始。冯雪峰生于义乌普通的农户家庭，父亲性格暴躁，经常拳打脚踢，逼他干农活。对他刺激最深的，是十五岁的时候，家里领进了一个十三岁的童养媳。每次冯雪峰从学校返家，就痛苦万分。十八岁的时候，他考进杭州的浙江一师，终于逃离家庭，后来找到了新的家：革命组织。

蒋光慈和张闻天也有着与冯雪峰类似的经历。蒋光慈在很小的时候，家里就为他找了一个童养媳，他在新思想的洗礼下，为反抗“没有爱情的婚姻”而出走，最后投身于革命。而张闻天在十八岁那年从学校回家，母亲告诉他为他订好的亲事，新娘是邻村的姑娘。张闻天拼命抵抗，对母亲吼叫：“你要娶媳妇的话，就不要我这个儿子；你要我这个儿子的话，就不要娶媳妇！”母亲含泪回答：“我两个都要！你是我养大的，你忍心不要我，不要你的娘吗？”[1] 张闻天的反抗没有成功，但他像蒋光慈一样，因此与家庭决裂。他们后来加入革命，最初的动因竟然都是逃避，消极地反抗传统婚姻，寻找自己的真爱。革命是崇高的，但通向那条神圣之路的起点，有时候却是世俗的、卑微的，充满了个人命运的偶然性。

学校、学潮与运动

如果说家庭环境与少年遭遇是读书人走向革命第一环节的话，那么，第二个环节便是在什么样的学校求学了。民国二年以后，中国建立了西方式的学校体制，这是一个等级性的金字塔结构。简单而言，最顶尖的是欧美和日本高校，学成归来的洋学生最受社会重视，可以进入学术、文化和商界的最顶层。其次是国内的著名国立和教会大学，北京大学、清华大学、燕京大学、南开大学、圣约翰大学、交通大学等，那是富家子弟云集之地。第三层次是沿海沿江一带都会中良莠不齐的私立大学，只要交得起学费，皆可进入，入学的多，毕业的少。最低的层次是各省二三线城市的师范学校。

进入第一和第二层次的富家子弟，在“大革命”时期，很少与革命有缘，他们一直要到“九一八”事变以后，特别是“一二九”运动当中，在抗日救国的刺激之下，才走出象牙塔。第三层次的私立大学当中，则是鱼龙混杂，很多是中产家庭背景的世俗、功利的布尔乔亚，不问政治，专注于学一门本领，拿一张文凭，以后到社

---

1 程中原：《张闻天传》，北京：当代中国出版社，2016 年，第 12 页。

会上混口饭吃。也有革命者暂时栖身于此，比如周扬、邓拓、汪道涵、王元化等都曾为光华大学、大夏大学的学生。而真正的革命温床，是第四层次的地方师范学校。五四时期的浙江一师、湖南一师，都是著名的红色摇篮，在新思潮和大学潮的刺激下，贡献了两个革命知识分子群体，浙江一师有施存统、俞秀松、宣中华、杨贤江、汪寿华、冯雪峰、柔石等，湖南一师有毛泽东、蔡和森、任弼时等。而著名左翼作家沙汀、艾芜都是四川一师的同学。

如果说在高层的著名大学学府中是“天才成群结队而来”，那么在底层的师范学校当中，则是“革命者成群结队出现”。革命知识分子多出自破落的富家子弟。既然是富家，总是望子成龙，希望他们能够进入学校深造，但因为破落了，不要说送儿子留洋镀金，连大学的学费也负担不起，只能在免学费又有生活费的师范学校将就。在“五四”和“大革命”时，各地师范学校所云集的，多是这样一批有远大志向却又身处教育体制底层的怀才不遇青年学生。他们为新思潮的春风所吹拂，心灵已经打开，渴望到新的世界去生活、发展，自由飞翔，但所处的二三线城市又依然那样封闭、保守，而个人前途茫茫，看不到进入体制、往上浮动的希望。于是内心充满失落、苦闷和愤恨。许多师范生一旦毕业，即面临失业，他们在城市留不住，没有他们的位置，又不甘回到乡村，成为一个碌碌无为的乡村教师，于是，这群人就成了被体制抛离的“多余人”。在郁达夫看来，“零余者”（多余人）就是被高等教育“割势”后的一群人。

在 19 世纪的俄国，“多余人”多是贵族知识分子，他们受过良好的教育，不满黑暗的现实。在上层社会，衣食无忧，又同情底层的劳苦民众，有敏锐的感觉，又怯于实际的行动，于是自叹成为苦闷忧郁的“多余人”。但1920年代至1930年代中国的“多余人”，多是贫家子弟或者是破落的富家子弟，徒有高尚的理想和远大的志向，却命运不济，挣扎于体制的底层。他们向上浮动无望，向下发展又不甘心，幻想一夜之间发生巨变，将颠倒的世界颠倒过来，这就为他们成为革命者提供了心理的基础和行动的动力。如果说俄国的“多余人”多是赫尔岑、屠格涅夫这样的“思想上的巨人、行动上的侏儒”,那么中国革命中的“多余人”则不愿意仅仅停留于思考，他们要行动，要投入革命的大洪流，以行动颠覆不公平的现实世界，从而改变个人的命运。

这批被正式教育体制“割势”的“多余人”，除了云集在各省的师范学校外，在“大革命”前，纷纷投奔两所学校：黄埔军校和上海大学。当年有“武有黄埔，文有上大”之称，这两所学校为国共两党培养了大批文官武将，也是1925年国民大革命的人才摇篮。

先说黄埔军校。在广州的黄埔前六期的学生，除个别有大学背景外，大部分都是小学毕业，或在中学读过几年书，然后经由各种社会关系介绍来报考黄埔，基本都是中小知识分子。从家庭背景来看，有的学生来自书香门第，有的是城镇居民，有的是乡绅子弟，但大部分是农民的孩子，而且很多来自中下等生活水平的家庭，甚至有一小部分家庭贫困，生活艰难。黄埔的学生可以说是“有些知识但又没有充分知识”的学员，基本来自社会底层，他们处于权力与文化的边缘，介于知识分子与大众之间，有知识又接近社会，用今天的话说就是“接地气”。所以，他们更容易有革命性，也更容易与他们要发动的对象——工人与农民打成一片。并非巧合的是，黄埔军校是1924年创办的，在其前一年，北方著名的保定学堂停办了，大批的知识分子纷纷南下到黄埔从军。这样一来导致南北方失衡，北洋政府很难再争夺到优秀的年轻人。而“大革命”期间的广州可以说是“学生的广州”，国民政府中的领导者多数也是学生出身，因而被称为“学生的政府”，南方军队也被称为“学生的军队”。

上海大学原为私立东南高等师范专科学校，在1922年被国共合作的国民党接管，成为“大革命”时期革命干部的摇篮。表面来看，上海大学与同时期的大夏大学、光华大学、复旦大学和大同大学没有区别，都被讥讽为“野鸡大学”，但因为教员当中许多是国共著名的理论家和知识分子，如邵力子、叶楚伧、李达、李汉俊、陈望道、瞿秋白、蒋光慈、施存统、蔡和森、邓中夏、恽代英、张太雷等，他们在上海大学特别是社会科学系开设了大量马克思主义的课程，这些以“社会科学”为名目的课程，比如唯物辩证法、社会进化史、社会主义革命史等，为那些刚刚从内地二三线城市走出来的涉世不深、三观迷茫的青年学生，提供了一个明确的世界观和历史观。更重要的是，上海大学是一个充满了共同信仰、情感和行动的紧密共同体，与那些有着严格等级、缺乏感情、只是冷冰冰的传授知识的大学（比如很有名的圣约翰大学）迥然不同。[1]上海大学虽然在民国高等教育史上完全属于另类，但它最成功之处，犹如古代儒家士大夫所主办的书院，不是纯粹的传授知识或者贩卖谋生本领，而是一个志同道合的共同体，凭借特殊的信仰力和组织力，吸引了这些被正式教育体制“割势”的“多余人”，为他们提供了强烈的

1 参见叶文心：《民国时期大学校园文化（1919—1937）》，冯夏根等译，北京：中国人民大学出版社，2012年，第102页。

认同感和归属感，师生之间、学生之间也有同志般甚至恋人般的情感。这个当年似乎是毫不起眼的弄堂大学，像一座红色的大熔炉，熏陶出一批中共的高级干部和左翼作家。

上海大学在“大革命”失败以后即被关闭，但许多激进的左翼青年有了另一所同样在上海的聚集之地：国立劳动大学。这所大学是国民党元老易培基创办，得到蔡元培、吴稚晖、李石曾和张静江国民党四大元老的支持，原意为实践半工半读、互助进步的无政府主义理想。由于免交学费而且提供膳宿，所以吸引的学生亦多是被正式教育体制“割势”的“多余人”。这些来自社会底层的激进青年聚集在劳动大学，有共同的浪漫理想和政治追求，图书馆里又有许多无政府主义、社会主义包括马克思主义的进步书籍，于是不期而然地成了暗中培养共产党人的秘密温床。其实，从无政府主义到马克思主义，只是一步之遥，中共的创党知识分子，当年大都是从无政府主义向前跨越一步，成为马克思主义者的。劳动大学的许多学生，也是如此。后来的左联党组书记徐懋庸当年就是在劳动大学读书走向革命的，而许涤新、彭柏山等人组织了“社会科学研究会”，研读马列主义理论，后来都加入了共产党。之所以“革命者成群结队而来”，正是因为有浙江一师、湖南一师、上海大学、劳动大学这些凝聚、熏陶激进青年的大熔炉，让那些从边缘城镇和内地乡村来的破落的富家子弟与底层读书人，通过阅读无政府主义、社会主义和马列书籍，一步步走向革命之路。

学校只是凝聚激进青年的第一步，第二步是需要将激进的理想付诸行动，这就是学潮。五四爱国运动的成功，使得无论是学界，还是社会，产生了“学生神圣”“学生万能”的观念，使得各种学潮在全国各地此起彼伏，没有停歇过。从 1919 年到 1928 年，全国共发生了两百四十八起学潮，1922 年和 1925 年是两个高峰点。根据陈永发的研究分类，这些学潮按照抗议的对象，有下列几种类型：第一，反对本校的校长和顽固派老师，或者不满某些政策措施；第二，反对本地垄断教育的地方保守派精英；第三，反对中央或地方军阀统治；第四，反对帝国主义，包括检查日货、反基督教运动、收回教育权运动。[1] 这些学潮，都是后来“五卅”运动的预演，“大革命”时期的知识分子不少都有领导和参与五四和后五四学潮的经历，可以说是在学潮中成长起来的一代。比如 1923 年第四届全国学生联合会的两位评议会秘书夏曦和黄日葵，不久都加入了中共。而领导浙江五四学生运动的宣中华和徐白民，后来也成了共产党人。左翼作家艾芜和沙汀在五四后都是四川一师的学生，经常参与各种学潮和请愿运动。为了争取教育经费，四川一师的学生向省议会请愿，还闯进了副议长熊晓岩家里，沙汀抱起了他家的大花瓶砸碎了他家的穿衣镜。艾芜后来回忆说：“我们当时认为青年最有希望。所以沙汀在学校取名杨只青，即只有青年才有前途的意思。”[2]

中共早期是一个以中小知识分子为主体的政党，尤其以青年学生居多，“发展组织很难逾越他们日常接触和熟悉的知识分子圈，他们凭借在文化、学术和教育界所拥有的资源，尤其是在新文化运动中形成的人际网络和社团关系寻找志同道合的革命同志”。[3] 因此，“大革命”时期的中共基层组织，充满了“学生气”，具有很强的同

1 陈永发：《中国共产革命七十年》上册，台北：联经出版公司，1998 年，第 141 页。

2 参见吴福辉：《名家简传书系 · 沙汀》，北京：中国华侨出版社，1997 年，第 23—24 页。

3 陈永发：《中国共产革命七十年》上册，第 147 页。

质性，相互之间以“同学”称呼，党员互称为“大学同学”，团员互称为“中学同学”。[1]连中共上海区委组织部在向下级组织发通告时，抬头也是“各级校部同学们”！[2]

各地零散的、目标不一的学潮本身并不能直接酝酿成全国性的革命运动，要由量变到质变，最后形成运动高潮的，需某个暴力流血事件的刺激。由此我们可以理解，为什么国民大革命不更早出现，而是爆发在1925—1926年，恰恰是因为“五卅”和“三一八”两个惨案中“血”的强度刺激。

有两段对惨案的现场记录很能代表性。第一段是在上海的叶圣陶写于“五卅”第二天的《五月卅一日急雨中》，他赶到老闸捕房去参拜同胞的血迹，发现已经被仇人的水龙头和当晚的大雨冲得光光。叶圣陶愤怒地写道：“不要紧，我想，血曾经淌在这块地方，总有渗入这块土里的吧。那就行了，这块土是血的土，血是我们的伙伴的血，还不够是一课严重的功课么？血灌溉着，血滋润着，将会看到血的花开在这里，血的果结在这里。”[3]叶圣陶后来的小说《倪焕之》，将自己“五卅”前后的心路历程和不敢实现的幻想投影在主人公身上，倪焕之在“五卅”现场目睹了血被冲走，决然放弃教育救国的旧梦，投身街头演讲，走上革命道路。

另一段是在北京的朱自清对“三一八”惨案的亲身经历《执政

1　参见王奇生：《党员、党权与党争》，上海：上海书店出版社，2003年，第28页。

2　《上海区委组织部通告》第11号，1926年3月3日，《上海革命历史文件汇编（1925.8—1927.4）》，中央档案馆、上海市档案馆编辑出版，1986年4月。

3　叶圣陶：《五月卅一日急雨中》，载卢今、范桥编：《叶圣陶散文》上册，北京：中国广播电视出版社，1997年，第63—64页。

熱血日報

熱血日報

民國十四年六月四日

每份銅元一枚

◁第一號▷

發刊辭

洋奴，冷血，這是一般輿論所加於上海人的徽號了！可是現在全上海市民的熱血，已被外人的鎗彈燒得沸騰到頂點了；尤其是大馬路上學生工人同胞的熱血，已經把洋奴冷血之恥辱洗滌得乾乾淨淨。 民族自由的爭鬥是一個普遍的長期的爭鬥，不但上海市民的熱血要持續的沸騰着，并且空間上要用上海市民的熱血，引起全國人的熱血；時間上要用現在人的熱血，引起繼起者的熱血。 創造世界文化的是熱的血和冷的鐵，現世界強者占有冷的鐵，而我們弱者只有熱的血；然而我們心中果然有熱的血，不愁將來手中沒有冷的鐵，熱的血一旦……

▲美兵又打死工人學生

▲閘北保衛團拘捕美兵之快舉

罷工抵制之風起雲湧

聖約翰罷課之內幕

▲校長與學生之衝突斥學生爲强盜學生宣言反對教會

其他消息彙誌

五月三十日—三十一日—六月一日—二日上海外國巡捕屠殺市民之略述

日人利用風潮收買華人之陰謀

熱血日報

第六期

我們的要求

一 釋放被捕市民學生工人，賠償死傷，撤換英日僱事。

二 永遠不准屠殺中國人，侮辱中國人。

三 取消工部局，永遠不准用外國巡捕，撤退外國駐華之一切武裝勢力。

四 取消外人納稅會議，華人管理租界市政。

五 承認華人……

六 ……罷工之……

七 永久打消……收回……

八 迅速解決……工人之要……

本報啓事

熱血日報

第十期

十四年六月十三日

（每份銅元一枚）

……的上海歸中國人管理

府大屠杀记》:“这回的屠杀，死伤之多，过于‘五卅’事件，而且是‘同胞的枪弹’，我们将何以间执别人之口！而且在首都的堂堂执政府之前，光天化日之下，屠杀之不足，继之以抢劫，剥尸，这种种兽行，段祺瑞等固可行之而不恤，但我们国民有此无脸的政府，又何以自容于世界！”悲愤之余，朱自清感到的是无路可走，但又不想回避，只能严肃地问自己：死了这么多人，我们该怎么办？[1]朱自清与叶圣陶一样，都是温和的、中间派大知识分子，目睹屠杀和鲜血，心灵受到极大的刺激，虽然没有就此走向革命，却与外国列强和军阀政府产生了强烈的疏离感。而激进的青年知识分子，更是义愤填膺。“五卅”发生时，柔石正在北京求学，他在日记里写：“‘五卅’！‘五卅’！别人的血是何等沸！而我却没有帮她出过一颗汗过！……他们结队呼喊着走，而我却独自冷冷静静地去徘徊，好似亡了国，都不相干似的，我好算国民么？惭愧，惭愧！”[2]也正是这份羞愧感，让青年柔石日趋激进，成了左翼作家。

“五卅”和“三一八”的血，一个发生在上海，一个发生在北京，在这两个中国最大的都市街头所流淌的鲜血，让原来沉浸在思想启蒙和社会改造的五四知识分子产生了愤怒和绝望，为“血”所唤醒的他们，不再寄希望于漫长的改良之路，相信要解决迫在眉睫的救亡，唯有从思想与社会转向政治，加入反帝反军阀的政治革命，以牙还牙，以血还血，由此改变中国人是冷血动物的看法。瞿秋白在“五卅”惨案之后刊印了一份新报纸，报名就叫《热血日报》。

1 朱自清《执政府大屠杀记》，载延敬理、徐行选编：《朱自清散文》上集，第112页。

2 赵帝江、姚锡佩编：《柔石日记》，第104页。

他在发刊辞中说："洋奴，冷血，这是一般舆论所加于上海人的徽号了！可是现在全上海市民的热血，已被外人的枪弹烧得沸腾到了顶点了……创造世界文化的是热的血和冷的铁，现世界强者占有冷的铁，而我们弱者只有热的血；然而我们心中果然有热的血，不愁将来手中没有冷的铁，热的血一旦得着冷的铁，便是强者之末运。"[1] 几乎与此同时，在风景宜人的白马湖教书的朱自清，一反往常的冲淡平和，疾笔写下了著名的《血歌》，短促的、跳跃的句子如同狂风、急雨、鼓点："血是红的！/血是热的！/血是长流的！/中国人的血！/都是兄弟们！/起哟？起哟！"[2]

即使不在"五卅"或"三一八"现场的外省青年，也会被"大革命"的情绪所感染。杭州的中学生王凡西，最初是一个相信胡适点滴改良的温和青年，一心想研究学问，看不起那些政治上活跃但成绩不好的激进同学。但后来他承认，"'五卅'运动却给了我一个激烈的与决定性的转变"。上海学生联合会的代表到杭州来宣讲发动民众，本来正处于毕业考试关键时刻的王凡西，热血也沸腾起来，参加了杭州学生会的工作，整整两个月，忙于爱国运动，"大时代中炽烈的大斗争，像只巨大的熔炉一样，把投入者身上一切不合适的思想和感情焚化于俄顷之间，……我很快懂得了，所谓'为学问而学问'的说法是多么地虚伪，真正学问应该和行动相结合，为行

1 瞿秋白：《〈热血日报〉发刊辞》，载瞿秋白：《瞿秋白文集（政治理论编）》第三卷，北京：人民出版社，1989年，第184页。

2 朱自清：《血歌》，载朱自清：《朱自清经典大全集》第四卷，北京：中国华侨出版社，2011年，第712—713页。

动服务的”。[1]一旦走上了政治这条路，便一发而不可收，他后来赴莫斯科东方大学，成了职业革命家。

五四运动前期的中心是启蒙，后期是社会改造，然而，“五卅”以后，启蒙与改造的无力感，被一种亢奋的政治热情所替代。这种政治热情，与民国初年以议会民主制为中心的政治参与迥然不同，它不是少数精英阶层的欲望，而变成了以学生和青年知识分子为中心的底层运动，后来随着北伐的展开，又动员了更底层的工人和农民。但无论如何，国民大革命中心舞台的活跃者，无论是工农运动的动员者，还是北伐军里面的骨干，几乎都是国共两党的新鲜血液：在革命中日趋激进的青年知识分子。

如果说“大革命”一代知识分子受到的刺激是“五卅”和“三一八”的“血”，那么“一二九”一代革命者则为亡国灭种的“九一八”事变和华北事变所激愤。东北的沦陷，首先让东北的知识分子感到了切肤之痛，他们流亡到关内，投身于各种救亡活动当中。作家端木蕻良在南开中学读书，“九一八”事变后不久就在学校组织了“抗日救国会”，还当众怒斥了前来学校讲话的天津市市长，结果他被学校开除了。另一位作家萧军写作了描写东北抗日武装的小说《八月的乡村》，因为他是东北人，对日本人的侵略刻骨仇恨，以后加入革命皆由爱国情绪点燃。即使不是东北人，北平不少有热血的知识分子在“九一八”之后也骚动不安。在清华读书的吴晗写信给自己的恩师胡适，倾诉内心的愤懑，他以异常激烈的语调抨击了在国难面前“卑鄙无耻、丧心病狂的政府”和“麻木不仁、浑浑

1 王凡西：《双山回忆录》，北京：东方出版社，2004年，第9—11页。

噩噩的国民”，说：“看着人家出卖你的父母兄弟，听着若干千万同胞的被屠宰的哭声，成天所见到的消息又只是‘屈服’‘退让’，假使自己还是个人，胸膛中还有一点热血还在着的时候，这苦痛如何能忍受！”[1]

在“大革命”一代知识分子当中，多为破落的富家子弟或贫家子弟，除了周扬等个别人之外，鲜有正当发达的富商或官宦子弟参加革命的。第一代创党知识分子当中有很多出身于北京大学，但在“大革命”时期，北大并非革命者的主要贡献地，与上海大学远远不能相比。王凡西是1925—1926年间是北大中共支部领导之一，他发现北大校园里面“乱党”不多，一千三百名学生里，革命同志只有二三十人。[2]但“九一八”事变、特别是华北事变之后，就完全不一样了，“一二九”一代革命者当中，有很多人是富家官宦子弟。“大革命”洪流中的学生，基本出身于上海大学、黄埔军校、师范学校这些教育体制的边缘部分，但“一二九”学生运动的主力，已经是燕京大学、北京大学、清华大学、南开学校等这些中国最顶级的高级学府。而这些顶级学府，很少贫寒子弟，仅学费一项，就将他们拒之于门外。瞿秋白当年到北京，首选是考北京大学，但家道的衰落，让他付不起那笔昂贵的学费，不得已只能进入膳食全包、学费全免的俄文专修馆，因此而阴差阳错，后来成了共产党的领袖。像燕京、清华、北大、南开，多是衣食无忧甚至准备出国深造的富二代、官二代，本来他们有辉煌的个人前程，为什么会冒险加入抗

1　吴晗致胡适，载中国社会科学院近代史研究所编：《胡适来往书信选》中册，第473页。

2　王凡西：《双山回忆录》，第22页。

日运动、继而成为革命者呢?

显然，富二代、官二代走出书斋，投身抗日运动，与“大革命”一代全然不同，不是因为对个人前途的绝望或社会黑暗的不满，而是对亡国危机的深刻忧虑。天津豪门子弟叶笃庄在南开学校读书，父亲早就安排好了他的前途，希望儿子以后学理工科，在乱世里面有一口太平饭可以吃。但“九一八”事变之后，叶笃庄挺身而出，担任了学生会秘书长，多次参加抗议日本的学潮。代理校长张彭春找他谈话，劝他“不要跟着‘赤色分子’跑”。但他不听，又偷偷读了一些马列主义的红色书籍，思想日益左倾。高三毕业的时候，按照他门门功课A的优异成绩，是可以直接进入燕京大学的。但他准备大学毕业以后参加革命到农村去发动农民，于是与好几个有同样想法的南开富家子弟一起进入了中央大学农学院。[1]

当年在这些名牌大学里面参加抗日运动的，大多是成绩优异的学生。这些优等生，继承了五四的精神血脉，不仅视野宽广，而且有家国情怀。据韦君宜回忆，1982年一个在美国的华人科学家承认：“我是‘一二九’那时候的学生，说老实话我当时在学校只是一个中等的学生，一点也不出色。真正出色的，聪明能干、崭露头角的，是那些当时参加运动投奔了革命的同学。如果他们不干革命而来这里学习，那成就不知要比我这类人要高多少倍！”[2]

韦君宜的父亲是技术专家出身的铁路局长，一直希望送聪明过人的女儿到美国留学。在清华哲学系求学的她，拜金岳霖、冯友兰

1 参见叶笃庄：《一片冰心在玉壶：叶笃庄回忆录》，太原：山西人民出版社，2014年，第125—134页。

2 韦君宜：《思痛录·露沙的路》，北京：文化艺术出版社，2003年，第8页。

为师，也喜欢纯粹的哲学。但在“一二九”运动当中学生高喊打倒日本帝国主义，政府的报纸行却对爱国运动只字不许提。她后来回忆说：“政府不支持爱国，只有共产党才说必须抗日，左派刊物高呼无保留地支持学生的抗日运动。愚蠢的日本帝国主义和国民党政府，共同把我这样的青年推到了共产党的旗帜之下。”[1]年轻的韦君宜放弃了学哲学的快乐和出国留学的大好前程，参加了革命。

影响年轻学生思想激进的重要因素，除了政府不抗日、共产党抗日之外，还与阅读了左翼作家的作品有关。鲁迅、茅盾、丁玲、巴金等人的作品，像一把把火，燃烧了他们的内心。在“一二九”运动的时候，王元化还只是北平的中学生，但他疯狂地迷恋、崇拜鲁迅，在卢沟桥事变南下逃难，他什么也没有带，只是把一帧自己手绘的鲁迅肖像，冒着生命的危险，放在贴胸的口袋中，在日本人的刺刀之下，逃离了北平。除了中国的左翼作家，俄国19世纪人道主义文学和苏联时期的左翼文学也对青年学生发生过革命性影响。刘白羽虽然生于大户人家，但小时候父亲带着姨太太离家出走，他只能跟随母亲寄人篱下，备受白眼。在北平一中读书期间，图书馆主任思想进步，买了许多俄苏文学作品。刘白羽非常喜欢契诃夫，其笔下的那些小人物的悲催命运让他深有共鸣。有一天，他读到了苏联小说《铁流》，深受打动，后来回忆说：“我当时只是一个朦朦胧胧对革命向往的人，但正是《铁流》里，我看到一幅新世界悲而壮的图像。我听到一曲悲而壮的歌声，《铁流》点燃了我年轻心灵

1　韦君宜：《思痛录 · 露沙的路》，第4页。

的火焰”。[1]

在上海的女青年朱微明参加革命，也是被一本高尔基的《母亲》点燃。她后来对女儿说：“我在书里看见了自己的童年，我完全被小说征服了。我确实感到，只有干革命才是我的出路。你外婆说的穷秀才寒窗十年的故事，刹那间变得愚不可及，我觉得必须像陈日蒙那样，走出自己的旧生活。”而她提到的陈日蒙，是一个大资本家的女儿，她常常介绍一些苏联小说让朱微明看，说：“我们读了那么多书，是为了什么？我们就是要寻找到一条光明大道。我们一起上延安去，去寻找共产党！只有共产党是真心在救中国，在为大多数人谋求利益。”[2]

在“一二九”运动前后，在中国政治舞台上，热血青年要选择的空间是有限的，不是国民党，就是共产党。对南京的国民党政府，他们是不满的，而对遥远的、从未有过接触的共产党，却充满了热烈的期待与想象。王元化在“一二九”期间，还只是一个中学生，后来他之所以加入中共的外围组织“民先”（中华民族解放先锋队），就是与有此认识有关。他后来回忆说：“共产党当时不是执政党，可是它一直在那里号召大家抗日，组织力量和日本人打。到了后来，共产党取得了平型关大捷，我们怎么能不相信它？抗战前国民党奉行不抵抗主义，国难当头的时候，一个正义的中国人、知识分子谁会去相信国民党？”[3] 比王元化小三岁的李慎之，当时还在

1　刘白羽：《鲜艳而铁一样的花》，载刘白羽：《刘白羽散文四集》，重庆：重庆出版社，1989年，第682页。

2　彭小莲：《他们的岁月》，上海：上海文艺出版社，2000年，第100页。

3　彭小莲：《他们的岁月》，第98页。

无锡念中学，他参加革命的心理动力与王元化几乎相同，他晚年在回忆“一二九”以后参加革命的经历时说：“当时没有其他的选择。我们要抗日，国民党不抗日，共产党要抗日；要民主，国民党搞专制，共产党反专制。我们是带着自由民主解放的理想奔向共产党的。只要你当年内心还有一点热血、一点良知，你就不会选择走另一条路。”[1]

共产党之所以吸引热血的爱国青年，除了抗日之外，还有自由、民主这些美丽的想象。“一二九”一代知识分子，毕竟在学校里面接受过西方的思想启蒙教育，但他们在执政的国民党那里看不到自由、民主的希望，而共产主义的学说，提供了一个包含各种美好价值的乌托邦理想。在“一二九”运动之后，韦君宜不再有兴趣追随金岳霖、冯友兰学习哲学，她说：“我情愿做一个学识肤浅的战斗者，坚信列宁、斯大林、毛泽东说的一切，因为那是我所宣布崇拜的主义。我并没有放弃一向信仰的民主思想，仍想走自由的道路。但是共产主义信仰使我认为，世界一切美好的东西大都包含在共产主义里面了。”[2] 确实，抗战爆发以后，大批激进青年投奔延安，吸引他们的正是这些美好的价值。何方在谈到中共革命中“三八式”干部的时候，也如此认为：“在中国历史上起了重要作用的一代‘三八式’干部正是由救亡运动唤醒和推上历史舞台的。大批青年抱着吃苦和牺牲的决心，为了争取民族独立和自由民主，跑到延安去参加革命。当时的延安，第一，举的是抗战的旗帜，第二，举的是自由的旗帜。

1　参见许纪霖：《李慎之：最后的士大夫，最后的豪杰》，载许纪霖：《大时代中的知识人（增订本）》，北京：中华书局，2012 年，第 406 页。

2　韦君宜：《思痛录 · 露沙的路》，第 5 页。

那时延安大讲自由平等，许多革命歌曲的歌词里都有自由这个词。”[1]

通向革命的四大精神气质

家庭出身、学校、学潮和革命运动，只是刺激一个青年人趋向革命的外部条件，是否付诸行动，最终还要取决于他主观的个人气质。那么，究竟什么是革命知识分子的普遍精神气质呢？我发现，主要有四大精神气质：追求自由的个人英雄主义、革命加恋爱的浪漫主义、对底层民众同情与怜悯的民粹主义和痛恨外国列强的民族主义。

先说追求自由的个人英雄主义。五四是个性解放的时代，“大革命”一代知识分子从某种意义上说，都是五四之子，强烈继承了五四的自由精神。五四的自由精神，有三种不同的形态，分别以知（识）、情（感）、意（志）表现出来，知识上的个人自由以胡适为代表，那是一种独立思考的精神，情感上的个人自由以周作人最为典型，提倡的是自然人性的解放和人道主义，而意志上的个人自由非鲁迅的“摩罗战士”莫属，那是尼采式的反主流的超人。[2] 显然，“大革命”一代知识分子更多继承的是鲁迅的意志自由传统，而“一二九”一代革命者由于受到比较完整的西方式理性教育，内心中对自由的理解相对而言比较偏重胡适式的个人理性思考和周作人式的人道主义精神。

1 何方：《从延安一路走来的反思：何方自述》上册，香港：明报出版社，2007年，第39—40页。

2 参见许纪霖：《个人主义的起源》，《天津社会科学》2008年第6期。

在五四时期，自由主义在中国尚未发育，马克思主义也刚刚传入中国，知识界的第一大显学是崇尚绝对个人意志自由的无政府主义，拒绝一切暴力、一切形式的压迫。无政府主义与五四的另一大显学尼采哲学相结合，就产生了追求绝对自由的个人英雄主义。这一精神狂飙，深刻影响了作为后五四一代人的激进知识分子。他们狂热地追求个人自由，憎恶社会的压迫机制。而要改变黑暗的现实，唯一的希望就是具有超强个人意志的尼采式英雄的横空出世。李欧梵在研究东北左翼作家萧军的时候，敏锐地注意到萧军与郭沫若一样，他们的家族成员都与“土匪”有关系，两人的个性都注入了一种鲁莽大胆的个人英雄主义。[1]萧军在《我的童年》一书中，深情地回忆他童年生长的环境里浓烈的“豪杰气”和“英雄情结”：家族和村庄里的大人们“鼓励着孩子们大胆，鼓励着孩子们蔑视任何秩序和成规，……他们总企盼着自己的孩子有‘出息’，成为一个非凡的轰天动地的能够高临万人的‘英雄’！不管这英雄是怎样获得如何获得的。”[2]待萧军成年，读了大量鲁迅、巴枯宁、拜伦、列宁等人的著作，早年那种梁山好汉式的江湖英雄情结升华为追求绝对个人自由的无政府主义的英雄气概，“由没落的个人反抗的封建主义倾向，转向了小资产阶级民主浪漫主义，英雄主义倾向，俄国式虚无主义，巴枯宁无政府主义，列宁、史太林、孙中山……总之，影响我的不是主义，而是‘人’”。[3]

萧军这里说的“人”，是一种巴枯宁、卡莱尔、罗曼·罗兰式

---

1 李欧梵：《中国现代作家的浪漫一代》，王宏志等译，北京：新星出版社，2005 年，第 229 页。

2 萧军：《我的童年》，载萧军：《萧军全集》第十卷，第 97 页。

3 萧军：《延安日记》下册，香港：牛津大学出版社，2013 年，第 175 页。

的小资产阶级革命英雄，怀着无政府主义的浪漫理想，孤身一人与黑暗的世界对立。在19世纪的俄国，小资产阶级革命家由于有东正教的宗教背景，个个都是殉道式的圣徒。车尔尼雪夫斯基被宪兵押送到西伯利亚服刑的时候，宪兵对他表示出极大的敬意，说：我们押解的不是犯人，而是一个圣徒。[1] 然而在我们知识分子革命者当中，几乎没有车尔尼雪夫斯基这样的圣徒，缺乏内在的救赎，多的是尼采式的个人英雄，相信凭一己之意志，可以启蒙民众、拯救世界。创造社和太阳社中的激进知识分子都具有这样的气质。尼采式的个人英雄，不是受到自然因果律支配的模式化的理性动物，而是有个性、有情感、有意志的，是从上帝、天命与各种社会网络中解放出来的顶天立地的超人，自我就是宇宙，自我就是上帝，自我比世间一切万物都要伟大。创造社领袖郭沫若在《天狗》中气吞山河地狂吼：“我是月底光 / 我是日底光 / 我是全宇宙底 Energy 底总量！”[2] 郭沫若是尼采与王阳明的双重灵魂附体，将尼采的超人意志与阳明的“我心即世界”融为一体，一个包容了宇宙、自然、上帝的个人英雄喷涌而出。

尼采式的英雄是价值虚无主义者，不相信世界上存在着比自我更高的实在价值，我就是世界，我就是造物主，我就是创造意志本身。郭沫若在《女神》里面是一个泛神论者，其实郭笔下的真正的神就是自我，那个与宇宙相通的自我。他在《少年维特之烦恼》序言中豪迈地宣布：“泛神便是无神。一切的自然只是神的表现，自我也

---

1 别尔嘉耶夫：《俄罗斯思想》，雷永生、邱守娟译，北京：三联书店，1995 年，第 107 页。

2 郭沫若：《天狗》，载郭沫若：《郭沫若全集》文学编第一卷，北京：人民文学出版社，1982 年，第 54 页。

只是神的表现。我即是神，一切自然皆是自我的表现。”[1]这个自我，是一个孤独求败的英雄，既有尼采式的权力意志，也有拜伦、雪莱式的破坏热情。郭沫若的内心充满了对英雄的崇拜，先是崇拜自己，然后崇拜比自己更强大的救世主。那篇充满喷薄之情的《匪徒颂》，讴歌的都是那些反抗时代的革命英雄，从克伦威尔、华盛顿，到马克思、恩格斯、列宁。前面提到的萧军，即使后来到了延安，也想做一个改造愚众的新英雄主义者："针对着中国这落后的国民，新主义是需要的，……中国不用新英雄主义的精神改造一番，它将要是无望的改到别人。这是一种国民的——人类的——质底提高。我要做一个这样的但始者。”[2]

五四师生两代知识分子都有虚无主义的心理背景。[3]但到“大革命”这代知识分子，为了超越无所依傍的虚无主义，急切地寻找新的信仰，那种能够全盘解决中国问题的意识形态。新信仰的落地，最终要皈依于一个新的神魅人物。太阳社的创始人蒋光慈起初最崇拜的是充满浪漫主义气质的诗人拜伦："拜伦啊 / 你是黑暗的反抗者 / 你是上帝的不肖子 / 你是自由的歌者 / 你是强暴的劲敌”。[4]但正如夏济安所分析的，像蒋光慈这样的反叛青年，“他们用自我来对抗社会，后来发现个人的力量在对抗中显得太过单薄，于是颂扬

1 郭沫若：《少年维特之烦恼》序引，载郭沫若：《郭沫若全集》文学编第十五卷，北京：人民文学出版社，1990 年，第 311 页。

2 萧军：《延安日记》上册，第 513 页。

3 关于五四知识分子的虚无主义思想背景，详见笔者：《从疑到信：五四两代知识分子的精神世界（1915—1925 年）》，《天津社会科学》2020 年第 4 期。

4 蒋光慈：《怀拜伦》，载蒋光慈：《蒋光慈诗文选集》，北京：人民文学出版社，1955 年，第 35 页。

社会中的一个阶级，即被神化了的无产阶级，他们认为这个阶级的利益就是自己的利益”。[1]他到莫斯科东方大学之后，拜伦式的个人浪漫主义放大为无产阶级的神魅英雄，那是背靠光明理想、能够拯救黑暗世界的弥撒亚，他热烈地歌颂十月革命、歌颂莫斯科，歌颂列宁，称十月革命“如通天火柱一般 / 后面燃烧着过去的残物 / 前面照耀着将来的新途径 / 哎！十月革命 / 我将我的心灵贡献给你罢 / 人类因你出世而重生”。[2]列宁过世之后，蒋光慈深感一个空前绝后的伟人远去：“历史上本不少伟大的人们 / 他们也值得诗人的赞美歌吟 / 但是列宁你啊 / 你是一个空前伟大的个性 / 你送给人类不可忘的礼物 / 你所遗留的将与日月以同明！”[3]

尼采式的个人英雄主义，背后有一种浪漫主义的情怀。中国左翼知识分子精神气质的第二种，便是革命加恋爱的浪漫主义。蒋光慈对郭沫若说过：“我自己便是浪漫派，凡是革命家也都是浪漫派，不浪漫谁个来革命呢？”[4]为什么革命者，特别是革命知识分子，许多人都是浪漫派？其中一个很重要的原因，乃是知识分子往往内心敏感、充满幻想，不满现实生活的平庸和乏味。何其芳虽然是大户人家的长房长孙，但他从小在女性为主的家族群中长大，形成了他的敏感气质。刻板的私塾教学让他感到非常无聊，严酷的父亲将他们兄妹几个关在寨子里面进行封闭式管理，还安排守门人，限制他

1　夏济安：《蒋光慈现象》，载夏济安：《黑暗的闸门：中国左翼文学运动研究》，香港：香港中文大学出版社，2016 年，第 65 页。

2　蒋光慈：《莫斯科吟》，载蒋光慈：《蒋光慈诗文选集》，第 20 页。

3　蒋光慈：《哭列宁》，载蒋光慈：《蒋光慈诗文选集》，第 24 页。

4　郭沫若:《创造十年续篇》，载郭沫若:《沫若文集》第七卷，北京:人民文学出版社，1957 年，第 244 页。

们自由出入。他后来在诗中写道："我这个小地主的儿子 / 不愁吃，不愁穿 / 用家里的钱进学校……我不能从那旧世界的秩序 / 看见一点儿幸福，一点儿意义"。[1]但他在父亲的书房里面，读到了《水浒传》《西游记》《聊斋志异》等小说，这为他的心灵打开了另一个世界，内心充满了各种奇异的幻想。何其芳的早期诗歌里面反复出现的，是两个与童年经历有关的主题，一个是孤独、寂寞哀伤，另一个是唯美主义的白日梦。他如此倾诉："每一个夜晚我寂寞得与死接近，每一个早晨却又依然感到露珠一样的新鲜和生的欢欣。"[2]1936年出版的何其芳《画梦录》可以说是现代中国唯美主义散文的顶峰，获得了《大公报》当年的文艺奖金。但正是这种唯美的、忧伤的浪漫主义气质，让何其芳后来自我反省，感觉自己脱离了社会现实。为了弥补幻想的世界与现实世界的裂痕，他去了宝塔山下，继续以浪漫的意象，讴歌革命圣地，红色的延安梦代替了往昔的白日梦。

革命激情的内在本质，就是浪漫主义。蒋光慈说，"革命是最伟大的罗曼蒂克"[3]。从浪漫主义到革命，只是一步之遥。拜伦和雪莱，在激进知识分子当中，都曾经起到过不可替代的启蒙作用。杨宪益出身于显赫的官宦之家，父亲是天津的中国银行行长。杨宪益是大家族里面唯一的男孩，集万千宠爱于一身，从小具有反叛的性格。在青年时代很喜欢写诗，他模仿的对象是雪莱，他在自传中回忆说："我写另一首咏雪诗是受了雪莱《云雀颂》的感发，我在诗

1 何其芳：《快乐的人们》，载何其芳：《何其芳文集》第一卷，北京：人民文学出版社，1982年，第110页。

2 参见贺仲明：《何其芳传》，南京：南京大学出版社，2012年，第96页。

3 蒋光慈：《十月革命与俄罗斯文学》，《创造月刊》第一卷第三期，1927年9月。

中将纷纷飘落的雪片比作诗，比作音乐，比作战士和为革命殉难的烈士。我在诗的末尾几行表达了自己决心有朝一日为革命献身、要把世界上的污秽清除干净的愿望。这仅是一个十几岁的男孩充满稚气的幻想——当时我只有十七岁——但它显示了我早年爱国的和革命的感情是何等炽热，它或许还预示了我日后将走的道路。”[1]

1930 年代的左翼作家们，在加入革命之前，都有一段虚无和苦闷的经历，正如丁玲在《一九三〇年春上海》中描述的："一些感伤主义、个人主义，没有出路的牢骚和悲哀……他们的出路在哪里，只能一天一天更深的掉在自己的愤懑里，认不清社会与各种苦痛的关系。”[2] 要让自己从虚无、苦闷和无聊中超拔出来，就需要有一种外在的刺激让自己的激情燃烧，这种刺激，对于年轻人来说，不是恋爱，就是革命，而恋爱与革命，恰恰成了许多左翼文学中共同的主题。蒋光慈在日本的时候，就听说过这样的说法：你若想要出名，则必须描写恋爱加革命的线索。[3] 他的小说，就是“恋爱加革命”模式的典范。丁玲最早出名的小说《莎菲女士的日记》，展示出“时代女性”内心的虚无和苦闷，待她加入了左联之后创作的第一部左翼作品《韦护》，一样转向了“恋爱加革命”。最后，革命战胜了爱情，主人公投奔“国民大革命”的中心广州去了。现代文学中第一部正面描写抗日游击队的萧军的成名作《八月的乡村》，

1 杨宪益：《杨宪益自传》，北京：人民日报出版社，2010 年，第 22 页。

2 丁玲：《一九三〇年春上海》，载丁玲：《丁玲选集》第二卷，成都：四川人民出版社，1984 年，第 160 页。

3 蒋光慈：《异邦与故国》，载蒋光慈：《蒋光慈文集》第二卷，上海：上海文艺出版社，1983 年，第 456 页。

中心故事也是一个革命队伍中浪漫的三角恋，对早期左翼作家来说，似乎没有爱情的点缀，就书写不了革命。文人革命者的感觉是细腻的、浪漫的。1920 年代初浙江一师的湖畔诗社，最初的诗都是爱情诗，但"五卅"运动之后，这些年轻诗人的浪漫主义激情从爱情转向了革命。冯雪峰给应修人写信说："我们耻以文人相尚，应诗人而兼革命家。"[1]冯与应，再加上潘漠华，四位湖畔诗社发起人中的三位，后来都成了共产党人。

通向革命的第三种精神气质，是对底层民众同情与怜悯的民粹主义。创党一代知识分子多是校园出身的观念性人物，之所以创建和参加共产党，多是被马列主义的理论所吸引，他们对底层社会民众的接触和了解比较有限。五四时期也有民粹主义思潮，同样也是观念性的，比如李大钊的民粹主义，理性上的思考，要多于生活的实际感受。然而，"大革命"一代的知识分子，就很不一样。无论是破落的富家子弟，还是贫苦家庭出身，都是来自社会底层，来到大都市或者省城之后，没有机会进入高等学府，与平民社会有比较多的接触；自身的经济窘迫，也让他们对底层民众有一种天然的感情联系。这代革命者的民粹主义，与其说是观念性的，不如说是情感性的。

别尔嘉耶夫说："对于丧失了社会地位的人、被欺辱的与被损害的人的怜悯、同情是俄罗斯人很重要的特征。……全部的俄国民粹主义都起源于怜悯与同情。"[2]19 世纪俄国贵族和平民两代知识分

1 冯雪峰致应修人，《纪念与研究》第八辑，上海：鲁迅纪念馆，1986 年，第 215 页。

2 别尔嘉耶夫：《俄罗斯思想》，第 87 页。

子，无论是赫尔岑、托尔斯泰，还是陀思妥耶夫斯基、契诃夫、车尔尼雪夫斯基，都是一种情感上的民粹主义。他们的文学，深刻影响了现代中国的左翼作家们，民粹主义的最初来源，来自人道主义。周氏兄弟是五四时期人道主义的代表，但他们的人道主义趋向是有差异的。周作人深受古希腊文化影响，提倡“人的文学”，特别是女性和儿童的“人”的地位。周作人这里说的“人”，是文艺复兴式的，是具有自然情欲和精神情感的人。而深受俄国和东欧文学熏陶的鲁迅就不同了，他关心的是闰土、祥林嫂这样的受侮辱和欺凌的底层民众。周作人的人道主义与民粹主义无缘，他的人道主义有贵族气。但鲁迅的人道主义直接通向民粹主义，“大革命”一代的左翼作家无不受到鲁迅的影响，在鲁迅的人道－民粹思想的延长线上。柔石的作品就是一个显例。他写《二月》的时候，主人公萧涧秋对青年寡妇文嫂的怜悯，是人道主义式的慈悲，待他加入左联之后，写《为奴隶的母亲》的时候，已经有明显的民粹主义倾向，带有强烈的阶级义愤。而从民粹主义到进一步接受阶级斗争学说，成为马克思主义者，只是一步之遥而已。从人道主义到民粹主义再到马克思主义，这正是许多“大革命”一代知识分子的心路历程。

何其芳是另一个例子。在北大读书期间写了唯美主义的《画梦录》，他毕业之后到莱阳师范学校教书，这是胶东半岛的一个小县城，都是乡村来的贫家孩子。何其芳第一次真正地融入中国基层社会，开始了解到民间的疾苦，这与他所幻想的浪漫世界实在是天壤之别。他开始对自己的人生有了怀疑和反思：“我在我嘲笑的尾声上 / 听见了自己的羞耻 / ‘你也不过嗡嗡嗡 / 像一只苍蝇！’ / 如其我是苍

蝇 / 我期待着铁丝的手掌 / 击到我头上的声音”。[1] 他对底层民众有了一层淡淡的忏悔感，笔调中流露出对失去土地无处栖身的农民、街头下层妓女的怜悯，同时对海边空置的豪宅和大腹便便的富人的愤懑。他决定远离梦想，回到现实 ：“从此我要叽叽喳喳发议论 / 我情愿有一个茅草的屋顶 / 不爱云，不爱月 / 也不爱星星”。[2] 抗战爆发以后，何其芳沿着这一思想的变化轨迹，日趋关心现实、批评黑暗，文风变得尖锐泼辣，在周作人附逆下水的时候，第一个站出来写《论周作人事件》，严厉地批判自己北大的老师。他热切地向往光明，向往一个没有压迫、充满平等的新世界。像很多“一二九”知识分子一样，最后投奔延安，几乎是他心理历程的必然归宿。

激发知识分子趋向革命的最后一个精神元素，乃是痛恨外国列强的民族主义。比起目睹国内的社会不平等，亲身感受帝国主义的侵略、亡国灭种的威胁，是一个更大的心理刺激。前面已经分析，“一二九”学生运动中的积极分子，很多是富二代、官二代，运动的领导者，多是北平著名学府的优秀学生，同时又是中共地下党员，比如，姚依林是清华的，黄华是燕京的，黄敬是北大的，周小舟是北师大的。值得注意的一个现象是，教会学校的师生，在反帝的浪潮中，要比一般学校的反而要走在更前列。在“五卅”运动当中，上海圣约翰大学的师生，因为校方不同意降旗为“五卅”死难者默哀，集体离开圣约翰大学，另外创建光华大学——这所大学正是华东师范大学的前身之一。

1　何其芳 ：《醉吧》，载牟决鸣编 ：《何其芳诗文掇英》，北京 ：东方出版社，2004 年，第 39—40 页。

2　何其芳 ：《云》，同上书，第 41 页。

王元化晚年在回忆自己参加“民先”、走上革命道路过程中，提到曾经深受父亲的影响。他的家庭是一个浓郁的基督教家庭，外祖父是湖北沙市圣公会第一任华人会长，父亲是传教士出身，后到国外留学，回国后担任清华大学英文系教授。正是这样一位深受基督教文化熏陶的清华教授，有比常人更强烈的爱国情怀。“五卅”惨案发生以后，父亲愤怒地表示：“英帝国主义欺负我们，我的孩子怎么还能受他们的教育？”他拉了一头毛驴，冒着大雨将在香山的教会学校读书的女儿接回家，走了整整一天。“九一八”事变以后，全家绝对不用日货。王元化后来说：“我为什么会有反帝国主义的意识？这是受我父亲的影响。他们这一代的知识分子是非常正义的，虽然他们并没有参加革命，参加任何左派组织，但他们都是用自己的良心和独立思考来判断事物的。”在中学读书的王元化在北平城里目睹过日本军队的耀武扬威，他说：“我从小对日本人充满了深刻的仇恨。这也不是什么共产党给我们的宣传，是我自己的童年，我自己看见和经历的。”[1]

在“一二九”运动当中，美式学校清华大学和教会学校燕京大学的学生，要比北大和北师大活跃得多，而燕京大学的学生，几乎扮演了核心角色，“‘一二九’运动很大程度上是由燕大学生组织领导的”。[2]个中原因究竟何在？有一个因素值得重视：基督教徒与革命者在精神气质方面具有某种同构性。在第一代创党知识分子当中，最具有宗教气质的是总书记陈独秀。因为在大街上

---

1 参见彭小莲：《他们的岁月》，第95—96页。

2 菲利普·韦斯特：《燕京大学与中西关系（1916—1952）》，程龙译，北京：北京师范大学出版社，2019年，第236页。

撒传单，陈独秀被囚禁在北京看守所，他无书可读，手边只有一本圣经，胡适说 ：“他本是一位很富于感情的人，这回读了基督教的圣经，很受感动”，“使他感到一种宗教的需要。……抱着这种新宗教热忱的陈独秀，后来逐渐的走进那二十世纪的共产主义”。[1] 陈独秀在《新青年》杂志公开回应给张申府的信中说 ：“不但革命事业非以生命来换不可，在这种邪恶的社会里，要想处处事事拿出良心来说实话办实事，也都非有以生命来换的精神不可。吴稚晖先生也说过，罗素谓此时俄人列宁等行事有些宗教性，此话诚然不差；但无论什么事若不带点宗教性，恐怕都不能成功。”[2] 在俄国平民和无产阶级两代革命者当中，不少是僧侣的后代，或者是教会学校毕业的，比如别林斯基、车尔尼雪夫斯基、托洛茨基、斯大林等。[3] 他们激烈地反基督教，但反对的方式依然是基督教式的，在后来的革命旅程当中，以一种世俗化的宗教精神从事人类解放事业。

回到 1930 年代的燕京大学。燕京向学生传授的是基督教的平等观念、对穷人的同情与怜悯，作为基督徒，负有拯救人类的神圣使命。燕京大学教授吴雷川是一位激进的基督教神学家，他相信基督教信仰可以与革命互相共存，耶稣就是一位革命者，为的是建立一个消除了所有社会不公正的人间天国。他认为 ：国民革命需要基督教精神，但如果“基督教不带有革命的特点，它将无法在革命时

---

1 《胡适手稿》第九卷（下）卷三，台北 ：胡适纪念馆，1970 年，第 545—550 页。

2 《陈独秀答张申府》，载周月峰编 ：《〈新青年〉通信集》，第 657 页。

3 参见金雁 ：《倒转“红轮”：俄国知识分子的心路历程》，北京 ：北京大学出版社，2012 年，第 451—468 页。

代存在下去”。[1] 吴雷川的激进观念未必在燕京大学是主流的，但燕京所灌输的同情穷人、服务社会的基督教平等精神，的确成为许多学生后来走向革命的思想启蒙。在北平几所精英大学当中，燕京最提倡走向社会、服务乡村，许多师生结合自己的学术研究，到偏远乡村去做社会调查，并从事乡村重建的社会服务工作。有意思的是，校长司徒雷登对学生的反日爱国热情予以肯定，赞扬学生们“展现了崇高的理想主义和对祖国的忠诚和热爱，这是当代历史上最令人感到希望的事情”。[2] 当他从美国回到中国，听到燕京学生也参加了南下抗日请愿活动时，感到很欣慰，说：“如果燕京学生没有来请愿，那说明我办教育几十年完全失败了。”[3] 在“一二九”运动当中，燕京的学生走在运动的最前列，并非偶然。

信仰与组织

在上个世纪二三十年代，各种时尚的“主义”眼花缭乱，各种以革命自称的政党也在争夺青年，为什么马克思主义和中共能够脱颖而出，获得了激进青年的人心？简单地说，乃是因为中共是20世纪列宁式的布尔什维克政党，其具有19世纪议会式政党所不具有的两个优势，一是信仰力，二是组织力。正是这两种力，让中共在青年知识分子的争夺战中，拥有了无可比拟的优势。

先分析信仰力。

---

1 参见菲利普·韦斯特：《燕京大学与中西关系（1916—1952）》，第262—263页。

2 同上，第260页。

3 参见陈远：《燕京大学（1919—1952）》，杭州：浙江人民出版社，2013年，第186页。

在五四后期，无政府主义、三民主义、社会主义、国家主义等争相争夺激进青年。但到了1930年代，马克思主义脱颖而出，独占鳌头，虽然是禁书，但依然在革命青年当中悄悄流传，传播最广。之所以如此，不妨与当时影响最大、同样具有革命性和激进性的无政府主义与三民主义比较一下。

无政府主义是清末民初和五四前期思想界的第一大思潮，它所追求的无政府、无压迫、无暴力的自由平等新世界具有完美的乌托邦魅力，吸引了众多知识分子成为其信徒。但在黑暗的现实世界和美丽的乌托邦世界之间，无政府主义缺乏完整的行动指南和现实策略，自此岸世界跨越到彼岸世界，只是凭借小组织的新生活实验，或者冒险的个人暗杀壮举。而三民主义则相反，孙中山在晚清设计了一整套革命的方略，从同盟会口号和革命三程序说，后来不断完善，到1920年代让三民主义具有了通俗的理论基础，并制定了联俄、联共、扶助农工的三大政策。然而，三民主义固然有一套政治理论，行动力很强，但其缺乏一个超越的乌托邦世界以及整全性的宇宙观、人生观，故依然无法满足有理论兴趣和心灵饥渴的知识分子。唯独马克思主义，有黑格尔哲学和各种社会主义思潮作为其哲学和政治基础，从1848年《共产党宣言》的提出，经过几代理论家的发展，到五四后期传播到中国的时候，已经是一套整全性的意识形态，既有可与无政府主义媲美的美丽新世界——共产主义，而且有比三民主义更具现实性和战斗力的政治纲领，更重要的是，在科学和信仰的双重形态之下，其以辩证唯物论和历史唯物论为中心，形成了完整的宇宙观、社会观和人生观，可以满足知性型知识分子认知世界的方法论需求，另一方面，其共产主义的超越理想和简明易懂的教义信条，又能迅速成为情感型知识分子的心灵信仰。

事实上，中国知识分子的通向马克思主义之路，有方法论和情感型两条路径。儒家文化以及作为其互补结构的道家和佛教，为传统中国士大夫提供了一种完整而有效的理解宇宙、认识社会和人生价值的认知地图，到了五四运动，这张传统的认知地图失效了。五四新文化运动破坏有余，建设不足，新理论和新信仰没有及时填补因为儒教文化的退场而留下的空白，众多青年知识分子陷入了世界观与人生观的迷茫之中，于是从日本和俄国传来的马克思主义迅速填补了这一空白。

前述的上海大学教员中，李达、陈望道、李汉俊、施存统等留学日本，瞿秋白、蔡和森、张太雷等有在苏俄的经历，他们向学生们传授的正是一张全新的马克思主义认知地图，只是留学日本的偏重考茨基的理论，而俄国回来的更多列宁主义的色彩。瞿秋白先是担任学务长，后任社会学系主任，对整个学校特别是社会学系的课程有精心的规划。他计划在社会学系开设社会学、社会进化论、社会问题、社会运动史、社会思想史、经济学原理、政治学大纲、法学通论、历史哲学、生物哲学等课程，按照马克思主义的整全性理论，为学生提供一张完整的认知地图。然而，上大的创办，已经接近五四时期的尾声、国民大革命的前夜，“青年学生参与行动的冲动，代替了对塑造未来社会的冷静、深沉的反省”。[1] 瞿秋白为中共打造一支马克思主义的理论队伍的理想，并未在国民大革命之前实

1 叶文心：《民国时期大学校园文化（1919—1937）》，第109页。

现，一直要到“大革命”落潮之后，严酷的白色恐怖让许多革命青年不得已回到书斋、退而结网，这才进入重新打造马克思主义认知地图的适当时间和空间。

于是在1927年到1937年期间，在左翼知识界，出现了一股瞿秋白所期盼的“社会科学热”。德里克指出：当时许多左翼知识分子很难区分“社会学”“社会科学”“社会主义”“唯物史观”这些理论的区别，“如果马克思主义政治思想在中国知识分子中的传播促成了社会问题和社会变革重要性的意识的深化，现在社会学则提供了使马克思主义的社会力量可以引起广大群众关注的媒介”。[1]马克思主义理论在各种异常畅销的社会科学读物的掩护下，慢慢渗入激进知识分子的大脑，让他们获得了一把了解世界、社会和人生方法论的钥匙。对马克思主义理论有兴趣的，不仅是接近共产党的激进青年，包括斯大林派、托洛茨基派，也有国民党内部的左派知识分子，包括汪精卫派、陈铭枢派。后者虽然不赞成阶级斗争学说，但非常认同唯物史观，因此，出版马克思主义书籍最多的，在五四后期是孙中山办的民智书局，在北伐之后，是有国民党背景的新生命书局。[2]舒芜晚年回忆说：“我一接触马克思主义，首先觉得它最能说明抗日救亡的种种现实迫切问题；其次觉得它比三民主义，比孔孟的治国平天下，更能科学地说明救国救民平治天下之道；其三，觉得它与民主、科学、自由、个性解放等等完全相合，而且是最彻

1　阿里夫·德里克：《革命与历史：中国马克思主义历史学的起源（1919—1937）》，翁贺凯译，南京：江苏人民出版社，2005年，第31页。

2　参见赵庆河：《读书杂志与中国社会史论战（1931—1933）》，台北：稻禾出版社，1995年，第107页。

底的科学、民主、自由、个性解放。于是我一下子就相信了它。”[1]整全性的马克思主义，其清晰的认识世界方法、美丽的乌托邦理想和简明的救世方案，让含混不清的变得单纯，令人费解的变得容易，让许多左翼青年有一种茅塞顿开的愉悦感。

如果说对理论有兴趣的激进知识分子多是从寻找“认知地图”方法论途径接受马克思主义的话，那么许多左翼的作家则多是从情感型的途径靠拢中共、走向延安。前述的左翼青年的四大精神气质，背后都有一个对自由、平等、独立的乌托邦追求，具有浪漫主义气质的作家们，未必对方法论意义上的马克思主义有多大热情，他们的想法是感性的，总是有一个美丽的想象，希望从肮脏的人间寻找到一个寄托乌托邦梦想的纯洁伊甸园。抗战爆发以后，这就指向共产党领导下的延安。许多“一二九”知识分子在晚年回忆里，都谈到当年他们内心有一个延安梦。司马璐说：“我们每一个人都有一个‘延安梦’，这个梦有点像著名的童话故事《爱丽丝梦游记》。我有一个‘延安梦’，这时又真的身在延安，也就自然入梦。人在梦中不觉是梦。……我们把自己的苦行视为革命者应有的情操，因为我们身在梦中。”[2]何其芳在去延安之前，就是一个经常沉浸在虚幻的白日梦世界的诗人，《画梦录》就是白日梦的结晶。然而，现实世界的残酷，又让他内心不安。他说：“在我参加革命以前，有很长一个时期我的生活里存在着两个世界。一个是出现在文学书籍里和我的幻想里的世界。那个世界是闪耀着光亮的，是充满着纯真的

1　舒芜：《与友人的信札》，《万象》杂志，2011 年第 9 期。
2　司马璐：《中共历史的见证：司马璐回忆录》，第 59 页。

欢乐、高尚的行为和善良可爱的心灵的。另外一个是环绕在我周围的现实的世界。这个世界是灰色的，却是缺乏同情、理想，而且到处伸张着堕落的道路的。我总是依恋和留恋于前一个世界而忽视和逃避后一个世界。”[1] 然而，逃避只是短暂的，他总是要将这两个破裂的世界弥合起来，因此睁大眼睛在人间寻找梦想中的乌托邦。延安，似乎满足了他想象中的精神渴求。到了心目中的圣地不到三个月，他就写了热情洋溢的《我歌唱延安》，以其唯美主义的诗人气质大声歌颂：延安的空气是“自由的空气。宽大的空气。快活的空气。……呼吸着这里的空气我只感到快活。仿佛我曾经常常想象着一个好的社会，好的地方，而现在我就像生活在我的那种想象里了”。[2] 诗人何其芳的白日梦终于落地，从虚无缥缈的文学世界变身为理想中的延安梦。

共产党吸引激进青年的，除了信仰力之外，还有一种组织力。

左翼文人本来也是一群流浪的波西米亚人，多分散在内地的二三线小城市，他们迫切要离开家乡，到革命的中心来寻找组织，寻找志同道合的同志。而中共以及其领导的左联，恰恰可以为这些本来是一盘散沙的青年，提供一个有团契生活的“家”，一个得以精神依赖和人生庇护的组织。这样的革命中心，在国民大革命兴起之后，是广州，“大革命”失败之后，是上海，而抗战爆发以后，则是延安。广州、上海和延安，先后成为各地激进青年和左翼文人

1　何其芳：《写诗的经过》，载何其芳：《何其芳全集》第四卷，石家庄：河北人民出版社，2000 年，第 325—326 页。

2　何其芳：《我歌唱延安》，载何其芳：《何其芳全集》第二卷，石家庄：河北人民出版社，1998 年，第 41—43 页。

的向往之地。

早期的延安与整风运动以后的延安不同，在延河两岸，弥漫着一派自由、平等的宽松气氛，颇符合浪漫青年知识分子梦寐以求的乌托邦境地。刚刚从黑暗的沦陷区和混乱的国统区跋山涉水来到延安的年轻人，第一次听到“同志”的称呼，感觉异常亲切温暖，“听到人家喊自己同志，觉得浑身的血管都冒出热气来了，觉得真是亲得不得了。唉，为了这一声同志，也不知道牺牲了多少人哟”。[1] 韦君宜回忆说，到了延安的青年，最喜欢唱一首苏联的歌，“人们骄傲地称呼是同志，它比一切尊称都光荣。有这称呼各处都是家庭，无分人种黑白棕黄红”，她说“这是我们心里的歌”。[2]

小小的延安城，在抗战爆发之后，一下子聚集了大批从全国各地涌来的年轻人。他们在延河边上唱歌跳舞，在宝塔上下朗诵诗歌，到处燃烧着青春的气息。无论是过去的富家子弟，还是以往卖稿为生的，如今到了延安，都成了“公家人”，穿着统一的灰布制服，吃的是小米大锅饭，每个月还有零花钱，一时确实让青年们感觉来到了一个自由、平等、大同的天堂。从法国回来的文学博士陈学昭以夸张的语言，写下了自己的感受：“我们像逃犯一样的 / 奔向自由的土地 / 呼吸自由的空气 / 我们像暗夜迷途的小孩 / 找寻慈母的保护与扶持 / 投入了边区的胸怀！”[3]

在革命青年的意象之中，延安就是一个能够保护自己、给自己温暖的“家”。韦君宜刚到延安的感觉是自己“甩脱了家庭学校”，“咱

1 欧阳山：《一代风流（第四卷）：圣地》，北京：人民文学出版社，1983 年，第 1326 页。
2 韦君宜：《思痛录 · 露沙的路》，第 7 页。
3 陈学昭：《边区是我们的家！》，《解放日报》，1943 年 8 月 3 日。

们一起回家啦！”即使在后来的抢救运动当中受到了惊吓，她依然将组织视为自己的“家”：“家呀（让我再呼唤这一声）/ 我们对得住你 / 你愧对了我们”。与韦君宜一起奔赴延安的她的丈夫杨述到了“文革”的时候说得更坦诚：“不管家里把我们当作外人 / 我们也是家里的人 / 就是死了也愿意”，“因为我们只有一个家 / 唯一的家 / 无论遭到怎样的摧残 / 怎样的迫害 / 不论被践踏得有如粪土 / 有如草芥 / 我还依恋着家 / 尽管被当作狗似的乱棍打出 / 我还是要进家门来 / 因为打不掉也抹煞不了的 / 一颗共产主义的心”。[1]

革命青年对组织充满了各种浪漫的幻想，同时中共是一个按照列宁主义原则建立起来的布尔什维克政党，有统一的革命信仰和严密的组织纪律，这就与那些依然具有散漫习气和自由思想的文人革命者发生了错位。大致而言，在国民大革命前后，年轻的中共还具有学生般的青春与活泼，组织性和纪律性尚不完整严密，到了“大革命”失败之后，由于白色恐怖严重，转入了地下工作，开始有了缜密的组织纪律，这对许多革命知识分子来说就是一个巨大的考验。在中共的外围组织左联内部，有两种不同的革命作家，一种是职业革命者，还有一种是业余革命者。职业革命者如周扬、冯雪峰、夏衍、徐懋庸等，其写作、翻译是副业，并不以此为生，而党的秘密工作是其主业，领取党组织的生活津贴，无条件地执行上级党组织的指示。他们可以说是“组织人”，虽然在文学与革命之间有冲突，但身心已经全部交给了党。只是更多的左翼作家就不一样了，虽然其中一些人已经是中共秘密党员，但依然是业余革命者，他们以爬

1　杨团：《〈思痛录〉成书始末》，载韦君宜：《思痛录·露沙的路》，第 196—200 页。

格子写作为生，依然保持着文人的各种习性，不是以对组织的忠诚而是以文学上的成就来证明自己。

胡风就提到过作品主义和作家主义在左联作家中很流行：“许多盟员热心在报刊上发表文章，这是一种作品主义；热心想做作家，这只能是作家主义。”[1] 端木蕻良1933年参加左联，那时候他对政治很有兴趣，“很贱视文学，觉得太没有用处，太兜圈子，对社会起不了决定作用”。后来他的左联同志们在一次聚会中因为叛徒出卖而被捕，他恰好没有去而躲过一劫，从此对政治活动冷淡，一心写作长篇小说。虽然依然态度左倾，但被许多同志认为气质完全与革命者对不上，丁玲就说，“端木蕻良和我们是说不到一起的，我们没有共同语言。我们那儿的政治气氛是浓厚的，而端木蕻良一个人孤僻，冷漠，特别是对政治冷冰冰的”。[2]

文人知识分子的浪漫主义气质，让他们接近革命，向往革命，但又受不了革命组织的纪律约束；他们向往过团契般的温暖生活，但又想保持自己的身心自由，于是二者之间便产生了不可调和的冲突。蒋光慈就是一个典型例子。在左联当中，他是资格最老的中共党员，在创办左联、考虑由谁作为左翼文学旗手的时候，除了鲁迅，他也是曾经被考虑过的人选。蒋光慈热爱写作，认为自己最好的战场是在文学上，然而李立三领导的左倾党组织上经常命令他参加各种飞行集会，到大马路上去撒传单，搞得他筋疲力尽。组织还通知他，要征用他的家，作为秘密会议的据点，他非常为难，拒绝说：

---

1 晓风编：《胡风自传》，南京：江苏文艺出版社，1996年，第38页。

2 参见孔海立：《忧郁的东北人：端木蕻良传》，台北：业强出版社，1996年，第70—71、102页。

“一个房子，本来可以写作的，往往因为开会，一开就倒了。”[1] 他酷爱写作，热情革命，但那是一种文人的浪漫主义的文学革命，他受不了集体行动的紧箍咒，在百般无奈之中，递交了退出组织申请书，希望自己像茅盾、郭沫若那样成为一个党外的布尔什维克，继续用笔而非用腿继续为革命工作。没有想到最后竟然被李立三左倾路线主持的党组织开除，还被扣上一顶“没落的小资产阶级”的帽子，“显然已流入反革命的道路”。[2]

作为一个布尔什维克的政党，要求所有参加革命的知识分子放弃“小我”、融入“大我”，将原先一个个自由散漫的“我”改造为有着统一思想、统一意志和统一行动的“我们”。然而，不少倾向革命的知识分子，思想深处依然印刻着五四时期的无政府主义传统，反感一切权威，向往绝对的个人自由。还有一些在社会底层游荡过的革命者，还有流浪汉的散漫习气，好吵架，动辄打架。

早年当过学徒的左联作家楼适夷与冯雪峰当年是同吃同住的朋友，他们都是流浪汉，身上有流浪汉的坏脾气，爱吵嘴，爱发牢骚，得罪的人不少。革命胜利之后，冯雪峰的儿子填入党申请书，在家庭出身一栏，冯雪峰要儿子不要填“革命干部”，而是填“职员”。他说：自己尽管参加过长征，做过多年地下工作，但作为知识分子作家，其特性却是自由职业者的范围，自己的暴躁、偏激、骄傲，以及自由主义的习性和作风，正是早年在近于流浪者的窘迫生活环

1 参见马德俊：《蒋光慈传》，合肥：安徽人民出版社，2001 年，第 460 页。
2 同上，第 472 页。

境里形成的。[1]萧军少年的时候经常幻想自己能够成为一个土匪：“当胡子，我认为是好汉干的。他们用自己的脑袋做本钱，所谓两手换的买卖，堂堂正正地去抢夺，大大方方来吃喝，痛痛快快打死自己所不喜欢的人，这是多么豪侠的生活啊！”[2]鲁迅逝世之后，萧军到鲁迅墓前，将三本左翼的杂志作为祭品焚化了，结果受到了同为左翼阵营的马吉蜂、张春桥等人的嘲笑，萧军大怒，找上门去，约定时间与他们“比武”，还找了萧红、聂绀弩作为见证人。萧军三拳两脚就将马吉蜂打倒在地，他哈哈大笑：“你们有小报可以天天写文章骂我，我没有别的，只有拳头——揍你们！”[3]

这些流落到社会底层的读书人，不是一般的流民无产者，而是有身份而落魄的游士。杜亚泉曾经分析过这些游士的复杂性格，他称之为“过剩的知识阶级”，身上兼有贵族与游民的双重性：“达则与贵族为伍，穷则与游民为伍”，带有游民的色彩，“尚游侠、喜豪放、不受拘束、不治生计、嫉恶官吏、仇视富豪，为其特征”。[4]这些游民的气质让这些知识分子倾向革命，但一旦加入组织，又与布尔什维克政党的要求格格不入，于是，原先让他们倾向革命的几大气质，从追求自由的个人英雄主义到革命加恋爱的浪漫主义，通通成了“小我”融入“大我”以及化“我”为“我们”的精神阻力。

1　李辉：《凝望雪峰：关于冯雪峰的随感》，载李辉：《风雨中的雕像》，济南：山东画报出版社，1997年，第138、142页。

2　萧军：《我的童年》，哈尔滨：黑龙江人民出版社，1982年，第78页。

3　王科、徐塞：《萧军评传》，重庆：重庆出版社，1993年，第100—101页。

4　杜亚泉：《中国政治革命不成就及社会革命不发生之原因》，载杜亚泉：《杜亚泉文存》，第182—183页。

解放日報

中華民國三十一年四月十日 星期五

第三二八號 今日出版一大張

本期零售二角 每月六元

社址：延安 解放日報社

中央醫院緊急啓事

邊府委員會二次會議
關於政府工作的決議

孟加拉灣發生海戰
傳敵在印海岸登陸

社論

不正確的傾向

反對自由主義

斯大林論黨的布爾塞維克化

在延安的早期，“小我”与“大我”的冲突尚不突出，随着1941年整风运动的展开，对知识分子的思想改造便步入了议程。1942年延安《解放日报》发表毛泽东的《反对自由主义》，列举了十一种自由主义的现象，指出：“革命的集体组织中的自由主义是十分有害的。它是一种腐蚀剂，使团结涣散，关系松懈，工作消极，意见分歧。它使革命队伍失掉严密的组织和纪律，政策不能贯彻到底，党的组织和党所领导的群众发生隔离。”[1] 显然，毛泽东这里说的自由主义，不是政治意义上的西方自由主义，主要是左翼知识分子当中普遍弥漫的自由散漫、崇尚个性的无政府主义与老庄哲学。

革命是一座改造知识分子的大熔炉，也是精神磨砺的大炼狱，它要求每一个加入了组织的自由文人从传统的知识分子蜕变为有机的知识分子，也就是服从于人民大众的整体利益、与革命事业有机结合的一分子。这是众多向往革命的知识分子一开始所始料不及的。他们在延安整风运动中如何接受思想改造，那是另一段心路历程，已经超出本章的主题。无论如何，“大革命”与“一二九”两代知识分子走向革命的历程，充满了浪漫的幻想，也经历了精神的苦难，这是他们青春期的选择，即使到了晚年，依然历经九死而未悔，个中的缘由可能为后来几代人所不可理解，但这毕竟是真实的历史，一部真实的革命知识分子精神史。

1　毛泽东：《反对自由主义》，载毛泽东：《毛泽东选集》第二卷，北京：人民出版社，1991年，第360页。

延伸阅读

李欧梵：《中国现代作家的浪漫一代》，王宏志等译，北京：新星出版社，2005年。

[美]周锡瑞：《叶：百年动荡中的一个中国家庭》，史金金、孟繁之等译，太原：山西人民出版社，2014年。

韦君宜:《思痛录(增订纪念版)》，北京:人民文学出版社，2013年。

李向东、王增如:《丁玲传》，北京:中国大百科全书出版社，2015年。

致谢

本书的研究得到国家社会科学一般项目“近代中国知识分子精神史研究”（17BZS018）的支持，感谢匿名评审专家，给了良好的评价，使之顺利结项通过。

各章都以单篇论文的形式发表过，分别是《探索与争鸣》（第一章）、《史林》（第二章）、《学术月刊》（第三章）、《华东师范大学学报》（第四章、第七章）、《天津社会科学》（第五章）、《清华大学学报》（第六章）、《史学月刊》（第八章）和《开放时代》（第九章）。

书的大部分内容都是三年疫情期间写就的，静默在家的时期，内心郁闷，却是潜心回到历史的难得时光。

最后，感谢理想国，这是与理想国合作在上海三联书店推出的第二本书，希望与第一本《脉动中国》一样，也能得到同行和读者的喜欢。

作者谨识

2024年春于沪上樱园